Gastlichkeit und Ökonomie

spectrum Literaturwissenschaft/ spectrum Literature

Komparatistische Studien/Comparative Studies

Herausgegeben von/Edited by
Moritz Baßler, Werner Frick,
Monika Schmitz-Emans

Band 40

Gastlichkeit und Ökonomie

Wirtschaften im deutschen und englischen Drama des 18. Jahrhunderts

Herausgegeben von
Sigrid Nieberle und Claudia Nitschke

DE GRUYTER

ISBN 978-3-11-033157-8
e-ISBN 978-3-11-033174-5
ISSN 1860-210X

Library of Congress Cataloging-in-Publication Data
A CIP catalog record for this book has been applied for at the Library of Congress.

Bibliografische Information der Deutschen Nationalbibliothek
Die Deutsche Nationalbibliothek verzeichnet diese Publikation in der Deutschen Nationalbibliografie; detaillierte bibliografische Daten sind im Internet über http://dnb.dnb.de abrufbar.

Druck: Hubert & Co. GmbH & Co. KG, Göttingen
♾ Gedruckt auf säurefreiem Papier
Printed in Germany

MIX
Papier aus verantwortungsvollen Quellen
FSC® C016439

www.degruyter.com

Inhalt

Einführung

Sigrid Nieberle und Claudia Nitschke

Dramen-Wirtschaft

Ökonomie und Gastlichkeit in deutsch-englischer Literatur des 18. Jahrhunderts

„This wretched *Inn*, where we scarce stay to *bait:*
We call our *Dwelling-place*".
(Abraham Cowley: *Life*)

Als Immanuel Kant 1795 seinen utopischen Entwurf einer Welt des Friedens skizzierte, wählte er dafür den Titel „Zum ewigen Frieden".[1] Inspiriert war dieser Titel von dem Schild eines holländischen Gasthauses. Dieses Signum kommerzieller Gastlichkeit mit seiner mittelalterlichen Tradition der Gasthausschilder, das räumliche Orientierung und anregende Kommunikation verspricht, fungiert sowohl als Zitat als auch als metatextuelle Rahmung: „Hospitalität" – die Wirtbarkeit im Sinne eines globalen Besuchsrechtes für jedermann –, die in Kants Schrift als eine wichtige Voraussetzung für den Frieden genannt und in ein Weltbürgerrecht und den Föderalismus freier Staaten eingebettet wird, gilt nur in den Grenzen seines Textentwurfs. Denn für Kant ist dieses Besuchsrecht vom traditionsreichen Gastrecht zu unterscheiden, und diese Differenzierung verdankt sich ökonomischen Überlegungen. Gastlichkeit erhebe den Anspruch auf ein Entgelt als eine Gegenleistung, die so genannte Wirtbarkeit als ein Besuchsrecht mit weit geringeren Ansprüchen hingegen nicht. Dass es am Ende des 18. Jahrhunderts zu solchen differenzierten Überlegungen zur kommerziellen wie nicht-kommerziellen Gastlichkeit kommt, mag nicht weiter überraschen, ist es doch das Jahrhundert der Ökonomie, des Merkantilismus, der Nationalökonomien und bürgerlich-kaufmännischen Emanzipation. Auch der Literaturbetrieb wird zunehmend logistischen und ökonomischen Prinzipien unterworfen. Zahllose Dramen in der europäischen Theaterlandschaft spielen mit einer Wirtsfigur, der metapoetisches Potential zukommt und die als Autor- wie Leserallegorie verstanden werden kann. Der Autor als *business man* wird – besonders explizit etwa zu Beginn von Henry Fieldings Roman

---

1 Kant, Immanuel: „Zum ewigen Frieden. Ein philosophischer Entwurf" (1795). In: Immanuel Kant: *Schriften zur Anthropologie, Geschichtsphilosophie, Politik und Pädagogik I.* Werkausgabe Bd. XI. Hg. v. Wilhelm Weischedel. Frankfurt a. M. 1977, S. 191–251.

Tom Jones, a Foundling (1749) – als kommerzieller Gastwirt parodiert, der seinen Gästen eine spezielle „bill of fare“[2] anbietet:

> An Author ought to consider himself, not as a Gentleman who gives a private or eleemosynary Treat, but rather as one who keeps a public Ordinary, at which all Persons are welcome for their Money. [...] Men who pay for what they eat, will insist on gratifying their Palates, however nice and whimsical these may prove; and if every Thing is not agreeable to their Taste, will challenge a Right to censure, to abuse, and to d––n their Dinner without Controul. To prevent therefore giving Offence to their Customers by any such Disappointment, it hath been usual, with the honest and well-meaning Host, to provide a Bill of Fare, which all Persons may peruse at their first Entrance into the House; and, having thence acquainted themselves with the Entertainment which they may expect, may either stay and regale with what is provided for them, or may depart to some other Ordinary better accommodated to their Taste.[3]

Bereits für das frühe 18. Jahrhundert gibt es große ökonomische Skandale und weitreichende Probleme mit den genannten Entwicklungen zu vermelden: Die Rede ist von Investitionsblasen, die den Börsenhandel und die Finanzströme Englands und Frankreichs, aber in der Folge davon auch den Handel in und mit den Kolonien sowie in ganz Europa in erhebliche Schwierigkeiten brachten. Zweifellos konnte sich England im 18. Jahrhundert als weltpolitische und weltwirtschaftliche Führungsmacht behaupten und diese Vormachtstellung zunächst als exportorientiertes Welthandelszentrum, später auch aufgrund der Industriellen Revolution und der damit einhergehenden neuen produktions- und investitionsorientierten Wirtschaftsordnung weiter ausbauen. Der kolonial organisierte Sklavenhandel erbrachte astronomische Gewinne für die global agierenden Kaufleute;[4] um 1780 fuhren etwa 190 Sklavenschiffe unter englischer Flagge mit einer Jahreskapazität von etwa 47.000 verschleppten Sklaven.[5] Auch dieser Ausbau der englischen Handelsflotte wirkte sich auf gesamtwirtschaftliches Wachstum aus. Zahlreiche wirtschaftspolitische Diskurse, die wir heute führen, gehen figurativ und argumentativ zurück auf die Investitionsblasen und das Zusammenbrechen von Aktienbanken am Ende der 1690er Jahre, auf die vom Friedensrichter immer seltener festgelegten Mindestlöhne sowie auf die politisch, religiös, wirtschaftlich und gesundheitlich motivierten Migrationsströme des 18.

---

2 Jedoch ist *bill of fare* nicht nur eine geläufige Bezeichnung für den Speisezettel, sondern auch für den Programmzettel im Theater oder wo sonst etwas aufgeführt wird.

3 Fielding, Henry: *The History of Tom Jones, a Foundling*. Ed. by Thomas Keymer and Alice Wakely. London 2005, S. 37.

4 Vgl. die Beispielrechnungen in Fischer, Wolfram et al. (Hg.): *Handbuch der europäischen Wirtschafts- und Sozialgeschichte*. Stuttgart 1993, Bd. 4, S. 86 f.

5 Ebd., S. 87.

Jahrhunderts. Der sogenannte atlantische Dreieckshandel – zwischen Neuengland, Europa, Westindien; Westindien, Europa, Afrika; Afrika, Brasilien, Westindien – der großen Handelsgesellschaften wie der Ost-Indien-Company u. a. provozierte verantwortungslose Spekulationsgeschäfte an den Londoner und Pariser Börsen, die mit der Südsee-Krise (1720/21) und der Mississippi-Krise (1720) die Dominanz des ökonomischen Diskurses in den ersten Jahrzehnten des 18. Jahrhunderts erheblich beförderten.

Zwar ergeben die Untersuchungen der europäischen Wirtschaftsgeschichte weder ein einheitliches noch ein besonders negatives Bild für den deutschen Handel des 18. Jahrhunderts, doch die sogenannte handelsgeschichtliche Westverschiebung, von der insbesondere die Niederlande und England profitierten, der ehemals hanseatische und Mittelmeerraum hingegen große Nachteile zu tragen hatte, ist evident. Erst mit der Aufhebung der Handelsmonopole für die großen Kolonialgesellschaften konnten auch deutschsprachige Gebiete am Ende des 18. Jahrhunderts den gewinnträchtigen Kolonialhandel ausbauen. Zölle und Handelsbestimmungen der zumeist merkantilistisch orientierten 300 Kleinstaaten hemmten den Binnenhandel zusätzlich. Mit dem Ausbau der Handelswege in der geographischen Mitte Deutschlands, etwa mit dem Bau eines Chausseen-Netzwerks, konnten Defizite im Fracht- und Personenverkehr langsam aufgeholt werden. Gleichwohl konnten die kameralistischen Ziele, nämlich eine positive Handelsbilanz für politische Strategien zu instrumentalisieren, nicht durchgängig umgesetzt werden. Im Zuge dessen wurden das Gewerbewesen, die Manufakturen und der Rohstoffhandel, vorrangig in Preußen, erheblich angekurbelt. Die Reformen des öffentlichen Lebens, die Friedrich der Große zu Beginn seiner Regentschaft anstieß, hatten ebenso merkliche Auswirkungen auf das Gastgewerbe, das zwar ausgebaut, aber auch stärker kontrolliert werden sollte. Jene ab 1740 erlassenen Verwaltungsvorschriften (nachzulesen in den *Acta Borussica*, Bd. 6/1) zielen auf staatspolitische Sicherheit und gleichermaßen auf die Einhaltung der Warenzölle ab. Nicht zufällig überzeichnet Lessings *Minna von Barnhelm* diese Neuerungen in der Fremdenbuch-Szene.[6]

6 Vgl. Dyck, Joachim: *Minna von Barnhelm. Oder: Die Kosten des Glücks. Komödie von Gotthold Ephraim Lessing. Über Wirte als Spitzel, preußische Disziplin, Lessing im Kriege, frisches Geld und das begeisterte Publikum.* Berlin 1981, S. 19–24.

Hospitalitätsforschung

Nicht nur die Philosophie – etwa mit Jacques Derridas und Emmanuel Lévinas' Ansätzen zu Gastlichkeit und Gastfreundschaft[7] –, sondern auch die Kultur- und Literaturwissenschaften rückten in den letzten Jahren die Gastlichkeit in den Fokus sozial- und mentalitätsgeschichtlicher, semiotischer, ästhetischer und poetologischer Forschungsinteressen.[8] So hat die Gasthausforschung erbracht, dass die Kommerzialisierung der Gastlichkeit zum Beginn der Aufklärung bereits als weitgehend abgeschlossen gelten kann und zu dieser Zeit ein florierendes Gewerbe war. Sowohl auf der Mikro- wie Makroebene soziokultureller Dynamisierung spielt die private und öffentliche Gastlichkeit eine kaum zu überschätzende Rolle für lokale, regionale, überregionale, nationale, ja globale Austauschprozesse.[9] Damit einher gingen die breit etablierte Institutionalisierung der Post, die zumeist an das Gasthaus gebunden war, und die Mobilisierung der Handlungsreisenden. Die administrative Regelwut der Frühen Neuzeit hatte auch die Bewirtung mittlerweile einem dichten Netz von Gesetzen und Vorschriften unterworfen, die das öffentliche Leben im Gasthaus weitgehend bestimmten: „Öffnungszeiten, allgemeine Bewirtungspflicht, Minimalangebot an Speisen und Getränken, Leistung von Abgaben, Friedensgebot und Anzeigepflicht für Vergehen".[10] Diese zum Ausdruck kommende enge Verzahnung des juridischen mit dem Gastlichkeitsdiskurs ist in gewisser Weise ebenfalls eine Entwicklung der Frühen Neuzeit, denn die Daseinsmetapher des „Gastes auf Erden" („Sojourner on Earth") in Psalm 119, V. 19, stand von jeher in nächster Nähe zur Rede vom Gesetz und wurde von Luther wie folgt übersetzt: „Ich bin ein Gast auf Erden; verbirg Deine Gebote nicht vor mir."

Das Gasthaus entwickelte sich bereits während der Zeit der aufkommenden Pilgerreisen zu einem multifunktionalen sozialen Raum, an dem zunehmend Geschäftsabschlüsse ebenso wie Familienfeiern stattfanden, Reisende auf Ein-

---

7 Jacques Derrida: *Von der Gastfreundschaft. Mit einer ‚Einladung' von Anne Dufourmantelle.* Wien 2001; Liebsch, Burkhard: *Gastlichkeit und Freiheit. Polemische Konturen europäischer Kultur.* Weilerswist 2005.

8 Wierlacher, Alois (Hg.): *Gastlichkeit. Rahmenthema der Kulinaristik.* Münster 2012.

9 Kümin, Beat u. B. Ann Tlusty (Hg.): *The World of the Tavern: Public Houses in Early Modern Europe.* Aldershot 2002; ders.: *Drinking Matters: Public Houses and Social Exchange in Early Modern Central Europe.* Basingstoke 2007; Friedrich, Peter u. Rolf Parr (Hg.): *Gastlichkeit. Erkundungen einer Schwellensituation.* Heidelberg 2009; Rau, Susanne u. Gerd Schwerhoff (Hg.): *Zwischen Gotteshaus und Taverne. Öffentliche Räume in Spätmittelalter und Früher Neuzeit.* Köln u. a. [2]2008.

10 Kümin, Beat: „Wirtshausgeschichte. Das Gastgewerbe in der historischen Frühneuzeitforschung". In: Friedrich u. Parr (Hg.): *Gastlichkeit*, S. 117–131, hier S. 120.

heimische trafen, wechselseitiger Kommunikationsbedarf mit Informationsfluss und Erzählpotential befriedigt wurde. Wie Parr und Friedrich in ihrer Einleitung zu einem einschlägigen Sammelband zusammenfassen, erzeugt Gastlichkeit – auch und gerade die kommerzialisierte Gastlichkeit – eine „Schwellensituation", die basale soziale Werte zur Disposition stellt und zudem eng mit dem Erzählen als kultureller Basiskommunikation verbunden ist.[11] Aus dramenpoetologischer Sicht ist dabei sicherlich das spielerische und performative Element zu ergänzen: Gastlichkeit ist immer auch eine Situation der Selbstinszenierung und Selbstdarstellung, der aufmerksamen gegenseitigen Beobachtung, der Bewertung und Bewirtung des Fremden und des Eigenen gleichermaßen, indem es anerkannt oder abgewiesen wird. Gastlichkeit kann deshalb aufgrund der jeweils aktualisierten Abfolge standardisierter Handlungen unter performativen Aspekten auch als Alltags- und Festtagsdramaturgie beschrieben werden.[12]

Obwohl sich die Figur des Kaufmanns – zumal als literarische Figur, wie Klaus-Detlef Müller für das Drama des 18. Jahrhunderts zeigen konnte[13] – zunehmend Autorität und Attraktivität als mündiger und tugendsamer Bürger mit Vorbildfunktion erwerben konnte, muss ihr dramengeschichtlich die Figur des Wirts beigeordnet werden, nimmt sie doch im merkantilen Sozialgefüge eine beachtliche doppelte Position ein. Zum einen bietet der Gastwirt die Infrastruktur für die Ausdifferenzierung europaweiter Kommunikations- und Handelsstrukturen an und stellt so gewissermaßen die soziale Bühne für die mobilisierten Abläufe der Geschäftswelt zur Verfügung. Zum anderen partizipieren der Wirt und die Wirtin selbst an diesen Geschäften, indem sie Handel mit einer Ware treiben, die traditionell als auf Gegenseitigkeit basierendes Gastrecht bekannt war. Bewirtung und Beherbergung beruhen auf einem Handelsvertrag, der darauf abzielt, den kommerziellen Aspekt dieses Handels für die Dauer des Aufenthalts immerhin noch gegenseitig zu ignorieren: Zu Gast sein und sich gut aufgehoben zu wissen, heißt im besten Falle, sich wie ein Gastfreund behandelt zu wissen oder sich sogar

---

11 Friedrich u. Parr (Hg.): *Gastlichkeit*, Einleitung, S. 8f.

12 Mit der erwähnten biblischen Metapher des „Gastes auf Erden" ist bereits die klösterliche Tradition der ritualisierten und präsentischen Psalmenrezitation aufgerufen, die ein elaboriertes Spiel mit der Buchstaben- und Zahlensymbolik der Tora zu Gehör bringt, weil der Psalm 119 ein hebräisches Akrostichon über 22 Buchstaben des Alphabets darstellt; vgl. Zenger, Erich: „Torafrömmigkeit. Beobachtungen zum poetischen und theologischen Profil von Psalm 119". In: *Freiheit und Recht. Festschrift für Frank Crüsemann.* Hg. v. Christof Hardmeier, Rainer Kessler u. Andreas Ruwe. Gütersloh 2003, S. 380–396.

13 Müller, Klaus-Detlef: „Kaufmannsethos und Kaufmannsstand im deutschen Drama des 18. Jahrhunderts". In: *Begegnungen. Bühne und Berufe in der Kulturgeschichte des Theaters.* Hg. v. Ariane Martin u. Nikola Roßbach. Tübingen 2005, S. 143–158.

‚wie zu Hause' fühlen zu können.[14] Kunden möchten Gäste eigentlich nicht sein. Im Zuge des erstarkenden ökonomischen Diskurses im 18. Jahrhundert kam es zu einer deutlich steigenden Popularität des Gasthauses als Topos. Hatten bereits auch antike Epigramme, mittelalterliche Pilgerschriften und frühneuzeitliche Dramen und Romane die berüchtigten betrügerischen Machenschaften der Wirte beklagt und vor ihren Geschäftspraktiken gewarnt – vom Strecken des Weins mit unverhältnismäßigen Anteilen Wassers bis hin zum Meucheln und Ausrauben der Herbergsgäste –, so etabliert sich das Gasthaus nun auch als literarischer Ort interkultureller und internationaler Kommunikation. Der Figur des Wirts kommt dabei häufig metapoetische Funktion zu, wenn sie etwa in der Komödie die gattungskonstitutiven selbstreflexiven Aspekte des Spiels im Spiel ausagiert. In der Deutungskonvention bildet sich eine illustre Gästeschar als aufklärerische Gesellschaftsallegorie heraus, was bis in die jüngste Literatur- und Filmgeschichte fortschrieben wurde und wird. Protagonisten wie der reisende Kaufmann, der Wirt oder auch der steinerne Gast (zum Beispiel in den zahlreichen, heute ganz unbekannten Don Giovanni-Vertonungen) lassen sich aus kanonischer Intertextualität heraus erklären. Jedoch bedarf es einer spezifischen Konstellation soziokultureller, ökonomischer und ästhetischer Bedingungen, damit diese Intertexte entsprechend aktiviert werden.

Die hier versammelten Beiträge nähern sich dieser Gemengelage aus verschiedenen Blickwinkeln und mit unterschiedlich gewählten Beobachtungsausschnitten: Dabei geht es ebenso um die textintern ausgeleuchtete Thematik der (kommerzialisierten) Gastlichkeit wie auch um Konzepte der intertextuellen „Gastlichkeit" im deutsch-englischen Literaturverkehr (vgl. dazu das Folgende) – in beiden Fällen werden die (inter-)textuellen Phänomene in Rückbindung auf zirkulative bzw. ökonomische Strukturen untersucht. Dieser mehrdimensionale Zugriff eröffnet den Blick auf ein historisch-ästhetisches Szenarium, in dem verschiedene (ästhetische bzw. moralische bzw. ökonomische) Aspekte erklärend aufeinander abgebildet werden. Die Erkundung der heuristischen Effizienz solcher Terminologien im Zeichen des gastlichen Aus-Tausches stehen somit im Zentrum dieses Bandes.

---

14 Vgl. Honold, Alexander: „Im Gasthaus. Spielräume der Gast-Wirtschaft zwischen Theologie und Ökonomie". In: Friedrich u. Parr (Hg.): *Gastlichkeit*, S. 133–157.

Leitfragen der Forschung

Das vielschichtige Verhältnis zwischen modernen Wirtschaftsprinzipien einerseits und literarischen Texten andererseits bietet einigen Spielraum für verschiedene Leitfragen, die von historischen, motivischen bis hin zu metaphorischen Prämissen ausgehen: von der konkreten geschichtlichen Untersuchung der Rolle der Literatur bei der Herausbildung und Legitimation bzw. Kritik und Infragestellung einer bestimmten Wirtschaftsordnung bis hin zum verfahrensanalytischen Vergleich, mit dem Funktionsanalogien und -devianzen zwischen den verschiedenen Systemen Wirtschaft und Literatur nachgewiesen werden können. Daraus ergeben sich gerade für das 18. Jahrhundert zahlreiche heuristisch vielversprechende Verknüpfungsmodi. Während Margrit Fiederer etwa eine genaue Bestandsaufnahme von Geld und Besitz im bürgerlichen Trauerspiel vorlegt,[15] schlägt Daniel Fulda eine Homologie zwischen Geldfunktion und Komödienhandlung vor, bei der er überzeugend von einer Komplementarität von Bewegung (Tauschfunktion des Geldes) und Stabilität (Wertaufbewahrungsfunktion des Geldes) ausgeht. Relativierung und Perspektivierung von Erkenntnissen und Wahrheiten in den Komödien und das damit verbundene, fiktiv-reale Schauspielen der Protagonisten entsprechen dabei der Theatermetaphorik, mit der das Verhalten realer Akteure, von Markt und Gesellschaft auch in der Wirklichkeit beschrieben wird.[16] Inhaltlich ist dabei besonders maßgeblich, dass auch die von Daniel Fulda konstatierte „Bewegung" in den Komödien an eine stabile Größe gebunden ist, die den Dramen insgesamt zugrunde liegt: Diese Texte partizipieren an einem Set an Werten, das die Voraussetzung für die konzeptuelle Einheit des sozial heterogenen Bürgertums als Werte- und Kulturgemeinschaft bildet. Diese Marktmetaphorik stellt einen diskursiven Zusammenhang zwischen Produktion, Umlauf, Verteilung und Vermarktung der Werte her. Anhand der Strukturanalogie zwischen Wirtschaft und Werten lässt sich – im Rekurs auf den Wirtschaftsbegriff – noch eine weitere Problematik modellhaft verdeutlichen: Wenn ‚Wirtschaft' oder ‚Ökonomie' die Gesamtheit aller Einrichtungen und Handlungen darstellt, die der planvollen Deckung des menschlichen Bedarfs dienen, so gehören dazu nicht nur Herstellung, Verbrauch, Umlauf und Verteilung von Gütern (als Handlungsskripte), sondern auch Unternehmen, private und öffentliche Haushalte (als wirtschaftliche Einrichtungen). Die emotionale Ökonomie der Texte, was sowohl die verschiedenen textinternen wie textexternen Ebenen betrifft, steht dabei in einem

---

15 Fiederer, Margrit: *Geld und Besitz im bürgerlichen Trauerspiel*. Würzburg 2002.

16 Fulda, Daniel: *Schau-Spiele. Die Komödie und die Entstehung der Marktgesellschaft von Shakespeare bis Lessing*. Tübingen 2005.

direkten Verhältnis zu ihrer Werte-Ökonomie: Emotionale Authentizität auf der Figurenebene etabliert und verbürgt eine spezifische, erstaunlich konsistente Wertelogik. Mit ihr werden Wertezuweisungen im Text plausibilisiert und die Sympathie und Antipathie des impliziten und (zeitgenössisch) realen Lesers gelenkt. Anhand dieser immanenten Valorisierung können motivische Unterschiede zwischen der ‚dämonischen' und ‚emanzipatorischen' Wertigkeit des Geldes behauptet und plausibilisiert werden.

Als prominenteste virtuelle „Einrichtung" mit Blick auf die Generierung von bürgerlichen Werten hat Jürgen Habermas die bürgerliche Öffentlichkeit ins Spiel gebracht,[17] deren Formation geprägt ist von den zentralen Voraussetzungen des Privateigentums, der bürgerlich-patriarchalischen Kleinfamilie und eben auch der neuzeitlichen literarischen Kultur. Dabei stellt für Habermas die Trennung von Staat und Gesellschaft, Öffentlichem und Privatem, die Grundlage bürgerlicher Öffentlichkeit dar. Bekanntermaßen sind für Habermas die kapitalistischen Eigentumsverhältnisse nicht nur Ermöglichungsgrundlage, sondern auch Kristallisationspunkt einer spezifischen Dialektik, der zufolge die aus Eigentum generierten unterschiedlichen Interessen auch politisch ausagiert werden. Privatinteressen werden schließlich zum Gegenstand des Staatsinterventionismus und Öffentlichkeit zu einem Feld der Interessenkonkurrenz. Wenn sich in dieser Argumentation eine Setzungsproblematik insofern dialektisch entfaltet, als das Privateigentum sowohl Voraussetzung für den eingeforderten kritisch-öffentlichen, emanzipatorischen Diskurs bildet als auch langfristig wiederum den Rückfall zu den einstmals bekämpften, arkanen Machttechniken und Entscheidungspraktiken bedingt, so erweist sich die intrikate Verzahnung von Kapitalismus und bürgerlicher Moral genetisch und epigenetisch als besonderes auffällig. Die Ausbildung bürgerlicher Werte hängt mit der allmählichen Verschiebung zu einer zunehmend funktional strukturierten Gesellschaft zusammen, die ihrerseits eng mit der Genese des Kapitalismus verbunden ist.[18]

Damit bleiben jedoch wichtige analytische Fragen unerörtert, zu deren Beantwortung die von den Texten eingeführte Axiologie hilfreich herangezogen werden könnte: Wie stark werden intertextuelle und textliche Vorgänge tatsächlich aus einer ökonomischen Tauschlogik gespeist? Wie also greift diese inhaltliche ökonomische Logik auf verschiedenen Ebenen des Textes, sei es auf der konkreten Ebene der Figurenintentionalität oder auf der Textebene als finales Belohnungsmoment, das nach klar erkennbarer poetischer Gerechtigkeit cha-

---

17 Habermas, Jürgen: *Strukturwandel der Öffentlichkeit. Untersuchungen zu einer Kategorie der bürgerlichen Gesellschaft.* Frankfurt a. M. ^{6}1999.

18 Habermas entkoppelt bekanntermaßen sein normatives Konzept der kritischen Öffentlichkeit von der Partizipationslogik des Geldes.

rakterliche Exzellenz mit ökonomischem Erfolg belohnt? Wie separieren Texte in ihrem immanenten Moralsystem Kritik an Luxus, Geldgier, Verschwendungssucht und aufrechtem Erwerbsstreben? Welche Folgen hat dies für die Wahrnehmung der kapitalistischen Wirtschaftsform insgesamt? Sind die emanzipatorischen oder regulativen Konsequenzen auch unabhängig von wirtschaftlicher Partizipations-Logik denkbar? Und hat sich die Partizipationslogik des Geldes als Inklusionsidee in bis heute zentrale Konzepte von menschlicher Gleichheit eingeschrieben? Wie prominent ist Geld dabei als symbolisch generiertes Kommunikationsmedium in Konkurrenz zu anderen Kommunikationsmedien?

Wirtschaft(en)

Die von Habermas beschriebene Öffentlichkeit wird in den Dramen des 18. Jahrhunderts im Rekurs auf ein privates, ja kleinfamiliales Szenario der bürgerlichen Häuslichkeit vorbereitet: Der Ort des Gasthauses markiert dabei eine Zwischensphäre, die mit Blick auf die vorgestellten Wertemuster zusätzlich aufschlussreich ist, befinden sich doch die Protagonisten auf einem semi-öffentlichen, semi-privaten Territorium. Das Gasthaus als eine konkrete Manifestation des Wortes „Wirtschaft" wird zu einem Grenzfall, anhand dessen nicht nur die Tauschprozesse untersucht, sondern auch die moralischen Ordnungen sondiert werden können, die in der unkonventionellen Grauzone der Wirtschaft augenfälliger werden – mit all ihren Chancen und Grenzen: Als Zeichen einer erhöhten räumlichen Mobilität des funktionalen Reisens im Gegensatz zur repräsentativen Gastlichkeit des Adels wird das Gasthaus zu einem potentiell heterotopen Ort, nach Foucault also einem wirklichem Ort, der „in die Einrichtung der Gesellschaft hineingezeichnet [ist], sozusagen Gegenplazierungen oder Widerlager, tatsächlich realisierte Utopien, in denen die wirklichen Plätze innerhalb der Kultur gleichzeitig repräsentiert, bestritten und gewendet sind".[19] Zugleich kann die „Wirtschaft" aber auch als dystopische Folie für charakterliche Entgleisungen funktionieren, so dass sie zu einer Chiffre für die Ermächtigungsfunktion, für ihre anhängigen Gefahren (etwa die ungehinderte moralische Entgleisung) oder auch für ihre letztlich unhintergehbare Limitierung verstanden werden kann (etwa im tragischen Scheitern der Trangressionsbewegung).

---

19 Foucault, Michel: „Andere Räume" (1967). In: *Aisthesis. Wahrnehmung heute oder Perspektiven einer anderen Ästhetik. Essais.* Hg. v. Karlheinz Barck u. a. Leipzig 1998, S. 34–46, hier S. 39.

Sowohl Zedlers *Universal-Lexicon* (1735–45) als auch Grimms Wörterbuch verzeichnen unter dem Lemma „Wirthschafft" bzw. „Wirtschaft" ein weites, mehrseitig ausdifferenziertes Bedeutungsspektrum, wie sich auch anhand des entsprechenden Eintrags in Johann Christoph Adelungs *Grammatisch-kritischem Wörterbuch* (1774–1786) kurz demonstrieren lässt:

> 1. Die Handhabung eigenen oder fremden Vermögens, der Inbegriff der Nahrungsgeschäfte, und deren Verwaltung, so wohl überhaupt, aller häuslichen Geschäfte, oder auch nur der zusammen gehörigen Geschäfte einer Art; ohne Plural. Die Wirthschaft verstehen. Der Wirthschaft vorstehen. Eine gute, schlechte Wirthschaft führen. Die Hauswirthschaft, Landwirthschaft, Feldwirthschaft, Forstwirthschaft, Gastwirthschaft u. s. f. In engerer Bedeutung gebraucht man es theils von dem Inbegriffe der häuslichen Geschäfte; so sagt man z. B. jemand habe seine eigene Wirthschaft, wenn er die häuslichen Geschäfte selbst verwalten und besorgen läßt; theils von dem Inbegriffe der zu einem Gast- oder Schenkwirthe gehörigen Geschäfte, und deren Verwaltung. Wirthschaft treiben, ein Gast- oder Schenkwirth seyn. Die Wirthschaft verpachten. Im gemeinen Leben ist Wirthschaft oft die Handhabung eines jeden Geschäftes, aber gemeiniglich nur im verächtlichen Verstande, von einer verworrenen, schlechten Handhabung desselben. Sie haben eine schöne Wirthschaft in dem Garten angerichtet. Was ist das für eine Wirthschaft? 2. Eine Lustbarkeit bey Hofe, nach welcher die häuslichen Geschäfte eines Gastwirthes in einer Verkleidung vorgestellet werden. 3. Der Inbegriff der zu den häuslichen Geschäften gehörigen Personen, eine Familie. So sagt man oft, ein Dorf bestehe aus zwanzig Wirthschaften, wenn es aus so vielen Familien bestehet. Anm. Das Wort ist alt, und lautet schon bey dem Notker und andern Wirthscaft, wird aber daselbst am häufigsten von einem Schmause, einer Gasterey gebraucht, von Wirth, so fern derselbe den Gästen entgegen gesetzet ist.[20]

In diesem Band werden eine Vielzahl der Konnotationen dieses Wortes beleuchtet; neben dem eben beschriebenen, konkreten Phänotyp Gasthaus bzw. Wirtschaft (der bereits spatial zwischen Ort und Ordnung changiert) tritt im 18. Jahrhundert aber – etymologisch über den Begriff „oikos" mit dem Konzept des Wirtschaftens und Bewirtens verbunden – ein zunehmend im Sinne einer modernen (Wirtschafts-)Wissenschaft untersuchtes Gebiet in den Vordergrund: die Wirtschaft als Gegenstand der Ökonomie.[21] Gehen die ersten ökonomischen Konzeptionen weit in die „vorklassische" Zeit der Wirtschaftswissenschaften zurück (man denke etwa an Aristoteles' ethisch-normative Vorstellungen), so folgt den bestimmenden und für das 18. Jahrhundert entscheidenden Theorien des Merkantilismus, des Kameralismus, der Physiokratie (mit Quesnays bekanntem Entwurf eines zyklischen

---

20 Hier zitiert nach Adelung, Johann Christoph: *Grammatisch-kritisches Wörterbuch der hochdeutschen Mundart. Mit beständiger Vergleichung der übrigen Mundarten.* Rev. und berichtiget von Franz Xaver Schönberger. Wien 1808, Bd. 4: Seb–Z, Sp. 1577–1578. (www.lexika.digitale-sammlungen.de/adelung, 13.12.2013)

21 Pribram, Karl Eman: *Geschichte des ökonomischen Denkens.* 2 Bde. Frankfurt a. M. 1998.

Wirtschaftsmodells) schließlich Adam Smiths einflussreiches und maßgebliches *opus magnum Wealth of Nations* (1776). Das, was Smith in diesem Buch mit dem bekannten tradierten Diktum der „unsichtbaren Hand" als natürlichen, sich selbst regulierenden Markt entwirft, ist die differenzierte Analyse und volkswirtschaftliche Deutung der Entstehung, Vermehrung und Verteilung von „Wealth" (als Wohlstand etwas verkürzt übersetzt) innerhalb einer Nationalökonomie. Smiths Überlegungen liegt die Vorstellung eines harmonischen Weltganzen zugrunde, vor deren Hintergrund sich eine „natürliche Freiheit" – entsprechend kultiviert – entfalten kann. Sein grundsätzliches Votum für eine „deregulierte" Wirtschaft wird dabei durch die unhintergehbare Vorgabe der Verteilungsgerechtigkeit limitiert. Der Staat ist bei Smith (anders als bei neoliberalen Argumentationen, die ihn gern als Kronzeugen anführen) unabdingbar, um Auswüchse einzudämmen, und er verschwindet nie hinter totaler „Liberalisierung". Ein idealtypisches Marktmodell funktioniert demzufolge nur als ausbalancierter Markt unter Berücksichtigung bestimmter Axiologien und funktional kodierter Handlungsethiken. Allein vom deskriptiv-pragmatischen Zugriff in *Wohlstand der Nationen* ausgehend, kann in diesem zentralen „klassischen" Werk der Nationalökonomie (über das Konzept der „Natürlichkeit") auf die erstaunliche Andeutung einer Konflation von Moral und Markt geschlossen werden, die sich aus den Eigeninteressen der Marktteilnehmer selbst nicht unmittelbar zu ergeben scheint, sondern die sich unintendiert im Gesamtphänomen eines „natürlich" eingependelten Marktes einstellt.[22] In genau diesen Aspekten der Zirkulation, des Austausches und der Moral finden sich somit die für diesen Sammelband insgesamt entscheidenden Konvergenzzonen des vielschichtigen Begriffs „Wirtschaft". In den Blick geraten mithin die für die gesamteuropäische und transatlantische Formierung literarökonomischer Geld- und Werteflüsse relevanten Beziehungen zwischen englischen und deutschen Intertexten.

Zirkulation deutsch-englischer Intertexte

Welche Konnektoren sind es nun, die das Gelingen des internationalen Austauschs zwischen den beiden Literaturen ermöglichen? Mit der Thronbesteigung

22 Bei allen Gegensätzen zu Smiths anderem einschlägigen Hauptwerk *Theorie der ethischen Gefühle* – darauf bezieht sich ja auch das Adam-Smith-Problem, das einen Widerspruch in der intrinsischen Motivation der Menschen, nämlich zwischen Eigennutz und Mitgefühl, diagnostiziert – muss hier zumindest angemerkt werden, dass auch der Markt nicht ohne moralische Leitlinien funktioniert. Smith hat zudem den Eigennutz als letzte und wichtigste Motivation des Menschen auch in *Wealth of Nations* nicht anerkannt.

von Georg I. aus dem Hause Hannover im Jahre 1714 und den engen Handelsverbindungen[23] Englands mit Norddeutschland gibt es im 18. Jahrhundert vielfältige politische und ökonomische Berührungspunkte. Auch wenn die gegenseitige literarische Rezeption dabei nicht immer symmetrisch verläuft – bis Mitte des 18. Jahrhunderts ist ein deutscher Einfluss auf die englische Literatur eher marginal, erst in den nachfolgenden Dekaden wird er zunehmend greifbar –, so wird doch zudem (zumindest von deutscher Seite) eine grundsätzliche Nähe mit Blick auf Herkunft, Sprache und Mentalität unterstellt.[24] Gerade im Zuge der ästhetischen Neuorientierung im 18. Jahrhundert, in deren Verlauf man sich immer stärker von der (noch von Gottsched für den deutschen Raum postulierten) französischen Regelpoetik zu lösen und eine deutsche Eigenständigkeit zu entwickeln beginnt, wird diese vielbeschworene Ähnlichkeit immer maßgeblicher. Obwohl die historischen Kontexte in Deutschland und England zu dieser Zeit verschiedener nicht sein könnten (gerade auch – mit Blick auf den Handel – was die englische koloniale Expansion betraf), so finden sich in diesem Sinne für den topischen „Engländer im Deutschen" zahlreiche konkrete Verknüpfungspunkte. Die im 18. Jahrhundert einsetzende, breitere Rezeption englischer Literatur in Deutschland ist in diesem Sinne vielfältig und lässt sich etwa besonders wirkungsmächtig bei Richardson, Macpherson und natürlich – ein quasi eigenständiger Forschungsbereich – bei Shakespeare[25] sehr deutlich verfolgen. Allein Shakespeare vermittelt für das Jahrhundert ausschlaggebende Impulse, aber fast ebenso prominent tragen etwa Shaftesbury, Richardson und Ossian zur Herausbildung verschiedener, dann spezifisch deutsch adaptierter Paradigmen bei, die von integralen Konzeptionen des Originalgenies bis hin zur Volkspoesie reichen.[26]

Tatsächlich ergeben sich diesbezüglich derartig viele konkrete und allgemeine Vernetzungen, dass ein Forschungsüberblick „den Umfang einer eigen-

---

23 Vgl. dazu Gauci, Perry: *The Politics of Trade: The Overseas Merchant in State and Society. 1660 – 1720.* Oxford 2001; ders.: *Emporium of the World: The Merchants of London 1660 – 1800.* Hambledon 2007; Langford, Paul: *A Polite and Commercial People. England 1727 – 1783.* Oxford 1992. Vgl. zu Deutschland Schulte Beerbühl, Margrit: *Deutsche Kaufleute in London. Welthandel und Einbürgerung (1600 – 1818).* München 2007.

24 Vgl. zu der unterstellten Wesensverwandtschaft Price, Lawrence Marsden: *English Literature in Germany.* Berkeley und Los Angeles 1953, S. 27 – 48.

25 Vgl. dazu besonders Paulin, Roger: *The Critical Reception of Shakespeare in Germany 1682 – 1914.* Hildesheim, Zürich, New York 2003.

26 Dazu im Überblick Oppel, Horst: *Englisch-deutsche Literaturbeziehungen.* 2 Bde. Berlin 1971, und Price: *English Literature in Germany.*

ständigen Veröffentlichung annehmen würde".[27] Erste Monographien wurden bereits vor einiger Zeit von Lawrence Marsden Price und mit verstärktem Blick auf die Reziprozität von Horst Oppel vorgelegt.[28] Die Schwierigkeit einer systematischen Erfassung ist hierbei sicherlich nicht nur der Jahrhunderte langen,[29] bilateral diversen Rezeption geschuldet, sondern auch der Schwierigkeit, den gegenseitigen Einfluss nach Gattungen,[30] Themen,[31] Autoren[32] oder verschiedenen

---

27 Bachleitner, Norbert: „Vorwort". In: *Beiträge zur Rezeption der britischen und irischen Literatur des 19. Jahrhunderts im deutschsprachigen Raum.* Hg. v. N. B. Amsterdam 2000, S. VII–X, hier S. VII.

28 Price: *English Literature in Germany,* Oppel: *Englisch-deutsche Literaturbeziehungen.*

29 Diese lange Tradition geht wiederum mit verschiedenen Phasen gegenseitiger Beeinflussung vor unterschiedlichem historisch-kulturellen Hintergrund einher; vgl. Oppel, *Englisch-deutsche Literaturbeziehungen,* auch Gillespie, George: „Streifzug durch deutsche und englische Literaturübersetzungen, insbesondere aus dem Mittelhochdeutschen". In: *Verborum amor. Studien zur Geschichte und Kunst der deutschen Sprache.* Hg. v. Helmut Burger, Alois M. Haas u. Peter von Matt. Berlin 1992, S. 108–125. Dies beginnt bei den Anfängen im angelsächsischen, altsächsischen und althochdeutschen Schrifttum und hört bei den Interferenzen in der Nachkriegsliteratur nicht auf; vgl. etwa Feigel, Lara: „Writing the Foundations of a Better World. The Role of Anglo-German Literary Exchange in the Reconstruction of Germany and the Construction of Europe. 1945–1949". In: *Europa! Europa? The Avant-Garde, Modernism and the Fate of a Continent.* Hg. v. Sascha Bru et al. Berlin 2009, S. 229–243.

30 Ausführlich etwa Reitemeier, Frauke: *Deutsch-englische Literaturbeziehungen. Der historische Roman Sir Walter Scotts und seine deutschen Vorläufer.* Paderborn 2001. Zur viel diskutierten Gattung des Reiseberichts in diesem Zusammenhang vgl. auch Maurer, Michael: „Skizzen aus dem sozialen und politischen Leben der Briten. Deutsche Englandreiseberichte des 19. Jahrhunderts". In: *Der Reisebericht. Die Entwicklung einer Gattung in der deutschen Literatur.* Hg. v. Peter J. Brenner. Frankfurt a. M. 1989, S. 406–433.

31 Exemplarisch: Häkel, Ralph: *Die Englischen Komödianten in Deutschland. Eine Einführung in die Ursprünge des deutschen Berufsschauspiels.* Heidelberg 2004; Hellwig, Marion: *Alles ist gut. Untersuchungen zur Geschichte einer Theodizee-Formel im 18. Jahrhundert in Deutschland, England und Frankreich.* Würzburg 2008; Hofstetter, Michael J.: *The Romantic Idea of a University. England and Germany, 1770–1850.* Basingstoke 2001; Sotiropoulos, Carol Strauss: *Early Feminists and the Education Debates. England, France, Germany, 1760–1810.* Madison 2007; Kord, Susanne: *Women Peasant Poets in Eighteenth Century England, Scotland, and Germany. Milkmaids on Parnassus.* Woodbridge 2003; Stadler, Ulrich: „Vom Liebhaber der Wissenschaft zum Meister in der Kunst. Über die verworrene Begriffsgeschichte des Virtuosen im England und Deutschland des 17. und 18. Jahrhunderts". In: *Virtuosität. Kult und Krise der Artistik in Literatur und Kunst der Moderne.* Hg. v. Hans-Georg v. Arburg. Göttingen 2006, S. 19–35.

32 Darin findet sich etwa das Strukturprinzip von Prices Standardwerk, *The Reception of English Literature in Germany,* das nach Autoren gegliedert ist. Unter diesem Aspekt der Autorschaft liegt sicherlich die größte Bandbreite an Einflussforschung vor. Die Erschließung reicht von Hamann über Wieland zu Goethe; vgl. etwa *Johann Georg Hamann und England. Hamann und die englischsprachige Aufklärung.* Acta des Siebten Internationalen Hamann-Kolloquiums zu Marburg, Lahn 1996. Hg. v. Bernhard Gajek. Frankfurt a. M. u. a. 1999; Starnes, Thomas C.: „Noch ein paar

Diskursen[33] stringent zu gliedern. Zusätzliche Probleme ergeben sich überdies aus den Umwegen über spezifische Rezeptionskanäle, Distributionsdispositive und Übersetzungen.[34] Überdies ist die Rezeption englischer Texte in Deutschland gerade im frühen 18. Jahrhundert regional an spezifische Orte gebunden, die sich – ökonomisch, personell, dynastisch, literarisch oder akademisch kodiert – als besondere Umschlagplätze der englischen Kulturerfahrung erweisen: Hamburg mit seinen Handelsbeziehungen, Leipzig als Zentrum des Gottsched-Kreises, Zürich im Kontext seiner religiös-ästhetisch eingefärbten Rezeption englischer Einflüsse und schließlich Göttingen, wo der Göttinger Hain einen Resonanzboden für Thomas Percys Balladen bietet und auf Wunsch Georg II. der erste Lehrstuhl für Englische Literatur eingerichtet wird. Immerhin kann auch schon für die erste Hälfte des 18. Jahrhunderts festgehalten werden, dass im Kontext der Aufklärung eine grundsätzliche Auseinandersetzung mit der englischen Kultur einsetzt.[35] Zahlreiche Reisende wie beispielsweise Caspar Wilhelm von Borcke, Georg Christoph Lichtenberg, Karl Philipp Moritz, Friedrich von Hagedorn und Johann Georg Hamann kommen nach England,[36] getrieben nicht zuletzt von einem

---

Worte über Wieland in England". In: *Wieland-Studien* 5 (2005), S. 127–136; Zauner, Erich: „Goethe und die englische Literatur. Beiträge zum Thema der Querverbindungen zwischen der deutschen und der englischen Literatur". In: *Moderne Sprachen* 33 (1989), H. 3/4, S. 99–113.

33 Vgl. exemplarisch Klaus Scheunemann: *Der Blick von außen. Die Darstellung von Englishness und ihre Funktionalisierung in deutschen Geschichten englischer Literatur.* Göttingen 2008, S. 57–98; Blaicher, Günther: *Das Deutschlandbild in der englischen Literatur.* Darmstadt 1992.

34 Vgl. dazu Peitsch, Helmut: „Die Rolle der Zeitschriften bei der Einführung englischer Literatur in Deutschland im 18. Jahrhundert". In: *Anglo-German Studies* 1 (1992), S. 27–61; *The Manipulation of Literature. Studies in Literary Translation.* Hg. v. Theo Hermans. London, Sidney 1985. Konkret zu nennen wären ferner: Spieckermann, Marie-Luise: „Dorothea Margareta Liebeskind (1765–1853). Übersetzerin von wissenschaftlicher Literatur und Unterhaltungsromanen englischer Autorinnen". In: *Übersetzungskultur im 18. Jahrhundert. Übersetzerinnen in Deutschland, Frankreich und der Schweiz.* Hg. v. Brunhilde Wehinger und Hilary Brown. Hannover 2008, S. 141–164; Trübner, Georg: „Johann Joachim Christoph Bode, führender Vermittler zwischen der englischen und deutschen Literatur und einflußreicher Übersetzer der vorklassischen Zeit". In: *Babel* 32 (1986), S. 151–160. Auf die Rolle von französischen Übersetzungen, die in zentralen Fällen als Vorlage für die deutsche Übersetzung dienen, kann hier ebenfalls nicht eingegangen werden. Vgl. dazu exemplarisch das Kapitel zum *London Merchant* bei Stackelberg, Jürgen von: *Übersetzungen aus zweiter Hand. Rezeptionsvorgänge in der europäischen Literatur vom 14. bis zum 18. Jahrhundert.* Berlin, New York 1984, S. 144–162.

35 Maurer, Michael: *Aufklärung und Anglophilie in Deutschland.* Göttingen u.a. 1987.

36 Vgl. exemplarisch Heidmann Vischer, Ute: *Die eigene Art zu sehen. Zur Reisebeschreibung des späten achtzehnten Jahrhunderts am Beispiel von Karl Philipp Moritz und anderen Englandreisenden.* Bern u.a. 1993; Martin, Alison E.: *Moving Scenes. The Aesthetics of German Travel Writing on England* 1783–1830. Oxford 2008; Peitsch, Helmut: „Englische Reisebeschreibungen in der ‚Neuen Bibliothek der schönen Wissenschaften und der freyen Künste'". In: *Internationales* nachhaltigen Interesse an Englands Bürgerkultur und den vom deutschen Absolutismus stark differierenden politisch-sozialen Strukturen.[37]

Auch wenn eine nennenswerte gegenseitige Einflussnahme erst am Ende des 18. Jahrhunderts greifbar wird,[38] so konvergieren doch bestimmte Entwicklungen bereits im hier relevanten Zeitraum und etablieren ein auffälliges Irisieren von Themen, Strukturen und Motiven zwischen beiden Literaturen. Zwei übergreifende Komplexe, die sich für diesen Band als integral erweisen, spielen dabei zusammen: Zum einen muss diesbezüglich das Phänomen der *Moralising weeklies* genannt werden. Mag es in Thomasius' Zeitschrift *Scherz- und ernsthafte vernünftige und einfältige Gedanken über allerhand lustige und nützliche Bücher und Fragen* von 1688 auch einen vereinzelten deutschen Vorläufer für die Moralischen Wochenschriften gegeben haben, so steht doch der Einfluss der ca. 300 Weeklies, unter ihnen die bekannten Wochenschriften *Tatler*, *Spectator* etc. auf die Herausbildung dieses Genres in Deutschland außer Frage.[39] Insofern das Bürgertum das eigentliche Publikum der Moralischen Wochenschriften darstellte, erweist sich die darin vermittelte Moral auch als spezifisch bürgerliche.

Zugleich wird, wie Wolfgang Martens hervorhebt, „der Mensch für seine Gebrechen selbst haftbar gemacht. Immanent aber enthält diese Selbstbezichtigung die Behauptung seiner sittlichen Freiheit und Autonomie".[40] Eine solche „Moral" wird zum anderen gleichermaßen im *moralising drama* von Farquhar bis Lillo und Moore demonstriert, wobei im Gegensatz zu den ebenfalls maßgeblichen französischen Vorlagen eine Usurpation der Tragödie durch die *middle class* vorexerziert wurde.[41] Trotz der grundsätzlichen Unterschiede in den historisch-

---

Archiv für Sozialgeschichte der deutschen Literatur 31 (2006), S. 1–50; Maurer, Michael: *O Britannien, von deiner Freiheit einen Hut voll. Deutsche Reiseberichte des 18. Jahrhunderts.* Leipzig, Weimar 1992. Dazu auch historisch aufschlussreich Elsasser, Robert: *Über die politischen Bildungsreisen der Deutschen nach England.* Heidelberg 1917.

37 Vgl. dazu im Überblick Maiwald, Marc Oliver: *„Allen Nationen ... Vorbild und Muster"? Die deutsche Wahrnehmung der sozialen und wirtschaftlichen Zustände Großbritanniens 1760–1850.* Diss. Bochum 2005, besonders den Forschungsüberblick S. 5–20; zudem Oppel: *Englisch-deutsche Literaturbeziehungen*, S. 54.

38 Oppel: *Englisch-deutsche Literaturbeziehungen.* Bd. 2, besonders S. 7–20.

39 In Hamburg etablierten sich etwa *Der Hamburger Vernünfftler* (1713/14), *Lustige Fama aus der närrischen Welt* (1718), *Neuangelegte Nouvellen-Correspondence* (1721) und am wirkungsmächtigsten *Der Patriot*. Bodmer und Breitingers *Discourse der Mahlern* (1723) trugen zu diesem Phänomen in Zürich bei, in Leipzig waren es *Spectateur* (1723) und dann die *Vernünfftigen Tadlerinnen* (1725/29).

40 Martens, Wolfgang: *Die Botschaft der Tugend. Die Aufklärung im Spiegel der deutschen Moralischen Wochenschriften.* Stuttgart 1968, S. 335.

41 Auf die fraglos wichtige Rolle der französischen Literatur bei der Erschließung oder Adaptation der englischen Literatur wird in diesem bilateralen Ansatz weitgehend verzichtet, sie politischen Voraussetzungen, mit denen die beiden Nationalliteraturen interagieren, scheint diese moralische Stoßrichtung eine gemeinsame kritische und öffentliche Wertekongruenz zu indizieren, die einen internationalen, europäischen und dann auch europäisch-amerikanischen Austausch in hohem Maße beförderte. Dass der Tausch von Adam Smith sowohl als ausgleichende Ökonomie zwischen menschlichen Bedürfnissen als auch für die Verbesserung nationaler Haushalte konzipiert wurde, lässt umgehend an die zeitgenössischen literarischen Zirkulationen – etwa von Symbolen wie Ringen, Geld, Porträts und entsprechende Informationen darüber – denken.[42]

Zu den einzelnen Beiträgen

Die Beiträge des vorliegenden Bandes befassen sich mit bürgerlicher Werteökonomie, kaufmännischen Wachstums- und Spekulationsdiskursen und dem Gastlichkeitsdiskurs. Der literarische Text, insbesondere das Drama, erweist sich dabei als dasjenige Medium, das verschiedene traditionelle und innovative Szenarien buchstäblich durchspielen kann. Jedoch können in diesem Zusammenhang nicht stabile dramatische Genres vorausgesetzt werden. Vielmehr stehen immer auch das Drama selbst und seine Poetik zur Debatte, was die zu beobachtenden metadramatischen Aspekte allenthalben deutlich vor Augen führen.

Der in vier Kapitel gegliederte Band widmet sich zunächst der Tragödie. Bereits im ersten Beitrag von **Dirk Niefanger** stellt sich ein Drama aus Ekhofs Nachlass, betitelt mit *Tragoedia. Der bestrafte Brudermord oder Prinz Hamlet aus Dännemark*, als mehrfach kodiertes Projekt dar, das nicht nur Shakespeares Prätext für die deutsche Bühne adaptiert, sondern zugleich die Wanderbühne in ihrem didaktischen und ethischen Nutzen diskutiert. Die hinzugefügte Schildwachen-Szene, die von Niefanger einer genaueren Analyse unterzogen wird, verstärkt das metadramatische Potential des Stückes (das mit seinem Spiel im Spiel ohnehin gegeben ist), indem sie den Übergang zwischen dem ungastlichen Außen und einem höfische Gastlichkeit versprechenden Innenraum organisiert. Der aus dem Jahr 1710 stammende und 1781 erstmals veröffentliche Text kann überdies auch insofern als ‚Schwellentext' gelesen werden, als er den Übergang vom Barock zum anti-klerikalen aufklärerischen Drama veranschaulicht und

muss einem möglichen Folgeprojekt vorbehalten bleiben; vgl. Graeber, Wilhelm u. Geneviève, Roche: *Englische Literatur des 17. und 18. Jahrhunderts in französischen Übersetzungen und deutschen Weiterübersetzungen. Eine kommentierte Bibliographie*. Tübingen 1988.

42 Vgl. Wegmann, Thomas: *Tauschverhältnisse: Zur Ökonomie des Literarischen und zum Ökonomischen in der Literatur von Gellert bis Goethe*. Würzburg 2002, S. 7 ff.

vermutlich Magister Velten als wichtigsten Theaterprinzipal dieser Zeit bestätigt. **Doris Feldmann** geht von Gastlichkeit als einer Schwellensituation zwischen dem Eigenen und Fremden aus und unterzieht unter diesem Gesichtspunkt zwei *domestic tragedies* – Georges Lillos *The London Merchant, or the History of George Barnwell* (1731) und *Fatal Curiosity* (1736) – ihrer kritischen Lektüre. Demnach etabliert sich der ökonomische Diskurs auf allen Gestaltungsebenen des Tragischen, obgleich der Kaufmann sich nun gerade nicht ohne Weiteres als tragische Figur eignet. Indem nationale, merkantile, familiäre und dramaturgische Aspekte in diesen Texten konvergieren, um das Eigene und Vertraute zu behaupten, kehren sie das Fremde und Abwegige nicht nur als bloße ‚andere' Seite derselben Medaille hervor, sondern riskieren die unlösbare Durchmischung kultureller Symptome und Symbole, was besonders eindrücklich an späteren Rezeptionszeugnissen und Bearbeitungen von Lillos *domestic tragedies* im deutschsprachigen Raum beobachtet werden kann. Während Feldmann im Zuge dessen auf die Internalisierung der Ungastlichkeit innerhalb familiärer Konfliktkonstellationen in Karl Philipp Moritz' *Blunt oder der Gast* (1780/81) aufmerksam macht, setzt **Jörg Wesche** den anderen Akzent für dieses Drama und betont dessen ästhetische Eigenständigkeit: Er liest diesen wichtigen Intertext zu Lillos *Fatal Curiosity* zwar ebenso als Scheitern von Gastlichkeit, verknüpft damit jedoch dramenpoetologische Überlegungen zu einem ästhetischen Risiko des drastischen Mordeltern-Motivs. Wenn man für Lillo ein ökonomisches Primat der Mäßigung sowohl der Finanzen als auch der Gefühle annehmen möchte, so herrscht bei Moritz eine kaum zu bändigende Experimentierlust vor, die letztlich das Theater selbst als ‚ungastlichen Ort' für dieses unaufführbare Stück kritisch offenlegt. Von Lillo aus lässt sich ein weiterer wichtiger Rezeptionsstrang in die deutsche Dramengeschichte nachzeichnen: Wie **Marion Schmaus** erläutert, setzt das Melodrama bei Schröder und Kotzebue unter den Vorzeichen des Internationalen und Intertextuellen ein. Auffällig ist daran, dass das melodramatische Spektakel mit seinem unweigerlich damit verbundenen Tränenfluss zugunsten von Geldflüssen zurückgefahren wird. Geld kommt fortan die Funktion des moralisch Okkulten zu. Dass es sich nicht nur um eine einseitige Rezeption englischer *domestic tragedies* handelt, sondern auch umgekehrt einem Rührstück von Kotzebue durchaus großer Erfolg auf englischen Bühnen beschieden sein konnte, das seinerseits wiederum die Ökonomie der Werte betont, zeichnet der Beitrag gleichfalls nach.

Das Kapitel zur Komödie eröffnet der Beitrag von **Daniel Fulda.** Vor dem Hintergrund jener mehrfach codierten „Wirthschaft" als öffentlichem, gastlichem und häuslichem Raum, der soziale Bedürfnisse und Erfordernisse zu befriedigen erlaubt, etablieren sich höfische Verkleidungsdivertissements, die komödisches Spiel mit ökonomischer und semantischer Innovation verbinden. Fuldas Textinterpretationen legen anschaulich dar, wie das komische Genre um 1700 noch die aufkommenden ökonomischen Prinzipien wie Gewinnstreben und Ertragsoptimierung *über*spielt, während seit der Jahrhundertmitte – etwa in Krügers *Die Candidaten* und Lessings *Minna von Barnhelm* – bereits *mit* der marktökonomischen Dynamik gespielt wird. **Yvonne Nilges** widmet sich mit ihrem Beitrag der Alt-Wiener Volkskomödie und deren englischen Intertexten seit Marlowe und Shakespeare. Der Hanswurst im Wirtshaus, der auf Falstaff sowie auf den Pickelhering der englischen Wanderbühnen zurückgeht, ist eine komische Figur des Kontrastiven, der mit seinen Untugenden der Völlerei und Sauferei die erstrebenswerten ökonomischen Prinzipien der Wirtschaftlichkeit geradezu unterläuft. In den Literaturkomödien des Philipp Hafner gehen das Wiener Lokalkolorit mit dem Wirtshaus und dem närrisch agierenden Hanswurst eine literarhistorisch bedeutsame Verbindung ein, die noch bis zu Goethes *Faust* und Tiecks *Der gestiefelte Kater* nachwirkt. Goethe allerdings hat mit seinem frühen „mikrokosmischen Drama" *Hanswursts Hochzeit oder der Lauf der Welt* von 1775 bereits Anschluss an die derb-komische Tradition der englischen Wanderbühnen gesucht und eine Autorschaftssatire vorgelegt, die **Yvonne Pietsch** als diskursive Rebellion gegen den literarischen Markt liest. Das Stück dient dabei als Interpretament zu Goethes späterem Konzept der Weltliteratur, mit dem der etablierte Autor der 1820er Jahre auf ökonomische und politische Veränderungen und deren Niederschlag auf das literarische Leben reagiert.

Zentrale Stelle sowohl in der allgemeinen Dramengeschichte des 18. Jahrhunderts als auch unter den besonderen Vorzeichen der in diesem Band vorgenommenen Perspektivierung nimmt zweifellos Lessings Werk ein. Wenn auch einige seiner Stücke andernorts berücksichtigt werden, so konzentrieren sich die Beiträge zum folgenden Kapitel ausdrücklich auf das vielschichtige Oeuvre des Theoretikers, Kritikers, Übersetzers und Theaterautors Lessing. **Volker Dörr** zieht eingangs längst behauptete explizite Verbindungslinien zwischen Lillos *The London Merchant* und Lessings *Miß Sara Sampson* nach und relativiert sodann Lillos erfolgreiche *domestic tragedy* in ihrer intertextuell dominanten Bedeutung für dieses bürgerliche Trauerspiel. Die dennoch lohnende vergleichende Lektüre führt dann eingehend vor Augen, dass Lillos Figuren volkswirtschaftlich orientierte Vereindeutigungsstrategien befolgen, wohingegen Lessings Figuren – insbesondere der Wirt – auf betriebswirtschaftliche Prämissen bauen und in ihren allegorischen Funktionen weniger ein Drama der bürgerlichen Moral denn eines der bürgerlichen Literatur konstituieren. **Claudia Nitschke** interpretiert in ihrem Beitrag Lessings *Nathan der Weise* vor dem Hintergrund von Adam Smiths ökonomischer Theorie *The Wealth of Nation*. Indem sie die maßgeblichen Größen der Zirkulation und ‚natürlichen' Selbstregulierung des Marktes im volkswirtschaftlichen wie im dramatischen Text präpariert, werden die von Lessing konzipierte Dialogführung ebenso wie die verwendete Marktmetaphorik als adäquate Mittel deutlich, um damit eine moralisch überzeugende Ideenzirkulation zu befördern. Den Zusammenhang von Ökonomie und Moral, der bisher zumeist in Lessings Dramen untersucht wurde, beobachtet **Thomas Martinec** auch in Lessings diesbezüglich weitgehend noch unberücksichtigten dramentheoretischen Schriften. Die Analyse erbringt den Nachweis einer Strukturhomologie zwischen Geld und Affekt, die allerdings nicht bis zum tragödischen Mitleid reicht und somit auch dramenpoetologisch nicht restlos aufgehen kann. Das Mitleid nämlich unterscheidet sich von den anderen Affekten, wie sie Lessing beschreibt, hat es doch keine unwillkürliche sekundäre Wirkung, sondern macht die sekundäre zu einer primären Eigenschaft, die für die Gattung seit jeher konstitutiv ist.

Dass ökonomische und poetologische Aspekte nicht zuletzt die Gattungspoetologie berühren, dabei die dramatischen figurativen, performativen und diskursiven Elemente über die Gattungsgrenzen hinausweisen und sich letztlich das Drama und auch „die Wirtschaft" – in jeglicher Konnotation – fortwährend neu erfinden müssen, zeigen die Beiträge im abschließenden Kapitel des Bandes. Anhand einer intertextuellen Mehrfachkonstellation eruiert **Uta Degner** die Relationen zwischen Ästhetik, Moral und Ökonomie. Entgegen der Annahme, dass autonomieästhetische Tendenzen emanzipatorisches Potential gegenüber wirtschaftlichen Zwängen generieren, ist gerade das Gegenteil der Fall: Künstlerische Autonomie lässt sich scheinbar allenfalls – so zeigen die Analysen zu Schillers und Glovers *Leonidas* sowie zu Lillos *Merchant of London* und Schillers *Kabale und Liebe* – nur zum Preis marktwirtschaftlicher Freiheitsutopien erlangen. Dem Theater kommt dabei die tragende Funktion zu, partikulare Interessen und damit verbundene Handlungsoptionen auf die Bühne bringen zu können, um daran freiheitliches Handeln mit dem Publikum einzuüben, ohne ihm dieses als uniforme Ideologie einzubläuen. **Ina Schabert** macht die Probe aufs Exempel, indem sie den Briefroman in seiner gattungspoetologischen Nähe zum Drama für eine intertextuelle Studie über Handel und Händel in Johann Karl August Musäus' deutsche Fortsetzung der erfolgreichen *History of Sir Charles Grandison* von Samuel Richardson heranzieht. Die Konventionen des Lustspiels sorgen bei Musäus für einen um das Vorbild zwar bemühten Briefroman, dessen Modus der szenischen Präsenz aber der satirisch-komischen Darstellung von deutsch-englischen Differenzen zuarbeitet. Diese Unterschiede betreffen nicht nur die Erzählweise oder die geschilderte jeweilige Lebensart des Landadels, sondern auch den Glauben an eine marktwirtschaftliche Zukunft und die wechselnden Loyalitäten in der politischen Bündnispolitik, die der Familie um den deutschen Grandison merklich fehlen. Den Blick von der Welt des deutschen und englischen Landadels hin zu den Welthandelsstädten London und Hamburg lenkt der nachfolgende Beitrag von **Birgit Tautz.** Entgegen der traditionellen Funktionsbestimmung des deutschen Nationaltheaters als ein primär der bürgerlichen Aufklärung und nationalstaatlichen Interessen verpflichtetes Projekt kann der Beitrag am Beispiel von Hamburgs Theaterbetrieb zeigen, dass deutsch-englische Handels- und Kulturbeziehungen der transkulturellen Verortung von Stadt und Welt bedurften und hierbei das Drama als Medium kaum zu überschätzen ist. Beide Dramen – Rathlefs *Die Mohrinn von Hamburg* und Bodes *Der Westindier* –, die Tautz für ihre Untersuchung des Hamburger Literatur- und Theaterbetriebs in der zweiten Jahrhunderthälfte näher heranzieht, verhandeln koloniale, lokale, globale und gattungspoetische Aspekte der zeitgenössischen Diskurse. Das Wirtshaus fungiert darin als ein recht unterschiedlich besetzter Topos dramatischer Handlung, der merkantilen und interkulturellen Austausch bis hin zum kritisierten Menschenhandel ermöglicht, aber auch als restriktiver Ort der von egoistischen wirtschaftlichen Interessen bespielt wurde. Einen auf die Nachtseiten der kapitalistischen Marktwirtschaft gerichteten Ausblick ins 20. Jahrhundert wagt abschließend **Kevin F. Hilliard** mit seiner vergleichenden Lektüre der *Beggar's Opera* von John Gay mit Brechts *Dreigroschenoper.* Ehre, Liebe und das Theater selbst bilden eine diskursive Währung, mit der der kritische Theaterbetrieb eine dialektische Verkehrung der ihn jeweils hervorbringenden Gesellschaft ermöglicht. Der im Stück selbst allegorisierte Autor erbettelt sich Mittel und Wege, damit sein Drama mit Aufmerksamkeit bedacht wird. Die von Adam Smith propagierte ‚Natürlichkeit' und die Selbstregulierung des Marktes durch die viel zitierte unsichtbare Hand wird sowohl bei Gay als auch Brecht zu einer sehr sichtbaren Hand, die stiehlt, bettelt oder einfach nimmt, was man ihr nach den Gesetzen der aufgeklärten Ökonomie nicht zugestehen will.

Allen Beiträgen dieses Bandes ist gemeinsam, dass sie in die oftmals noch diffus erscheinenden Beziehungen zwischen deutschem und englischem Literaturbetrieb weitere Schneisen schlagen und für einen kurzen, aber sehr ereignisreichen und interessanten Zeitraum von etwa hundert Jahren auf ihr produktives und kritisches Potential befragen, das der intertextuelle und interkulturelle Austausch befördert. Dass dabei Wirtschaft in mehrfacher Hinsicht konstitutiv ist, versucht der Band vor dem Hintergrund der zeitgenössischen dramenpoetologischen Spannweite aufzufächern: sowohl als Topos kommerzialisierter Gastlichkeit und der damit ermöglichten Begegnung mit dem Anderen als auch als großes privat- und volkswirtschaftliches System, das menschliche Sozialität zu erfassen und zu regeln trachtet.

Für die Realisierung unserer Kooperation danken die Herausgeberinnen dem DAAD, der Universität Bayern e.V. sowie den Herausgebern der Reihe *spectrum Literaturwissenschaft* und Manuela Gerlof im Verlag de Gruyter sehr herzlich.

Literaturverzeichnis

Adelung, Johann Christoph: *Grammatisch-kritisches Wörterbuch der hochdeutschen Mundart. Mit beständiger Vergleichung der übrigen Mundarten*. Rev. und berichtiget von Franz Xaver Schönberger. Bd. 4: Sep – Z. Wien 1808. (www.lexika.digitale-sammungen.de/adelung, 13.12.2013)

Bachleitner, Norbert (Hg.): *Beiträge zur Rezeption der britischen und irischen Literatur des 19. Jahrhunderts im deutschsprachigen Raum*. Amsterdam 2000.

Blaicher, Günther: *Das Deutschlandbild in der englischen Literatur*. Darmstadt 1992.

Derrida, Jacques: *Von der Gastfreundschaft. Mit einer ‚Einladung' von Anne Dufourmantelle*. Wien 2001.

Dyck, Joachim: *Minna von Barnhelm. Oder: Die Kosten des Glücks. Komödie von Gotthold Ephraim Lessing. Über Wirte als Spitzel, preußische Disziplin, Lessing im Kriege, frisches Geld und das begeisterte Publikum*. Berlin 1981.

Elsasser, Robert: *Über die politischen Bildungsreisen der Deutschen nach England*. Heidelberg 1917.

Feigel, Lara: „Writing the Foundations of a Better World. The Role of Anglo-German Literary Exchange in the Reconstruction of Germany and the Construction of Europe. 1945–1949". In: *Europa! Europa? The Avant-Garde, Modernism and the Fate of a Continent*. Hg. v. Sascha Bru et al. Berlin, New York 2009, S. 229–243.

Fiederer, Margrit: *Geld und Besitz im bürgerlichen Trauerspiel*. Würzburg 2002.

Fielding, Henry: *The History of Tom Jones, a Foundling*. Ed. by Thomas Keymer and Alice Wakely. London 2005.

Fischer, Wolfram et al. (Hg.): *Handbuch der europäischen Wirtschafts- und Sozialgeschichte*. Bd. 4. Stuttgart 1993.

Foucault, Michel: „Andere Räume" (1967). In: *Aisthesis. Wahrnehmung heute oder Perspektiven einer anderen Ästhetik. Essais*. Hg. v. Karlheinz Barck et al. Leipzig 1998, S. 34–46.

Friedrich, Peter u. Rolf Parr (Hg.): *Gastlichkeit. Erkundungen einer Schwellensituation*. Heidelberg 2009.

Fulda, Daniel: *Schau-Spiele. Die Komödie und die Entstehung der Marktgesellschaft von Shakespeare bis Lessing*. Tübingen 2005.

Gajek, Bernhard (Hg.): *Johann Georg Hamann und England. Hamann und die englischsprachige Aufklärung. Acta des Siebten Internationalen Hamann-Kolloquiums zu Marburg, Lahn 1996*. Frankfurt a. M. u. a. 1999.

Gauci, Perry: *The Politics of Trade: The Overseas Merchant in State and Society. 1660–1720*. Oxford 2001.

Gauci, Perry: *Emporium of the World: The Merchants of London 1660–1800*. Hambledon 2007.

Gillespie, George: „Streifzug durch deutsche und englische Literaturübersetzungen, insbesondere aus dem Mittelhochdeutschen". In: *Verborum Amor. Studien zur Geschichte und Kunst der deutschen Sprache. Festschrift für Stefan Sonderegger zum 65. Geburtstag*. Hg. v. Helmut Burger, Alois M. Haas u. Peter von Matt. Berlin 1992, S. 108–125.

Graeber, Wilhelm u. Geneviève Roche: *Englische Literatur des 17. und 18. Jahrhunderts in französischen Übersetzungen und deutschen Weiterübersetzungen. Eine kommentierte Bibliographie*. Tübingen 1988.

Habermas, Jürgen: *Strukturwandel der Öffentlichkeit. Untersuchungen zu einer Kategorie der bürgerlichen Gesellschaft*. Frankfurt a. M. ^{6}1999.
Häkel, Ralph: *Die Englischen Komödianten in Deutschland. Eine Einführung in die Ursprünge des deutschen Berufsschauspiels*. Heidelberg 2004.
Heidmann Vischer, Ute: *Die eigene Art zu sehen. Zur Reisebeschreibung des späten achtzehnten Jahrhunderts am Beispiel von Karl Philipp Moritz und anderen Englandreisenden*. Bern u. a. 1993.
Hellwig, Marion: *Alles ist gut. Untersuchungen zur Geschichte einer Theodizee-Formel im 18. Jahrhundert in Deutschland, England und Frankreich*. Würzburg 2008.
Hermans, Theo (Hg.): *The Manipulation of Literature. Studies in Literary Translation*. London, Sidney 1985.
Hofstetter, Michael J.: *The Romantic Idea of a University. England and Germany, 1770–1850*. Basingstoke 2001.
Honold, Alexander: „Im Gasthaus. Spielräume der Gast-Wirtschaft zwischen Theologie und Ökonomie". In: Friedrich u. Parr (Hg.): *Gastlichkeit*, S. 133–157.
Kant, Immanuel: „Zum ewigen Frieden. Ein philosophischer Entwurf" (1795). In: Immanuel Kant: *Schriften zur Anthropologie, Geschichtsphilosophie, Politik und Pädagogik I*. Werkausgabe Bd. XI. Hg. v. Wilhelm Weischedel. Frankfurt a. M. 1977, S. 191–251.
Kord, Susanne: *Women Peasant Poets in Eighteenth Century England, Scotland, and Germany. Milkmaids on Parnassus*. Woodbridge 2003.
Kümin, Beat u. B. Ann Tlusty (Hg.): *The World of the Tavern: Public Houses in Early Modern Europe*. Aldershot 2002.
Kümin, Beat: *Drinking Matters: Public Houses and Social Exchange in Early Modern Central Europe*. Basingstoke 2007.
Kümin, Beat: „Wirtshausgeschichte. Das Gastgewerbe in der historischen Frühneuzeitforschung". In: Friedrich u. Parr (Hg.): *Gastlichkeit*, S. 117–131.
Langford, Paul: A *Polite and Commercial People. England 1727–1783*. Oxford 1992.
Liebsch, Burkhard: *Gastlichkeit und Freiheit. Polemische Konturen europäischer Kultur*. Weilerswist 2005.
Maiwald, Marc Oliver: *„Allen Nationen ... Vorbild und Muster"? Die deutsche Wahrnehmung der sozialen und wirtschaftlichen Zustände Großbritanniens 1760–1850*. Dissertation. Bochum 2005.
Martens, Wolfgang: *Die Botschaft der Tugend. Die Aufklärung im Spiegel der deutschen Moralischen Wochenschriften*. Stuttgart 1968.
Martin, Alison E.: *Moving Scenes. The Aesthetics of German Travel Writing on England 1783–1830*. Oxford 2008.
Maurer, Michael: *Aufklärung und Anglophilie in Deutschland*. Göttingen u. a. 1987.
Maurer, Michael: „Skizzen aus dem sozialen und politischen Leben der Briten. Deutsche Englandreiseberichte des 19. Jahrhunderts". In: *Der Reisebericht. Die Entwicklung einer Gattung in der deutschen Literatur*. Hg. v. Peter J. Brenner. Frankfurt a. M. 1989, S. 406–433.
Maurer, Michael: *O Britannien, von deiner Freiheit einen Hut voll. Deutsche Reiseberichte des 18. Jahrhunderts*. Leipzig, Weimar 1992.
Müller, Klaus-Detlef: „Kaufmannsethos und Kaufmannsstand im deutschen Drama des 18. Jahrhunderts". In: *Begegnungen. Bühne und Berufe in der Kulturgeschichte des Theaters*. Hg. v. Ariane Martin u. Nikola Roßbach. Tübingen 2005, S. 143–158.
Oppel, Horst: *Englisch-deutsche Literaturbeziehungen*. 2 Bde. Berlin 1971.

Paulin, Roger: *The Critical Reception of Shakespeare in Germany 1682–1914*. Hildesheim, Zürich, New York 2003.

Peitsch, Helmut: „Die Rolle der Zeitschriften bei der Einführung englischer Literatur in Deutschland im 18. Jahrhundert“. In: *Anglo-German Studies* 1 (1992), S. 27–61.

Peitsch, Helmut: „Englische Reisebeschreibungen in der ‚Neuen Bibliothek der schönen Wissenschaften und der freyen Künste‘“. In: *Internationales Archiv für Sozialgeschichte der deutschen Literatur* 31 (2006), S. 1–50.

Pribram, Karl Eman: *Geschichte des ökonomischen Denkens*. 2 Bde. Frankfurt a. M. 1998.

Price, Lawrence Marsden: *English Literature in Germany*. Berkeley, Los Angeles 1953.

Rau, Susanne u. Gerd Schwerhoff (Hg.): *Zwischen Gotteshaus und Taverne. Öffentliche Räume in Spätmittelalter und Früher Neuzeit*. Köln u.a. ²2008.

Reitemeier, Frauke: *Deutsch-englische Literaturbeziehungen. Der historische Roman Sir Walter Scotts und seine deutschen Vorläufer*. Paderborn 2001.

Scheunemann, Klaus: *Der Blick von außen. Die Darstellung von Englishness und ihre Funktionalisierung in deutschen Geschichten englischer Literatur*. Göttingen 2008.

Schulte Beerbühl, Margrit: *Deutsche Kaufleute in London. Welthandel und Einbürgerung (1600–1818)*. München 2007.

Sotiropoulos, Carol Strauss: *Early Feminists and the Education Debates. England, France, Germany, 1760–1810*. Madison 2007.

Spieckermann, Marie-Luise: „Dorothea Margareta Liebeskind (1765–1853). Übersetzerin von wissenschaftlicher Literatur und Unterhaltungsromanen englischer Autorinnen“. In: *Übersetzungskultur im 18. Jahrhundert. Übersetzerinnen in Deutschland, Frankreich und der Schweiz*. Hg. v. Brunhilde Wehinger und Hilary Brown. Hannover 2008, S. 141–164.

Stackelberg, Jürgen von: *Übersetzungen aus zweiter Hand. Rezeptionsvorgänge in der europäischen Literatur vom 14. bis zum 18. Jahrhundert*. Berlin, New York 1984.

Stadler, Ulrich: „Vom Liebhaber der Wissenschaft zum Meister in der Kunst. Über die verworrene Begriffsgeschichte des Virtuosen im England und Deutschland des 17. und 18. Jahrhunderts“. In: *Virtuosität. Kult und Krise der Artistik in Literatur und Kunst der Moderne*. Hg. v. Hans-Georg v. Arburg in Zusammenarbeit mit Dominik Müller et al. Göttingen 2006, S. 19–35.

Starnes, Thomas C.: „Noch ein paar Worte über Wieland in England“. In: *Wieland-Studien* 5 (2005), S. 127–136.

Trübner, Georg: „Johann Joachim Christoph Bode, führender Vermittler zwischen der englischen und deutschen Literatur und einflußreicher Übersetzer der vorklassischen Zeit“. In: *Babel* 32 (1986), S. 151–160.

Wegmann, Thomas: *Tauschverhältnisse: Zur Ökonomie des Literarischen und zum Ökonomischen in der Literatur von Gellert bis Goethe*. Würzburg 2002.

Wierlacher, Alois (Hg.): *Gastlichkeit. Rahmenthema der Kulinaristik*. Münster 2012.

Zauner, Erich: „Goethe und die englische Literatur. Beiträge zum Thema der Querverbindungen zwischen der deutschen und der englischen Literatur“. In: *Moderne Sprachen* 33 (1989), H. 3/4, S. 99–113.

Zenger, Erich: „Torafrömmigkeit. Beobachtungen zum poetischen und theologischen Profil von Psalm 119“. In: *Freiheit und Recht. Festschrift für Frank Crüsemann*. Hg. v. Christof Hardmeier, Rainer Kessler u. Andreas Ruwe. Gütersloh 2003, S. 380–396.

Ungastlichkeit des Tragischen

Dirk Niefanger

Der deutsche Wanderbühnen-*Hamlet*

Eine metadramatische Lektüre der zweiten Schildwachenszene

Der Teufel steckt im Detail.

Im Jahre 1781 erschien im zweiten „Stück" von Heinrich August Ottokar Reichards Zeitschrift *Olla Potrida* unter der Rubrik „Dramatische Aufsätze" eine anonyme „Tragoedia. Der bestrafte Brudermord oder: Prinz Hamlet aus Dännemark".[1] Kindlers Literaturlexikon bezeichnet das Stück als „degenerierten Abkömmling" des bekannten Shakespeare-Dramas.[2] Ein Hinweis auf Shakespeare findet sich im Text indes nicht; stattdessen eine kurze mit „R." gekennzeichnete Anmerkung:

> Einige Freunde von alten deutschen dramatischen Stücken haben gewünscht, daß der alte Hamlet, aus Eckhof's Nachlaß, von dem ich in einem der Theaterkalender einen Auszug gegeben habe, ganz abgedruckt werden möchte; ich willfahre ihnen hier.[3]

Reichard, der mutmaßliche Autor der Anmerkung, hatte in dem von ihm edierten Gothaer *Theaterkalender* 1779 einen Auszug des ‚ersten deutschen Hamlets' abgedruckt.[4] Das heute verlorene Manuskript des etwa 50 Druckseiten umfassenden Schauspiels befand sich im Nachlass des seinerzeit berühmtesten deutschen Schauspielers und Gründers einer erfolgreichen Theaterakademie Konrad Ekhof, der ein Jahr vorher, 1778, verstorben war. Die kurze Abfolge von Teilabdruck nebst ausführlicher Inhaltsangabe im *Theaterkalender* und vollständiger Wiedergabe in *Olla Potrida* spricht dafür, dass der Wanderbühnentext am Ende des 18. Jahrhunderts zumindest in Theaterkreisen einige Beachtung fand.

Reichard teilt im *Theaterkalender* mit, dass das Manuskript mit dem Hinweis „Pretz den 27. Oktober 1710"[5] unterzeichnet war. 1888 wird das Drama mit einem ausführlichen Vorwort des Herausgebers Wilhelm Creizenach in Joseph Kürsch-

---

1 „Tragoedia. Der bestrafte Brudermord oder Prinz Hamlet aus Dännemark". In: *Olla Potrida* 2 (1781), S. 18–68.

2 Gisela Hesse: „Hamlet". In: *Kindlers Literaturlexikon*. Bd. 15. Hg. v. Walter Jens. München 1988, S. 339–343, Zitat S. 342.

3 „Tragoedia. Der bestrafte Brudermord", S. 18.

4 Vgl. „Erster deutscher Hamlet; im Auszug". In: *Theaterkalender*, Gotha (1779), S. 47–60.

5 „Erster deutscher Hamlet", S. 47.

ners *Deutsche National-Litteratur* aufgenommen.[6] Damit fiel das Drama zwar nicht ganz der Vergessenheit anheim, bleibt bis heute aber im Grunde selbst in der einschlägigen Forschung eher unbekannt. So verzeichnet eine 2005 erschienene Monographie über die Entdeckung Shakespeares auf der deutschen Bühne des 18. Jahrhunderts den deutschen Hamlet aus *Olla Potrida* nicht.[7] Die Untersuchung Ralf Haeckels zu den englischen Komödianten in Deutschland aus dem Jahre 2004 bildet eine gewisse Ausnahme; sie widmet sich aber ausschließlich einem Vergleich mit dem sehr viel längeren und komplexer angelegten *Hamlet* Shakespeares.[8] Dessen Melancholie-Gestaltung sei vielschichtiger als die der deutschen Version. Zu erwähnen ist auch eine, nicht immer genaue Untersuchung von Reinhold Freudenstein aus dem Jahre 1958 zum *Hamlet* auf der Wanderbühne. Hinzu kommen einige Erwähnungen in älteren Beiträgen der historischen Theaterwissenschaft.[9]

Shakespeares *Hamlet* wurde 1766, also 13 Jahre vor Erscheinen der hier zur Diskussion stehenden deutschen Wanderbühnen-Fassung, von Christoph Martin Wieland erstmals einigermaßen textnah ins Deutsche übersetzt und bei Geßner in Zürich als Prosadrama herausgebracht.[10] Der Wiener Dramaturg Franz Heufeld übertrug *Hamlet* wenig später, 1773, in Alexandriner und im Jahre 1778 – immerhin auch noch 3 Jahre vor *Olla Potrida* – folgt die gelegentlich wiederaufgeführte Version von Johann Joachim Eschenburg, 1798 schließlich die bislang im deutschen Sprachraum meist gespielte Übersetzung von August Wilhelm Schlegel. Als

---

6 „Der bestrafte Brudermord oder Prinz Hamlet aus Dänemark [1710]". In: *Die Schauspiele der englischen Komödianten*. Hg. v. W[ilhelm]. Creizenach. In: *Deutsche National-Litteratur. Historisch kritische Ausgabe*. Hg. v. Joseph Kürschner. Berlin und Stuttgart [1888], Bd. 23, S. 125–186. Vgl. zudem: Reinhold Freudenstein: *Der bestrafte Brudermord. Shakespeares ‚Hamlet' auf der Wanderbühne des 17. Jahrhunderts*. Hamburg 1958, S. 83–95.

7 Vgl. Häublein, Renata: *Die Entdeckung Shakespeares auf der deutschen Bühne des 18. Jahrhunderts. Adaption und Wirkung der Vermittlung auf dem Theater*. Tübingen 2005, besonders das *Hamlet*-Kapitel, S. 56–93.

8 Haeckel, Ralf: *Die englischen Komödianten in Deutschland. Eine Einführung in Ursprünge des deutschen Berufsschauspiels*. Heidelberg 2004, S. 212–223.

9 Vgl. Bolte, Johannes: „Von Wanderkomödianten und Handwerkerspielen des 17. und 18. Jahrhunderts". In: *Sitzungsberichte der Preußischen Akademie der Wissenschaft. Sitzung der philosophisch-historischen Klasse* XIX (1934), S. 445–487, besonders S. 446–449, Gersdorff, Wolfgang von: „Der Ursprung des deutschen Hamlet". In: *Die deutsche Bühne. Amtliches Blatt des Deutschen Bühnenvereins* 4 (1912), S. 100–101, Litzmann, Berthold: „Die Entstehung des ersten deutschen Hamlet". In: *Zeitschrift für vergleichende Literatur-Geschichte und Renaissance-Literatur* 2 (1887), S. 6–13, und als Überblick auch: Flemming, Willi: „Einführung", in: *Das Schauspiel der Wanderbühne*. Hg. v. Willi Flemming. Leipzig 1931, S. 5–69.

10 Vgl. Shakespeare, William: *Theatralische Werke in 21 Einzelbänden übers. v. Christoph Martin Wieland*. Hg. v. Hans und Johanna Radspieler. Zürich 1993, Bd. 20: *Hamlet, Prinz von Dännemark*.

von zentraler Bedeutung für die deutsche *Hamlet*-Rezeption sieht man meist Goethes Interpretation des Stückes an, die er Wilhelm Meister in den Mund legt.[11] Die Niederschrift des Romans beginnt spätestens 1777, vermutlich etwas früher, er erscheint 1795/96. Die *Olla-Potrida*-Veröffentlichung des Wanderbühnen-*Hamlets* könnte, obwohl Wilhelm im Roman zuerst die Wielandsche Variante liest, bevor er das Stück selbst übersetzt,[12] für die Niederschrift der *Hamlet*-Passagen relevant gewesen sein, zumal sich der Protagonist einer fahrenden Truppe angeschlossen hat. Auch verfolgt Wilhelm den durchaus an Wanderbühnen-Konzepten orientierten Plan, bei der Einrichtung des *Hamlets* für die Bühne den komplexen Text Shakespeares deutlich zu vereinfachen und auf das deutsche Publikum zuzuschneiden:

> Serlo musste nachgeben und beide [Wilhelm und Serlo] stimmten darin überein, daß, da das Stück nun einmal auf das deutsche Theater soll, dieser ernstere, einfachere Hintergrund für unsre Vorstellungsart am besten passen werde.[13]

Der deutsche Wanderbühnen-*Hamlet* ist zweifellos einfacher als der Shakespeares und er ist natürlich an deutsche Verhältnisse angepasst worden. Gerade aufgrund dieser Anpassungen lohnt sich aber eine genauere Lektüre.

Der deutsche *Hamlet* hat – trotz seiner merklichen Kürzung gegenüber der englischen Fassung (etwa um zwei Drittel des Gesamtumfangs) – drei auffällige Zusatzpassagen, die allesamt metadramatische Funktionen haben. Ich kann hier nicht auf alle Zusätze eingehen, will sie aber kurz nennen:

Der auffälligste Zusatz ist ein Prolog der allegorisch inszenierten Nacht,[14] der in das Stück einleitet und die Schildwachenszene atmosphärisch und zeitlich vorbereitet. Die Nacht tritt in einen Dialog mit den drei Furien aus den *Eumeniden* aus dem dritten Teil der *Orestie* des Aischylos. Die Szene ist anders als das eigentliche Schauspiel zum Teil in Versen – in Alexandrinern – verfasst und im *Olla Potrida*-Druck mit eigenem Personenverzeichnis versehen worden. In der Zeit-

---

11 Vgl. etwa Suerbaum, Ulrich: *Der Shakespeare-Führer.* Stuttgart ^{2}2006, S. 342–344, und Goethe, Johann Wolfgang von: *Werke. Hamburger Ausgabe in 14 Bänden.* Bd. VII. Hg. v. Erich Trunz. München ^{11}1982, S. 175–357.

12 Vgl. Goethe: *Werke*, Bd. VII, S. 298.

13 Goethe: *Werke*, Bd. VII, S. 299.

14 Vgl. „Tragoedia. Der bestrafte Brudermord", S. 18–20, hierzu vgl. den Beginn des Original-*Hamlets* mit der „Midnight"-Szene, die zeitlich im Wanderbühnen-*Hamlet* nicht extra gekennzeichnet wird oder, wegen des Nacht-Prologs, nicht werden muss: Shakespeare, William: *Hamlet.* Bd. 1. Hg. v. Holger M. Klein. Stuttgart 1984, S. 56 (Szene I,1).

schrift folgt der Prolog der Nacht unmittelbar auf ein anonymes stofflich vorbereitendes Gedichtfragment zum Tod als „melancholische[r] Nacht".[15]

Als zweite Szene des eigentlichen Stücks fügt der Wanderbühnenbearbeiter eine tatsächliche und nicht erzählte Begegnung der Wachen mit dem Geist von Hamlets Vater ein. Schon auf den ersten Blick zeigt sich die Szene als typisch für die deutsche Wanderbühne; sie erlaubt durch einen kleinen Gewaltakt und das heftige Erschrecken der Protagonisten eine variabel dehnbare Körperperformance,[16] vielleicht sogar eine bei Erfolg wiederholbare akrobatische Einlage.

Im Anschluss an die inhaltlich variierte Schauspielanweisung Hamlets schließt sich in der deutschen Fassung ein kurzer Dialog mit Horatio an, in der dieser von einem hinterhältigen Mord mit einem Schuhpfriemen und späterer Bekehrung durch eine Theatertruppe berichtet.[17]

Die metadramatischen Zusätze sind allesamt Schwellensituationen, der Prolog gestaltet den Einstieg zum Werk, die Schildwachenszene markiert zu Beginn des Dramas die Schwelle zwischen Palast und Außenwelt, zwischen Geisterrefugium und Realität. Die dritte Szene befindet sich nicht an der Grenze zwischen Extra- und Intradiegese, sondern hebt auch motivisch ihre Schwellenfunktion hervor, wenn der ermordete Ehemann unter der Türschwelle, dem Grenzbereich von öffentlicher und privater Sphäre begraben wird. Wegen ihrer theatergeschichtlichen Bedeutung gehe ich im Folgenden lediglich auf die zweite Schildwachen-Szene ein.[18]

---

15 „Fragmente eines Gedichts", in: *Olla Potrida* 2 (1781), S. 16–17.

16 Hierzu immer noch einschlägig: Alewyn, Richard: „Maske und Improvisation. Die Geburt der europäischen Schauspielkunst". In: Richard Alewyn: *Probleme und Gestalten.* Frankfurt a. M. 1974, S. 20–42. Zum barocken ‚Körpertheater' vgl. jetzt auch Niefanger, Dirk: „‚Von allen Kunstverständigen hoch gepriesen'. Thesen zur Wirkung des niederländischen Theaters auf die deutsche Schauspielkunst des 17. Jahrhunderts". In: *Niederländisch-deutsche Literaturbeziehungen 1600–1830.* Hg. v. Jan Konst u. Inger Leemanns u. Bettina Noak. Stuttgart 2009, S. 153–166, und Niefanger, Dirk: „Gebärde und Bühne. Harsdörffers Schauspieltheorie". In: *Georg Philipp Harsdörffers Universalität. Beiträge zu einem Uomo universale des Barock.* Hg. v. Stefan Keppler-Tasaki und Ursula Kocher. Berlin 2011, S. 65–82 sowie – mit etwas anderer These – Schleier, Inge: „Die Vollendung des Schauspielers zum Emblem. Zu den ästhetischen Grundlagen der Theatersemiotik in der Gryphius-Zeit". In: *Daphnis* 28 (1999), S. 529–562, sowie Till, Dietmar: „Rhetorik und Schauspielkunst". In: *Bewegtes Leben. Körpertechniken in der Frühen Neuzeit.* Hg. v. Rebekka von Mallinck-Rodt. Wolfenbüttel 2008, S. 61–84.

17 Vgl. hierzu die knappen Ausführungen in: Niefanger, Dirk: „Erzähltes und erzählendes Theater im 17. Jahrhundert". In: *Intermedialität und Kulturaustausch. Beobachtungen im Spannungsfeld von Künsten und Medien.* Hg. v. Annette Simonis. Bielefeld 2009, S. 115–132, besonders S. 128–131.

18 Eine zusammenhängende Erörterung aller drei Metadrama-Ergänzungen ist an anderem Ort geplant.

Einen deutschen *Hamlet* des 18. Jahrhunderts gilt es vorher noch zu ergänzen, den des Hamburger Theaterdirektors Friedrich Ludwig Schröder, der nach erfolgreicher Inszenierung 1777, also auch noch vor der Wanderbühnenfassung erschien;[19] er bezieht sich vor allem auf die Übersetzungen von Wieland und Heufeld. Reichard geht 1779 bei seinen Hinweisen auf den deutschen Wanderbühnen-*Hamlet* davon aus, dass „eine Gegeneinanderhaltung mit der Schröderschen Verdeutschung, nothwendig den Lesern viel Vergnügen verursachen muß."[20] Creizenach berichtet gar, dass Schröders erfolgreiche Aufführung des *Hamlet* noch ein Detail der offenbar im Manuskript kursierenden Wanderbühnen-Version von 1710 enthalten habe, das in Shakespeares Stück und seinen Varianten völlig fehlt.[21] Denn in Schröders Hamburger Inszenierung von 1777 soll die Schildwache erzählt haben,[22] dass der Geist sie nicht nur durch seine stumme Anwesenheit erschreckt, sondern sie leibhaftig geschlagen habe. Dies kommt im Original-*Hamlet* so nicht vor, wird aber in der Wanderbühnenfassung als 2. Szene des Hauptspiels auf der Bühne und nicht im Botenbericht realisiert. Die Gespenster-Spur in Schröders Hamburger *Hamlet* belegt insofern, dass die mutmaßlich älteste erhaltene deutsche *Hamlet*-Version noch bis ins späte 18. Jahrhundert hinein bekannt war und gelegentlich auf der Bühne Verwendung fand.[23] Reichard ist die Szene so wichtig, dass er sie schon in der verkürzten und resümierenden Fassung des deutschen *Hamlets* im Theaterkalender von 1779 recht ausführlich zitiert.[24]

Für den hier diskutierten Zusammenhang ist die Schwellen-Szene, in der der Geist von Hamlets Vater gewalttätig gegen die Torhüter des Hofes wird, relevant, weil sie erstens metadramatisch angelegt ist und so zur Komplexität des Stückes beiträgt. Zweitens lässt sie eine nicht mal sehr unwahrscheinliche Überlegung zur Herkunft und Entstehungszeit des ersten deutschen *Hamlets* zu. Sollte meine Lektüre der zweiten Schildwachenszene plausibel sein und der mit ihr vorgelegte philologische Indiziennachweis einleuchten, könnte man im deutschen *Hamlet*

---

19 [Friedrich Alexander Schröder:] *Hamlet, Prinz von Dännemark. Ein Trauerspiel in 6 Aufzügen. Zum Behuf des Hamburgischen Theaters.* Hamburg 1777.

20 „Erster deutscher Hamlet; im Auszug", S. 47.

21 Vgl. Creizenach, W[ilhelm]: „Einleitung". In: „Die Schauspiele der englischen Komödianten", S. 127–145, hier S. 129.

22 Vgl. Creizenach: „Einleitung", S. 129.

23 Vgl. Creizenach: „Einleitung", S. 129. Vgl. auch Birker, Nina: „Hamlet auf der deutschen Bühne – Friedrich Luwig Schröders Theatertext, Dramentheorie und Aufführungspraxis". In: *Das 18. Jahrhundert* 31,1 (2007), S. 13–30, und Häublein, Renata: *Die Entdeckung Shakespeares auf der deutschen Bühne des 18. Jahrhunderts. Adaption und Wirkung der Vermittlung auf dem Theater.* Tübingen 2005, S. 57–93.

24 Vgl. „Erster deutscher Hamlet; im Auszug", S. 49.

ein Beispiel für das durchaus komplexe Wanderbühnentheater sehen und hätte ein weiteres Exempel dafür, dass eine ernst zu nehmende Shakespeare-Rezeption in Deutschland nicht erst im 18. Jahrhundert, sondern schon vor 1700 einsetzte.[25]

Die folgenden Ausführungen dienen nämlich auch dazu, die in der älteren theatergeschichtlichen Forschung gängige Ansicht zu revidieren, der deutsche Wanderbühnen-*Hamlet* stamme aus der Feder oder zumindest aus dem Repertoire des Theater-Prinzipals Johann August Ulich.[26] Diese Vermutung beruht wesentlich auf einer Theateraufführung im holsteinischen Damenstift Preetz (oder Pretze, wie der Ort in der Frühen Neuzeit noch hieß). Die Quelle für die Aufführung ist tatsächlich so eigentümlich wie interessant: Dorothea von Sehestedt, eine der frommen Stiftsdamen, hatte sich nämlich beim König von Dänemark wegen eines Verstoßes gegen die Klosterordnung beschwert. In den heiligen Gemäuern würden seit fünf Wochen Komödianten gastieren, wobei sogar die Priorin Anna von Buchwald und der Klosterprobst Wolf Blome dem Spektakel beigewohnt hätten. Welche Stücke gespielt wurden, lässt sich indes nicht eruieren. Die Brudermordtragödie nennt die Quelle nicht. Auch der Name der Theatertruppe und ihre Mitglieder werden nicht angeführt.

Man muss also spekulieren: Seit Mitte Oktober 1710 verhandelte die Prinzipalin Eleonore Constantia Ulich mit dem Magistrat der unweit vom Kloster gelegenen Stadt Kiel um eine Spielerlaubnis in der Stadt zwischen Januar und März 1711. In der Forschung wird nun davon ausgegangen, dass die Truppe die Zeit zwischen der Vorsprache beim Magistrat und der Spielerlaubnis – Oktober bis Dezember 1710 – dazu genutzt hätte im nahen Damenkloster – vielleicht gegen

---

25 Die Polemik gegen die Shakespeare-Bearbeitungen durch die deutsche Wanderbühne bei gleichzeitiger Aufwertung der ‚eigentlichen' deutschen (nämlich urdeutschen) Shakespeare-Rezeption im Sturm und Drang und der Romantik hat eine lange Tradition in der deutschen Geistesgeschichte; sie dient unter anderem dazu, eine herausragende Blütezeit um 1800, mithin den eigentlichen Anfang echter deutscher Kultur in der Goethezeit zu konstruieren. Vgl. etwa die wirkungsmächtige Studie von Gundolf, Friedrich: *Shakespeare und der Deutsche Geist*. Berlin 1922, zum deutschen Hamlet besonders S. 34–41. Dieser gehe „in der bloss stofflichen Aufreihung einiger szenischen Motive aus Shakespeares Stück" auf (S. 36). „Im deutschen Hamlet sind beim Zerfall des englischen Gebildes hauptsächlich zwei Elemente als Rohstoff übrig geblieben: der Schauer und der Humor" (S. 37). Die Linie dieser abwertenden Sichtweise oder auch bewussten Missachtung frühneuzeitlicher ‚Alternativkulturen', zu denen die Wanderbühne zweifellos gehörte, führt zu so verschrobenen Bewertungen, wie man sie zugespitzt in Heinz Schlaffers arg kurzer deutschen Literaturgeschichte findet (Vgl. *Die kurze Geschichte der deutschen Literatur*. München 2002, etwa S. 15–19, 35–53).

26 Vgl. hierzu und zum Folgenden: Gersdorff: „Ursprung des deutschen Hamlet", S. 100–101. Einige Hinweise auf die ältere theatergeschichtliche Forschung verdanke ich Bärbel Rudin (Dortmund/Kieselbronn), die ich hoffe, mit meiner Argumentation einigermaßen überzeugen zu können.

freie Unterkunft und Verpflegung – zu spielen. „Ich wage daher kaum zu viel“, heißt es in der älteren Forschung, „wenn ich behaupte, daß die namenlosen Preetzer Komödianten die Gefährten der Witwe Ulichs gewesen sind.“[27] Sie sollen im Damenkloster nicht nur den *Hamlet* gespielt haben, sondern hier soll auch gleich der Text niedergeschrieben und mit dem einschlägigen Hinweis „Pretz den 27. October 1710“ versehen worden sein.[28]

Nachweisbar scheint eine *Hamlet*-Aufführung 1626 von englischen Komödianten unter John Green in Dresden zu sein.[29] Auf dessen Hamlet könnte sich der deutsche Prinzipal Karl (oder Carl) Andreas Paulsen bezogen haben, der seinen Text dann an die bekannte Truppe seines Schwiegersohns Magister Johann Velten vererbt haben könnte. Paulsen hat seinen *Hamlet* möglicherweise aber auch an seinen anderen Schwiegersohn Balthasar Brambacher und seine weniger bedeutende Truppe gegeben. Er könnte ihn später, nachdem er seine Truppe mit der David Mülstreichs vereinigt hatte, dann Johann August Ulich, dem Ehemann jener Witwe übereignet haben, die im Kloster Preetz gespielt haben soll. So die Spekulation der älteren Theaterwissenschaft, die glaubt, im Kloster wäre *Hamlet* gegeben worden.[30] Sicher ist das indes nicht.

Wenn man vom Wanderbühnen-*Hamlet* selbst ausgeht, ergeben sich, denke ich, durchaus näher liegendere Vermutungen. Insbesondere die erwähnte zusätzliche 2. Schildwachenszene erscheint dann für die Autorschaft von Belang:

GEIST *des Königs tritt neben die Schildwache, und erschrickt ihn.*
(ab)

2. SCHILDW. Ach heiliger Anton von Padua stehe mir bey! Nun sehe ich erstlich, was mein Camerad gesagt. O Saint Velten, wenn nur erstlich die Hauptrunde vorbey wäre, ich lief als ein Schelm von der Post weg.

(Es wird wieder geblasen und gepauckt.)

SCHILDW. Hätte ich doch einen Trunk Wein von des Königs Tafel, damit ich mein erschrockenes, angebranntes Herz begiessen könnte.

---

27 Gersdorff: „Ursprung des deutschen Hamlet“, S. 100.

28 „Erster deutscher Hamlet; ein Auszug“, S. 47. Zur Herkunftsvermutung vgl. auch die regionalhistorischen Interessen von Wolfgang von Gersdorff. Seine Dissertation befasst sich mit der *Kieler Theatergeschichte: Geschichte des Theaters in Kiel unter den Herzögen zu Hollstein-Gottorp.* Kiel 1911/12.

29 Vgl. Gersdorff: „Ursprung des deutschen Hamlet“, S. 100, und Flemming: „Einführung“, S. 55.

30 Vgl. hierzu Gersdorff: „Ursprung des deutschen Hamlet“, S. 100 – 101.

GEIST *(giebt von hinten der Schildwache eine Ohrfeige, daß er die Musquete fallen lässt.)* *(ab)*

2. SCHILDW. Da spielt der Teufel leibhaftig mit. Ach, ich bin so erschrocken, daß ich nicht aus der Stelle kommen kann.[31]

Zum Konzept der eher auf sichtbare Aktion setzenden Wanderbühne passt die überraschende körperliche Präsenz des Geistes, der bei Shakespeare ja bewusst körperlos schreiten sollte; die Wache Marcellus resümiert daher selbstkritisch die eigenen Versuche einer körperlichen Kontaktnahme:

'tis gone ...
We do it wrong, being so majestical,
To offer it the show of violence,
For it is, as the air, invulnerable [...].[32]

Im späteren Gespräch mit Hamlet berichten die deutschen Schildwachen – anders als im englischen Original – nochmals von der „brave[n] Ohrfeige";[33] die Szene ist also kein ganz zufälliger, einem Inszenierungseinfall geschuldeter Zusatz, sondern in den Prätext mit Bedacht regelrecht eingewoben worden. Denn die geohrfeigte Schildwache beharrt später, obwohl es ihr eher peinlich sein sollte, auf ihrem echten Körperkontakt mit dem Geist; dies ist zwar für den konkreten Handlungsverlauf des Stückes völlig unnötig, erinnert den Kenner des Prätextes aber nachhaltig an die eingewobene Differenz und den aufmerksamen Zuhörer an die Relevanz der zusätzlichen Szene.[34] Indem sie Möglichkeiten zum Körpertheater schafft, bietet diese mit ihrem flexibel gestaltbaren körperlichen Szenenablauf die sichtbare Alternative zu starren, rhetorisch überformten Arrangements, wie sie etwa aus dem deutschen Schultheater des 17. Jahrhunderts, der französischen *tragédie classique* oder der heroischen Tragödie der Frühaufklärung bekannt sind.

Im Hinblick auf das Rahmenthema des vorliegenden Bandes lassen sich in der zweiten Schildwachenszene sogar ‚dramenwirtschaftliche' Momente erkennen: Denn der Hinweis auf einen „Trunk Wein" der zweiten Schildwache baut einen Gegensatz zwischen der Gastlichkeit und Sicherheit des höfischen Raumes innen

31 „Tragoedia. Der bestrafte Brudermord", S. 22f.
32 Shakespeare: *Hamlet*, S. 62 (I,1).
33 „Tragoedia. Der bestrafte Brudermord", S. 25, vgl. 23 und Shakespeare: *Hamlet*, S. 78 (I,2).
34 Zu den unterschiedlichen Techniken und Folgen solcher Verflechtungen vgl. Greber, Erika: *Textile Texte. Poetologische Metaphorik und Literaturtheorie. Studien zur Tradition des Wortflechtens und der Kombinatorik*. Köln u.a. 2002.

und dem unwirtlichen Wachplatz draußen, der „platform" bei Shakespeare, auf.[35] Im Laufe des Dramas stellt sich beides allerdings als Illusion heraus: das gastliche Haus des neuen Königs, hier heißt er Erico und nicht Claudius, und der freigiebig ausgeschenkte Wein; dieser wird nämlich, wie wir wissen, am Ende des Dramas von den Schergen des Königs vergiftet. Als die Königin, die hier nicht Gertrud heißt, sondern Sigrie, dummerweise davon trinkt, stirbt sie.[36] Insofern bilden die Schildwachen-Szenen zusammen mit dem Dramenschluss zumindest motivisch einen gewissen dramatischen Rahmen – durchaus im Sinne des Münchener Narratologen Werner Wolf.[37] Auf den zweiten, allerdings zum Ende hin offenen Rahmen des deutschen *Hamlets*, den der neue Prolog eröffnet, soll an dieser Stelle nicht eingegangen werden.

Stattdessen sollen nun ausgehend von der Szene metadramatisch gestützte Spekulationen zur Herkunft des deutschen Hamlet folgen: Zumindest im 18. Jahrhundert, das belegt die Forschung ausreichend, war die Begegnung Hamlets mit dem Geist seines Vaters eine Schlüsselszene der Schauspielkunst. Hamlet kann mit seinem Körpertheater die Anagnorisis modulieren und der ‚schwebende' Geist mit allen möglichen Theatereffekten aufwarten. Zudem konnte man mit der frühen Begegnungsszene zwischen der zum Geist erstarrten Anmutung des Vaters und dem mutlosen Sohn erste Akzente setzen. Nicht ungewöhnlich war deshalb, dass der mitunter ältere Prinzipal für sich die Rolle des Geistes reklamierte. Schon dadurch ist die Szene metadramatisch lesbar: Die Familienstruktur der Diegese, die Begegnung von Vater und Sohn, repräsentiert in der Konfrontation von Prinzipal und Protagonist die Struktur der patriarchal organisierten Schauspieltruppe.

Dass eine solche Lektüre der Szene selbst im 18. Jahrhundert noch möglich war, sieht man zum Beispiel am dramatischen Sturm und Drang-Monolog von *Shakespeares Geist* von Jakob Michael Reinold Lenz, der etwa zur gleichen Zeit entstand, als die *Olla Potrida*-Fassung des deutschen *Hamlets* erschien. Die Szene spielt im Londoner Theater; im Hintergrund soll die Gespenster-Szene vom berühmten David Garrick gespielt werden. „Shakespeare tritt herein" und reflektiert – als Vater der Szene – metadramatisch über die Wirkung seines Stückes: Die Zuschauer seien „Geister" gefangen von der Wirkung des Dialogs. Als Adressat des Monologs erscheint zuerst Gott, dem als „Vater" gedankt wird. Dadurch rückt

---

35 Shakespeare: *Hamlet*, S. 78 (I,2).

36 Vgl. „Tragoedia. Der bestrafte Brudermord", S. 67.

37 Vgl. Wolf, Werner: „Prologe als Paratexte und/oder dramatische (Eingangs-)Rahmungen? ‚Literarische Rahmung' als Alternative zum problematischen Paratext-Konzept". In: *Die Pluralisierung des Paratextes in der Frühen Neuzeit. Theorie, Formen, Funktionen.* Hg. v. Frieder Ammon u. Herfried Vögel. München 2008, S. 79–98.

Shakespeare in die Rolle des Theater-Messias, der im Laufe des Monologs entsprechend attributiert wird. Die Zuschauer, zuerst „Geister“, werden folgerichtig im zweiten Teil dann als „Kinder“ des Sprechers – „meine Shakespeares“, „Meine Kinder“ – angeredet, denn sie sollen ja, gleich der biblischen Aussendungsszene, die neue Botschaft des Theaters in die Welt hinaustragen.[38]

Der bei Lenz genannte David Garrick soll in unterschiedlichen Aufführungen tatsächlich beide Rollen gespielt haben, den Geist und Hamlet selbst. Sein Erscheinen auf der Bühne hatte einen regelrechten Starkult ausgelöst, der selbst so nüchterne Geister wie Georg Christoph Lichtenberg in Euphorie versetzten. Dieser nahm jedenfalls im Theater nicht nur die gespielte Rolle, sondern zugleich den bekannten Schauspieler wahr.[39] In Deutschland hatten sowohl Friedrich Ludwig Schröder als auch Konrad Ekhof[40] den Geist von Hamlets Vater gegeben.[41] Es soll sogar am 16. Juni 1778 Ekhofs letzte, sehr ergreifend interpretierte Rolle gewesen sein. Und diese Tradition, dass der Senior der Theatertruppe die Geister-Rolle übernimmt, reicht tatsächlich bis heute.[42] Für die Wanderbühne bot sie dem Prinzipal zudem die Option am Anfang ‚pantomimisch' zu glänzen, im Laufe des Stückes aber seinen Regie- und Dramaturgenaufgaben nachzukommen. Insofern könnte in der Rolle des Geistes der Prinzipal jener Wanderbühnentruppe gespielt haben, aus deren Umfeld das *Hamlet*-Manuskript stammt. Und der Prinzipal war in der Regel auch für die gespielte Textversion verantwortlich. Da man, wie Lichtenbergs Briefe es für das 18. Jahrhundert, aber etwa Johann Rists *Monatsgespräche* es schon für das 17. Jahrhundert belegen,[43] im Theater nicht nur auf das fiktionale Personal geachtet hat, sondern, zumindest von Fall zu Fall, auch auf herausragende Schauspieler, war der als Geist auftretende Prinzipal für das Publikum durchaus als ‚Star' erkennbar.

---

38 Alle Zitate: Lenz, Jakob Michael Reinhold: *Gesammelte Schriften*. Bd. 3. Hg. v. Ludwig Tieck. Berlin 1828, S. 209f.

39 Vgl. Lichtenberg, Georg Christoph: *Schriften und Briefe*. Bd. IV. Hg. v. Wolfgang Promies. München 1967, S. 213–220; vgl. auch Häublein: *Entdeckung Shakespeares auf der deutschen Bühne*, S. 62.

40 Vgl. Lessing, Gotthold Ephraim: *Hamburgische Dramaturgie*. Hg. v. Klaus L. Berghahn. Stuttgart 1981, S. 23–38 (3.–6. Stück); hier finden sich die Schauspielanweisungen nach dem Exempel Ekhofs mit Hinweisen auf *Hamlet*.

41 Vgl. Häublein: *Entdeckung Shakespeares auf der deutschen Bühne*, S. 67 und Creizenach: „Einleitung“, S. 127.

42 So konnte man 2010 in Erlangen etwa Winfried Wittkopp als väterlichen Geist bewundern.

43 Über bemerkenswerte, aber auch schlechte Schauspielleistungen mit gelegentlichen Namensnennungen auch aus dem Bereich der Wanderbühne berichtet der Hamburger Pfarrer Johann Rist in seinen *Monatsgesprächen* zum April 1666: Vgl. Rist, Johann: *Sämtliche Werke*. Bd. 5. Hg. v. Eberhard Mannack u. a. Berlin u. a. 1974, S. 275–317.

Zu fragen ist also, wer in unserem Wanderbühnen-*Hamlet* den Geist gespielt hat? Könnten wir Hinweise auf die Differenz von Rolle und Schauspieler finden, wäre dies zudem eine deutlich metadramatisch angelegte Allusion, die direkt auf das Theaterleben ihrer Zeit Bezug nimmt. Einen solchen im Bereich der weniger regulierten Wanderbühne durchaus möglichen Theatereinfall, der die ‚vierte Wand' anspielungsreich durchbricht, meine ich entdeckt zu haben. Als nämlich der Geist von Hamlets Vater auftaucht, ruft die Schildwache zwei Heilige an: „Ach heiliger Anton von Padua stehe mir bey! Nun sehe ich erstlich, was mein Camerad gesagt. O Saint Velten, wenn nur erstlich die Hauptrunde vorbey wäre [...]."[44] In der frühen Theaterkalender-Fassung ist die Anrufung Veltens mit einem Ausrufezeichen versehen, so dass herausgehoben wird, was die beiden Schildwachen eigentlich sehen: „Nun sehe ich erstlich was mein Kamerad gesagt; O Saint Velten!"[45] Jetzt erst ist mir klar, *was* er gemeint hat. Ich sehe jetzt erst, wen er gesehen hat.

Die Anrufung des ersten Heiligen leuchtet sofort ein: Der heilige Antonius von Padua (1195–1231) galt als Helfer gegen Dämonen und gegen Kriegsnöte. Der heilige Valentin aber, den wir heute vom Valentinstag am 14. Februar kennen, ist eigentlich für die Liebenden zuständig. Doch gab es weitere Konnotationen: Über die klangliche Nähe zum Fallen, erhielt Valentin seit dem Mittelalter zusätzlich, so erfahren wir aus dem Grimmschen Wörterbuch, als Zuständigkeit die Fallsucht, allgemeiner das Fallen.[46] Wohl deshalb eignete er sich für Flüche, was ihm Eingang in den Dramentext verschafft haben könnte. Aus einem Luther-Zitat wird die hier wohl alludierte Bedeutung evident. Bei ihm rücken Anton und Velten sogar, wie im deutschen *Hamlet*, in einen Kontext: „Es möcht jemand wol gern fluchen, das sie der blitz und der donner erschlüge, hellisch fewr verbrente, pestilenz, franzosen, S. Velten, S. Antoni, aussatz, carbunckel und alle plage hetten."[47] Neben dieser etwas vagen Ansammlung schlimmer Heimsuchungen findet man im so genannten Volksmund gelegentlich die Übertragung des Teufels, Junker Valand genannt, auf den Heiligennamen Velten, so dass dieser für den nicht Aussprechbaren steht: Der Ausdruck ‚Potz Velten' steht sogar im modernen Duden.[48]

---

44 „Tragoedia. Der bestrafte Brudermord", S. 22.

45 „Erster deutscher Hamlet; ein Auszug", S. 50.

46 Vgl. *Deutsches Wörterbuch von Jacob Grimm und Wilhelm Grimm*. Leipzig 1854–1960, Quellenverzeichnis Leipzig 1971, Bd. 25, Sp. 7f.

47 Martin Luther, zitiert nach: *Deutsches Wörterbuch*, Bd. 25, Sp. 8.

48 Vgl. *Duden*. Bd. 1. Hg. v. der Dudenredaktion. Mannheim ^{18}1980, S. 727.

Auf diese Übertragung des Heiligen Valentin könnte man den Ausruf der zweiten Schildwache beziehen: „Da spielt der Teufel leibhaftig mit“[49], ruft sie erschreckt aus. Das klingt ganz ähnlich wie Hamlets spätere Erinnerung an die Szene; bei Shakespeare heißt es: „The spirit that I have see / May be a devil.“[50] Die Funktion des heiligen Anton, die Luther-Stelle und die Anrufung des Teufels als Fluch erklären recht gut die Wahl der beiden Heiligen im deutschen *Hamlet*, doch gerade der zitierte Ausruf der Schildwache – „da spielt der Teufel leibhaftig mit“ – macht dennoch stutzig. In der Szene erschreckt ein Geist die Schildwachen und nicht der Teufel, und auf der Ebene der Diegese „spielt“ er keineswegs, sondern greift sie unmittelbar körperlich an. Die „Ohrfeige“ des Gespenstes ist innerhalb der erzählten Handlung gewiss kein Spaß, sonst würde der Wachhabende wohl kaum deftig fluchend seine Waffe fallen lassen und sich später der Gewalttat mit Grausen erinnern.

Nein, es ist so, dass der Teufel tatsächlich den Geist spielt. Und der Teufel heißt Velten, so wie der Heilige, der angerufen wird, als der Geist erscheint. „Nun sehe ich erstlich“, was hier vorgeht: „O Saint Velten [!]“ Denn eigentlich wird nicht der Heilige angerufen, sondern Velten, der Teufel, der gleichzeitig der Prinzipal der Truppe ist. Der spielt nicht nur teuflisch, er heißt auch tatsächlich so. Denn es ist kein geringerer als Magister Johannes Velten, der wichtigste deutsche Prinzipal im späten 17. Jahrhundert. Hat man im Kopf, dass dieser den Schauspieler der Schildwache erschreckt, leuchtet ein, dass er das Ende der „Hauptrunde“ (gemeint ist eigentlich die erste Wache) herbeisehnt, denn gleich bekommt er von seinem Prinzipal noch eine herbe Ohrfeige. Und außerdem sollten gerade die Anfangsszenen des Wanderbühnenstücks gelingen, da sonst dem Theater das Publikum wegläuft. Spielort der Wanderbühne war ja mitunter der öffentliche Platz und nicht unbedingt ein geschlossenes Haus. Wenn also der Geist garantiert, dass die Schildwache nicht von ihrem Posten im Theater wegläuft – sie kommt „nicht aus der Stelle“ , wie sie es anfangs wollte: „ich lief als ein Schelm von der Post weg“ –, dann garantieren die Schläge des Prinzipals das Gelingen der Aufführung vor Ort. Denn das Publikum läuft nicht weg, wenn die Komödianten bei ihrer Profession bleiben und so spielen, wie es den Leuten gefällt.[51]

Der legendäre Magister Velten,[52] der erste Theaterleiter auf der deutschen Wanderbühne, der sich Prinzipal nannte, und Lope de Vega, Molière, Gryphius

---

49 „Tragoedia. Der bestrafte Brudermord“, S. 23.

50 Shakespeare: *Hamlet*, S. 154 (II,2).

51 Zitate: „Tragoedia. Der bestrafte Brudermord“, S. 22f.

52 Vgl. etwa Görne, Dieter: „Magister Johannes Velten und seine ‚berühmte Bande‘“. In: *Dresdener Hefte* 79, 22. Jg. (2004) (= *Theater in Dresden*), S. 3–7, Heine, Carl: *Johannes Velten – Ein Beitrag zur Geschichte des deutschen Theaters im XVII. Jahrhundert.* Halle a. d. Saale 1887 und

und Shakespeare auf deutschen Bühnen präsentierte, wohl auch den *Hamlet*,[53] war eine umstrittene und streitbare Gestalt, dem etwa – deshalb liegt der Teufels-Vergleich ja so nahe – im Zuge des Theaterkampfes mit den Pietisten in Hamburg und Leipzig das Abendmahl in der Kirche verweigert wurde.

So wundert es nicht, dass der Magdeburger Pfarrer Johann Joseph Winckler noch 1701 in seiner Polemik gegen die Veltensche Truppe nach deren öffentlichem Auftritt in der Stadt die Gleichsetzung von Schauspiel und Teufelswerk bringt. Und er verbindet dies mit der Frage, ob Schauspieler zum christlichen Abendmahl gehen dürfen – eine deutliche Anspielung auf die genannten Vorfälle in Hamburg und Leipzig:

> Ist das nicht des Teuffels Werk und Wesen? Und gehören nicht die Werck des Fleisches zum Reich des Teuffels? Wie wolt ihr doch zum Heil. Abendmahl gehen / und da betrachten das allerbeweglichste Schauspiel der gantzen Welt Jesum am Creutz für alle eure Sünden?[54]

Abgesehen von der durchaus prekären Interpretation des Abendmahls als Schauspiel und seiner Wandlung als Peripetie, zeigt das Zitat, wie nahe die Identifikation von Schauspieler und Teufel speziell im Fall Velten lag, wo der Name sich schon zur theologischen Kontroverspolemik eignete. Hinzu kommt, dass in den theologischen Streitschriften gegen das Theater nicht selten generell von der Bühne als ‚Teufels-' oder ‚Satans-Kapelle' die Rede ist, etwa in einer Schrift des Hamburger Kantors Martin Heinrich Fuhrmann.[55] Auch angesichts der Polemik gegen Velten und das Theater liegt es also nahe, den Auftritt des Geistes in der deutschen Zusatzszene als eine ironische und in Bezug auf den zeitgenössischen Theaterstreit metadramatische Teufels-Camouflage Veltens zu verstehen.

Litzmann, Berthold: „Johannes Velten. Legende und Geschichte". In: *Archiv für Theatergeschichte*. Bd. 2. Hg. v. Hans Devrient. Berlin 1905, S. 56–71. Johannes Velten wurde am 27. Dezember 1640 in Halle /S. geboren; er studierte seit 1657 Theologie in Wittenberg, wechselte 1660 an die Universität Leipzig, wo er am 24. Februar 1661 den Magister-Titel erhielt. Seit Ende der 1660er Jahre war er vermutlich als Schauspieler und dann als Prinzipal tätig. Die Spielorte lagen häufig in Sachsen. Velten starb wohl 1693 in Hamburg. Seine Witwe übernahm die Theatertruppe.

53 Vermutlich zum Beispiel 1686 in Frankfurt: vgl. Creizenach: „Einleitung", S. 129.

54 Körner, Ludwig (Hg.): *Frau Magister Velten verteidigt die Schaubühne. Schriften aus der Kampfzeit des deutschen Nationaltheaters* [...], [zuerst: Hg. v. Carl Niessen]. [Berlin] 1940, S. 12. Winckler beruft sich auf den Kirchenvater Chrysostomus.

55 So in der Polemik des Hamburger Kantors Martin Heinrich Fuhrmann: *Die an die Kirchen Gottes gebauete Satans-Capelle*. Cölln am Rhein [eigentlich: Cölln b. Berlin] 1729. Zu Fuhrmann vgl. Liebe, Anneliese: „Fuhrmann, Martin Heinrich". In: *Neue Deutsche Biographie* 5 (1961), S. 725 [Online]; URL: http://www.deutsche-biographie.de/artikelNDB_pnd100479340.html (Stand: 1.11. 2013).

Aus Veltens Truppe ist eines der ersten deutschen Porträts eines Berufsschauspielers, die Abbildung Christian Janetschkys als Pickelhäring, überliefert.[56] Gegen den Vorwurf, das Theater diene dem Teufel, soll dieser geradezu blasphemisch entgegnet haben: „Das Theater ist so heilig wie der Altar und die Probe die Sakristey."[57] Janetschky könnte im deutschen *Hamlet* den Hofnarren „Phantasmo" oder den Komödianten „Carl" gegeben haben.[58] Janetschky stammte aus Dresden, spielte seit 1676 in Nürnberg und trat spätestens 1680 der Truppe Veltens bei. Diese spielte seit 1678 am Hof des Kurfürsten Johann Georg II. Sie erhält das Prädikat einer *Chur-Sächsischen Comoedianten Geselschafft.*[59] Von der Bindung an Sachsen könnte der Eintrag „Pretz den 27. October 1710"[60] auf dem *Hamlet*-Manuskript deuten. Die Ortsangabe bezieht sich, so meine Vermutung,[61] auf Pretzsch (in der Frühen Neuzeit auch Pretsch oder Bretsch), das in der Nähe Wittenbergs liegt.[62] Hier hatte nämlich nicht nur Magister Johannes Velten, sondern auch Hamlet und der Prinzipal der Theatertruppe im deutschen Wanderbühnenstück studiert. Wittenberg ist der einzige deutsche Ort der im Wanderbühnenmanuskript neben „Pretz" genannt wird. Das Schloss in Pretzsch war seit 1689 im Besitz der sächsischen Herrscher, die es als Witwensitz und Nebenresidenz nutzten. Als Spiel- und Aufenthaltsort der *Chur-Sächsischen Comoedianten Geselschafft* könnte es Ende des 17. Jahrhunderts also durchaus genutzt worden sein. Genau auf diese Zeit beziehen sich ja auch die Zeitangaben Reichards, die er 1779 in seinem

---

56 Im Hintergrund des Schauspielerporträts kann man eine weibliche Schauspielerin erkennen, vielleicht Catharina Elisabeth Velten. Der Stich des Kunsthändlers, Verlegers, Notars und einstigen Schauspielers Georg Scheurer geht auf eine Zeichnung des Nürnberger Malers Thomas Hirschmann zurück, vgl. die Abbildung in: Könnecke, Gustav: *Bilderatlas zur Geschichte der deutschen Nationalliteratur.* Berlin 1895, S. 198. Die deutsche älteste Abbildung eines Schauspielers zeigt Johann Ernst Hoffmann: vgl. Rudin, Bärbel: „Hans Ernst mit seiner Bande. Das älteste deutsche Schauspielerporträt". In: *Bühnengenossenschaft* 11 (2002), S. 8–9; zu dieser Schauspieltruppe vgl. auch Rudin, Bärbel: „Liselotte von der Pfalz als Theaterpatin. Komödianten unter kurpfälzischer Patronage". In: *Heidelberger Jahrbuch zur Geschichte der Stadt* 12 (2008), S. 9–21.

57 Christian Janetzky (oder Janetschky), zitiert nach: „Nachwort". In: *Frau Magister Velten verteidigt die Schaubühne*, S. 6. Zum Berufsstand des Schauspielers vgl. jetzt den Überblicksartikel von Marx, Peter: „Schauspieler". In: *Enzyklopädie der Neuzeit.* Bd. 14. Hg. v. Friedrich Jaeger u. a. Stuttgart u. a. 2005ff, Sp. 677–681.

58 Vgl. „Tragoedia. Der bestrafte Brudermord", S. 36–40.

59 Vgl. Görne: „Magister Johannes Velten", S. 4.

60 „Erster deutscher Hamlet; ein Auszug", S. 49.

61 Beide Alternativen nennt Creizenach: „Einleitung", S. 128.

62 Pretzsch liege „zwischen Wittenberg und Torga" vermerkt prominent: Merian, Matthaeus: *Topographia Germaniae (Böhmen und Sachsen).* Frankfurt 1650 (Reprint 2005), S. 153.

Theaterkalender macht.[63] Er behauptet, der deutsche *Hamlet* sei „füglich noch ein dutzend Jahre" älter als die Angabe 1710.[64] Einiges spricht also dafür, den deutschen *Hamlet* auf diese Zeit, die letzten Lebensjahre von Magister Velten, zu datieren.

Da die Ortschreibungen in der frühen Neuzeit variieren und noch abhängig von den Dialekten der Schreiber sind, kann die Ortangabe „Pretz" auf dem *Hamlet*-Manuskript im Prinzip genauso gut mit dem sächsischen Pretzsch wie mit dem holsteinischen Pretze (jetzt Preetz) zusammengebracht werden. Klanglich liegt der sächsische Ort sogar etwas näher (nur eine Silbe bei vermutlich kurzem Vokal gegenüber zwei Silben und langem Vokal beim holsteinischen Kloster in der frühneuzeitlichen Variante).

Typische Barockmotive, wie die Betonung der Macht der Masken und Kostüme einerseits und der *vraisemblance* andererseits in der berühmten Schauspielanweisung Hamlets,[65] dann die *theatrum mundi*-Anspielungen oder der zusätzliche Prolog legen eine Datierung ins Spätbarock auch auf inhaltlicher Ebene nahe. Man kann zudem die von Ralf Haeckel herausgearbeitete Umdeutung von Hamlets Melancholie als Folge barocken Denkens interpretieren: Im deutschen *Hamlet* geht es tatsächlich eher um die spielerische Exemplifizierung der rhetorischen Prinzipien der *simulatio* und der *dissimilatio* als um subtile Psychologie. Der Ausdruck „simulirte Tollheit" in Bezug auf Hamlet fällt ja explizit.[66] Wenn man die Schildwachen-Szene als verdeckte Prinzipal-Performanz deutet, wie es hier versucht wird, kann man sie sehr genau der barocken Verstellungskunst zuordnen. Denn erst der spielerische Umgang mit der *simulatio* – ein Schauspieler gibt den Geist, der den Vater verbirgt, will aber als Schauspieler und Prinzipal, nicht allein als Geist erkannt werden – dieser spielerische Umgang mit der *simulatio* gäbe der Szene ihre volle Valenz. Sie würde die *simulatio* auf der Bühne metadramatisch an das reale Theaterleben binden und das Prinzip des *theatrum mundi* ventilieren. Wie zentral der Verstellungszwang für das problematische Ansehen des Schauspieler-Standes in Relation zur Welttheater-Idee[67] noch im Spätbarock war, kann man zum Beispiel einer emblematischen Kupfertafel für Christoph Weigels weit verbreitetes *Ständebuch* von 1698 entnehmen; dort heißt es unter Lemma und Abbildung der (Wanderbühnen-)Komödianten epigrammatisch:

---

63 Vgl. „Erster deutscher Hamlet; ein Auszug", S. 47.

64 „Erster deutscher Hamlet; ein Auszug", S. 47.

65 Vgl. „Tragoedia. Der bestrafte Brudermord", S. 39 f.

66 „Tragoedia. Der bestrafte Brudermord", S. 35.

67 Vgl. dazu jetzt Niefanger, Dirk: „Theater". In: *Enzyklopädie der Neuzeit*. Bd. 13. Hg. v. Friedrich Jaeger u. a. Stuttgart u. a. 2005 ff., Sp. 418–441.

Der Heuchel=Welt verlarvte Kunst
hat einen Vorhang vor dem Hertzen,
und will mit Sünden heimlich schertzen.
Gott aber zieht offt plötzlich auff,
und macht das Possen=Spiel zu nicht,
durch Forderung vor sein Gericht.[68]

Dann wird entschieden, wer Gottes oder wer des Teufels ist, könnte man mit Blick auf Johannes Veltens Auftritt im *Hamlet* ergänzen. Der Prinzipal der in der *Hamlet*-Diegese auftretenden Schauspieltruppe heißt in der deutschen Version „Carl". Ein Komödiant genau gleichen Namens wird 1675 in amtlichen Dokumenten als Schwiegervater Veltens bezeichnet.[69] Bei Shakespeare ist der Schauspielleiter aber namenlos. Den Namen in der deutschen Version interpretiert die Forschung recht einhellig als eine Anspielung auf den Wanderbühnen-Leiter Carl Andreas Paulsen. Ihn könnte man deswegen auch als Bearbeiter des deutschen *Hamlets* erwägen. Seiner Truppe schloss sich Johannes Velten in den 1670er Jahren an und dessen Tochter ehelichte er zu dieser Zeit in Lübeck. Catharina Elisabeth Velten, Schauspielerin der Truppe, war es schließlich, die das Theater ihres etwa 1692 verstorbenen Mannes als neue Prinzipalin um 1700 massiv gegen kirchliche Angriffe u. a. aus Wittenberg, in dessen Nähe das im Manuskript verzeichnete Pretz(sch) liegt, verteidigen musste. Sie löste das Ensemble um 1711/12 in Wien auf.

In Wittenberg, so kann man es im deutschen *Hamlet* nachlesen, hat der Prinzipal der Schauspieltruppe studiert. Magister Velten war, wie sein Beiname belegt, angeblich der erste studierte Prinzipal in Deutschland. In Shakespeares *Hamlet* schauspielerte Lord Chamberlain Polonius einst in *university plays*[70] und Hamlet selbst hielt sich bekanntlich in Wittenberg auf. Von einer akademischen Ausbildung der Schauspieler in Wittenberg ist in Shakespeares Text aber nicht die

68 Weigel, Christoph: *Abbildung und Beschreibung der gemein-nützlichen Haupt-Stände* [Faksimile der Ausgabe v. 1698]. Mit einer Einführung hg.v. Michael Bauer. Nördlingen 1987, 18. unpag. Kupfertafel im Anhang.

69 In einem Dokument im Archiv der Stadt Lübeck. Auch Velten erscheint hier schon als Komödiant. Schwiegervater Veltens war der bekannte Prinzipal Carl Andreas Paulsen. Vgl. Litzmann: „Johannes Velten". Nach ihm ist vermutlich die ‚Carlsche deutsche Comoedianten-gesellschaft' und die ‚Carlsche Gesellschaft Hamburgischer Komödianten' benannt: vgl. Creizenach: „Einleitung", S. 143f.; vgl. auch Litzmann: „Die Entstehung des ersten deutschen Hamlet", S. 6–13.

70 Das *university play* hat sich aus dem englischen Schuldrama entwickelt. Vorbilder sind Stücke antiker Autoren (Terenz, Plautus und Seneca). Gegeben werden sie in lateinischer oder englischer Sprache. Vgl. Frederick S. Boas: *University Drama in the Tudor Age*. Oxford 1914 (mit einer „List of University Plays", Appendix IV).

Rede.[71] Auch in dieser deutschen Variante könnte man also eine Anspielung auf Magister Velten sehen, der in Wittenberg wie der fiktionale Prinzipal studierte, allerdings dann – wie die Schauspieler im deutschen *Hamlet* – keinen adäquaten akademischen Beruf ausübte.

Ein Angriff, gegen den sich die Witwe Veltens wehren musste, war unter anderem tatsächlich der, dass in der Schauspieltruppe gescheiterte Studenten spielten.[72] Sie antwortete mit einer Geschichte, die Melanchthon als Fürsprecher des Schauspiels einem Wittenberger (!) Studenten mitgeteilt habe. Die Erzählung von Catharina Elisabeth Velten weist strukturelle Ähnlichkeiten zu *Hamlet* auf: Ein Herrscher sei durch das Schauspiel einer Wandertruppe in der königlichen Tafelstube der Laster – „Unzucht und Wollust [...] und der Ungerechtigkeit gegen seinen Unterthanen“[73] – überführt worden. Die große Zahl solcher Indizien erscheint kaum als Zufall. Für den deutschen *Hamlet* – so meine Überzeugung – zeichnet Veltens Theatertruppe verantwortlich.

Wie kommt aber das Manuskript des deutschen *Hamlets* von Velten zu Ekhof? Auch hier erscheint der Weg wesentlich gradliniger als in der älteren Variante der Kieler Theaterforscher. Ein wichtiges Argument ist hier Ekhofs ungeteilte Verehrung Veltens, die sich etwa in zwei Briefen vom 14. November 1765 und vom 7. März 1766 an Johann Friedrich Löwen zeigt. Sie begründen, wie es in der Forschung heißt, den Nachruhm der Schauspielkunst Veltens.[74] Ekhof hat den *Hamlet* vermutlich aus dem Nachlass seines Schwiegervaters Spiegelberg bekommen, der sich mit einer neuen Truppe 1710 von den *Chur-Sächsischen Comoedianten* der Catharina Elisabeth Velten trennte. Die *Hamlet*-Abschrift aus dem gleichen Jahr sollte vermutlich sein Repertoire vermehren. Prätexte des Manuskripts waren vermutlich bei Carl Andreas Paulsen, dem Schwiegervater Veltens und John Green, dem Leiter jener englischen Komödianten, die *Hamlet* 1626 in Dresden spielten, zu finden.

In der hier diskutierten metadramatischen Szene wird die prekäre Schwelle zwischen Imagination und Wirklichkeit, Theater und Öffentlichkeit sowie dem inneren und äußeren Handlungsraum des Dramas bespielt. Diese Schwelle bewacht die etwas tölpelhafte Schildwache mehr oder weniger wehrhaft und souverän; dadurch wird sie überwindbar. Die Schwelle grenzt den Spielbereich ehrlicher Geister, wie Hamlets Vater, von dem des simulierenden Hofes und der heimlichen Verbrecher, wie Hamlets Stiefvater, ab. In der Konkurrenz unterschiedlicher Theaterformen an der Schwelle zwischen Barock und Aufklärung und

---

71 Vgl. Shakespeare: *Hamlet*, S. 174 (III,2).

72 Vgl. *Frau Magister Velten verteidigt die Schaubühne*, S. 11.

73 *Frau Magister Velten verteidigt die Schaubühne*, S. 5.

74 Vgl. Creizenach: „Einleitung“, S. 127–131 und 143–145.

in Auseinandersetzung mit den theologischen Angriffen auf die Wanderbühne könnte man hierin durchaus einen polemischen Seitenhieb auf die etablierten Hoftheater sehen. Die zusätzliche Schildwachen-Szene setzt vor allem aber dem anonymen Autor bzw. Bearbeiter des deutschen Hamlets ein metadramatisches Denkmal: Magister Johannes Velten. Eine solche Lektüre kann man zusätzlich durch Motivuntersuchungen, theatergeschichtliche Überlegungen und kulturgeschichtliche Nachforschungen, wie gezeigt, recht plausibel machen. Die zweite Schildwachen-Szene polemisiert mit dem Namensspiel um den Theatergeist und -teufel Velten gegen die buchstäbliche Verdammung des Theaters in theologischen Kreisen des späten 17. Jahrhunderts und behauptet – zusammen mit den anderen, hier nicht diskutierten zusätzlichen *Hamlet*-Szenen – den didaktischen, kritischen und ethischen Nutzen auch der Wanderbühne.

Literaturverzeichnis

„Der bestrafte Brudermord oder Prinz Hamlet aus Dänemark [1710]". In: *Die Schauspiele der englischen Komödianten.* Hg. v. W[ilhelm]. Creizenach. In: *Deutsche National-Literatur.* Historisch kritische Ausgabe. Bd. 23. Hg. v. Joseph Kürschner. Berlin und Stuttgart 1888, S. 125–186.

„Erster deutscher Hamlet; im Auszug". In: *Theaterkalender*, Gotha 1779, S. 47–60.

„Fragmente eines Gedichts". In: *Olla Potrida 2* (1781), S. 16–17.

„Tragoedia. Der bestrafte Brudermord oder Prinz Hamlet aus Dännemark". In: *Olla Potrida* 2 (1781), S. 18–68.

Alewyn, Richard: „Maske und Improvisation. Die Geburt der europäischen Schauspielkunst". In: Richard Alewyn: *Probleme und Gestalten.* Frankfurt a. M. 1974, S. 20–42.

Birker, Nina: „Hamlet auf der deutschen Bühne – Friedrich Luwig Schröders Theatertext, Dramentheorie und Aufführungspraxis". In: *Das 18. Jahrhundert* 31, (2007) H. 1, S. 13–30.

Boas, Frederick S.: *University Drama in the Tudor Age.* Oxford 1914.

Bolte, Johannes: „Von Wanderkomödianten und Handwerkerspielen des 17. und 18. Jahrhunderts". In: *Sitzungsberichte der Preußischen Akademie der Wissenschaft. Sitzung der philosophisch-historischen Klasse XIX* (1934), S. 445–487.

Creizenach, W[ilhelm]. : „Einleitung". In: *Die Schauspiele der englischen Komödianten*, Hg. v. W[ilhelm]. Creizenach. In: *Deutsche National-Literatur.* Historisch kritische Ausgabe. Bd. 23. Hg. v. Joseph Kürschner. Berlin und Stuttgart 1888 S. 127–145.

Grimm Jacob u. Wilhelm Grimm: *Deutsches Wörterbuch.* Leipzig 1854–1960, Quellenverzeichnis Leipzig 1971, Bd. 25.

Duden. Bd. 1. Hg. v. der Dudenredaktion. Mannheim 1980.

Flemming, Willi: „Einführung". In: *Das Schauspiel der Wanderbühne.* Hg. v. Willi Flemming. Leipzig 1931, S. 5–69.

Freudenstein, Reinhold: *Der bestrafte Brudermord. Shakespeares ‚Hamlet' auf der Wanderbühne des 17. Jahrhunderts.* Hamburg 1958.

Fuhrmann, Martin Heinrich: *Die an die Kirchen Gottes gebauete Satans-Capelle.* Cölln am Rhein [eigentlich: Cölln b. Berlin] 1729.

Gersdorff Wolfgang v. : *Geschichte des Theaters in Kiel unter den Herzögen zu Hollstein-Gottorp.* Kiel 1911/12.
Gersdorff, Wolfgang von: „Der Ursprung des deutschen Hamlet". In: *Die deutsche Bühne. Amtliches Blatt des Deutschen Bühnenvereins* 4 (1912), S. 100–101.
Goethe, Johann Wolfgang von: *Werke.* Hamburger Ausgabe in 14 Bänden. Bd. VII. Hg. v. Erich Trunz. München 1982.
Görne, Dieter: „Magister Johannes Velten und seine ‚berühmte Bande'". In: *Dresdener Hefte 79*, 22. Jg. (2004) (= Theater in Dresden), S. 3–7.
Greber, Erika: *Textile Texte. Poetologische Metaphorik und Literaturtheorie. Studien zur Tradition des Wortflechtens und der Kombinatorik. Köln u. a. 2002.*
Gundolf, Friedrich: Shakespeare und der Deutsche Geist. Berlin 1922.
Haeckel, Ralf: *Die englischen Komödianten in Deutschland. Eine Einführung in Ursprünge des deutschen Berufsschauspiels.* Heidelberg 2004.
Häublein, Renata: *Die Entdeckung Shakespeares auf der deutschen Bühne des 18. Jahrhunderts. Adaption und Wirkung der Vermittlung auf dem Theater.* Tübingen 2005.
Heine, Carl: *Johannes Velten – Ein Beitrag zur Geschichte des deutschen Theaters im XVII. Jahrhundert.* Halle a. d. Saale 1887.
Hesse, Gisela: „Hamlet". In: *Kindlers Literaturlexikon.* Bd. 15. Hg. v. Walter Jens. München 1988, S. 339–343.
Könnecke, Gustav: *Bilderatlas zur Geschichte der deutschen Nationalliteratur.* Berlin 1895.
Körner, Ludwig (Hg.): *Frau Magister Velten verteidigt die Schaubühne. Schriften aus der Kampfzeit des deutschen Nationaltheaters; erneuert zum 50. Geburtstage des Präsidenten der Reichstheaterkammer Ludwig Körner.* [zuerst: Hg. v. Carl Niessen]. [Berlin] 1940.
Lenz, Jakob Michael Reinhold: *Gesammelte Schriften.* Bd. 3. Hg. v. Ludwig Tieck. Berlin 1828.
Lessing, Gotthold Ephraim: *Hamburgische Dramaturgie.* Hg. v. Klaus L. Berghahn. Stuttgart 1981.
Lichtenberg, Georg Christoph: *Schriften und Briefe.* Bd. IV. Hg. v. Wolfgang Promies. München 1967.
Liebe, Anneliese: „Fuhrmann, Martin Heinrich". In: *Neue Deutsche Biographie 5* (1961). http://www.deutsche-biographie.de/artikelNDB_pnd100479340.html (Stand: 1. 11. 2013).
Litzmann, Berthold: „Die Entstehung des ersten deutschen Hamlet". In: *Zeitschrift für vergleichende Literatur-Geschichte und Renaissance-Literatur 2* (1887), S. 6–13.
Litzmann, Berthold: „Johannes Velten. Legende und Geschichte". In: *Archiv für Theatergeschichte.* Bd. 2. Hg. v. Hans Devrient. Berlin 1905, S. 56–71.
Marx, Peter: „Schauspieler". In: *Enzyklopädie der Neuzeit.* Bd. 14. Hg. v. Friedrich Jaeger u. a. Stuttgart u. a. 2005 ff.
Merian, Matthaeus: *Topographia Germaniae (Böhmen und Sachsen).* Frankfurt 1650 (Reprint 2005).
Niefanger, Dirk: „‚Von allen Kunstverständigen hoch gepriesen'. Thesen zur Wirkung des niederländischen Theaters auf die deutsche Schauspielkunst des 17. Jahrhunderts". In: *Niederländisch-deutsche Literaturbeziehungen 1600–1830.* Hg. v. Jan Konst, Inger Leemanns u. Bettina Noak. Stuttgart 2009, S. 153–166.
Niefanger, Dirk: „Erzähltes und erzählendes Theater im 17. Jahrhundert". In: *Intermedialität und Kulturaustausch. Beobachtungen im Spannungsfeld von Künsten und Medien.* Hg. v. Annette Simonis. Bielefeld 2009, S. 115–132.

Niefanger, Dirk: „Gebärde und Bühne. Harsdörffers Schauspieltheorie“. In: *Georg Philipp Harsdörffers Universalität. Beiträge zu einem Uomo universale des Barock.* Hg. v. Stefan Keppler-Tasaki u. Ursula Kocher. Berlin 2011, S. 65–82.
Niefanger, Dirk: „Theater“. In: *Enzyklopädie der Neuzeit.* Bd. 13. Hg. v. Friedrich Jaeger u. a. Stuttgart u. a. 2005 ff.
Rist, Johann: *Sämtliche Werke.* Bd. 5. Hg. v. Eberhard Mannack u. a. Berlin u. a. 1974.
Rudin, Bärbel: „Hans Ernst mit seiner Bande. Das älteste deutsche Schauspielerporträt“. In: *Bühnengenossenschaft 11* (2002), S. 8–9.
Rudin, Bärbel: „Liselotte von der Pfalz als Theaterpatin. Komödianten unter kurpfälzischer Patronage“. In: *Heidelberger Jahrbuch zur Geschichte der Stadt 12* (2008), S. 9–21.
Schlaffer, Heinz: *Die kurze Geschichte der deutschen Literatur.* München 2002.
Schleier, Inge: „Die Vollendung des Schauspielers zum Emblem. Zu den ästhetischen Grundlagen der Theatersemiotik in der Gryphius-Zeit“. In: *Daphnis 28* (1999), S. 529–562.
Schröder, Friedrich Alexander: *Hamlet, Prinz von Dännemark. Ein Trauerspiel in 6 Aufzügen. Zum Behuf des Hamburgischen Theaters.* Hamburg 1777.
Shakespeare, William: *Hamlet.* Bd. 1. Hg. v. Holger M. Klein. Stuttgart 1984.
Shakespeare, William: *Theatralische Werke in 21 Einzelbänden übers. v. Christoph Martin Wieland.* Bd. 20: Hamlet, Prinz von Dännemark. Hg. v. Hans und Johanna Radspieler. Zürich 1993.
Suerbaum, Ulrich: *Der Shakespeare-Führer.* Stuttgart 22006, S. 342–344.
Till, Dietmar: „Rhetorik und Schauspielkunst“. In: *Bewegtes Leben. Körpertechniken in der Frühen Neuzeit.* Hg. v. Rebekka von Mallinck-Rodt. Wolfenbüttel 2008, S. 61–84.
Weigel, Christoph: *Abbildung und Beschreibung der gemein-nützlichen Haupt-Stände* [Faksimile der Ausgabe v. 1698]. Hg. v. Michael Bauer. Nördlingen 1987.
Wolf, Werner: „Prologe als Paratexte und/oder dramatische (Eingangs-)Rahmungen? ‚Literarische Rahmung‘ als Alternative zum problematischen Paratext-Konzept“. In: *Die Pluralisierung des Paratextes in der Frühen Neuzeit. Theorie, Formen, Funktionen.* Hg. v. Frieder Ammon u. Herfried Vögel. München 2008, S. 79–98.

Doris Feldmann

Das ‚Andere' der Gastlichkeit

Zur Ökonomisierung der *domestic tragedy* am Beispiel von George Lillo und deutschen Rezeptionen

Die Semantik der Gastlichkeit enthält schon etymologisch mehr oder weniger komplementär gedachte Alteritäten: Die englischen Wörter *guest* (Gast) und *host* (Gastgeber) haben die gleiche sprachliche Wurzel, nämlich *ghos-ti*, die zurückgeht auf lateinisch *hospes* (Fremder) und *hostis* (Fremder, Feind).[1] Zudem impliziert Gastlichkeit eine prototypische Schwellensituation: eine Begegnung von Eigenem und Fremdem, die mit Grenzmarkierungen zwischen Innen und Außen, zwischen Nähe und Ferne, zwischen Freund und Feind einhergeht und insofern Modelle zur (kritischen) Selbstreflexion bereitstellt.[2] Anhand von symptomatischen Lesarten[3] zweier *domestic tragedies* von George Lillo (sowie deutscher Übersetzungen, Bearbeitungen und weiterer Rezeptionen) möchte ich untersuchen, wie wirtschaftliche Verkehrsformen – mit grenzüberschreitenden Austauschprozessen einerseits und disziplinierenden Anforderungen bezüglich ‚Haus-Haltung' andererseits[4] – die dünne Membran zwischen den mit Gastlichkeit verbundenen Binarismen in Bewegung setzen und durchlässig werden lassen. Meine These lautet, dass die englische bzw. englisch-deutsche ‚Dramen-Wirtschaft' die Topik der Gastlichkeit an die Ränder des immer schon implizierten ‚Anderen' treibt: an Konkurrenz und

---

1 Zu den ‚unheimlichen' Fissuren in dieser Etymologie vgl. Miller, J. Hillis: „The Critic as Host". In: *Deconstruction and Criticism.* Hg. v. Harold Bloom, Paul de Man u. a. New York 1979, S. 218–221.

2 Vgl. Parr, Rolf u. Peter Friedrich: „Von Gästen, Gastgebern und Parasiten". In: *Gastlichkeit: Erkundungen einer Schwellensituation.* Hg. v. Peter Friedrich u. Rolf Parr. Heidelberg 2009, S. 7–14, hier S. 8.

3 Garber, Marjorie: *Symptoms of Culture.* New York 1998, S. 1–14, verwendet ‚Symptom' als kritischen Begriff in der Kulturanalyse. Ein Symptom stellt dabei einen dem Rebus ähnlichen kulturellen Code dar, der auf ein zurückgehaltenes Narrativ zurückgeht, aber Teil der kulturellen Performativität ist und insofern ‚gelesen' werden kann. Anders als ein Symbol ist ein Symptom nicht so sehr dekontextualisierend und zeitüberdauernd, sondern eher historisch spezifisch und kulturell metonymisch.

4 Wegmann, Thomas: *Tauschverhältnisse: Zur Ökonomie des Literarischen und zum Ökonomischen in der Literatur von Gellert bis Goethe.* Würzburg 2002, S. 18 f., weist auf die historische Notwendigkeit hin, Ökonomie im 18. Jahrhundert nicht nur vom Handel, sondern auch vom Haushalt her zu begreifen. Anders als bei Wegmann (S. 15) wird der Begriff des Ökonomischen im Folgenden jedoch nicht so stark ausgeweitet, dass er als Paradigma von Kultur schlechthin fungieren kann.

feindliche Präsenz, an Ausbeutungs- und Kolonialisierungsstrategien, an das unheimliche oder nicht anschlussfähige Fremde.

Dass die *domestic tragedy* in England bereits sehr früh und recht offen wirtschaftliche Diskurse präsentiert, ist inzwischen zum kritischen Gemeinplatz geworden. Ökonomische Denkweisen markieren alle Strukturebenen des Genres: Wirtschaftlich definierte Figurentypen treten auf, ökonomische Interessen steuern die Handlung oder übernehmen die Rolle des ‚Schicksals' und die Terminologie des Handels und der Geldwirtschaft dringt metaphorisch in andere Diskurse ein. Kaufmannsethos und Merkantilismus sind auch konstitutiv für die als ‚Muster' geltende *domestic tragedy* George Lillos, nämlich *The London Merchant; or, the History of George Barnwell* (1731). Mit der Ökonomisierung ergibt sich hier – und für das Subgenre insgesamt – aber auch ein Konstruktionsproblem für das Drama als Tragödie. Der kaufmännischen Sphäre haften nämlich tendenziell, zumindest in ihrer affirmativen Darstellung, ‚untragische' Qualitäten an.[5] Dies impliziert schon der Doppeltitel: Der tragische Konflikt ist nur in der namentlich verorteten individuellen Geschichte des Lehrlings, George Barnwell, angesiedelt und nicht im Bereich der per Prototyp, *The London Merchant*, genannten Kaufmannschaft. Dass der Auftritt des Kaufmanns Thorowgood – mit sprechendem Namen und als Sprachrohr eines selbstbewussten Berufsstandes – gleich zu Beginn des Dramas eher ideologisch als dramatisch notwendig ist, wurde von der Forschung bereits vielfach angemerkt. Die erste Szene dient der Etablierung eines ökonomisch hergeleiteten Rahmens für die Bewertung von Barnwells ‚tragischem Fall'. Der unmittelbare Anlass für die Ausführungen Thorowgoods ist politischer Natur: Es geht um eine potentiell feindliche Invasion, um eine Art erzwungene Gastbeziehung, eine mögliche kriegerische Auseinandersetzung und damit das Gegenteil von freundlicher Präsenz bzw. Gastfreundschaft. Dabei wird eine zweite Bedeutungsebene von *domestic* – neben dem Häuslich-Familiären – evoziert, nämlich

5 Zu einer möglichen – freilich ideologisch bedingten – Strukturhomologie von Geld und Komödie vgl. Fulda, Daniel: *Schau-Spiele des Geldes: Die Komödie und die Entstehung der Marktgesellschaft von Shakespeare bis Lessing*. Tübingen 2005, insbes. S. 19–22. Von den sich allmählich ausdifferenzierenden ‚Subsystemen' der neuzeitlichen Gesellschaft (ausführlicher hierzu Fulda: *Schau-Spiele des Geldes*, S. 35–38) werden im Folgenden in Verbindung mit der ökonomischen Sphäre vor allem politisch-nationale und soziokulturelle (etwa klassenspezifische und geschlechtliche) Diskurse auf (spannungsreiche) Überlagerungen mit Gattungsstrukturen der *domestic tragedy* hin untersucht. Zu zeitgenössischen (moral)philosophischen und religiösen Diskursen (insbes. im Kontext von Protestantismus und ‚protestantischer Ethik') als Rechtfertigung wirtschaftlicher Interessen und zu neuen Konzepten familiärer Häuslichkeit als imaginierter ‚Gegenpol' zu den Gesetzen des Marktes im britischen Kontext vgl. Feldmann, Doris: *Gattungsprobleme des ‚domestic drama' im literarhistorischen Kontext des achtzehnten Jahrhunderts*. Amsterdam 1983, S. 21–34.

die des Heimisch-Inländischen, das heißt die Ebene der imaginierten großen Gemeinschaft, der Nation. Insofern signalisiert die Figur des Gastes als dem Fremden auf der Schwelle[6] hier auch eine Auseinandersetzung mit dem politisch-national ‚Anderen'.[7]

Eine spanische Invasion Großbritanniens, so berichtet Thorowgood, konnte gerade noch vermieden werden, weil die Londoner Kaufleute den Banken von Genua, die Spanien finanzieren wollten, eine für sie profitablere wirtschaftliche Beziehung anbieten konnten. So agieren „honest merchants" (1.1.16–17)[8] wie ein Monarch oder anstelle eines Monarchen für „the safety of their country" (1.1.17–18).[9] Nun muss Spanien erst wieder auf „the slow return of wealth from his New World" (1.1.6–7) warten.[10] Für Großbritannien hat die indirekte, sachliche Wirkung bürgerlicher Handelsgeschäfte offenbar militärische Heroik und dramatische Staatsaktionen abgelöst: Es fließt Geld statt Blut, Schauplatz der (bloß kommunikativen) Auseinandersetzungen ist die Bank, nicht das Meer.[11] Hieraus leitet Thorowgood seine aufklärerisch-merkantile Doktrin ab:

> THOROWGOOD ... see how it [*i.e.* the method of merchandise] is founded in reason, ... how it has promoted humanity as it has opened and yet keeps up an intercourse between nations far remote from one another in situation, customs, and religion; promoting arts, industry, peace, and plenty; by mutual benefits diffusing mutual love from pole to pole. (3.1.4–9)

---

6 Waldenfels, Bernhard: „Fremdheit, Gastfreundschaft und Feindschaft". In: *Rivista di letteratura e cultura tedesca: Zeitschrift für deutsche Literatur und Kulturwissenschaft* 5 (2005), S. 31–40, hier S. 3.

7 Zur Verhandlung nationaler Fragen in *The London Merchant* vgl. Cruise, James: „Dispensing Nationhood and the Consuming Nation in *The London Merchant*". In: *Age of Johnson: A Scholarly Annual* 10 (1999), S. 231–257.

8 Diese sowie alle zukünftigen Angaben beziehen sich auf die Ausgabe Lillo, George: *The London Merchant; or, The History of George Barnwell* (1731). Hg. v. William H. McBurney. London 1965.

9 In der deutschen Übersetzung klingt dies weniger neutral bzw. eher pathetisch: „Großmüthige Kaufleute" tragen „zur Rettung ihres Vaterlandes" bei (1.1.23–24, S. 7). Diese sowie alle künftigen Angaben beziehen sich auf die Ausgabe Lillo, George: *Der Kaufmann von London oder Begebenheiten George Barnwells: Ein bürgerliches Trauerspiel* (1752). Übers. v. Henning Adam von Bassewitz. Hg. v. Klaus-Detlef Müller, mit kritischen Materialien und Einführung. Tübingen 1981.

10 Im Deutschen entfällt die Bedeutung von *return* als ‚Rendite': „die Ankunft der Schätze aus ihrer neubezwungenen Welt" (1.1.10, S. 7).

11 Zu einer ersten konsistenten Analyse der mit sozioökonomischen Veränderungen einhergehenden Gattungsästhetik im 18. Jahrhundert vgl. Schlaffer, Heinz: *Der Bürger als Held: Sozialgeschichtliche Auflösungen literarischer Widersprüche*. Frankfurt a. M. 1973; zu *The London Merchant* insbesondere S. 105–121.

Dass es sich hierbei um Ideologie handelt, zeigt die historische Tatsache, dass Großbritannien 1739 einen Krieg gegen Spanien begann, den britische Kaufleute stark unterstützten und in dem es um Handelskonzessionen in Spanisch-Amerika ging.[12]

Im imperialen (und – gleichsam antizipatorisch – im globalen) Diskurs ist der Kaufmann nicht selbst zu Gast in fremden Ländern, vielmehr ist er dank seiner Handelsbeziehungen ‚in der ganzen Welt zu Hause'.[13] Trueman, der vorbildliche Lehrling und Komplementärfigur zu Barnwell, versteht, worum es geht, und erweitert Thorowgoods Credo im Sinne einer – recht selbstgefälligen – kolonialen Rhetorik:

TRUEMAN ... I have observed those countries where trade is promoted and encouraged do not make discoveries to destroy but to improve mankind – by love and friendship to tame the fierce and polish the most savage; ... by taking from them, with their own consent, their useless superfluities, and giving them in return what ... they stand in need of. (3.1.11–19)[14]

Damit Thorowgood nicht ausschließlich als Geschäftsmann erscheint, wird er in der zweiten Szene des Dramas als großzügiger Familienvater präsentiert, der seiner Tochter zumindest einen gewissen Spielraum bei der Wahl eines Ehemanns gewähren will. Bei der Vorbereitung eines Gastmahls für die aristokratischen Heiratskandidaten präsentiert er sich als ‚freigiebiger' Gastgeber:

THOROWGOOD Well, Maria, have you given orders for the entertainment? I would have it in some measure worthy the guests. Let there be *plenty* and of the best, that the courtiers, *though they should deny us citizens politeness*, may at least commend our hospitality.

12 Ähnliches gilt auch für den Krieg von 1756–1763. Vgl. hierzu Feldmann, Doris: „Peace as the Result of ‚the Method of Merchandise': Ideological Warfare in George Lillo's *The London Merchant*". In: *Guerres et paix: la Grande-Bretagne au XVIIIe siècle.* Hg. v. Paul-Gabriel Boucé. Paris 1998, S. 293–302, hier S. 296.

13 Entsprechend formuliert auch Young Wilmot, der Protagonist aus George Lillos *Fatal Curiosity*, der in Übersee reich geworden ist: „'Tis said the world is ev'ry wise man's country" (1.3.27). Diese sowie alle künftigen Angaben beziehen sich auf die Ausgabe Lillo, George: *Fatal Curiosity: A True Tragedy* (1737). Hg. v. William H. McBurney. London 1967.

14 Zu solchen „useless superfluities" gehören wohlgemerkt „glittering gems, bright pearls, ..., unnumbered veins of gold and silver ore" (3.1.21–23). Zu dieser Rationalisierung kolonialer Ausbeutung vgl. auch Grace, Dominick M.: „*Fatal Curiosity* and Fatal Colonialism". In: *English Studies in Canada* 28 (2002) H. 3, S. 385–411, hier S. 391.

MARIA Sir, I have endeavoured not to wrong your well-known *generosity* by an ill-timed parsimony. (1.2.1–7)[15]

In der deutschen Übersetzung heißt es:

THOROWGOOD Nun, meine liebe Tochter! Hast du gute Anstalten zur Mahlzeit verfüget? Jch sehe gerne, daß der *Ueberfluß* und eine gute Wahl dabey herrschen. Die Gäste, welche ich bekomme, sind vornehm, wir müssen dahero dahin sehen, daß sie *wenigstens* mit unserer Aufnahme und Bewirtung zufrieden sind.

MARIA Jch hoffe, sie werden damit zufrieden seyn, lieber Herr Vater! Jch habe es an nichts fehlen lassen. (1.2.3–9, S. 9)

Damit steht Thorowgoods Verhalten als Gastgeber offenbar quer zur bürgerlich-merkantilen Ideologie des Austausches und zu *economy* im Sinne von Haushaltung und Sparsamkeit. Generosität ist auch begrifflich im 18. Jahrhundert vor allem mit den *upper classes*, mit adliger oder aristokratischer Repräsentation bzw. Selbstdarstellung assoziiert.[16] So wird die Gastgeberschaft als bewusstes *self-fashioning* des Kaufmanns dadurch ambivalent, dass sie in die Nähe einer Mimikry des Adlig-Verschwenderischen gerät.[17] Kein Wunder also, wenn Thorowgood zwecks Abgrenzung gleichzeitig zur Aristokratenschelte anhebt („though they should deny us citizens politeness" [1.2.3–4]) – ein Aspekt, der in der deutschen Übersetzung fehlt. Neben dem opulenten Speiseangebot soll auch Thorowgoods Tochter Maria dargeboten werden, die sich vor der Abendgesellschaft drücken will:

THOROWGOOD You are not insensible that it is chiefly on your account these noble lords do me the honor so frequently to grace my board. Should you be absent, the disappointment may make them repent their *condescension* and think their *labor* lost. (1.2.16–19)

Die Übersetzung lautet:

THOROWGOOD Aber du weist [*sic*] ja wohl, daß alle diese vornehme Standespersonen mich hauptsächlich deinetwegen besuchen. Wolltest du denn, daß sie ihre *Höflichkeit*, und die *Mühe*, welche sie sich geben, bedauren [*sic*] sollten? (1.2.20–23, S. 9)

---

15 Alle (künftigen) Hervorhebungen in Zitaten stammen, sofern es sich nicht um (Dramen-)Titel handelt, von mir.

16 Vgl. hierzu Hynes, Peter: „Exchange and Excess in Lillo's *London Merchant*". In: *University of Toronto Quarterly: A Canadian Journal of the Humanities* 72 (2003), H. 3, S. 679–697, S. 687–688 u. S. 690.

17 In der deutschen Übersetzung heißt es sogar „Ueberfluß" (1.2.4, S. 9).

„Condescension“ (1.2.19) (Herablassung) wird im deutschen Text in „Höflichkeit“ (1.2.22, S. 9) verkehrt, die Adelskritik wird unterdrückt und der Klassenantagonismus aufgehoben. Die Tatsache, dass sich nun Adlige ins Merkantile ‚hinab‘ begeben, sich abmühen, gleichsam ‚arbeiten‘ müssen („labor“ [1.2.19]), weil sie um eine Kaufmannstochter konkurrieren, wird ebenfalls heruntergespielt.[18] Das scheinbar private Essen ist aber auch insofern schon sozioökonomisch überformt, als es hier um Thorowgoods einzige Erbin geht. Dass seine großzügige Gastgeberschaft durchaus nicht frei von Kalkül ist, zeigt sich zudem an der Diskussion mit seiner Tochter über klassenspezifische und ökonomische Faktoren bei einer Eheschließung:

> THOROWGOOD ... A noble birth and fortune, though they make not a bad man good, yet they are a real advantage to a worthy one and place his virtues in the fairest light. (1.2.64–66)

Zum Konflikt kommt es erst gar nicht, da Maria im wahrsten Sinne des Wortes selbst-los ist und die Normen ihres Vaters internalisiert hat: „love shall never make me act contrary to my duty“ (1.2.69–70). Insofern die (notwendig melancholische)[19] Tochter ihre ‚Identität‘ explizit paternalistisch herleitet, erscheint der innerfamiliäre Bereich problemfrei: Ihr „only merit“, so sagt sie in der dritten Person Singular über sich ‚selbst‘, „is that she is yours“ (1.2.21–22).

Der Subtext von Gastlichkeit als inszeniertes Zur-Schau-Stellen und als Konsumangebot, das auch das weibliche Geschlecht (als Warenwert) mit einschließt, offenbart sich vor allem in der Geschichte der Verführung von George Barnwell, die ebenfalls mit einer Einladung zu einem gut vorbereiteten und teuren Essen, diesmal bei der Prostituierten Millwood, beginnt. Dabei ist Millwood die wirtschaftspolitische Antagonistin Thorowgoods, denn sie identifiziert sich von Anfang an mit den Spaniern und ihren Ausbeutungspraktiken, also mit jener Nation, die der Kaufmann bereits zu Großbritanniens feindlichem ‚Anderen‘ erklärt hat:

> MILLWOOD I would have my conquests complete, like those of the Spaniards in the New World, who first plundered the natives of all the wealth they had and then condemned the wretches to the mines for life to work for more. (1.3.24–27)

18 Vgl. hierzu auch von Stackelberg, Jürgen: *Übersetzungen aus zweiter Hand: Rezeptionsvorgänge in der europäischen Literatur vom 14. bis zum 18. Jahrhundert*. Berlin 1984, S. 153–156.
19 Ausführlicher hierzu Feldmann: *Gattungsprobleme des ‚domestic drama‘*, S. 117–118, S. 131–133 u. S. 142–143.

Aufgrund ihrer kriegerisch-aggressiven Haltung, die zunächst offenbar im Kontrast zu Thorowgoods Ideologie von zivilisiertem Austausch und friedfertig-freundschaftlichen Beziehungen steht, bereitet sich Millwood auf die Bewirtung ihres Gastes wie auf eine Schlacht vor:

MILLWOOD How do I look today, Lucy?
LUCY Oh, killingly, madam![20] A little more red, and you'll be irresistible! ... What new conquest are you aiming at? (1.3.1–5)

Die mit dem Vokabular der Eroberung, Unterwerfung und Versklavung umschriebene Verführung Barnwells durch Millwood, die von Lucy als „scheme of government" (1.3.28) bezeichnet und damit politisiert wird, erweist sich dadurch als problematisch, dass die Feindseligkeiten, die zunächst im interkulturellen bzw. außenpolitischen Kontext angesiedelt erschienen, nun innerhalb Großbritanniens erkennbar werden, und zwar als Geschlechter- und Klassenkonflikt.[21] Aber nicht nur das: Aufgrund ihrer Assoziation mit kolonialem Handel und ihrer eigenen risikoreichen und spekulativen, aber unter Umständen recht profitablen Geschäftsidee,[22] die schnellen Reichtum verspricht, ist Millwood mit einem aktuellen (zeitgenössischen) Wirtschaftsphänomen assoziierbar, nämlich mit der Börse. Insbesondere der Handel mit Produkten aus Übersee brachte hohe Gewinne und führte im frühen 18. Jahrhundert zu einem Börsenboom, aber 1720 auch zu einer ersten Spekulationsblase in Form des South Sea Bubble, des Südsee-Börsenschwindels, in den auch die Mätressen des Königs verwickelt waren.[23] Millwood selbst stellt sich in ihrer Verteidigungsrede gegenüber Thorowgood primär als Opfer des gleichen Eigennutzes und Vorteilsdenkens dar, das die spanische Invasion abgewehrt hat. Was England als *body politic* mächtig werden ließ, hat ihren Körper entmachtet und sie zur Prostituierten werden lassen:

MILLWOOD ... I curse your barbarous sex who robbed me of 'em [*i.e.* perfections], ere I knew their worth, then left me, too late, to count their value by their loss. Another and another spoiler came, and all my gain was poverty and reproach. My soul disdained, and yet disdains, dependence and contempt. Riches, no matter

---

20 In der deutschen Übersetzung heißt es leider nur: „O! vollkommen schön, Mademoiselle" (1.3.23, S. 11).

21 Millwood expliziert bezüglich ihres (durch Rache motivierten) Verhaltens die Analogie von kolonialer und geschlechtlicher Unterwerfung: „We are but slaves to men" (1.3.18).

22 Dabei stellen die Einladung und das Gastmahl eine – für Millwood recht kostspielige – Investition dar (vgl. 1.7.1–3).

23 Vgl. Ingrassia, Catherine: „Money and Sexuality in the Enlightenment: George Lillo's *The London Merchant*". In: *Historical Reflections* 31 (2005), H. 1, S. 93–115, hier S. 93 f.; und Grace: „*Fatal Curiosity* and Fatal Colonialism", S. 386–388.

> by what means obtained, I saw secured the worst of men from both. I found it, therefore, *necessary* to be rich and to that end I summoned all my arts. (4.18.11–18)

In der deutschen Übersetzung wird die von Millwood evozierte gesellschaftliche Determiniertheit abgeschwächt: „so habe ich auch reich werden *wollen*" (4.12.15, S. 60).

Im Showdown des vierten Aktes verliert der Kontrast zwischen Thorowgoods und Millwoods Positionen deutlich an Schärfe. Ganz anders in der deutschen Version, welche die Figur Millwood im Bereich nicht assimilierbarer Fremdheit belässt. Ihre Anklagereden in Bezug auf Klassenjustiz, religiöse Heuchelei und geschlechtliche Doppelmoral sind in der deutschen Übersetzung – der französischen Vorlage folgend – gründlich verwässert und gekürzt worden.[24] Gestrichen wurde auch Thorowgoods Reaktion: „Truth is truth, though from an enemy and spoke in malice" (4.18.57) – ein Zugeständnis, das der *virago* Millwood zumindest einen rhetorischen Sieg verschafft. Millwood bleibt im deutschen Kontext auch insofern eine Figur der Differenz, eines ‚Andersseins', als es sich – zumindest vordergründig – um eine Darstellung englischer Figuren und englischer Kultur handelt. Darauf heben auch entsprechende Hinweise von Übersetzern und Bearbeitern ab. Schon bei der ersten französischen Teilübersetzung wird die Szene, in der Barnwell Millwoods Drängen nachgibt, unterschlagen, eine Szene, die angeblich dem englischen *goût nouveau*, nicht aber dem Geschmack der französischen Nation entspricht.[25] Stephanie der Ältere, ein Schauspieler, der den *Kaufmann von London* in der von-Bassewitz-Übersetzung für das Wiener Nationaltheater bearbeitet hat, erklärt in seiner Einleitung: „Einige Veränderungen waren für uns notwendig: Der Engländer erlaubt sich Freyheiten, die ein Deutscher nicht allemahl wagen darf."[26]

Im weiteren Verlauf des gerade anzitierten gesellschaftskritischen Monologs nimmt die Figur Millwood explizit Bezug auf die von Schiffbruch profitierenden

---

24 Ausführlicher hierzu von Stackelberg: *Übersetzungen aus zweiter Hand*, S. 148–155.

25 Vgl. Price, Lawrence M.: „George Barnwell Abroad". In: *Comparative Literature* 2 (1950) H. 2, S. 126–156, hier S. 132. Eine Szene, die in meiner Interpretation unterschlagen wird, ist Truemans Besuch von Barnwell im Gefängnis, der u.U. als eine stark verschobene und körperlich-affektiv sehr aufgeladene Form von ‚Gastlichkeit' interpretiert werden kann. Hier vereinen sich die beiden jungen Männer in einem „intercourse of woe" (5.5.46–47), der Barnwell in das homosoziale Netzwerk reintegriert. Ausführlicher hierzu Morrissey, Lee: „Sexuality and Consumer Culture in Eighteenth Century England: ‚Mutual Love from Pole to Pole' in *The London Merchant*". In: *Restoration and 18th Century Theatre Research* 13 (1998), H. 1, S. 25–39.

26 Zitiert nach Price: „George Barnwell Abroad", S. 144.

„unhospitable natives of Cornwall" (4.18.28 – 29)[27] und damit auf jenen ungastlichen Schwellenraum, in dem Lillos *Fatal Curiosity* angesiedelt ist. Diese *domestic tragedy*, die 1736 uraufgeführt wurde,[28] spielt an der Küste Cornwalls. Zum einen stellt dieser maritime Raum eine patriotisch besetzte symbolische Austausch- und Kontaktzone transnationaler Art dar,[29] die für erfolgreichen Überseehandel und damit für die internationale Machtposition und den Reichtum Großbritanniens im 18. Jahrhundert steht. Zum anderen ist dieser Grenzraum auch mit Transgressionen verbunden:[30] Die verarmte Bevölkerung von Cornwalls Küste war berüchtigt für Ausbeutung und Plünderung und repräsentiert die ‚dunkle' Seite der Kolonialisierung auf eigenem Boden.[31] Die Vorgeschichte des Dramas ist eine koloniale Erfolgsstory:[32] Ein verloren geglaubter Sohn, Young Wilmot, ist nach sieben Jahren als reicher Mann aus Übersee zurückgekehrt und hat nach vielen exotischen Abenteuern auch noch einen Schiffbruch an der heimischen Küste überlebt. Der dramatische Konflikt setzt ein, als er sich unerkannt zu seinen völlig verarmten Eltern begibt, und die tragische Handlung gipfelt darin, dass er wegen eines Kästchens, das er seinen Eltern anvertraut hat, unerkannt vom Vater ermordet wird, nachdem sich die Aufmerksamkeit vom Gast auf dessen Gut bzw. dessen Besitz verschoben hat.[33]

---

27 In der deutschen Version als „Strandrecht" (4.12.28, S. 60) bezeichnet.

28 Der ursprüngliche Titel lautet *Guilt Its Own Punishment; or, Fatal Curiosity*; die erste Drucklegung war 1737. Anders als *The London Merchant* ist das Drama in Blankversen statt in Prosa verfasst.

29 Vgl. Klein, Bernhard u. Gesa Mackenthun: „Introduction". In: *Sea Changes: Historicizing the Ocean.* Hg. v. Bernhard Klein u. Gesa Mackenthun. London, New York 2004, S. 1 – 12, hier S. 2.

30 Vgl. Habermann, Ina: „Death by Water: The Theory and Practice of Shipwrecking". In: *Fictions of the Sea: Critical Perspectives on the Ocean in British Literature and Culture.* Hg. v. Bernhard Klein. Aldershot 2002, S. 104 – 121, S. 113 u. S. 116. Zur Theatralik von Schiffbruch als ‚kurioses' Spektakel und zur Problematik des ‚neugierigen' Zuschauens vgl. ebd. S. 105.

31 Laut Grace: „*Fatal Curiosity* and Fatal Colonialism", S. 394, kann *Fatal Curiosity* insgesamt als kritische Auseinandersetzung mit der pro-kolonialen Agenda des *London Merchant* gelesen werden.

32 Die Handlung geht auf eine Ballade von 1618 zurück. In dieser Sensationsgeschichte ist der Sohn allerdings ein zum Tode verurteilter Pirat. Das Motiv des verlorenen Sohnes verweist auf den hier nicht weiter erörterten, aber für die Balladenquellen und die *domestic tragedy* typischen christlich-homiletischen Subtext des Dramas und damit auch auf die Funktion der *domestic tragedy* als Parabel bzw. ‚Lehrstück'.

33 Vgl. Niehaus, Michael: „‚Den Gastfreund tötet er und hat sein Gut!': Voraussetzungen und Folgen einer Untat bei Franz Grillparzer, George Lillo, Karl Philipp Moritz und Zacharias Werner". In: *Gastlichkeit: Erkundungen einer Schwellensituation.* Hg. v. Peter Friedrich u. Rolf Parr. Heidelberg 2009, S. 239 – 262, S. 261. Entsprechend ausführlich wird in der ersten Szene des dritten Aktes der Wert bzw. die Attraktivität der Edelsteine in der Kassette verhandelt.

Das Prinzip der Aneignung, des Beutemachens, Ausraubens, Plünderns und Tötens fungiert als zentrales Modell der Ungastlichkeit in *Fatal Curiosity*. Old Wilmot, der Vater, spricht selbst von „[t]h'inhospitable murder of our guest" (3.1.82). Young Wilmot, der Sohn, entgeht an der englischen Küste nur knapp jenen „savage men who ... / Prey on shipwrecked wretches and spoil and murder those / Whom fatal tempests ... / ... spared" (1.3.3–6). Hier sind es die ‚eigenen Eingeborenen', die ausführen, was in kolonialen Narrativen indigenen Völkern kolonialisierter Länder zugeschrieben wird. Das Barbarisch-Wilde findet sich entsprechend in der englischen Gastgeber- und Vaterfigur, und zwar in dessen „savage breast" (3.1.180). So wird Old Wilmot von seiner Ehefrau als „[b]arbarous man" (3.1.120) bezeichnet, der seinen Sohn zunächst durch seinen Bankrott, das heißt seinen eigenen ökonomischen ‚Schiffbruch', von zu Hause vertrieben hat, „[t]o seek his bread 'mongst strangers, and to perish / In some remote, inhospitable land" (3.1.125–126). Die dramatische Ironie liegt darin, dass das vermeintlich Sicherheit garantierende Heimische zur ‚ungastlichen' Falle für den vermeintlich Fremden wird, der, wie seine abenteuerliche Vorgeschichte zeigt,[34] fernab von zu Hause zur Beute gesetzloser Piraten, an Küsten ausgeraubt und sogar versklavt wurde. Wie Young Wilmot auf angeblich ehrenhafte Weise („by care and honest commerce" [1.3.67]) zu seinem Reichtum gekommen ist, darüber schweigt das Drama. Was man aber erfährt, ist, dass er zu Hause wie ein Fremder auftritt, braungebrannt und in indischer Kleidung.[35] „[Y]ou look more like a sun-burnt Indian / Than a Briton" (1.3.117–118), bemerkt sein Begleiter. Insofern hier ein englisches Ehepaar einem solchen (vermeintlich) ethnisch ‚Anderen' zunächst Gastfreundschaft anbietet, ihn dann aber heimtückisch ermordet, wird ein typisiertes koloniales Narrativ spiegelverkehrt und gleichsam intrakulturell verwendet.[36] Die Umkehrung der kolonialen Situation mitsamt ihrer Umdeutung von Heimat als Fremde bringt die Ambivalenzen einer kolonialen Mentalität zum Ausdruck, deren Stereotypen die Grenzen zwischen Kolonisator und Kolonisiertem, zwischen Zivilisation und Barbarei und zwischen Eigenem und Fremdem oszillieren lassen.[37]

---

34 Vgl. 2.3.80–85.

35 Vgl. die Szenenanweisung in 1.3: „*in Indian habits*".

36 Ausführlicher hierzu Grace: „*Fatal Curiosity* and Fatal Colonialism", S. 402.

37 In einer poststruktural-psychokulturellen Lesart könnte man Bhabhas Ansatz zur ‚Ökonomie' kolonialer Stereotypen verwenden, der die notwendig ambivalente oder gar paradoxale (weil fetischartige) Repräsentation von Differenz im kolonialen Diskurs hervorhebt. Vgl. hierzu das Kapitel „Die Frage des Anderen". In: Bhabha, Homi: *Die Verortung der Kultur*. Aus dem Englischen übers. v. Michael Schiffmann u. Jürgen Freudl, mit einem Vorwort von Elisabeth Bronfen. Tübingen 2000, S. 97–124.

Die Ausbeutung und Auslöschung des ‚Anderen', der Gastmord aus Habgier, geschieht hier aber nicht nur auf heimischem Boden, sondern auch im Kontext einer expliziten Hervorhebung der (ethischen) Besonderheit der Beziehung zwischen Gastgeber und Gast – eine Nähebeziehung, eine Bindung, eine komplementär gedachte Andersheit, die über die Vater-Sohn-Beziehung symbolisiert wird. Der Bezug von Alterität auf Identität, die Repräsentation des ‚Anderen' als *Alter Ego*, birgt freilich diverse Probleme, wie sie in einer Ethik der Alterität diskutiert werden: die Verfügbarkeit des ‚Anderen' für das Eigene, das Verfügenwollen über den ‚Anderen' im Sinne eines Be- und Ergreifens oder auch einer Fürsprache für den ‚Anderen', die diesen zum Schweigen bringt.[38] Entsprechend zeigen sich die genannten Probleme und Ambivalenzen bei der Darstellung des Fremden als Gast, wenn dieser Gast als Sohn bzw. als *Alter Ego* in Erscheinung tritt. Beide Wilmots, der alte wie der junge, bedienen sich eines kaufmännischen Repertoires und legen gleichzeitig eine ausgesprochene Selbstbezogenheit an den Tag.[39] Wie besitzergreifend und vereinnahmend Young Wilmot ist, offenbart sich nicht nur an der merkantilen Metaphorik gegenüber seiner Verlobten, mit der er Charlot zu seinem (Seelen-)Schatz und Teil seines (himmlischen) Besitzes erklärt.[40] Auch zentrale Monologe machen aufgrund einer exzessiven Verwendung von Possessivpronomen in der ersten Person Singular das Eigeninteresse und die ‚Hab-Gier' der Figur deutlich:

YOUNG WILMOT *My* joy's complete!
My parents living, and possessed of thee!
From this blest hour, the happiest of *my* life,
I'll date *my* rest. *My* anxious hopes and fears,
My weary travels, and *my* dangers past,
Are now rewarded all. Now I rejoice
In *my* success and count *my* riches gain,
For, know, *my* soul's best treasure, I have wealth
Enough to glut ev'n Avarice itself! (2.1.130 – 138)

So wie sein Vater seinen eigenen finanziellen Ruin durch ein Übermaß an Mitleid und Großzügigkeit („pitiful and generous to a fault" [1.1.164]) herbeigeführt hat, so hat auch der Sohn Probleme im Bereich der ‚Gefühlsökonomie', wie sein leicht-

38 Vgl. Feldmann, Doris u. Nadine Böhm: „Alterität", „Fremdheit". In: *Lexikon der Bibelhermeneutik*. Hg. v. Oda Wischmeyer. Berlin, New York 2009, S. 10 – 11 u. S. 186.
39 Vgl. Grace: „*Fatal Curiosity* and Fatal Colonialism", S. 403 – 405.
40 Vgl. 2.1.131, S. 137 u. S. 166.

fertiger Umgang mit ‚emotionalen Ressourcen' zeigt.[41] Seine der Logik des Kapitals entsprechende, auf Anhäufung und Vermehrung abzielende Mentalität richtet sich nun auf Vergnügen und Glück, die er zu verfeinern trachtet:

YOUNG WILMOT ... My mind at ease grows wanton. I would fain
Refine on happiness. Why may I not
Indulge my curiosity, and try,
... by seeing first
My parents as a stranger, to improve
Their pleasure by surprise? (2.2.49–54)[42]

Randal, eine vorbildliche Nebenfigur, eine Art Ersatzsohn, erkennt sofort, worum es in dieser Rationalisierung von Macht geht:

RANDAL It may, indeed,
Enhance your own to see from what despair
Your timely coming and unhoped success
Have given you power to raise them. (2.2.54–57)

In Young Wilmots gewinnorientierter Ideologie sind Eigen- und Fremdinteresse auch im Bereich des Glücks ohne weiteres miteinander vereinbar und Quantität bedeutet Qualität:

YOUNG WILMOT ... I have well contrived,
By giving others joy, t'exalt my own.
...
... so pleasure, when it flows
In torrents round us, more ecstatic grows. (2.2.88–89 u. 92–93)

Bei einer entsprechenden Zuschauerschaft hofft er rein rechnerisch auf eine Vergrößerung des Genusserlebnisses:

YOUNG WILMOT ... Ev'ry friend
Who witnesses my happiness tonight
Will, by partaking, multiply my joys! (2.2.73–75)

41 Vgl. Rippe, Olaf: *Dramatische Aufklärung: Anagnorisis und Motive der (Selbst-)Erkenntnis in Tragödien des 18. Jahrhunderts.* Marburg 2009, S. 165–168, sowie Grace: „*Fatal Curiosity* and Fatal Colonialism", S. 405–406.

42 Eine Konnotation für *refine* (2.2.50)/veredeln bezieht sich auch auf alchemistische Versuche, wertlosere Metalle in Gold zu verwandeln.

Randal kommentiert kritisch: „You grow luxurious in your mental pleasures" (2.2.76). Eine solche Hervorhebung quantitativer Gefühlsoptimierung ist zeitgenössischen Äußerungen zur Wirkung der *domestic tragedy*, wie sie sich auch bei Lessing finden, nicht gänzlich unähnlich. In seiner Vorrede zu der 1756 erschienenen deutschen Übersetzung von Thomsons Trauerspielen schreibt er:

> ... so wollte ich auch unendlich lieber der Urheber des *Kaufmann von London* als des *Sterbenden Catos* seyn ... Denn warum? Bei einer einzigen Vorstellung des ersteren sind auch von den Unempfindlichsten mehr Tränen vergossen worden als bei allen möglichen Vorstellungen des anderen auch von den Empfindlichsten nicht können vergossen werden.[43]

Um emotionale Effekte zu maximieren, inszeniert Young Wilmot seinen eigenen *plot*, eine Enthüllungsszene des Gastes, des ‚Fremden', als Sohn, als ‚Eigenes'. So macht er sich zunächst zum Zuschauer der Armut seiner Eltern, wobei er ihr Heim gleichsam zum Theater umfunktioniert, um darin selbst einen großen Auftritt als Retterfigur, als *deus ex machina*, zu haben. Damit fungiert er gleichzeitig als Regisseur, Zuschauer und Bühnenfigur. In allen Fällen geht es um das emotionale ‚Kapital', das aus einer solchen Inszenierung geschlagen werden kann. Es geht um eine Art Kolonisierung von Emotionen, um emotionale Piraterie oder, als selbstreflexives bzw. metadramatisches Moment formuliert: Es geht um ein theatrales Zurschaustellen von Gefühlen zu Prestigezwecken, um ein Geltendmachen emotionaler Kompetenz, es geht um Theater als Selbstinszenierung und Konsum – analog zum opulenten Gastmahl im adligen Kontext.

Welchen emotionalen Appetit die *domestic tragedy* bei Zuschauenden wecken kann und wie Aufmerksamkeits- und Machtverhältnisse auf emotionaler Ebene ausgehandelt bzw. taktisch manipuliert werden können, veranschaulicht eine Anekdote aus der Rezeptionsgeschichte des *London Merchant* auf deutschen Bühnen. Johann Heinrich Friedrich Müller, später ein bekannter Wiener Schauspieler, sah den *Kaufmann von London* 1755 in Magdeburg:

> Ich sah diese Vorstellung, und wurde am Ende des dritten Aufzugs, wo ... Barnwell den Dolch zieht, ... so hingerissen, dass ich laut aufschrie: ‚Halt er ein! Es ist ja sein Onkel!' Zuseher in größeren Städten würden bei diesem Ausbruche meiner Empfindung laut gelacht haben. Hier geschah das nicht. Männer von Gefühl und Würde, tief gerührte Damen, die mich umgaben,

43 Zitiert nach Daunicht, Richard: „The First Translator of George Lillo's *Merchant of London* and the First Performances of the Play in Germany". In: *Symposium* 9 (1955), H. 2, S. 324–330, hier S. 329. Selbst (der neunzehnjährige) Goethe hat, als er den *Kaufmann von London* in Leipzig sah, laut eigenem Bekunden zwar „[b]eym grössten Theil des Stückes gegähnt aber beym Ende doch geweint" (zitiert nach Price: „George Barnwell Abroad", S. 152).

lobten meine Aufmerksamkeit, meine so innige Teilnahme, und suchten mich, da ich Tränen vergoss, liebreich zu trösten.[44]

Dass die schon domestizierte kathartische ‚Ökonomik' des bürgerlichen Trauerspiels, in der es weniger um Schauder und Schrecken, um *eleos* und *phobos*, als um Furcht und Mitleid geht,[45] gegen Ende des Jahrhunderts weiter Richtung Mitleid und Rührung verschoben wird, zeigt sich in Wilhelm Heinrich Brömels recht freier Übertragung von Lillos *Fatal Curiosity* in *Stolz und Verzweiflung* von 1780. Hier wird die *domestic tragedy* zum *domestic drama* oder gar *melodrama* und entspricht damit einer Entwicklung im späten 18. Jahrhundert hin zum rührend-ernsten Familienschauspiel mit gutem Ausgang.[46] Charakteristisch sind weiterhin die Verengung ins rein Private, die Umsetzung heilsgeschichtlicher Vorstellungen sowie transparente und moralisch vereindeutigte Figurentypen. Entsprechend kann der junge Karl Willmot in *Stolz und Verzweiflung* dem Anschlag durch seine Eltern entgehen, denn sein „guter Engel weckte ihn", was als Wirken der „[a]llmächtige[n] Vorsicht"[47] verstanden wird. Ähnliches gilt auch für Friedrich Ludwig Schröders *Die Gefahren der Verführung*, einer melodramatischen Bearbeitung von Lillos *The London Merchant* von 1778. Da sich die gesamte Handlung – und insbesondere deren Ausgang – um Geld dreht, müssen die Figuren ständig beteuern, dass sie völlig selbstlos handeln und dass es ausschließlich um immaterielle Werte geht. Gleichzeitig werden Geschenke, meistens in der explizit ökonomischen Form von Geld, in manipulativer Weise analog zu Waren ‚berechnend' eingesetzt. Es gibt also funktionale Parallelen zwischen Schenken und wirtschaftlichem Handel.[48] In Schröders Drama ist großzügiges Verhalten offenbar

44 Zitiert nach Daunicht: „The First Translator", S. 329. In Anlehnung an de Certeau, Michel: *Kunst des Handelns*, aus dem Französischen übers. v. Ronald Voullié. Berlin 1988, insbesondere S. 24, könnte man den taktischen Einsatz von Gefühlen als Teil von kulturellen Alltagspraktiken begreifen, die verborgene, aber regelgeleitete Fertigkeiten von (politisch) weniger machtvollen Gruppierungen in einer Gesellschaft darstellen.

45 Zum Funktionswandel des Tragischen im 18. Jahrhundert vgl. Feldmann: *Gattungsprobleme des ‚domestic drama'*, S. 50 – 55.

46 Vgl. hierzu Fietz, Lothar: „Zur Genese des englischen Melodramas aus der Tradition der bürgerlichen Tragödie und des Rührstücks: Lillo-Schröder-Kotzebue-Sheridan-Thompson-Jerrold". In: *Deutsche Vierteljahrsschrift für Literaturwissenschaft und Geistesgeschichte* 65 (1991), H. 1, S. 99 – 116, sowie Feldmann: *Gattungsprobleme des ‚domestic drama'*, S. 207 – 212.

47 Brömel, Wilhelm Heinrich: *Stolz und Verzweiflung: Ein Schauspiel in drei Aufzügen, nach Lillo* (1780). In: *Deutsche Schaubühne* 7 (1791), S. 329 – 384, 3.7.19 – 21, S. 383.

48 Appadurai, Arjun: „Introduction: Commodities and the Politics of Values". In: *The Social Life of Things: Commodities in Cultural Perspective*. Hg. v. Arjun Appadurai. Cambridge 1986, S. 3 – 63, S. 11 – 13, hat die vermeintliche binäre Opposition zwischen Waren und Geschenken kritisch beleuchtet.

eine wichtige Machtstrategie, die mit Verpflichtungen und Abhängigkeiten einhergeht,[49] so dass durchaus von ‚Freundschaftsterrorismus'[50] die Rede sein kann. Zudem versuchen sich die scheinbar selbstlosen Figuren gegenseitig in ihrer Großmut zu überbieten und schaffen damit eine Art moralisch-emotionale Markt- bzw. Konkurrenzsituation.

Um die gleiche Zeit, also 1780, wird das Motiv des getöteten Sohnes, der als Fremder Gast im Haus des Vaters war, noch weiter auf die Frage nach den (Macht-) Verhältnissen im ‚eigenen Haus' fokussiert. Wenn Gastlichkeit eine ‚ordnungsgemäße' Häuslichkeit voraussetzt, so lässt sich für Old Wilmot als Gastgeber in *Fatal Curiosity* feststellen, dass er zumindest sozial und wirtschaftlich nicht mehr Herr im Haus ist. Zum einen lässt er sich von dem (ökonomischen) Willen seiner Frau leiten, zum anderen haben seine Bediensteten ihn ausgeplündert. Das Verhalten letzterer evoziert eine weitere Bedeutungsvariante des Begriffs *host* als Gastgeber, nämlich die des Wirtstieres für Parasiten:

> OLD WILMOT ... my ... servants,
> Like pamper'd vermin from a falling house,
> Retreated with the plunder they had gained ... (1.1.89–91)

In Karl Philipp Moritz' *Blunt oder der Gast* (1780), ein Drama, das laut Moritz trotz eklatanter Parallelen nicht auf Lillo zurückgeht,[51] wird der Verfall des eigenen Hauses auch auf anderen Ebenen[52] dramatisiert. In dieser kriminologisch-psy-

---

49 Entsprechend lehnt Old Wilmot in *Fatal Curiosity* großzügige Geschenke ab: „I hate all obligations / Which I can ne'er return" (1.1.117–118). Noch deutlicher sagt Willmot in *Stolz und Verzweiflung*: „Verbindlichkeiten sind Fesseln, bleiben Fesseln, auch wenn sie uns von einem Freunde angelegt werden" (1.1.23–25, S. 332).

50 Schneider, Helmuth J.: „Schenken und Tauschen: Bemerkungen zu einer Grundfigur der Lessingschen Dramatik". In: *Streitkultur: Strategien des Überzeugens im Werk Lessings.* Hg. v. Wolfram Mauser u. Günter Sasse. Tübingen 1993, S. 462–471, S. 465. Das laut Schneider bei Lessing implizierte utopische (Gegen-)Modell von Schenken als voraussetzungsloses Geben und spontane Sozialität lässt sich hier nicht erkennen.

51 Zur (Quellen-)Kontroverse um die (möglichen) deutschen Bearbeitungen von Lillos *Fatal Curiosity* vgl. Bisanz, Adam J.: „George Lillos Drama *Fatal Curiosity* und dessen umstrittene Nachfolge in Deutschland". In: *Arcadia: Zeitschrift für Vergleichende Literaturwissenschaft* 8 (1973), H. 1, S. 55–61; sowie Hollmer, Heide: „Karl Philipp Moritz' *Blunt oder der Gast:* Ein umstrittenes Nebenwerk". In: *Moritz zu Ehren: Beiträge zum Eutiner Symposium im Juni 1993.* Hg. v. Wolfgang Griep. Eutin 1996, S. 53–65, hier S. 54 ff. Ich beziehe mich im Folgenden auf den Erstdruck des Dramas von 1780, also auf die ‚Journalfassung' und nicht auf die Buchausgabe von 1781.

52 U. a. auf religiöser Ebene durch die Analogie Vater-Schöpfer/Gott und durch Bezüge auf die Theodizeefrage. Zu Letzterem vgl. Lohmann, Malte: „Entschieden unentschieden: Erfahrungschologischen Fallstudie[53] geht es unter anderem um die Frage nach Zurechnungsfähigkeit, da sowohl Vater als auch Sohn in Traumrealitäten leben, so dass die aufklärerische Dramaturgie eingeschränkt wird.[54] Der Vater ist nun nicht nur deshalb nicht mehr Herr im eigenen Haus, weil er keinen Besitz hat, sondern auch, weil er eine Art Besessenheit an den Tag legt. Das Haus wird hier zum symbolisch aufgeladenen unheimlich-klaustrophobischen Ort aus der Schauerliteratur. Wie die innere Fokalisierung auf den Sohn zeigt, der als Figur explizit ‚Der Fremde' genannt wird, ist auch dessen ‚Ich' nicht mehr Herr im eigenen ‚Haus', weil er die von der Selbstwahrnehmung abgespaltenen Momente von Fremdheit internalisiert hat, d. h. sich von sich selbst entfremdet hat. Vater wie Sohn sind mit Erinnerungsfragmenten beschäftigt, die Fragen nach dem (Nicht-)Funktionieren von Identitätsstiftung im Rahmen individueller und kollektiver Geschichte aufwerfen. Während der Sohn durch Erinnerungslücken gekennzeichnet ist, erinnert sich der Vater signifikanterweise an ein früheres Gastmahl, das statt Gastfreundschaft eitle Selbstdarstellung signalisiert und gleichsam als ‚Urszene' für den Konkurrenzkampf zwischen ihm und seinem Bruder fungiert.

> BLUNT Störe mich nicht! – Jetzt halte ich mich wieder an einer süßen Erinnerung – weißt du noch wohl, wie wir einmal ein herrliches Gastmahl gaben, wo alle unsre reiche Nachbarn versammlet waren, die sich nicht genug über unsre Tapeten und Schildereien verwundern konnten, und sagten, daß sie im churfürstlichen Schloß nicht schöner wären – Stopfe doch einen Lumpen in die Fensterscheibe, daß die Luft nicht so hereingeht! – Und wie da mein hochtrabender Bruder, der kriechende Bürgermeister hereintrat, und ich konnte zu ihm sagen: setz dich, iß und trink, und sei guter Dinge! aber das soll er nicht zu mir sagen, sowahr ich lebe, das soll er nicht![55]

Aus der vergangenen Unbrüderlichkeit der Brüder hat sich ihre Ungleichheit sowie die Unfreiheit von Vater und Sohn in der Gegenwart entwickelt – ein möglicher

seelenkunde und Kontingenzerfahrung in Karl Philipp Moritz' Drama *Blunt oder der Gast*". In: *Germanisch-romanische Monatsschrift* 56 (2006) H. 4, S. 429–446, insbesondere S. 434–435 u. S. 439–442. In der ‚Journalfassung' findet sich auch ein ‚gottloses' – weil ich-zentriertes – Gebet mit einer Anhäufung von Possessivpronomina in der ersten Person Singular, das dem oben zitierten Monolog von Young Wilmot in *Fatal Curiosity* (2.1.130–138) sehr ähnelt. Vgl. Moritz, Karl Philipp: *Blunt oder der Gast: Fragment*. In: Karl Philipp Moritz: *Werke*. 2 Bde. Hg. v. Heide Hollmer und Albert Meier. Frankfurt a. M. 1997–1999, Bd. 1, S. 25–52, S. 34, Z. 8–25.

53 Vgl. Košenina, Alexander: *Karl Philipp Moritz: Literarische Experimente auf dem Weg zum psychologischen Roman*. Hannover 2009, insbesondere S. 57 u. S. 65.

54 Vgl. Rippe: *Dramatische Aufklärung*, S. 211.

55 Moritz: *Blunt*. In: *Werke*, Bd. 1, S. 26, Z. 20–31.

kritischer Kommentar zu den historischen Folgen einer ökonomisch verstandenen (Un-)Gastlichkeit im späten (vorrevolutionären) 18. Jahrhundert.[56]

Als Fazit bleibt festzuhalten, dass die scheinbar binäre Opposition zwischen gastlicher und ungastlicher Ökonomie in George Lillos *The London Merchant* nur recht mühsam aufrecht erhalten bzw. nur brüchig repräsentiert werden kann. In Lillos *Fatal Curiosity* sind die Ambivalenzen der Ungastlichkeit Teil des symbolischen Repertoires kolonialer Repräsentationsformen. Abschließend kann noch – metaphorisch formuliert – gefragt werden, auf welche Weise George Lillo zu Gast in Deutschland war. Die Antwort lautet: auf Umwegen bzw. als ein ‚Anderer'. Selbst die relativ textnahen deutschen Übersetzungen gehen alle auf französische Vorlagen zurück.[57] Von Bassewitz' Übersetzung von *The London Merchant* aus dem Jahr 1752, die ab 1754 zum populären Spieltext für deutsche Bühnen wurde, basiert auf der ersten vollständigen französischen Übersetzung von Pierre Clémont aus dem Jahr 1748. Schröders *Die Gefahren der Verführung* (1778) geht auf die sehr freie Übersetzung von Louis Sebastian Mercier, *Jenneval* (1779), zurück. Wie wird George Lillo heute in Deutschland rezipiert? Klaus-Detlef Müller, der die von-Bassewitz-Übersetzung von *The London Merchant* 1981 herausgegeben hat, kommentiert Lillos *domestic tragedy* in seiner Einführung so:

> Der Erfolg ist keineswegs in der literarischen Qualität des Dramas begründet: Es handelt sich vielmehr um ein zweitrangiges Stück eines mittelmäßigen Autors, das einem Vergleich mit Lessings *Emilia Galotti*, dem *Hofmeister* und den *Soldaten* von Lenz oder Schillers *Kabale und Liebe* nicht standhält – mit Dramen, die freilich aus der gesamten europäischen Tradition des bürgerlichen Trauerspiels herausragen und etwa auch Diderots Stücke deutlich in den Schatten stellen.[58]

---

56 Ausführlicher hierzu Luserke, Matthias: „Der Abgesang auf den Sturm und Drang: Plädoyer für eine Lektüre von Moritz' Drama *Blunt oder der Gast*". In: *Text und Kritik: Zeitschrift für Literatur* (1993), H. 118/119, S. 67–75.

57 Dies gilt auch für die hier nicht erörterte Wiener Bearbeitung des *London Merchant* von Johann Wilhelm Mayberg aus dem Jahr 1754, die sich aufgrund ihrer farcenhaften Komik sowie von Lied- und Musikeinlagen deutlich von den anderen Adaptionen unterscheidet. Vgl. hierzu Schindler, Otto G.: „Die Wiener Bearbeitung von Lillos *Kaufmann von London* (1754): Ein Beitrag zur Rezeptionsgeschichte des bürgerlichen Trauerspiels". In: *Maske und Kothurn: Internationale Beiträge zur Theaterwissenschaft* 20 (1974), H. 3–4, S. 238–285. Ausführlicher zu den französischen Quellen für die deutschen Übersetzungen und Bearbeitungen vgl. Price: „George Barnwell Abroad".

58 Müller, Klaus-Detlef: „Einführung". In: George Lillo: *Der Kaufmann von London oder Begebenheiten George Barnwells: Ein bürgerliches Trauerspiel* (1752). Übers. v. Henning Adam von Bassewitz. Hg. v. Klaus-Detlef Müller, mit kritischen Materialien und Einführung. Tübingen 1981, S. 118–150, S. 119–120.

Mit dem Hinweis auf den „Sachverhalt, daß die Gattung nicht in England und Frankreich, sondern in Deutschland ihren Höhepunkt erreicht“[59] und dass eine Beschäftigung mit Lillo erst in diesem Kontext ihre Berechtigung finde, sind wir zurück an der Küste Cornwalls. Was aus harmonisierender Perspektive und mithilfe der Diktion der Warenwirtschaft formuliert wie ein kultureller Austausch[60] zwischen England, Frankreich und Deutschland, wie eine Zirkulation literarischer Muster auf europäischer Ebene erscheinen könnte, ist also, wie die Setzung von Hierarchien hier deutlich macht, durch inferiorisierende Alteritätskonzepte, durch Abgrenzung, Ausgrenzung und Aneignung, mithin durch das ‚Andere‘ der Gastlichkeit gekennzeichnet.

Literaturverzeichnis

Appadurai, Arjun: „Introduction: Commodities and the Politics of Values“. In: *The Social Life of Things: Commodities in Cultural Perspective.* Hg. v. Arjun Appadurai. Cambridge 1986, S. 3–63.

Bhabha, Homi: *Die Verortung der Kultur.* Aus dem Englischen übers. v. Michael Schiffmann und Jürgen Freudl, mit einem Vorwort von Elisabeth Bronfen. Tübingen 2000.

Bisanz, Adam J.: „George Lillos Drama *Fatal Curiosity* und dessen umstrittene Nachfolge in Deutschland“. In: *Arcadia: Zeitschrift für Vergleichende Literaturwissenschaft* 8 (1973), H. 1, S. 55–61.

Brömel, Wilhelm Heinrich: *Stolz und Verzweiflung: Ein Schauspiel in drei Aufzügen, nach Lillo* (1780). In: *Deutsche Schaubühne* 7 (1791), S. 329–384.

de Certeau, Michel: *Kunst des Handelns.* Aus dem Französischen übers. v. Ronald Voullié. Berlin 1988.

Cruise, James: „Dispensing Nationhood and the Consuming Nation in *The London Merchant*“. In: *Age of Johnson: A Scholarly Annual* 10 (1999), S. 231–257.

Daunicht, Richard: „The First Translator of George Lillo’s *Merchant of London* and the First Performances of the Play in Germany“. In: *Symposium* 9 (1955), H. 2, S. 324–330.

Feldmann, Doris: *Gattungsprobleme des ‚domestic drama‘ im literarhistorischen Kontext des achtzehnten Jahrhunderts.* Amsterdam 1983.

Feldmann, Doris: „Peace as the Result of ‚the Method of Merchandise‘: Ideological Warfare in George Lillo’s *The London Merchant*“. In: *Guerres et paix: la Grande-Bretagne au XVIIIe siècle.* Hg. v. Paul-Gabriel Boucé. Paris 1998, S. 293–302.

Feldmann, Doris u. Nadine Böhm: „Alterität“, „Fremdheit“. In: *Lexikon der Bibelhermeneutik.* Hg. v. Oda Wischmeyer. Berlin, New York 2009, S. 10–11, S. 186.

59 Müller: „Einführung“, S. 120.

60 Eine Tendenz zu einer solchen Lesart von Austausch im Sinne von Enthierarchisierung und Anerkennung oder gar Gleichheit und Freiheit findet sich bei Wegmann: *Tauschverhältnisse*, z. B. S. 21 und S. 270.

Fietz, Lothar: „Zur Genese des englischen Melodramas aus der Tradition der bürgerlichen Tragödie und des Rührstücks: Lillo-Schröder-Kotzebue-Sheridan-Thompson-Jerrold". In: *Deutsche Vierteljahrsschrift für Literaturwissenschaft und Geistesgeschichte* 65 (1991), H. 1, S. 99–116.

Friedrich, Peter u. Rolf Parr (Hg.): *Gastlichkeit: Erkundungen einer Schwellensituation.* Heidelberg 2009.

Fulda, Daniel: *Schau-Spiele des Geldes: Die Komödie und die Entstehung der Marktgesellschaft von Shakespeare bis Lessing.* Tübingen 2005.

Garber, Marjorie: *Symptoms of Culture.* New York 1998.

Grace, Dominick M.: „*Fatal Curiosity* and Fatal Colonialism". In: *English Studies in Canada* 28 (2002), H. 3, S. 385–411.

Habermann, Ina: „Death by Water: The Theory and Practice of Shipwrecking". In: *Fictions of the Sea: Critical Perspectives on the Ocean in British Literature and Culture.* Hg. v. Bernhard Klein. Aldershot 2002, S. 104–121.

Hollmer, Heide: „Karl Philipp Moritz' *Blunt oder der Gast:* Ein umstrittenes Nebenwerk". In: *Moritz zu Ehren: Beiträge zum Eutiner Symposium im Juni 1993.* Hg. v. Wolfgang Griep. Eutin 1996, S. 53–65.

Hynes, Peter: „Exchange and Excess in Lillo's *London Merchant*". In: *University of Toronto Quarterly: A Canadian Journal of the Humanities* 72 (2003), H. 3, S. 679–697.

Ingrassia, Catherine: „Money and Sexuality in the Enlightenment: George Lillo's *The London Merchant*". In: *Historical Reflections* 31 (2005), H. 1, S. 93–115.

Klein, Bernhard u. Gesa Mackenthun: „Introduction". In: *Sea Changes: Historicizing the Ocean.* Hg. v. Bernhard Klein u. Gesa Mackenthun. London, New York 2004, S. 1–12.

Košenina, Alexander: *Karl Philipp Moritz: Literarische Experimente auf dem Weg zum psychologischen Roman.* Hannover 2009.

Lillo, George: *The London Merchant; or, The History of George Barnwell* (1731). Hg. v. William H. McBurney. London 1965.

Lillo, George: *Der Kaufmann von London oder Begebenheiten George Barnwells: Ein bürgerliches Trauerspiel* (1752). Übers. v. Henning Adam von Bassewitz. Hg. v. Klaus-Detlef Müller, mit krit. Materialien u. Einführung. Tübingen 1981.

Lillo, George: *Fatal Curiosity: A True Tragedy* (1737). Hg. v. William H. McBurney. London 1967.

Lohmann, Malte: „Entschieden unentschieden: Erfahrungsseelenkunde und Kontingenzerfahrung in Karl Philipp Moritz' Drama *Blunt oder der Gast*". In: *Germanisch-romanische Monatsschrift* 56 (2006), H. 4, S. 429–446.

Luserke, Matthias: „Der Abgesang auf den Sturm und Drang: Plädoyer für eine Lektüre von Moritz' Drama *Blunt oder der Gast*". In: *Text und Kritik: Zeitschrift für Literatur.* H. 118/119 (1993), S. 67–75.

Miller, J. Hillis: „The Critic as Host". In: *Deconstruction and Criticism.* Hg. v. Harold Bloom, Paul de Man u. a. New York 1979, S. 217–253.

Moritz, Karl Philipp: *Blunt oder der Gast: Fragment.* In: Karl Philipp Moritz: *Werke.* 2 Bde. Hg. v. Heide Hollmer und Albert Meier. Frankfurt a. M. 1997–1999, Bd. 1, S. 25–52.

Morrissey, Lee: „Sexuality and Consumer Culture in Eighteenth Century England: ‚Mutual Love from Pole to Pole' in *The London Merchant*". In: *Restoration and 18th Century Theatre Research* 13 (1998), H. 1, S. 25–39.

Müller, Klaus-Detlef: „Einführung". In: George Lillo: *Der Kaufmann von London oder Begebenheiten George Barnwells: Ein bürgerliches Trauerspiel.* Übers. v. Henning Adam von Bassewitz. Hg. v. Klaus-Detlef Müller, mit krit. Materialien u. Einführung. Tübingen 1981.

Niehaus, Michael: „‚Den Gastfreund tötet er und hat sein Gut!': Voraussetzungen und Folgen einer Untat bei Franz Grillparzer, George Lillo, Karl Philipp Moritz und Zacharias Werner". In: *Gastlichkeit: Erkundungen einer Schwellensituation.* Hg. v. Peter Friedrich u. Rolf Parr. Heidelberg 2009, S. 239–262.

Parr, Rolf u. Peter Friedrich: „Von Gästen, Gastgebern und Parasiten". In: *Gastlichkeit: Erkundungen einer Schwellensituation.* Hg. v. Peter Friedrich u. Rolf Parr. Heidelberg 2009, S. 7–14.

Price, Lawrence M.: „George Barnwell Abroad". In: *Comparative Literature* 2 (1950), H. 2, S. 126–156.

Rippe, Olaf: *Dramatische Aufklärung: Anagnorisis und Motive der (Selbst-)Erkenntnis in Tragödien des 18. Jahrhunderts.* Marburg 2009.

Schlaffer, Heinz: *Der Bürger als Held: Sozialgeschichtliche Auflösungen literarischer Widersprüche.* Frankfurt a. M. 1973.

Schindler, Otto G.: „Die Wiener Bearbeitung von Lillos *Kaufmann von London* (1754): Ein Beitrag zur Rezeptionsgeschichte des bürgerlichen Trauerspiels". In: *Maske und Kothurn: Internationale Beiträge zur Theaterwissenschaft* 20 (1974), H. 3–4, S. 238–285.

Schneider, Helmuth J.: „Schenken und Tauschen: Bemerkungen zu einer Grundfigur der Lessingschen Dramatik". In: *Streitkultur: Strategien des Überzeugens im Werk Lessings.* Hg. v. Wolfram Mauser u. Günter Sasse. Tübingen 1993, S. 462–471.

Schröder, Friedrich Ludwig: *Die Gefahren der Verführung: Ein Schauspiel in vier Aufzügen*, nach Merciers *Jenneval* (1778). In: *Friedrich Ludwig Schröders dramatische Werke.* Hg. v. Eduard von Bülow. Berlin 1831, S. 157–198.

von Stackelberg, Jürgen: *Übersetzungen aus zweiter Hand: Rezeptionsvorgänge in der europäischen Literatur vom 14. bis zum 18. Jahrhundert.* Berlin 1984.

Waldenfels, Bernhard: „Fremdheit, Gastfreundschaft und Feindschaft". In: *Rivista di letteratura e cultura tedesca: Zeitschrift für deutsche Literatur und Kulturwissenschaft* 5 (2005), S. 31–40. http://digital.casalini.it/17241685 (Stand: 15.5.2013).

Wegmann, Thomas: *Tauschverhältnisse: Zur Ökonomie des Literarischen und zum Ökonomischen in der Literatur von Gellert bis Goethe.* Würzburg 2002.

Jörg Wesche

Ungastliches Medium

Risikoelemente in George Lillos *Fatal Curiosity* und Karl Philipp Moritz' *Blunt oder der Gast*

Gerade im 18. Jahrhundert, in dem Reformbestrebungen wesentlich dahin zielen, ein bürgerliches Literaturtheater zu begründen, das als einladender Ort nicht nur ästhetischen und moralischen Ansprüchen unterstellt ist, sondern auch lukrativ gemacht wird, stellt sich nicht zuletzt die Frage, wie kulturhistorische Vorstellungen von Gastlichkeit dramengeschichtlich überhaupt vermittelt sind.[1] Die nachfolgende Darstellung nähert sich dieser Frage probeweise über die Kehrseite an, indem sie die Dramatisierung des Ungastlichen, genauer des Scheiterns von Gastlichkeit im Drama des 18. Jahrhundert ins Zentrum stellt. Der hier nur exemplarisch zu beleuchtende Vorgang soll dabei anhand eines Vergleichs von zwei Stücken verfolgt werden: Am Beispiel von George Lillos *domestic tragedy Fatal Curiosity* (1736) und Karl Philipp Moritz' Schicksalsdrama *Blunt oder der Gast* (1780/81). Methodische Rechtfertigung findet der Vergleich dieser dramenhistorisch unterschiedlich situierten Texte im Hinblick auf die skizzierte Fragestellung dabei zunächst, weil beide Stücke den Prozess des Scheiterns von Gastlichkeit unmittelbar dramatisieren, das Stück von Moritz den Begriff den Gastes sogar in die Titelposition rückt. Im Kern ist die Geschichte, die beiden Dramen zu Grunde liegt, schnell erzählt: Ein verloren geglaubter Sohn, nach Jahren aus der Fremde zurückgekehrt, nimmt unerkannt in seinem Elternhaus Quartier. Sein Entschluss, sich einstweilen in der Rolle des Fremden zu tarnen, wird indessen zum verhängnisvollen Risiko. Denn das beanspruchte Gastrecht wird ihm nur vordergründig gewährt. Angetrieben von Habgier begehen die unwissenden Eltern schließlich den fürchterlichen Mord am eigenen Sohn. So fußen die Stücke auf der hergebrachten Ambivalenz zwischen Gast- und Fremdsein,[2] und wenden das Prinzip der Gastlichkeit dabei in die Situation eines Tabubruchs. Sie erproben den kalkulierten Schock, indem sie menschliche Grenzsituationen aufsuchen und einer „Ästhetik des Risikos" folgen, die – wie man von theaterwissenschaftlicher

---

1 Vgl. zu diesem Problemkomplex die einführenden Überlegungen von Sigrid Nieberle und Claudia Nitschke in diesem Band.

2 Zum kulturwissenschaftlichen Potential des Doppelsinns von lat. ‚hospes' (= ‚Gast'/‚Fremder') Wierlacher, Alois, Corinna Albrecht: „Kulturwissenschaftliche Xenologie." In: Nünning, Ansgar, Vera Nünning (Hg.): *Einführung in die Kulturwissenschaften. Theoretische Grundlagen – Ansätze – Perspektiven.* Stuttgart, Weimar 2008, S. 280 – 306, hier S. 297.

Seite hervorgehoben hat –, im Rahmen einer schon antiken Verschwisterung von Theater und Tabu eben nicht auf eine „Affirmation des Vernünftigen“, sondern die affektive „Erschütterung des Logos“ durch die „Suspension der Moral“ ausgerichtet ist.[3] Nimmt man diesen Gedanken auf, soll der in den Stücken vermittelte Zusammenhang zwischen dem Scheitern von Gastlichkeit und dem Risiko der Dramatisierung eines besonders schrecklichen Tabubruchs im Folgenden sowohl stofflich als auch darstellungstechnisch bedacht werden. Überdies rechtfertigt sich der Vergleich zwischen den ausgewählten Dramen schlicht über ihre intertextuelle Verbindung. Sie ist zum einen allgemein über das im 17. und 18. Jahrhundert verbreitete Mordeltern-Motiv,[4] zum anderen aber auch über die bereits zeitgenössisch im Raum stehende, vom Autor allerdings zurückgewiesene Annahme gegeben, dass Moritz direkt auf Lillos Drama zurückgegriffen habe.[5] Insofern sind die Varianten der Mordeltern-Geschichte grundsätzlich auch für den deutsch-englischen Kulturtransfer im 18. Jahrhundert einschlägig. Der Vergleich richtet das Hauptaugenmerk dabei auf das *Blunt*-Drama. Entsprechend soll vor dem Hintergrund der Dramatisierung Lillos insbesondere die Eigenständigkeit der Verbindung von Ungastlichkeit und ästhetischem Risiko bei Moritz Kontur gewinnen.

Karl Philipp Moritz’ *Blunt oder der Gast:* Ein dramatischer Sonderling

Um die ästhetische Eigenständigkeit des *Blunt*-Dramas zu erfassen, ist es zunächst hilfreich, sich seine werkgeschichtliche Sonderstellung vor Augen zu halten. So handelt es sich um den einzigen abgeschlossenen dramatischen Versuch des „Theatromaniker[s]“ Moritz,[6] welcher trotz seiner Theaterbegeisterung kaum mit der Dramenform experimentiert hat.[7] Dabei stellt das Stück auch in der Text-

3 Lehmann, Hans-Thies: „Ästhetik des Risikos. Notizen über Theater und Tabu.“ In: *Sprache und Literatur in Wissenschaft und Unterricht* 60 (1987), S. 55–61, hier S. 56.

4 Weiterführende Hinweise im Eintrag ‚Mord am Sohn‘ bei Frenzel, Elisabeth: *Stoffe der Weltliteratur. Ein Lexikon dichtungsgeschichtlicher Längsschnitte*. Stuttgart ^{8}1992, S. 539–542.

5 Einzelheiten dazu unten.

6 Dies ein Charakterisierungsversuch im Kommentar zu Moritz, Karl Philipp: *Dichtungen und Schriften zur Erfahrungsseelenkunde*. Hg. v. Heide Hollmer u. Albert Meier. Frankfurt a. M. 1999 (= Werke in zwei Bänden 1), S. 922 (im Folgenden abgekürzt als „Kommentar“ mit Seitenangabe zitiert).

7 Neben Dramenplänen im *Anton Reiser* stehen noch Teile aus dem Trauerspielentwurf *Das Lotto*. Dazu Kommentar, S. 922.

überlieferung eine Besonderheit dar, da es in zwei stark voneinander abweichenden Fassungen vorliegt: erstens in der sogenannten Journalfassung, die mit dem Zusatz „Fragment“ von Juni bis August 1780 in drei Teilen in der von Christian August von Bertram herausgegebenen Berliner *Litteratur- und Theater-Zeitung* erscheint, und zweitens in der Buchfassung, die Moritz ein Jahr später mit dem Zusatz „Ein Schauspiel in einem Aufzuge“ veröffentlicht. Formgeschichtlich bemerkenswert ist dabei, dass die frühere Journalfassung zwei alternative Dramenschlüsse – einmal mit schrecklichem Ausgang, einmal mit einer Lösung – anbietet, während die veränderte Buchfassung nur die Lösungsvariante enthält. Gerade dieses literaturgeschichtliche Kuriosum hat in den letzten Jahren wiederholt auch die Aufmerksamkeit der Forschung auf den dramatischen Sonderling gezogen, wobei vor allem die Journalfassung auf Grund der Doppelschlusstechnik im Zentrum stand. Hinzu tritt das genannte Mordeltern-Motiv als wesentliches Provokationselement. In der Variante von Moritz sind es der vormals wohlhabende Vater Blunt und die Mutter Gertrude, die den verschollenen Sohn tot glauben und inzwischen bitter verarmt sind. Der bei Moritz anonymisierte Sohn ist in der Fremde dagegen zu Reichtum gekommen, geht wie bei Lillo jedoch jenes fatale Risiko ein, sich nicht zu erkennen zu geben, und nimmt für die erste Nacht als der im Dramentitel genannte „Gast“ im Elternhaus Quartier. Er will die Familie überraschen und ihr erst am folgenden Tag seine neuerlichen Wohlstand ankündigende Identität enthüllen. Ökonomie und Gastlichkeit erscheinen dabei, anders als z. B. im Wirtshaus, wo sie idealerweise Hand in Hand gehen, grundsätzlich als Gegensätze. Denn Blunt wird durch einen dämonischen Schatztraum angekündigt, dass er durch den Mord an einem Fremden wieder zu Reichtum gelangen wird. So geht auch Blunt ein fatales Risiko ein, indem er einem Traum Glauben schenkt und sich durch den tragischen Zufall schließlich zum Sohnesmörder macht.[8] Entsprechend entfaltet es die Journalfassung, in der Blunt den Fremden nach einem vergeblichen Verhinderungsversuch der Ehefrau kurzerhand ersticht. Am nächsten Tag entdecken die verlobte Cousine und ihr Vater die Identität des Sohns. In großer Bestürzung bereuen die Eltern in dieser Schlussvariante den schändlichen Mord am eigenen Kind und wollen sich der Gerichtsbarkeit überantworten.

Schon die Geschichte enthält also einiges an Zündstoff. Allein mit der Ermordung des Sohns durch den eigenen Vater – die verspätete Anagnorisis lässt die Geschichte als invertierten Ödipus-Mythos erscheinen[9] – begeht das Drama einen

---

8 Zur Rolle des Zufalls bei Moritz vgl. Lohmann, Malte: „Entschieden unentschieden. Erfahrungsseelenkunde und Kontingenzerfahrung in Karl Philipp Moritz Drama' *Blunt oder der Gast.*“ In: *GRM* 56 (2006), S. 429–446.

9 Weiterführende Forschungshinweise zu dieser Deutung im Kommentar, S. 928.

schockierenden Tabubruch. Hinzu kommt das Motiv des sozialen Abstiegs der wohlhabenden Bürgersfamilie, die von Verlustängsten und blinder Gier nach Geld und Anerkennung getrieben ist,[10] worin man neben der deutlichen Ökonomiekritik[11] bereits im 18. Jahrhundert eine Radikalisierung des bürgerlichen Trauerspiels zum sozialen Abstiegsdrama wahrnehmen kann. Die Betonung solcher Eigenheiten darf indessen nicht darüber hinwegtäuschen, dass der Stoff in vergleichender Perspektive weniger originell erscheint. Denn stoffgeschichtlich geht die bekannteste Dramatisierung eben auf George Lillo zurück, der mit *Fatal Curiosity* (1736) an den spektakulären Publikumserfolg von *The London Merchant* (mit 22 Vorstellungen im Uraufführungsjahr 1631) anzuknüpfen versucht.[12] Tatsächlich entfaltet auch *Fatal Curiosity* im 18. Jahrhundert wirkungsgeschichtlich einiges Durchsetzungsvermögen.[13] Für den deutschsprachigen Raum einschlägig ist neben der Übersetzung *Die unglückliche Neubegierde* (1763 in Breslau) die Bearbeitung *Stolz und Verzweiflung* von Wilhelm Heinrich Brömel, die 1780 – also im gleichen Jahr wie das *Blunt*-Drama – in Leipzig erscheint. Zudem hat die Forschung die Vorbildfunktion des Stücks für die deutsche Schicksalstragödie des 19. Jahrhunderts hervorgehoben und u.a. intertextuelle Bezüge zur Zacharias Werners *Der vierundzwanzigste Februar* (1812) oder Grillparzers *Die Ahnfrau* (1817) herausgearbeitet.[14] Angesichts der bereits in den 1780er Jahren nicht zu leugnenden Präsenz der Dramatisierung Lillos fühlt sich Moritz anlässlich der Buchpublikation seines *Blunt* (1781) gar zu einer Vorrede gedrängt, in der er in

10 Vgl. hierzu die Bedeutung des sprechenden Namens ‚Blunt', den Lillo auch im *London Merchant* verwendet und der „vermutlich weniger auf das Adjektiv ‚blunt' (‚stumpf, unempfindlich, schwerfällig, dumm, grob') zurückzuführen [ist] als auf die umgangssprachliche Bedeutung ‚Geld'" (Kommentar, S. 931).

11 Vgl. in diesem Kontext auch den Beitrag von Daniel Fulda zur divergenten Dynamik zwischen ökonomischem Interesse und Komödie der Aufklärung in diesem Band.

12 *The London Merchant* hat bekanntlich auch für Lessings *Miss Sara Sampson* (1755) bzw. das bürgerlich-empfindsame Trauerspiel in Deutschland Pate gestanden. Vgl. dazu im Einzelnen die Darstellung von Volker C. Dürr in diesem Band; die Bedeutung des Dramas als melodramatisches Musterstück in Deutschland rekonstruiert zudem der Beitrag von Marion Schmaus.

13 Zur Diskussion insgesamt die Miszelle von Bisanz, Adam J.: George Lillos Drama *Fatal Curiosity* und dessen umstrittene Nachfolge in Deutschland. In: *arcadia* 8 (1973), S. 55–61.

14 Vgl. z.B. Seth, Wolfgang: *George Lillos Dramen. Der Versuch der ‚Verbürgerlichung' des englischen Dramas im 18. Jahrhundert.* Essen 1991 (= Neue Anglistik 6), S. 266. Auf stoffliche Parallelen zu Goethes Einakter *Erast* verweist Rippe: *Dramatische Aufklärung*, S. 193. Den Kontext des Schicksalsdramas bedenkt in vergleichender Perspektive auch Bauer, Roger: „Das Schicksal im Schauerdrama. Von Lillos *Fatal Curiosity* zu Zacharias Werners *Der vierundzwangste Februar* und Pixérécourts *Le Monastère abandonné.*" In: Ders. (Hg.): *Inevitabilis Vis Fatorum. Der Triumph des Schicksalsdramas auf der europäischen Bühne um 1800.* Bern u.a. 1990, S. 249–258.

einem Akt selbstfürsorglicher Einflussangst, wie bereits angedeutet, den intertextuellen Bezug zu Lillo ausdrücklich zurückweist:

> Ohne zu wissen, daß *Lillo* den Stoff zu diesem Stück schon bearbeitet hat, und ohne einmal die Ballade zu kennen, woraus derselbe genommen ist, veranlaßte mich eine dunkle Erinnerung aus den Jahren meiner Kindheit, wo ich diese Geschichte erzählen hören, sie dramatisch zu bearbeiten.[15]

Moritz ist also um Originalität bemüht. Aus seiner Sicht handelt es sich nur um eine unterstellte Intertextualität, während dagegen heute etwa die anglistische Bewertung sehr ernüchternd ausfällt, wenn man schlicht vom „Plagiator" Moritz spricht.[16] Trotz offensichtlicher Übereinstimmungen lässt sich auf Grund der Distanzierung von Moritz, die ebenso glaubwürdig wie strategisch aufgefasst werden kann, allerdings nicht mehr zuverlässig entscheiden, ob Lillos Dramatisierung tatsächlich als Vorlage für das *Blunt*-Drama gedient hat.[17] Als diskursgeschichtliches Faktum entsteht vielmehr die Sonderform einer zeitgenössisch angenommenen Intertextualität, die im Zuge der Veröffentlichung einer neuen Fassung durch den Autor im Paratext reflektiert werden können. Durch diese Thematisierung erhält das Drama mindestens den Namen „*Lillo*" als Schlagschatten, der selbst die Lektüre eines Lesers begleitet, der den Text ohne weitere Kenntnisse zum stoffgeschichtlichen Umfeld aufnimmt. Ins Bewusstsein tritt durch den Zusatz von Moritz aus dieser Sicht vor allem die Selbstthematisierung von Autorschaft, die als Textgestus letztlich dem Originalitätsdenken im 18. Jahrhundert geschuldet ist und den Sonderstatus des Dramas auch in werkpolitischer Hinsicht zu untermauern versucht.

---

15 Moritz, Karl Philipp: *Blunt oder der Gast.* In: *Dichtungen und Schriften zur Erfahrungsseelenkunde.* Hg. v. Heide Hollmer u. Albert Meier. Frankfurt a. M. 1999 (= Werke in zwei Bänden 1), S. 25–76, Zitat S. 54. Dramenzitate erscheinen im Folgenden nach dieser Ausgabe durch einfache Seitenangabe im Haupttext.

16 Seth: *George Lillos Dramen*, S. 266; vgl. zu dieser Abwertungstendenz auch McBurney, William H.: „Introduction." In: Lillo, George: *Fatal Curiosity.* Ed. by William H. McBurney. London 1967, S. ix–xxv, hier S. xviii. Vgl. in der älteren Forschung auch den vergleichenden Ansatz von Sandbach, Francis E.: „Karl Philipp Moritz's *Blunt* and Lillo's *Fatal Curiosity.*" In: *Modern Language Review* 18 (1923), S. 449–457.

17 Eine differenzierte Zusammenfassung der Diskussion bietet Hollmer, Heide: „Karl Phillip Moritz' *Blunt oder der Gast* – ein umstrittenes Nebenwerk." In: *Moritz zu ehren. Beiträge zum Eutiner Symposium im Juni 1993.* Hg. v. Wolfgang Griep. Eutin 1996 (= Eutiner Forschungen 2), S. 53–63. Hollmer plädiert letztlich jedoch dafür, „das Blunt-Drama unabhängig von Lillos *Fatal Curiosity* zu sehen" (ebd., S. 57).

Risikokalkül: Zur Balance von stofflicher Provokation und darstellungsästhetischer Dämpfung in George Lillos *Fatal Curiosity*

Doch wie lässt sich – auch wenn man der Unabhängigkeitsbehauptung von Moritz folgt – die ästhetische Eigenständigkeit seiner Dramatisierung weiter profilieren? Dazu ist zunächst wiederum ein Blick auf die Grundlagen hilfreich. Rekapituliert man einige Grundzüge der Stoffgeschichte und ihrer Verschärfung bei Lillo, gilt als Initialpunkt der Geschichte das 1618 anonym in England gedruckte Flugblatt *Newes from Perin in Cornwall Of A most Bloody and un-exampled Murther very lately committed by a Father on his owne Sonne (who was lately returned from the Indyes) at the Instigation of a mercilesse Step-Mother [...]*.[18] Lillo greift vermutlich jedoch nicht direkt auf diese Quelle zurück, sondern entnimmt den Fall den verkürzten Darstellungen in William Sandersons *Compleat History of the Lives and Reigns of Mary Queen of Scotland and of James the Sixth* (1656) sowie Thomas Franklands *The Annals of King James and Charles the First* (1681).[19] Vor diesem Quellenhintergrund ergeben sich nun deutliche Radikalisierungen des Stoffs bei Lillo. So ist es nicht mehr die böse Stiefmutter, sondern die leibliche Mutter, die den Ehemann zum Mord anstiftet. Auch hat die Familie Wilmot nicht sieben, sondern nur ein Kind, was die Dramatik des Mordes ebenfalls steigert. Gegenüber beiden Quellen weiter auf die Spitze getrieben ist die Handlung bei Lillo sodann durch die Figurenanlage des Sohns Young Wilmot, den Lillo im Stil der domestic tragedy nicht mehr als zweifelhaften Piraten, sondern als tugendhaft-empfindsamen, obendrein vom Vater verstoßenen Jüngling anlegt.[20] Solche Tranformationstendenzen zeigen somit an, wie Lillo den Stoff nicht nur zeitgenössisch anpasst, sondern auch die Provokationselemente im Stück verstärkt. Das damit verbundene Risiko, das Publikum zu stark zu brüskieren, bleibt insgesamt jedoch wohl kalkuliert. Dies zeigt vor allem die geradezu austarierende Anlage der Form. So hat man mit Recht auf die Affinitäten zum klassizistischen Drama hingewiesen,[21] da Lillo sich strikt an die Einheiten hält und – anders als in *The London Merchant* – auch auf den Blankvers zurückgreift.[22] Und bei der Darstellung des Mordes hält sich Lillo an die

---

18 Lillo, George: *Fatal Curiosity*. Ed. by William H. McBurney. London 1967, S. 55.

19 Vgl. ebd.

20 Dazu ausführlich Seth: *George Lillos Dramen*, S. 177.

21 Vgl. McBurney: *Introduction*, S. xix.

22 Darin hat man den Versuch wahrgenommen, sich in die Nachfolge bewunderter Vorbilder wie Joseph Addison (z. B. *Cato*, 1713) oder Shakespeare einzuschreiben (McBurney begreift die Figur der Agnes in dieser Linie etwa als „bourgeois Lady Macbeth", ebd., S. xiii).

Konvention, die Gewaltszene nicht unvermittelt auf der Bühne darzustellen. Stattdessen hört man den pathetischen Todesschrei Young Wilmots „Oh, Father! Father!“ nur aus dem Nebenzimmer.[23] Entsprechend wird die Dramatik des schrecklichen Umschlagmoments zwischen Gastlichkeit und Grausamkeit[24] durch Techniken klassischer Dämpfung austariert.[25] Im Hintergrund steht bei Lillo daher ein genau abgewogenes Risikokalkül, das funktional im Zusammenhang mit der Idealvorstellung von Mäßigung und der damit verbundenen disziplinierenden Ausrichtung des Stücks zu sehen ist. So entlarvt die auffällige „ökonomische Diktion“ in der Versprachlichung von Empfindungen nicht nur die zügellose Habgier der Eltern, sondern mit Blick auf Young Wilmot auch die ins Maßlose übersteigerte „Ökonomie seiner Gefühle“, die als jene fatale Neugierde in den Dramentitel rückt.[26] Insofern versucht Lillo, die „Aufmerksamkeit ganz von der ökonomischen Logik der Kaufleute auf die Ökonomie der Gefühle“ zu lenken, um deren Entgleisung offenzulegen.[27] Das Stück fußt daher auf einer Analogisierung von ökonomischem Denken und Gefühlsdiskurs, die auf die Korrektur von affektiver Maßlosigkeit hinzielt. Vor diesem Hintergrund erklärt sich die ästhetisch balancierte Inszenierung des stofflich zugespitzten Tabubruchs wesentlich dadurch, dass sie den Zuschauer kathartisch in die gemäßigten „Prinzipien erwerbsethischer wie empfindsamer Normen“ zurückführt.[28] Gleichwohl bleibt die vernunfterschütternde Anlage des Stücks auch in dieser ästhetisch-stofflichen Balance riskant. So hat die Aufführung des Dramas in der Wahrnehmung des 18. Jahrhunderts durchaus eine verstörende Wirkung und stellt die Rezeptionsgewohnheiten des zeitgenössischen Publikums auf die Probe. Dies erhellt aus der Beschreibung der ungewöhnlichen Schockwirkung, die das Stück bei der Uraufführung am 27.5.1736 im von Henry Fielding geleiteten Haymarket Theatre ausgelöst haben soll. So registriert der Rezensent des *Daily Advertiser:*

> Last night ... *Guilt its own punishment*[29] ... was acted ... with the greatest Applause that has been shewn to any Tragedy for many Years. The Scenes of Distress were so artfully work'd up, and so well perform'd, that there scarce seem'd a dry Eye among the Spectators at the

23 Lillo, George: *Fatal Curiosity.* Ed. by William H. McBurney. London 1967, S. 48.

24 Vgl. zur ambivalenten Topik der Gastlichkeit im Stück auch den Beitrag von Doris Feldmann in diesem Band.

25 Zu diesem Konzept grundlegend Spitzer, Leo: „Die klassische Dämpfung in Racines Stil.“ In: *Romanische Stil- und Literaturstudien* I. Marburg 1931, S. 135–270.

26 Rippe, Olaf: *Dramatische Aufklärung. Anagnorisis und Motive der (Selbst-)Erkenntnis in Tragödien des 18. Jahrhunderts.* Marburg 2009, S. 166 u. 164.

27 Ebd., S. 165.

28 Seth: *George Lillos Dramen*, S. 191.

29 So der ursprüngliche Titel der Theaterfassung.

> Representation; and during the Scene preceeding the Catastrophe, an attentive Silence possess'd the whole House, more expressive of an universal Approbation than the loudest Applauses.[30]

Die augenscheinlich traumatisierende Wirkung mag dabei dazu beigetragen haben, dass dem Stück ein vergleichbarer Bühnenerfolg wie *The London Merchant* versagt bleibt. Trotz immerhin 18 Aufführungen zwischen 1736 und 1737 verschwindet es für mehrere Jahre von der Bühne.[31] Erst spätere Bearbeitungen wie die von George Colman (1783) oder die erfolgreiche Version *The Shipwreck* von Henry Mackenzie (1784) versuchen aus dem skandalträchtigen und sentimental übersteigerten Stoff wieder Kapital zu schlagen. Hinweisen lässt sich in diesem Zusammenhang auch auf den ‚Stage Licensing Act', der 1737 vor dem Hintergrund der politischen Invektiven Fieldings gegen Premierminister Sir Robert Walpole eingebracht wird (u. a. in Reaktion auf John Gays Opernparodie *The Beggar's Opera*[32]). Auch Lillos *Fatal Curiosity* ist in diese Konstellation verwickelt, da Fielding es im Verbund mit seiner Skandalsatire *The Historical Register* aufführen lässt, welche als Hauptanlass für den ‚Stage Licensing Act' gilt.[33] Dass gerade die Grenze des öffentlichen Theaters mit Lillos *Fatal Curiosity* seinerzeit angetastet ist, unterstreicht dabei der beachtliche Erfolg der Buchauflagen. Denn als Lesedrama erscheint das Stück bereits 1737 in zwei Auflagen; nach Lillos Tod kommen weitere Auflagen in den Jahren 1762, 1766, 1767 und 1768 hinzu. Dabei ist dem Stück durch den Wechsel vom szenisch repräsentierenden Medium des Theaters ins textuell vermittelte Medium des Dramas offenbar auch etwas an Schärfe genommen.

---

30 Zitat nach Seth: *George Lillos Dramen*, S. 193 mit näheren Hinweisen zur Rezeption des Stücks.

31 Vgl. ebd., S. 193.

32 Vgl. zu deren kapitalismuskritischen Tendenzen und ihrer Radikalisierung bei Brecht den Beitrag von Kevin F. Hillard in diesem Band.

33 Dazu etwa Erlebach, Peter, Bernhard Reitz, Thomas Michael Stein: *Geschichte der englischen Literatur*. Stuttgart 2004, S. 337.

Risikoästhetik: Zum dramaturgischen Zusammenhang zwischen Doppelschlusstechnik und Traumkonstruktion in Karl Philipp Moritz' *Blunt oder der Gast*

Vor dem skizzierten Hintergrund der provokativen Verschärfung des Stoffs bei Lillo lässt sich die ästhetische Eigenständigkeit des *Blunt*-Dramas nun genauer konturieren. Diese ergibt sich im Wesentlichen aus drei Kunstgriffen, die anders als die austarierende Form bei Lillo auch ein darstellungsästhetisches Risiko eingehen: 1. aus dem „Prinzip der Reduktion und Konzentration" des dramatischen Geschehens durch die Form des Einakters;[34] 2. aus der doppelten Handlungsführung mit alternativen Dramenschlüssen sowie 3. aus der Einbettung der Handlung in eine Traumkonstruktion. Die riskante Anlage des Stücks sei hier anhand des dramaturgischen Zusammenspiels der beiden zuletzt genannten Techniken verdeutlicht.[35] Richtet man die Aufmerksamkeit zu dessen Verständnis zunächst auf die erste Schlussvariante, situiert diese die Titelfigur Blunt am Totenbett des Sohns. Unmittelbar nach der Mordszene wünscht Blunt sich verzweifelt, das „Geschehene ungeschehen" zu machen (S. 44) und sehnt einen Traum herbei:

> Könnt' ich den Augenblick nur einmal zurückrufen, wo ich mit dem gezückten Messer über deinem Haupte stand – und du wärst erwacht – weggeworfen hätt ich das verfluchte Messer – hätte dich in meine Arme geschlossen – und du lebtest – und dieser Schreckenstag wäre der glücklichste Tag in meinem Leben gewesen – O daß doch dies alles ein Traum wäre! – daß es ein Traum wäre! – (ebd.)

Als Kuriosum und dramenhistorische Seltenheit ergibt sich an dieser Stelle, dass Moritz diesen Wunsch in der Journalfassung tatsächlich in Erfüllung gehen lässt, die Handlung also in die Mordnacht zurückspringt und im zweiten Geschehensdurchlauf die Alternative eines glücklichen Endes eröffnet wird.[36] Durch das heftige Klopfen der Mutter an die Schlafkammer erwacht der Fremde und gibt sich dem mit gezücktem Messer dastehenden Vater rechtzeitig als Sohn zu erkennen.

---

34 Rippe: *Dramatische Aufklärung*, S. 189.

35 Vgl. ergänzend die Studie Rippes zur Bedeutung der Einakter-Form sowie der im 18. Jahrhundert beliebten Technik des Tableaus im Sinn einer „Inszenierung des prägnanten Augenblicks" (ebd., S. 188–194, Zitat S. 188).

36 Ein alternatives Ende bietet im zeitlichen Umfeld auch Lorenz Hübners Schauspiel *Camma die Heldinn Bojoariens* (1784; vgl. Kommentar, S. 926).

So wird der Mord verhindert und das Drama kann in einträchtiger Familienzusammenführung enden.

Welche Rolle spielt in dieser eigenwilligen Doppelkonstruktion nun das in den zitierten Monolog eingeflochtene Traummotiv? Um die dramaturgische Funktion des Motivs zu erfassen, muss man sich zuerst vergegenwärtigen, dass es an dieser Stelle nicht zum ersten Mal im Stück auftaucht. Denn es begegnet in exponierter Stellung bereits zu Dramenbeginn und wird damit gleichsam wie der schlummernde Kern von Anfang an in den Rezeptionsvorgang eingeführt. So zeigt die Eröffnungsszene den schlafenden Blunt in mitternächtlicher Szenerie. Als Blunt von seiner Frau aus dem Traum gerissen wird, beklagt dieser sich ärgerlich:

GERTRUDE	Was sitzest du da, Mann, und siehest aus, als ob deine Seele mit Mord umginge?
BLUNT	Stille liebes Weib, stille! – wecke mich noch nicht auf – ich habe dir eben einen herrlichen Traum gehabt, aber – hin ist er!“
GERTR.	Gott, steh mir bei, seine böse Stunde kömmt!
BL.	Hin ist er – und, Fluch dir, daß du es mir entrissest, das süße Blendwerk, das meiner Seelen ein Labsal reichte, das sie in zehn Jahren nicht geschmeckt hat!
GETR.	Er schläft und träumt mit offnen Augen – Gott, mach' unserm Leiden ein Ende! (S. 25)

Als Auftaktsignal gestaltet die Szene hier die Variante des Wachtraums. Blunt träumt somnambul-furchterregend mit offenen Augen. Das „süße Blendwerk“, das ihm vor Augen steht, entpuppt sich daraufhin als jener dämonische Schatztraum, der ihn zur blutigen Mordtat verführen wird:

> Mein Dämon, wie du weißt, der mich oft des Nachts aus dem Schlafe schüttelt, und mir zuruft: Blunt, Blunt, du sollst noch einmal reich werden, reicher als zuvor! – der führte mich eben itzt, da ich hier sitze, und träume, auf eine steile Anhöhe und zeigte mir unsägliche Schätze, und einen Palast, der von Golde flimmerte, daß mir die Augen dunkel wurden, – und dies soll alles dein sein, sagte er, wenn du mir das Blut eines Mannes opferst, den ich dir senden will! (S. 27)

Ergibt sich damit dramaturgisch auch eine Entlastung der bei Lillo mordgierigen Mutterfigur, wird an dieser Stelle noch einmal die Sonderstellung des Stücks deutlich. So variieren die Vorlagen das Mordeltern-Motiv zwar in der Motivation der Charaktere und Funktion der Handlungsträger, doch geht die Motivation des Handlungsverlaufs durch den Traum am Drameneingang, soweit zu sehen ist auf Moritz zurück und sticht als Eigenleistung hervor.[37] Nach der Ermordung des

37 Zwar gestaltet auch Lillo mit dem Traum der Geliebten Charlot das Motiv eines vorausdeutenden Traums, doch steht dieser hier nicht in initialer Funktion am Dramenanfang und bekommt auch nicht das makrostrukturell tragende Gewicht, das – wie noch zu zeigen ist – der

Sohns kommt das Stück sodann auf das Thema zurück. „O daß doch dies alles ein Traum wäre! – daß es ein Traum wäre! –“ sind die letzten Worte Blunts am Ende der zitierten Schlussvariante (S. 44). Dramaturgische Verwirrung stiftet nun die Überleitung zur zweiten Variante mit glücklichem Ausgang. Denn diese Überleitung setzt Moritz als Verstext von der Figurenrede ab. Durch den Sprung aus der Figurenrede bleibt dabei unklar, wer eigentlich spricht.[38] Als eine Verständnismöglichkeit ergibt sich hier, die eigentümliche Sprechhaltung als „Variante zum inneren Monolog Blunts“ zu begreifen.[39] Aus dieser Sicht ist es also Blunt selbst, der in dem Verseinschub einen Gnadenakt der Phantasie heraufbeschwört:

> Du bist es, holde Phantasie,
> Die oft den kühnen Geist,
> Mit schnellem Fittich, ohne Müh,
> In andre Welten reißt?
>
> So rufe mir den Augenblick,
> Eh' noch die Tat geschah,
> Ruf' ihn mir noch einmal zurück!
> Der Mörder stehe da.
>
> Noch mit dem Messer in der Hand
> Auf seinen Gast gezückt,
> Wie er an seinem Bette stand
> Zum Morde hingebückt.
>
> Dann knüpfe du den Faden an,
> Da, wo ich ihn zerriß!
> Es brech' ein heitrer Morgen an,
> Statt jener Finsternis!
>
> Ein Tag, dem nur die Freude lacht,
> Und keine Stürme drohn,
> Steig' auf! – Und jene Schreckensnacht
> Sei wie ein Traum entflohn! – (S. 45)

Traumkonstruktion bei Moritz zuwächst. Charlots Traum wird vielmehr als Mittel mäßigender Selbstreflexion eingesetzt, um im Gegensatz zur fatalen Neugierde Young Wilmots ein Beispiel für „Lillos Konzept eines langsichtigen Umgangs mit Emotionen“ zu geben (Rippe; *Dramatische Aufklärung*, S. 172).

38 So bereits Allkemper, Alo: „Der Schein der Rettung oder die Phantasie vom guten Zufall. Zu Karl Philipp Moritz' Drama *Blunt oder der Gast*.“ In: *Lessing Yearbook* 21 (1989), S. 123–139, hier S. 132.

39 Kosenina, Alexander: *Literarische Experimente auf dem Weg zum psychologischen Roman*. Göttingen 2006 (= Kleine Schriften zur Aufklärung 14), S. 71. Ähnlich versteht Rippe, *Dramatische Aufklärung*, S. 215 den Ausschnitt als „Blunts Erweckungsfantasie“.

Schreibt man den Verstext in dieser Passage der Titelfigur zu, schafft dies indessen die argumentative Grundlage dafür, das anschließende Geschehen als dramatische Projektion eines Wunschtraums des Verbrechers Blunt aufzufassen. Mit der Wende vom Verbrechen zur Traumphantasie der Wiedergutmachung erscheint das Drama letztlich als „das erste Beispiel für die konsequente Gegenüberstellung einer Verbrechensdarstellung und deren phantastischer Umdeutung aus Sicht und Wunschdenken des Delinquenten.“[40] Bei aller Plausibilität dieser Deutung steht die Prämisse der Festlegung des Verseinschubs auf die Blunt-Figur allerdings auf unsicheren Füßen. So fehlt eine Sprecherangabe, die diese Lesart stützen würde; auch die Personendeixis deutet eigentlich nicht auf eine Variante zum inneren Monolog Blunts, da der Mörder mehrfach in der dritten Person angeredet wird (vgl. „Der Mörder stehe da. | Noch mit dem Messer in der Hand | Auf seinen Gast gezückt, | Wie er am Bette stand | Zum Morde hingebückt“).[41] Besser lässt sich der Einschub daher als Einspruch einer übergeordneten Stimme jenseits der Figurenrede begreifen, die hier auch durch den Wechsel in die Versform angezeigt wird. Wird damit der pragmatische Status einer anderen dramatischen Sphäre kenntlich gemacht, hat der Verstext die dramaturgische Funktion, zwischen den alternativen Dramenschlüssen zu vermitteln. Je nachdem, wie man den Sprecherbezug des Einschubs auffasst, ergeben sich für das Verständnis gleichwohl nicht unerhebliche Konsequenzen. So ist der Traumcharakter des zweiten Schlusses keinesfalls unstrittig.[42] Entsprechend hat man vielfach nur die Mordalternative als Traumhandlung begriffen.[43] Der zweite Schluss entlarvt den ersten folglich als „wahnhaften Alptraum Blunts“.[44] Stimmig erscheint dazu auch die Replik Blunts im zweiten Teil „Ich bin aus einem schweren Traume aufgewacht, aus einem schweren Traume“ (S. 46) sowie der zitierte Schlussvers des strophischen Einschubs „Und jene Schreckensnacht | Sei wie ein Traum entflohn! –“, der nicht den zweiten, sondern ersten Handlungsstrang als Traumgeschehen ausweist. Liegt mit den beiden Verständnismöglichkeiten letztlich also eine schwer zu

---

40 Kosenina: *Literarische Experimente*, S. 72.

41 Kosenina liest die Stelle daher so, dass Blunt in dieser Anrede „selbst zum distanziert betrachteten Objekt der Reflexion wird“ (ebd., S. 71).

42 Neben Kosenina betont den Traumcharakter des alternativen Handlungsverlaufs auch die *Blunt*-Studie von Luserke, Matthias: „Der Abgesang auf den Sturm und Drang. Plädoyer für eine neue Lektüre von Moritz' Drama *Blunt oder der Gast*.“ In: *Text & Kritik* 118/119 (1993), S. 67–75.

43 Kosenina: *Literarische Experimente*, S. 70 geht dagegen von einer doppelten Traumkonstruktion aus: „Den aus einer Traumrealität begangenen Mord hebt der zweite Teil des Fragments in einem weiteren Traum auf […]“ sowie ebd., S. 71: „Für die zweite Version unter der Federführung der Phantasie bedeutet das ein Erwachen aus einem Traum im Traum.“

44 Lohmann: *Entschieden unentschieden*, S. 443. Vgl. so auch die Lesart Frenzels: *Mord am Sohn*, S. 540 und Rippes: *Dramatische Aufklärung*, S. 216.

entscheidende Aporie im Stück vor, ist die Lösung überzeugend, die Dramaturgie als „entschieden unentschieden" zu charakterisieren.[45] Für das Verständnis des Zusammenspiels von Doppelschlusstechnik und Traumkonstruktion ist dabei wesentlich, dass die doppeldeutige Handlungsführung im *szenischen* Darstellungsmodus des Geschehens wurzelt. Denn die Möglichkeit, beide Handlungsstränge als Traumgeschehen zu begreifen – also entweder als Alptraum (erste Variante) oder Wunschtraum (zweite Variante) – geht von der Voraussetzung aus, dass die Bühnenhandlung die Innensicht des Schlafenden unmittelbar in Szene setzt. Die Pointe, durch die das Drama insofern gleichsam in dieser Schwebe gehalten wird, liegt daher in dem einfachen Kunstgriff einer Parallelführung des szenischen Repräsentationsmodus im Drama mit der Technik einer szenischen Traumrepräsentation. Aus Sicht des 18. Jahrhunderts ist diese Möglichkeit durchaus ungewöhnlich. Denn bereits im frühneuzeitlichen Trauerspiel tritt vor allem der göttliche Divinationstraums an die Stelle der antiken Orakelszene.[46] Traumerlebnisse werden dabei – wie auch im Fall von Lillos *Fatal Curiosity* – in der Regel auf der Bühne erzählt,[47] was häufig zu Fehldeutungen auf der Figurenebene Anlass gibt.[48] Prägt die Technik einer epischen Vermittlung von Träumen (‚telling') weithin auch das Drama des 18. Jahrhunderts – bekannte Beispiele geben etwa der Verfolgungstraum in Lessings *Miss Sara Sampson* oder die Traumerzählung Franz Moors in Schillers *Die Räuber* –,[49] sticht der szenische Repräsentationsmodus bei

45 Lohmann: *Entschieden unentschieden*, S. 443.

46 Zu diesem funktionsgeschichtlichen Wechsel bereits Benjamin, Walter: *Ursprung des deutschen Trauerspiels*. Berlin 1928, S. 313.

47 Zu Charlots Traumerzählung auch Rippe: *Dramatische Aufklärung*, S. 173.

48 Vgl. als geläufiges Modell etwa den vorausdeutenden Märtyrertraum in Andreas Gryphius' Trauerspiel *Catharina von Georgien* (1657), den Catharina ihrer Zofe Salome in der ersten Abhandlung erzählt und von dieser daraufhin allzu optimistisch ausgelegt wird. Dazu Borgstedt, Thomas: „Angst, Irrtum und Reue in der Märtyrertragödie. Andreas Gryphius' *Catharina von Georgien* vor dem Hintergrund von Vondels *Maeghden* und Corneilles *Polyeucte Martyr*." In: *Daphnis* 28 (1999), S. 563–594 sowie als diachrone Übersicht Pestalozzi, Karl: „Der Traum im Drama." In: Wagner-Simon, Therese, Gaetano Benedetti (Hg.): *Traum und Träumen. Traumanalysen in Wissenschaft, Religion und Kunst*. Göttingen 1984, S. 81–101, S. 82–84 zu Gryphius.

49 Auf die Rückständigkeit dieser Dramenträume im Vergleich zur Traumtheorie des 18. Jahrhunderts, die sich nicht nur entschieden von der frühneuzeitlichen Oneirokritik, sondern auch dem Glauben an Vorsehungsträume löst, verweist die richtungweisende Studie von Engel, Manfred: „Traumtheorie und literarische Träume im 18. Jahrhundert. Eine Fallstudie zum Verhältnis von Wissen und Traum." In: *Scientia Poetica* 2 (1998), S. 97–128, bes. S. 109 f. und 121–125. Im Hintergrund steht die seit Tertullian wirkungsmächtige Dreiteilung in natürliche, dämonische und göttliche Träume (dazu grundlegend Alt, Peter-André: *Der Schlaf der Vernunft. Literatur und Traum in der Kulturgeschichte der Neuzeit*. München 2002, S. 51–55).

Moritz (‚showing') demgegenüber als Formexperiment ab.[50] Das ästhetische Risiko des Stücks liegt hier somit in der spezifischen Verschränkung von doppelter Handlungsführung und szenischer Traumrepräsentation, die den Status des dramatischen Geschehens schließlich unzuverlässig erscheinen lässt.[51]

Schlussfolgerungen: Die riskante Form des *Blunt*-Dramas als mediale Probe und Resultat seelenkundlicher Epistemologie

Zusammenfassend steht die Dramatisierung des Scheiterns von Gastlichkeit in den untersuchten Stücken zunächst allgemein im Zeichen eines moraldidaktisch ausbalancierten Risikokalküls bei Lillo, das Ökonomie und Gefühlsdiskurs im Zeichen affektiver Mäßigung in Analogie bringt, sowie einer darstellungstechnisch probenden und damit über stoffliche Provokationselemente hinausführenden Risikoästhetik bei Moritz, in der das Motiv der ‚fatalen Neugierde' des Sohn abgeschwächt und im Gegenzug die blindwütige Habgier des Vaters durch die Einführung eines Schatztraums ökonomiekritisch verstärkt ist. Die vergleichende Perspektive schärft dabei den Blick für die ästhetische Eigenständigkeit der Moritzschen Fassung, die sich wesentlich der spezifischen Verschränkung von Doppelschlusstechnik und Traumkonstruktion verdankt. Das formgeschichtlich bemerkenswerte Experiment stellt dabei nicht zuletzt das Medium des Theaters selbst auf die Probe, indem es dem Grundprinzip theatraler Repräsentation den Boden entzieht und die vielbeschworene Finalität des Dramas durch das doppelte Ende in Frage stellt. Nicht nur durch den schockierenden Tabubruch, sondern auch auf Grund des Repräsentationsverlusts wird das Experiment dabei offenbar für das Theater unbrauchbar. So hat es das Stück seinerzeit nicht auf die Bühne geschafft.[52] In mediengeschichtlicher Perspektive lässt sich vor dieser Hintergrund festhalten, dass durch die Dramatisierung des Scheiterns von Gastlichkeit, in der

---

50 Strukturell vergleichbar ist im 18. Jahrhundert – allerdings ohne das Spiel mit alternativen Handlungsverläufen – die letzte Stufe von Lessings *Faust*-Fragment, in der Lessing die Dramenhandlung nach der Erinnerung Johann Jakob Engels als Traumprojektion Fausts angelegt haben soll. Grundlageninformationen dazu etwa bei Fick, Monika: *Lessing-Handbuch. Leben – Werk – Wirkung.* Stuttgart, Weimar 2000, S. 176 f.

51 In Analogie zum ‚unreliable narrator' in der Erzählforschung lässt sich anhand einer solchen Konstruktion dabei auch über eine Übertragung des Konzepts in den Bereich der Dramenanalyse nachdenken.

52 Zur Uraufführung des Stücks kommt es erst 1986 in Heidelberg; weitere Inszenierungen sind 1995 in Stuttgart und 1997 in Darmstadt und Duisburg nachgewiesen (vgl. Kommentar, S. 923 f.).

das Geschehen bis zum Mord am eigenen Sohn eskaliert, und das experimentelle Verwirrspiel mit den Repräsentationsebenen letztlich das Medium des Theaters selbst als ungastlicher Ort erscheint. Wird bei Moritz das Theater selbst zum ungastlichen Medium, ist der Titelzusatz „Fragment" in der Journalfassung auch der riskanten Anlage des Stücks geschuldet. Entsprechend genügt es nicht, den analytischen Blick auf die experimentell interessantere Journalfassung mit den beiden Handlungsalternativen zu beschränken. Vielmehr muss auf Grund der dem Stück über den Paratext eingeschriebenen Fragmentstruktur grundsätzlich ebenso die spätere Buchfassung mitgedacht werden, die das gewagte Formexperiment wieder zurücknimmt und eine konventionelle Lösungsvariante präsentiert. Als Gründe für diese Glättung hat man die „Rücksichtnahme auf die Inszenierbarkeit" und das Ziel einer „moralischen Satisfaktion des Publikums" benannt.[53] Zu der riskanten Erprobung des Theaters gehört in mediengeschichtlicher Perspektive somit auch der Mechanismus der Korrektur. Anders als bei dem im Fall von Lillo wirksamen ‚Stage Licensing Act' handelt es sich bei Moritz allerdings um eine Form der Selbstkorrektur, die aus Sicht der Intertextualitätsforschung palinodische Züge trägt.[54]

Ist mit der Verdopplung der Dramenhandlung und dem Versuch einer szenischen Traumrepräsentation auf der Bühne also augenscheinlich der mediale Spielraum des Theaters im 18. Jahrhundert überschritten, muss man Moritz' Fragment gleichwohl auch als innovativen Lesetext wahrnehmen. Denn in der Distribution des 18. Jahrhunderts ist das Drama, da es zu keiner Aufführung kommt, nicht als Spielvorlage, sondern als Fortsetzungsgeschichte eines Journals bzw. als Buchfassung präsent. Insofern unternimmt Moritz hier auch den Versuch einer szenischen Repräsentation von Innenwelt im unmittelbar darstellenden Medium des Dramas und gibt damit ein konsequentes Beispiel für theatrales Erzählen im 18. Jahrhundert, das den Text zur Bühne des Inneren macht.[55] Begreift man dies wiederum als mediale Probe, werden auch die ästhetischen Chancen des Journals genutzt, wenn sich durch die periodische Erscheinungsweise der Berliner *Litteratur- und Theaterzeitung* etwa die Möglichkeit ergibt, das Geschehen exakt auf dem Höhepunkt zu unterbrechen (s. Abb. 1).

Der Blick in die Originalzeitung zeigt hier, dass der Einschnitt in der ersten Folge unmittelbar vor dem Mord erfolgt, so dass nach dem Cliffhanger-Prinzip

---

53 Kommentar, S. 930.

54 Dazu allgemein Verweyen, Theodor u. Gunther Witting: *Einfache Formen der Intertextualität. Theoretische Überlegungen und historische Untersuchungen.* Paderborn 2010, S. 11–37 u. 266f. zur Palinodie.

55 Zu solchen Tendenzen grundlegend Huber, Martin: *Der Text als Bühne. Theatrales Erzählen um 1800.* Göttingen 2003.

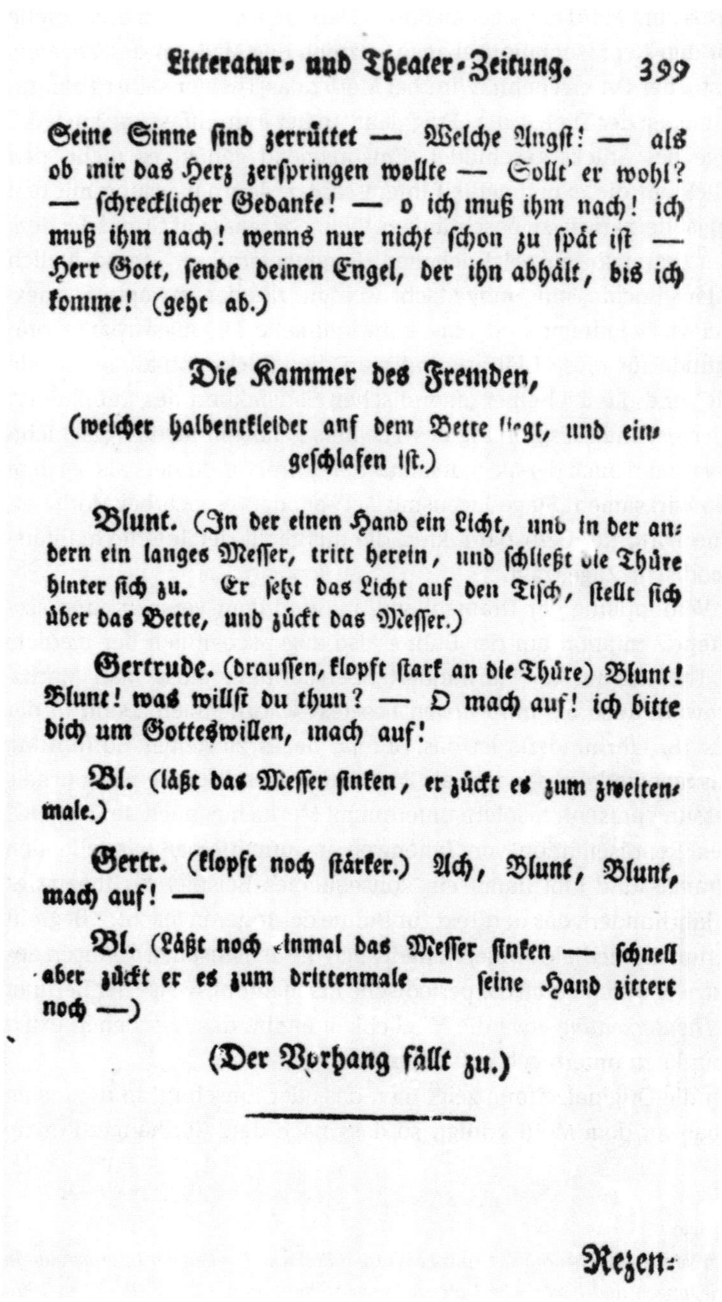

Seine Sinne sind zerrüttet — Welche Angst! — als ob mir das Herz zerspringen wollte — Sollt' er wohl? — schrecklicher Gedanke! — o ich muß ihm nach! ich muß ihm nach! wenns nur nicht schon zu spät ist — Herr Gott, sende deinen Engel, der ihn abhält, bis ich komme! (geht ab.)

Die Kammer des Fremden,

(welcher halbentkleidet anf dem Bette liegt, und eingeschlafen ist.)

Blunt. (In der einen Hand ein Licht, und in der andern ein langes Messer, tritt herein, und schließt die Thüre hinter sich zu. Er setzt das Licht auf den Tisch, stellt sich über das Bette, und zückt das Messer.)

Gertrude. (draussen, klopft stark an die Thüre) Blunt! Blunt! was willst du thun? — O mach auf! ich bitte dich um Gotteswillen, mach auf!

Bl. (läßt das Messer sinken, er zückt es zum zweitenmale.)

Gertr. (klopft noch stärker.) Ach, Blunt, Blunt, mach auf! —

Bl. (Läßt noch einmal das Messer sinken — schnell aber zückt er es zum drittenmale — seine Hand zittert noch —)

(Der Vorhang fällt zu.)

Rezen-

Abb. 1: Originaleinschnitt in der *Berliner Litteratur- und Theater-Zeitung* (XXV) vom 17. Juni 1780

Spannung erzeugt wird. Dies deutet darauf hin, dass auch das doppelte Durchspielen des Handlungsverlaufs offenbar nicht zuletzt auf Spannungssteigerung abzielt.[56] Für die ästhetikgeschichtlich weitgehend verdrängte Spannungskategorie[57] sind solche womöglich nebensächlich scheinenden Beobachtungen allerdings durchaus wichtig. Denn das methodisch schwer zu historisierende Phänomen der Spannungserzeugung[58] kann in diesem Fall mediengeschichtlich – eben über das Prinzip der Periodizität und die Technik der Unterbrechung – fixiert werden.

Wirft man abschließend einen Blick auf die funktionale Motivation der mediale Grenzen erprobenden Form des *Blunt*-Dramas, scheint diese freilich nicht nur Spannungsvehikel oder gar effektheischender Selbstzweck. Vielmehr ist sie auch durch ein epistemologisches Interesse begründet. Dies wird deutlich, wenn man die wissensgeschichtliche Stellung des Texts im Traumdiskurs des 18. Jahrhunderts bedenkt. So ist das Träumen bei Moritz nicht mehr göttlich oder dämonisch, sondern psychologisch motiviert und theatralisiert im szenischen Repräsentationsmodus auf verstörende Weise die Abgründe der Seele. Dem seelenkundlichen Erkenntnisinteresse von Moritz entsprechend sticht zu Dramenbeginn nicht nur die exponierte Stellung des Traummotivs hervor, sondern auch der Begriff der Seele: „Was sitzest du da, Mann, und siehest aus, als ob deine Seele mit Mord umginge" lauten die ersten Worte des Stücks, die Blunts Beschwerde provozieren, dass die Gattin ihm das „süße Blendwerk" des Traums entrissen habe, welches seiner „Seelen ein Labsal reichte" (S. 25). Scheint das Drama also von Anfang an einer seelenkundlichen Epistemologie zu folgen, schließt Moritz dabei durchaus an die aktuelle Traumtheorie seiner Zeit an. Denn ähnlich richtet die in den 80er und 90er Jahren des 18. Jahrhunderts von Medizinern entwickelte „Defizittheorie" des aufgeklärten Traumverständnisses ihr Erkenntnisinteresse auf die Fehlleistungen der menschlichen Seele, zu denen es ohne rationale Kontrolle kommt.[59] Beinahe wie ein Kommentar zu der Traum-

---

56 Vgl. dagegen Schmidt-Hannisa, Hans Walter: „Traumtheater. Karl Philipp Moritz' Experimentalschauspiel *Blunt oder der Gast*." In: Wingertszahn, Christof (Hg.): *„Das Dort ist nur Hier geworden." Karl Philipp Moritz heute*. Großburgwedel 2010, S. 61–74, hier S. 71.

57 Dazu Verf.: „Spannungstheorien. Kultur- und literaturwissenschaftliche Perspektiven am Beispiel von Schillers *Wilhelm Tell* (1804)." In: Butzer, Günter, Hubert Zapf (Hg.): *Theorien der Literatur. Grundlagen und Perspektiven*. Bd. 4. Tübingen, Basel (im Druck).

58 Vgl. zur diesem Problemkomplex die methodischen Überlegungen bei Ackermann, Kathrin: „Möglichkeiten und Grenzen der historischen Spannungsforschung." In: Irsigler, Ingo, Christoph Jürgensen, Daniela Langer (Hg.): *Zwischen Text und Leser. Studien zu Begriff, Geschichte und Funktion literarischer Spannung*. München 2008, S. 33–49.

59 Engel: *Traumtheorie*, S. 105. Vgl. dazu seine Unterscheidung von drei abstrakten Grundtypen, die kulturgeschichtlich dominant sind (defizittheoretische, übernatürliche und tiefenpsycholokonstruktion bei Moritz lesen sich daher die etwas später und gleichwohl unabhängig vom Stück formulierten Überlegungen von Karl Friedrich Pockels im *Magazin zur Erfahrungsseelenkunde*. Im Aufsatz *Psychologische Bemerkungen über Träume und Nachtwandler* (1788) schreibt Pockels:

> Mangel an alle Scham, wilde Affecten, Verachtung religiöser Gegenstände, Blasphemie, und andre abscheuliche Gedanken und Empfindungen, die uns im Wachen nicht beunruhigen, bemerken auch die vortreflichsten Menschen an sich, wenn sie träumen. Ich glaube alles rührt daher, weil die Seele vermöge der fast allein herrschenden Einbildungskraft durch die Vorstellung sinnlicher und verführerischer Bilder so sehr hingerissen wird, daß sie sich die Gründe der Moralität nicht mehr deutlich vorstellen kann, wenigstens sie auf ihre Handlungen zu appliciren vergißt.[60]

Das Spiel mit dem Modus der szenischen Traumdarstellung bei Moritz lässt das Drama vor diesem wissenshistorischen Hintergrund als Projektionsraum einer rational ungezügelten Seele erscheinen. Über die auf der Grenze zum Wachtraum stehende Mordtat Blunts führt der Seelenkundler Moritz den Zuschauer also auf eine „Bühne der Seele" und zeigt unmittelbar, was diese für ein „Theater der Triebe" in Gang setzt, wenn die Vernunft schläft.[61] Das formgeschichtliche Risiko des Stückes, bei dem Träume die gesamte „Textwelt infizieren",[62] leitet sich somit wesentlich aus dem seelenkundlichen Erkenntnisinteresse der Traumdarstellung her. Insofern gibt das Drama auch ein Beispiel für das kulturpoetische Potential von Wissensgeschichte. Kurz gesagt bringt Moritz das Grundprinzip der theatralen Wirklichkeitsrepräsentation ins Wanken, um es nach defizittheoretischen Traumvorstellungen im 18. Jahrhundert durch ein ungastliches Traumtheater der Seele zu ersetzen.

Literaturverzeichnis

Ackermann, Kathrin: „Möglichkeiten und Grenzen der historischen Spannungsforschung." In: Irsigler, Ingo, Christoph Jürgensen, Daniela Langer (Hg.): *Zwischen Text und Leser. Studien zu Begriff, Geschichte und Funktion literarischer Spannung*. München 2008, S. 33–49.

gische Traumauffassung) in Engel, Manfred: „Kulturgeschichte/n? Ein Modellentwurf der Kultur- und Literaturgeschichte des Traumes." In: *KulturPoetik* 10 (2/2010), S. 153–176, hier S. 158–160.

60 Pockels, Karl Friedrich: „Psychologische Bemerkungen über Träume und Nachtwandler." In: *Magazin zur Erfahrungsseelenkunde* 6 (3/1788), S. 76–89, Zitat S. 85. Die Stelle zitiert auch Alt: *Der Schlaf der Vernunft*, S. 177.

61 So eine Erläuterung zu Pockels von Alt, ebd., S. 178.

62 Dies die griffige Formel für ein Verfahren, das später vor allem für die Traumdichtung der Romantik kennzeichnend wird, bei Engel: „Kulturgeschichte/n?", S. 169.

Allkemper, Alo: „Der Schein der Rettung oder die Phantasie vom guten Zufall. Zu Karl Philipp Moritz' Drama *Blunt oder der Gast.*" In: *Lessing Yearbook* 21 (1989), S. 123–139.
Alt, Peter-André: *Der Schlaf der Vernunft. Literatur und Traum in der Kulturgeschichte der Neuzeit.* München 2002.
Bauer, Roger: „Das Schicksal im Schauerdrama. Von Lillos *Fatal Curiosity* zu Zacharias Werners *Der vierundzwangste Februar* und Pixérécourts *Le Monastère abandonné.*" In: Ders. (Hg.): *Inevitabilis Vis Fatorum. Der Triumph des Schicksalsdramas auf der europäischen Bühne um 1800.* Bern u. a. 1990, S. 249–258.
Benjamin, Walter: *Ursprung des deutschen Trauerspiels.* Berlin 1928.
Bisanz, Adam J.: George Lillos Drama *Fatal Curiosity* und dessen umstrittene Nachfolge in Deutschland. In: *arcadia* 8 (1973) S. 55–61.
Borgstedt, Thomas: „Angst, Irrtum und Reue in der Märtyrertragödie. Andreas Gryphius' *Catharina von Georgien* vor dem Hintergrund von Vondels *Maeghden* und Corneilles *Polyeucte Martyr.*" In: *Daphnis* 28 (1999), S. 563–594.
Engel, Manfred: „Kulturgeschichte/n? Ein Modellentwurf der Kultur- und Literaturgeschichte des Traumes." In: *KulturPoetik* 10 (2/2010), S. 153–176.
Engel, Manfred: „Traumtheorie und literarische Träume im 18. Jahrhundert. Eine Fallstudie zum Verhältnis von Wissen und Traum." In: *Scientia Poetica* 2 (1998), S. 97–128.
Erlebach, Peter, Bernhard Reitz, Thomas Michael Stein: *Geschichte der englischen Literatur.* Stuttgart 2004.
Fick, Monika: *Lessing-Handbuch. Leben – Werk – Wirkung.* Stuttgart, Weimar 2000.
Frenzel, Elisabeth: *Stoffe der Weltliteratur. Ein Lexikon dichtungsgeschichtlicher Längsschnitte.* Stuttgart ^{8}1992.
Hollmer, Heide: „Karl Phillip Moritz' *Blunt oder der Gast* – ein umstrittenes Nebenwerk." In: *Moritz zu ehren. Beiträge zum Eutiner Symposium im Juni 1993.* Hg. v. Wolfgang Griep. Eutin 1996 (= Eutiner Forschungen 2), S. 53–63.
Huber, Martin: *Der Text als Bühne. Theatrales Erzählen um 1800.* Göttingen 2003.
Kosenina, Alexander: *Literarische Experimente auf dem Weg zum psychologischen Roman.* Göttingen 2006 (= Kleine Schriften zur Aufklärung 14).
Lehmann, Hans-Thies: „Ästhetik des Risikos. Notizen über Theater und Tabu." In: *Sprache und Literatur in Wissenschaft und Unterricht* 60 (1987), S. 55–61.
Lillo, George: *Fatal Curiosity.* Ed. by William H. McBurney. London 1967.
Lohmann, Malte: „Entschieden unentschieden. Erfahrungsseelenkunde und Kontingenzerfahrung in Karl Philipp Moritz Drama' *Blunt oder der Gast.*" In: *GRM* 56 (2006), S. 429–446.
Luserke, Matthias: „Der Abgesang auf den Sturm und Drang. Plädoyer für eine neue Lektüre von Moritz' Drama *Blunt oder der Gast.*" In: *Text & Kritik* 118/119 (1993), S. 67–75.
McBurney, William H.: „Introduction." In: Lillo, George: *Fatal Curiosity.* Ed. by William H. McBurney. London 1967, S. ix–xxv.
Moritz, Karl Philipp: *Blunt oder der Gast.* In: *Dichtungen und Schriften zur Erfahrungsseelenkunde.* Hg. v. Heide Hollmer u. Albert Meier. Frankfurt a. M. 1999 (= Werke in zwei Bänden 1), S. 25–76.
Pestalozzi, Karl: „Der Traum im Drama." In: *Traum und Träumen. Traumanalysen in Wissenschaft, Religion und Kunst.* Hg. v. Therese Wagner-Simon u. Gaetano Benedetti. Göttingen 1984, S. 81–101.
Pockels, Karl Friedrich: „Psychologische Bemerkungen über Träume und Nachtwandler." In: *Magazin zur Erfahrungsseelenkunde* 6 (3/1788), S. 76–89.

Rippe, Olaf: *Dramatische Aufklärung. Anagnorisis und Motive der (Selbst-)Erkenntnis in Tragödien des 18. Jahrhunderts.* Marburg 2009.
Sandbach, Francis E.: „Karl Philipp Moritz's *Blunt* and Lillo's *Fatal Curiosity.*" In: *Modern Language Review* 18 (1923), S. 449 – 457.
Schmidt-Hannisa, Hans Walter: „Traumtheater. Karl Philipp Moritz' Experimentalschauspiel *Blunt oder der Gast.*" In: *„Das Dort ist nur Hier geworden." Karl Philipp Moritz heute.* Hg. v. Christof Wingerts-Zahn. Großburgwedel 2010, S. 61 – 74.
Seth, Wolfgang: *George Lillos Dramen. Der Versuch der ‚Verbürgerlichung' des englischen Dramas im 18. Jahrhundert.* Essen 1991 (= Neue Anglistik 6).
Spitzer, Leo: „Die klassische Dämpfung in Racines Stil." In: *Romanische Stil- und Literaturstudien* I. Marburg 1931, S. 135 – 270.
Verweyen, Theodor, Gunther Witting: *Einfache Formen der Intertextualität. Theoretische Überlegungen und historische Untersuchungen.* Paderborn 2010.
Wesche, Jörg: „Spannungstheorien. Kultur- und literaturwissenschaftliche Perspektiven am Beispiel von Schillers *Wilhelm Tell* (1804)." In: *Theorien der Literatur. Grundlagen und Perspektiven.* Bd. 4. Hg. v. Günter Butzer u. Hubert Zapf. Tübingen, Basel (im Druck).
Wierlacher, Alois, Corinna Albrecht: „Kulturwissenschaftliche Xenologie." In: *Einführung in die Kulturwissenschaften. Theoretische Grundlagen – Ansätze – Perspektiven.* Hg. v. Ansgar Nünning u. Vera Nünning. Stuttgart, Weimar 2008, S. 280 – 306.

Marion Schmaus

Zur Genese melodramatischer Imagination

Englisch-deutscher Tauschhandel im Zeichen der Rührung bei George Lillo, Friedrich Ludwig Schröder und August von Kotzebue

Das Melodrama entwickelt sich im 18. Jahrhundert als eine populäre Bühnengattung, die sich vor allem durch ihre klare rezeptionsästhetische Ausrichtung, die Rührung, respektive den Tränenfluss ihres Publikums profiliert. Zentrale Merkmale des Genres: Intermedialität, antithetische plot-Struktur, typisierte Darstellung, zeichenhafter Exzess, Serialität und nicht zuletzt der Austausch zwischen verschiedenen Nationalliteraturen, sind an dieser beabsichtigten affektiven und moralischen Wirkung ausgerichtet. Insbesondere zwischen England und Deutschland lässt sich ein Tauschhandel im Zeichen der Rührung beobachten, angefangen mit George Lillos Stück *The London Merchant* (1731), das mit „moral Tales in private Life"[1] eine neue Dramenform initiiert, die weniger in England denn in Deutschland nachhaltige Folgen zeitigt. Das in Deutschland zu kultureller Hochform findende bürgerliche Trauerspiel ebenso wie die Rühr- oder Hausväterdramen sind zu nennen. Der englisch-deutsche Literaturtransfer lässt sich an Friedrich Ludwig Schröders sekundärer Lillo-Bearbeitung in *Die Gefahren der Verführung* (1778) veranschaulichen, während sich der deutsch-englische Tauschhandel dann an Kotzebues Rührstück *Die Spanier in Peru* (1795) und seinem Erfolg in englischer Adaption zeigt.

Melodramatische Imagination

Wenn in Deutschland von Melodrama, in Frankreich von *mélodrame* und in England und Amerika von *melodrame* gesprochen wird, so verweisen die Begriffe auf unterschiedliche Genres und Textformen. In Deutschland ist laut Wolfgang Schimpfs Artikel im *Reallexikon der deutschen Literaturwissenschaft* unter Melodrama eine: „[d]ramatische Kleinform" zu verstehen, „deren Textstruktur durch die intendierte Verbindung von gesprochener Sprache und Instrumentalmusik

---

1 Lillo, George: *The London Merchant or, The History of George Barnwell.* London 1731, o. S. [The Dedication]. Im Folgenden wird nach dieser Ausgabe im Haupttext zitiert.

geprägt ist."[2] Die Wortbedeutung des Kompositums aus *melos* (Lied) und *drama* (Handlung) ist in Deutschland in einer eigentümlich orthodoxen Ausprägung durch die von Schimpf vorgestellte Kurztragödie mit Instrumentalmusik realisiert worden.[3]

Schimpfs Artikel kennt allerdings auch die weite internationale Begriffsbestimmung, die abgrenzend angeführt wird:

> Nicht zu verwechseln mit dem hier umrissenen Gattungstypus des musikalischen Melodramas sind gesprochene Rühr- und Spektakelstücke des 19. Jahrhunderts, die sich unter dem Terminus *mélodrame* bzw. *melodrame* in der französischen und englischen Literatur fest etablierten.[4]

Die hier angesprochene Verwechselung wird im Folgenden programmatisch vorgenommen, das deutsche musikalische Melodrama soll mit seinen unmusikalischen Brüdern und Schwestern im In- und Ausland in Verbindung gebracht werden. Denn Schimpf übersieht in seiner säuberlichen Trennung, dass im populären Bühnendrama des 18. und 19. Jahrhunderts das Musikalische immer wieder auf die Bühne drängt und auch im Rühr- und Spektakelstück eine bedeutende Rolle spielt. Dies gibt einen Hinweis darauf, dass es sinnvoll sein kann, den germanistischen Spezialdiskurs zum Melodrama komparatistisch und intermedial zu erweitern und an eine rege anglistisch-amerikanistische und filmwissenschaftliche Debatte anzuschließen, die sich in den letzten Jahrzehnten in Sammelbänden zum Genre, von der Bühne bis zum Film, dokumentiert hat.[5]

---

2 Schimpf, Wolfgang: „Art. Melodrama". In: *Reallexikon für deutsche Literaturwissenschaft*, Bd. 2. Hg. v. Harald Fricke. 3. neubearb. Aufl. Berlin 2000, S. 558–562, hier S. 559.

3 Vgl. Schimpf: „Art. Melodrama"; Schimpf, Wolfgang: *Lyrisches Theater. Das Melodrama des 18. Jahrhunderts.* Göttingen 1988; und im Weiteren: Henze-Döhring, Sabine: „‚Ausdruck' und ‚Körperlichkeit': Das deutsche Melodram des späten 18. Jahrhunderts". In: *Theater im Kulturwandel des 18. Jahrhunderts. Inszenierung und Wahrnehmung von Körper – Musik – Sprache.* Hg. v. Erika Fischer-Lichte und Jörg Schönert. Göttingen 1999, S. 215–226; dies.: „Körperästhetik im Sprech- und Musiktheater des späten 18. Jahrhunderts. *Romeo und Julie* als Trauerspiel und als Melodram". In: *Musiktheater als Herausforderung. Interdisziplinäre Facetten von Theater- und Musikwissenschaft.* Hg. v. Hans-Peter Bayerdörfer. Tübingen 1999, S. 139–144; Kappelhoff, Hermann: *Matrix der Gefühle. Das Kino, das Melodrama und das Theater der Empfindsamkeit.* Berlin 2004; Küster, Ulrike: *Das Melodrama. Zum ästhetikgeschichtlichen Zusammenhang von Dichtung und Musik im 18. Jahrhundert.* Frankfurt a. M. u. a. 1994.

4 Siehe Schimpf: „Art. Melodrama", S. 559.

5 Cargnelli, Christian (Hg.): *Und immer wieder geht die Sonne auf. Texte zum Melodramatischen im Film.* Wien 1994; Hays, Michael u. Anastasia Nikolopoulou (Hg.): *Melodrama. The Cultural Emergence of a Genre.* Basingstoke u. a. 1996; Kelleter, Frank u. Ruth Mayer (Hg.): *Melodrama! The Mode of Excess from Early America to Hollywood.* Heidelberg 2007.

Bei diesem Unternehmen möchte ich an Peter Brooks Studie *The Melodramatic Imagination. Balzac, Henry James, Melodrama, and the Mode of Excess* von 1976 anschließen, die das Melodramatische abgelöst von einem bestimmten Kunstgenre als eine moderne kulturelle Praxis der Weltwahrnehmung und -darstellung auffasst, die sich verschiedener Medien bedienen kann. Ähnlich den Begriffen *Barock* und *Romantik* wird „das Melodram als eine Konstante der Imagination und der literarischen Modi betrachte[t]".[6] Es handelt sich laut Brooks bei der melodramatischen Imagination um ein „Modell der Bedeutungsproduktion für die literarische Dramatisierung der menschlichen Existenz".[7] Dieser Modus wird kulturhistorisch genauer konturiert, denn das Melodramatische wird im Zeitalter von Aufklärung und Französischer Revolution als säkularisierte Ausdrucksform eines „Moralisch-Okkulten" verortet. Dieses „Moralisch-Okkulte" ist ein „Sammelplatz fragmentarischer und profanierter Überbleibsel sakraler Mythen." Im melodramatischen Modus überleben die zentralen moralischen Polarisierungen von Gut und Böse, nachdem der lange Zeit herrschende religiöse Deutungsrahmen seine Legitimation verloren hat. Der religiöse Mythos als Weltbild der Tragödie dankt in der Moderne zugunsten einer diffusen Sphäre des Moralisch-Okkulten ab, das sich vorrangig im Melodrama artikuliert. „Der Begriff scheint [...] notwendig zu sein, da er wie kein anderer auf einen Modus höchster Emotionalität und heftiger ethischer Konflikte verweist", so Brooks. Exzesshafter Inhalt und Ausdruck versinnbildlichen, was mit dem Melodrama auf dem Spiel steht, nämlich die größten Fragen der menschlichen als einer moralischen Existenz. Zum „Wesen des Melodrams" gehören:

> die Hingabe an heftige Gefühle, eine moralische Polarisierung und Schematisierung, extreme Situationen, Handlungen und Seinszustände, unverhüllte Schurkerei, die Verfolgung der Guten und die letztendliche Belohnung der Tugend, eine schwülstige und extravagante Ausdrucksweise, düstere Verschwörungen, Spannung und atemberaubende Umschwünge.[8]

Die Dramatisierung arbeitet mit einfachen Mitteln, klaren Antithesen und Stereotypen. Gut und Böse wird durch einzelne, deutlich markierte Personen in Szene gesetzt. Sprechende Namen wie in Lillos *The London Merchant* sind dann keine Seltenheit, etwa wenn uns dort Mr. Thorowgood (also Mr. Durchausgut) oder Mr. Trueman begegnen. Gerade in dieser klaren Antithetik zeige sich der melodra-

---

6 Brooks, Peter: „Die melodramatische Imagination". In: *Und immer wieder geht die Sonne auf.* Hg. v. Cargnelli, S. 35–63, hier S. 50 f.

7 Brooks: „Die melodramatische Imagination", S. 50 f.

8 Brooks: „Die melodramatische Imagination", S. 39, 49, 47.

matische Modus als ein „radikal demokratischer".[9] Und zwar nicht allein im Hinblick auf seine Inhalte, wenn auch für das 19. Jahrhundert konstatiert werden kann, dass sich die melodramatische Imagination sozialen Fragen, der Armenfrage, der Rassenproblematik etc. verstärkt zuwendet,[10] sondern vielmehr in seinem „Bemühen, seine Darstellungen für alle eindeutig und klar lesbar zu machen."[11]

Diesem melodramatischen, demokratischen Versprechen nach einer Lesbarkeit der Welt für alle, soll im Folgenden exemplarisch an Popularisierungsformen des Dramas im 18. Jahrhundert nachgegangen werden. Die Produktivität melodramatischer Imagination für die Aspekte von ‚Dramen-Wirtschaft' und deutsch-englischer Intertextualität des 18. Jahrhunderts lässt sich von hier aus gleich dreifach konturieren:

Werkästhetisch tritt im Zuge der Dramenreformen des 18. Jahrhunderts, mit dem englischen *domestic drama* und den deutschen bürgerlichen Trauerspielen, Hausväter- und Rührstücken eine neue soziale Schicht, das Bürgertum auf die Bühne. Es ist in der Forschung vielfach festgehalten worden, dass in diesen abgewandelten Tragödien der Bürger nicht in seiner Berufsrolle gezeigt, sondern die Bühnenhandlung auf den Privatmenschen beschränkt wird. Das bürgerliche Heim rückt im englischsprachigen *domestic drama* und seinen deutschen Nachfolgern in den szenischen Vordergrund, allerdings auch jene Orte, an denen Familie und Privatleben der Öffentlichkeit zugänglich sind, Räume des Transfers wie das Gasthaus, in denen Berufs- und Privatleben, soziale Rolle und Familienexistenz nicht strikt zu sondern sind. Im Gasthaus wird so mit Geld und Liebe gehandelt und über diese diskursiv verhandelt, wie dies exemplarisch Lessings *Miß Sara Sampson* mit der Wahl des Handlungsortes ‚Gasthof' zeigt.[12] Das Symbolische dieses Handlungsortes lässt sich durchaus auf das moralische Profil dieser Dramen übertragen. Ein sich gegenüber dem Adel abgrenzendes bürgerliches Ethos wird in den Texten durch Lehnworte und Metaphern aus dem Bereich des Ökonomischen konturiert, so dass das Private, die Familie gerade nicht als Schutzraum allgemeiner Menschlichkeit, sondern als vom wirtschaftlichen Handel infiltriert erscheint. Insofern steht im bürgerlichen Trauerspiel sehr wohl der Bürger, und zwar nicht allein als Privatmensch im Vordergrund des dramatischen Kon-

---

9 Brooks: „Die melodramatische Imagination", S. 53.

10 Vgl. hierzu Schmidt, Johann N.: *Ästhetik des Melodramas. Studien zu einem Genre des populären Theaters im England des 19. Jahrhunderts.* Heidelberg 1986; Decker, Christof: *Hollywoods kritischer Blick. Das soziale Melodrama in der amerikanischen Kultur 1840–1950.* Frankfurt a. M., New York 2003.

11 Brooks: „Die melodramatische Imagination", S. 53.

12 Vgl. hierzu den Beitrag von Volker Dörr in diesem Band.

flikts, sondern in seiner gesamten Existenz. Das Ökonomische bildet den diskursiven Rahmen für das Selbstverständnis der Protagonisten, das bürgerliche Ethos konturiert sich weniger allgemeinmenschlich-christlich, denn als Berufsethos des Kaufmanns. Helmut Koopmann hat davon gesprochen, dass die „bürgerliche Ethik" im „Kern eine Kaufmannsethik"[13] sei. Die neuen Dramenformen des 18. Jahrhunderts bieten darum ein besonders anschauliches Beispiel für den melodramatischen Modus als Ausdrucksform eines Moralisch-Okkulten. Als säkulares Element fügt das Pekuniäre die dramatischen Versatzstücke aus christlicher und Standesmoral zu neuer Gestalt, wie dies Lillos *The London Merchant* und Schröders Sekundärbearbeitung *Die Gefahren der Verführung* eindrücklich zeigen.

Aber die melodramatische Imagination wendet sich im 18. Jahrhundert nicht nur verstärkt dem Thema des Handels zu, sondern auch produktions- wie rezeptionsästhetisch verbindet sich das Melodramatische mit dem Tauschhandel, denn es entsteht unter dem Vorzeichen der Rührung ein reger interkontinentaler Handel mit Stücken, so dass sich Phänomene der Serialität und Intertextualität hier in besonders ausgeprägter Form beobachten lassen.

Aus rezeptionsästhetischer Warte arbeitet der melodramatische Modus mit Typischem und Klischiertem, um die angestrebte affektive Wirkung und die einfache Lesbarkeit des Stücks und durch dieses der Welt zu erzielen. Das Erkennen im Melodrama ist oft genug ein Wiedererkennen. Es bildet sich ein Repertoire kodifizierter Gestik und Mimik sowie von Seiten der Zuschauer von Erwartungshaltungen heraus, das in Charles Dickens Alltagsskizze eines ‚theatrical young gentleman' luzide festgehalten worden ist: „The theatrical young gentleman is a great advocate for violence and emotion and redundancy of action. [...] He is likewise very acute in judging of natural expressions of the passions, and knows precisely the frown, wink, nod, or leer, which stands for any one of them [...]." In der Beurteilung melodramatischer Regelerfüllung zeigt sich dieser Theaterkritiker im Plädoyer „that it always has been done in that way, and he supposes they are

---

13 Koopmann, Helmut: *Geld und Literatur im 18. Jahrhundert.* Sion 1992, S. 28. Im Hinblick auf den *London Merchant* ist hier auch auf Peter Szondis Lektüre des Dramas vor dem Hintergrund von Max Webers *Die protestantische Ethik und der Geist des Kapitalismus* hinzuweisen; vgl. Szondi: *Die Theorie des bürgerlichen Trauerspiels im 18. Jahrhundert. Der Kaufmann, der Hausvater und der Hofmeister.* Hg. v. Gert Mattenklott. Frankfurt a. M. 1973. Zum Zusammenhang von Ökonomie und Literatur siehe im Weiteren: Fiederer, Margrit: *Geld und Besitz im bürgerlichen Trauerspiel.* Würzburg 2002; Wegmann, Thomas: *Tauschverhältnisse. Zur Ökonomie des Literarischen und zum Ökonomischen in der Literatur von Gellert bis Goethe.* Würzburg 2002; Fulda, Daniel: *Schau-Spiele des Geldes. Die Komödie und die Entstehung der Marktgesellschaft von Shakespeare bis Lessing.* Tübingen 2005.

not going to change it“ konservativ-traditionsbewusst.[14] Das Klischeehafte gehört also essentiell zur melodramatischen Wirkung. Das Melodrama erzielt seine Evidenz mit dem uns Vertrautesten, unseren klischierten natürlichen Gefühlen.

Produktionsästhetisch gewendet verweist dieser Sachverhalt auf das dem melodramatischen Modus eigentümliche Moment der Intertextualität und Serialität der Stücke, das die Genese und Entwicklung der melodramatischen Imagination im 18. und 19. Jahrhundert prägt. Ohne Fortsetzungen, Übersetzungen und Adaptionen, ohne das Zitat und den internationalen Tauschhandel ist das Melodramatische nicht zu denken. So findet Rousseaus *Pygmalion* fast ausschließlich in Deutschland seine Nachfolger, und bei dem ersten klassischen englischen Melodrama, Thomas Holcroft's *A Tale of Mystery*, handelt es sich um eine freie Übersetzung von Pixérécourts *Cœlina* (1802), mit dem das französische Bühnenmelodrama seinen Anfang nahm. Im 19. Jahrhundert adressieren die Theater in London und Paris zunehmend ein modernes, großstädtisches Massenpublikum, und es entwickeln sich mit Hollywood vergleichbare Produktionsstätten des Melodramatischen, die nach festen Schnittmustern Populärdramen wie das *domestic melodrama*, das *nautical melodrama* oder das *city melodrama* ausprägen und gleichsam am Fließband produzieren.[15] Eine der Entwicklungslinien der melodramatischen Imagination lässt sich von England, ausgehend vom *domestic drama* Lillo'scher Provenienz, auf den Kontinent verfolgen, nach Frankreich und Deutschland, und führt dann zu Beginn des 19. Jahrhunderts wieder auf die Insel zurück. Anhand von Lillos *The London Merchant* und seinen französischen und deutschen Adaptionen sowie an August von Kotzebues Rührstück *Die Spanier in Peru* und dessen äußerst erfolgreichen englischen Übersetzungen soll dieser Weg exemplarisch skizziert werden.[16]

---

14 Dickens, Charles: *Sketches by Boz. Illustrative of Every-Day Life and Eyery-Day People*, Bd. II. London 1910, S. 236. Bereits Johann N. Schmidt hat diese Alltagsskizze vor dem Hintergrund des Melodramas gelesen, vgl. *Ästhetik des Melodramas*, S. 51.

15 Vgl. hierzu Schmidt: *Ästhetik des Melodramas*, S. 41–53, S. 268–276.

16 Vorgezeichnet ist dieser Weg bereits bei Fietz, Lothar S.: „Zur Genese des englischen Melodramas aus der Tradition der bürgerlichen Tragödie und des Rührstücks“. In: *Deutsche Vierteljahrsschrift für Literaturwissenschaft und Geistesgeschichte* 65 (1991), S. 99–116; übersetzt: „On the Origins of the English Melodrama in the Tradition of Bourgeois Tragedy and Sentimental Drama: Lillo, Schröder, Kotzebue, Sheridan, Thompson, Jerrold“. In: *Melodrama*. Hg. v. Hays, S. 83–101.

George Lillo – Friedrich Ludwig Schröder – August von Kotzebue

George Lillos *The London Merchant or, The History of George Barnwell* gilt als prominenteste Ausgestaltung des *domestic drama* im 18. Jahrhundert. Es ist von germanistischer Seite vielfach als Gründungstext für das bürgerliche Trauerspiel gewürdigt worden.[17] Im Folgenden werden sich die Überlegungen auf die für die Geschichte des Melodramatischen relevanten Aspekte des Stücks konzentrieren. Dessen zeitgenössischer Erfolg – zu Lillos Lebzeiten kam es zu 70 Aufführungen von *The London Merchant* – lässt sich durchaus mit seinem melodramatischen Sujet, ebensolcher Handlungsführung und Ausdrucksform in Verbindung bringen. Was sonst als Makel des Textes gesehen wird: „Lillos moralisierende Schwarzweißmalerei, die Unwahrscheinlichkeit der Handlung und die typisierten Figuren",[18] gilt in diesem Lichte als besondere melodramatische und wirkungsästhetische Qualität des Dramas.

Das Melodramatische lässt sich in Lillos Stück in Anlehnung an den Doppeltitel *The London Merchant or, The History of George Barnwell* in zweifacher Richtung konturieren: zum einen in Richtung auf die im Drama vorgetragene Kaufmannsideologie, die als eine Gestalt des Moralisch-Okkulten wahrgenommen werden kann; zum anderen in Richtung auf die balladeske Schauerhandlung um Barnwell. Im Titel stehen sich mit dem Kaufmann von London und dem abtrünnigen Lehrling moralische Autorität und verführter Täter gegenüber, aber auch Modernes und Archaisch-Veraltetes. Denn durch die Zitation der Balladenfigur Barnwell ragt etwas historisch Vergangenes in den Text hinein, wird zum Zwecke melodramatischer Wirkung genutzt und schließlich aus diesem wieder hinaus exekutiert. Georg Barnwell und Millwood haftet im Stück von Anfang an etwas Nichtsozialisierbares an. Unterstrichen wird dies mit den abschließenden Charaktersierungen Millwoods, die vom Misogynen ins Animalisch-Teuflische weisen: „Scandal of her own Sex, and Curse of ours", „deceitful, cruel, bloody woman",

---

17 Siehe hierzu v.a. Lillo, George: *Der Kaufmann von London oder Begebenheiten Georg Barnwells. Ein bürgerliches Trauerspiel.* Übersetzt von Henning Adam von Bassewitz (1752). Kritische Ausgabe mit Materialien und einer Einführung. Hg. v. Klaus-Detlef Müller. Tübingen 1981; und im Weiteren: Guthke, Karl S.: *Das deutsche bürgerliche Trauerspiel.* 6. überarb. Aufl. Stuttgart, Weimar 2006, S. 30–33; Schößler, Franziska: *Einführung in das bürgerliche Trauerspiel und das soziale Drama.* 2. Aufl. Darmstadt 2008, S. 44ff.

18 Stein, Eckart u. Laurenz Volkmann: „George Lillo ‚The London Merchant'". In: *Kindlers Literatur Lexikon.* 3., neu bearb. Aufl. Hg. v. Heinz Ludwig Arnold. Stuttgart, Weimar 2009. Zit. nach: *Kindlers Literatur Lexikon Online:* localhost – Aktualisierungsdatenbank: www.kll-online.de (28.12.2011).

„Devil" (52, 54).[19] Beider Ende auf dem Schafott dient der moralischen Erbauung der Zuschauer – sie lassen uns mit „bleeding Hearts" und „weeping Eyes" (67) zurück – und darf um der rührenden Wirkung willen nicht abgemildert werden. Anders als Millwoods Bedienstete Lucy und Blunt, die sich durch reuige Einsicht von ihren Taten distanzieren können und durch Thorowgood nach dem Motto: „Proselytes to Virtue shou'd be encourag'd. Pursue your proposed Reformation, and know me thereafter for your Friend" (85), in die Gemeinschaft der Rechtschaffenen Aufnahme finden, gelingt dies den Balladenfiguren nicht, trotz ebensolcher Reue auf Seiten Barnwells.

In der im Drama präsentierten modernen Welt des Kaufmanns sind moralische Dignität und gutes Wirtschaften miteinander verbunden. In *The London Merchant* findet eine ethisch und ökonomisch begründete Selbstaufwertung des Bürgertums ihren literarischen Ausdruck. Im Verlauf des 18. Jahrhunderts verliert der Adel zunehmend seine staatstragende Funktion und das Bürgertum rückt in diese Lücke nach. Lillos *The London Merchant* berichtet in seiner Eröffnungsszene von diesem Vorgang. Es sind die Londoner Kaufleute, die in der historisch zurückdatierten Dramenhandlung Königin Elisabeth gegen den spanischen König zu Hilfe eilen, indem sie mit ihren friedlichen Mitteln den spanischen König außer Gefecht setzen. Sie schneiden ihm einfach seine Geldquelle ab. Der *Kaufmann von London* formuliert hier die politische Utopie, dass monarchisches Kriegswesen durch bürgerliches Geld ersetzt werden könne – sozusagen ein frühes Ideal von Sanktionspolitik. Diese explizit formulierte Kaufmannsideologie ist in Lillos Stück allerdings die Ausnahme und sie wird auch nicht mit der dramatischen Handlung vernetzt, sondern bleibt reine Deklamation in den Szenen I,1 und III,1. Der Bürger wird hier nicht in seinen Handlungen in der großen Welt politischer Öffentlichkeit gezeigt, sondern nur in der kleinen Welt des Privaten, der Familie. „Plays founded on moral Tales in private Life",[20] so lautet ja Lillos Definition des bürgerlichen Trauerspiels in der Widmung. Das Politisch-Ökonomische stellt allerdings den umgreifenden diskursiven Rahmen für die Inszenierung der privaten Konflikte dar und wandert in die Selbstdarstellung der Figuren ein. Die Gefühle und das Begehren werden im Modus des Tauschhandels wiedergegeben. Besonders eindrücklich lässt sich dies an Millwoods Rede zeigen, die die Verführung Barnwells und den Geschlechterkampf im Allgemeinen in der Diktion des Kolonialismus zur Sprache bringt. Von „Conquests compleat" spricht Millwood, „like those of the Spaniards in the New World; who first plunder'd the Natives of all the Wealth they

---

19 Siehe hierzu: Stiersdorfer, Klaus: „A Sentimental Appeal to Reason: *The London Merchant*". In: *Restoration and 18th Century Theatre Research* 12 (1997), S. 1–17, hier S. 9f.

20 Lillo: *The London Merchant or, The History of George Barnwell*, o. S. [The Dedication].

had, and then condemn'd the Wretches to the Mines for Life, to work for more." (14) Sie verbindet sich so mit den bereits in der Eröffnungsszene diskreditierten Spaniern und steht mit diesen im Stück für veraltete, zu überwindende politisch-wirtschaftliche Strukturen.[21] Demgegenüber inszeniert Lillo in der Figur des Kaufmanns von London und in derjenigen des Onkels, wie unten noch zu betrachten sein wird, moderne, ökonomisch-moralische Vorbilder in der Klimax von „best of Master best of Men" (60), mit der Barnwell sich kurz vor der Hinrichtung von seinem Dienstherrn verabschiedet. Geld und Regierungsform werden auf diese Weise in *The London Merchant* in den Manichäismus melodramatischer Imagination eingebunden, und die Kaufmannsideologie erscheint als eine spezifisch moderne Form des Moralisch-Okkulten.

Das Melodramatische unterhält jedoch auch enge Verbindungen mit dem vielfach Tradierten, schon formelhaft Gewordenen, wie sich in Lillos Drama im Hinblick auf die rezeptionsästhetische Legitimation der Fortschreibung der alten Ballade um George Barnwell zeigt. Als melodramatisches Programm ist bereits der Prolog zum *London Merchant* zu verstehen:

> Forgive us then, if we attempt to show,
> In artless Strains, a Tale of private Woe.
> A London Prentice ruin'd is our Theme,
> Drawn from the fam'd old Song that bears his Name.
> We hope your Taste is not so high to scorn
> A moral Tale, esteem'd e're you were born;
> Which, for a Century of rolling Years,
> Has fill'd a thousand-thousand Eyes with Tears.

Die moralische Wirkung wird dann generationsspezifisch und adressatenbezogen ausdifferenziert in: „thoughtless Youth to warn", „shame the Age / From Vice destructive", „Innocence secure, / Prevent our Guilt, or by Reflection cure".[22] Es sei

---

21 Vgl. hierzu den Beitrag von Doris Feldmann in diesem Band und im Weiteren: Mazella, David: „‚Justly to Fall Unpitied and Abhorr'd': Sensibility, Punishment, and Morality in Lillo's *The London Merchant*". In: *ELH* 68 (2001), S. 795–830, der in Thorowgood und Millwood „merchant capitalist" und „conquering capitalist" gegeneinander geführt sieht, S. 801; Morrissey, Lee: „Sexuality and Consumer Culture in Eighteen Century England". In: *Restoration and 18th Century Theatre Research* 13 (1998), S. 25–40, der das Wechselspiel von „describing 'merchandising' in sexual terms" und „describing sexuality in merchandising terms" bei Lillo beobachtet, S. 26; Freeman, Lisa A.: „Tragic Flaws: Genre and Ideology in Lillo's *London Merchant*". In: *The South Atlantic Quarterly* 98 (1999), 539–561, nimmt Millwood „as the site for concealing the contradictions of a bourgeois ideology" wahr und hält fest, dass sie durch diese Position „ultimately unassimilated to its project" bleibe, S. 548.

22 Lillo: *The London Merchant*, o. S. [Prologue].

nur kurz angemerkt, dass sich also auch in diesem Fall das Drama vom Melos, dem 'old Song', herschreibt, und *The London Merchant* wird sich auch in seiner Aufführungsgeschichte mit der Musik verbinden.[23] Rührung und Moralisierung werden rezeptionsästhetisch als Ziele des Stücks benannt, und dezidiert ist die Breitenwirkung – „a thousand-thousand Eyes" – beabsichtigt.

Lillo begründet in Widmung und Prolog die Verbürgerlichung der Tragödie nicht emanzipatorisch politisch, etwa im Sinne einer Aufwertung des Bürgertums als ökonomisch bedeutsamer und kulturtragender Schicht – wie dies im Werk selbst ausgemacht werden konnte –, sondern allein dramengeschichtlich. Die Tragödie bedürfe, um als zeitgemäße Kunstform wirken zu können, des Bürgers als Identifikationsfigur auf der Bühne und als Adressaten im Zuschauerraum. Das „End of Tragedy, the exciting of the passions" werde am besten durch die Anpassung des Tragischen an „the Circumstances of the Generality of Mankind" bewerkstelligt. Erst durch die Erweiterung des tragischen Sujets auf „moral Tales in private Life" werde dem Endzweck der Tragödie, „to be the Instrument of Good to many",[24] genüge getan. Diese starke rezeptionsästhetische Ausrichtung kann durchaus als Rückgang auf die Wurzeln des Tragischen in der griechischen Polis verstanden werden, als einer Kunstform, die in ihrer politisch-ethischen Funktion einen festen Platz in der attischen Demokratie hatte.[25] In der Orientierung an der ‚Generality of Mankind' lässt sich jedenfalls jener oben angesprochene demokratische Impuls melodramatischer Imagination ausmachen, im Vorhaben, die Welt für alle verstehbar zu machen.

Mit diesem Vorhaben begründet Lillo im Prolog auch sein ästhetisches Verfahren, einen alten Balladenstoff, „the fam'd old Song", auf die Bühne zu bringen. In der Zitation dieses Prätextes, der Ballade *Georg Barnwell* folgt Lillo dem melodramatischen Gesetz der Serie und bedient sich zugestandenermaßen der alten Überlieferung, weil sie eben in ihrer rührenden und moralischen Breitenwirkung bereits erprobt ist: „Has fill'd a thousand-thousand Eyes with Tears."[26] Die Balladenfigur George Barnwell und die mit ihm assoziierte „Schauerhandlung von

---

23 Die Uraufführung war ein „entertainment of music and singing", Wallace, David: „Bourgeois Tragedy or Sentimental Melodrama? The Significance of George Lillo's *The London Merchant*". In: *Eighteenth-Century Studies* 25 (1991–92), S. 123–143, hier S. 123f. Aus den 1750er Jahren ist eine Wiener Aufführung mit Musik und Gesang überliefert; vgl. Price, Lawrence Marsden: „George Barnwell Abroad". In: *Comparative Literature* 2 (1950), S. 126–156, hier S. 141.

24 Lillo: *The London Merchant*, o. S. [The Dedication].

25 Sie hierzu Meier, Christian: *Die politische Kunst der griechischen Tragödie*. München 1988.

26 Lillo: The London Merchant, o. S. [Prologue]. Die weitere Balladennähe des Melodramas bis zu Brecht und Sirk betont Thomas Elsaesser: „Tales of Sound and Fury. Anmerkungen zum Familienmelodram". In: *Und immer wieder geht die Sonne auf*. Hg. v. Cargnelli, S. 93–128, vgl. S. 91f.

dem durch die raffinierte und geldgierige Buhlerin verführten Jüngling",[27] die zu Veruntreuung, dem Mord an Barnwells Onkel und schließlich zu beider Hinrichtung führt, ist allerdings dazu angetan, einen solchen Tränenfluss auszulösen.

Dieser Tränenfluss wird auf der Bühne im Vorgriff auf die Zuschauerreaktion gleich mehrfach melodramatisch inszeniert, und ich will hier nur kurz die erste Szene ansprechen, in der dies geschieht, da sie ein wunderbares Beispiel für den von Peter Brooks diagnostizierten Exzess der Zeichen ist. Dieser Exzess soll im melodramatischen Modus für die richtige Wirkungsweise garantieren. In der Häufung und Vielschichtigkeit der Zeichen, etwa durch Handlungsstruktur, Figurencharakterisierung, Rhetorik, Gestik etc., zeigt er allerdings auch eine Neigung, die Schwarzweißmalerei zu unterlaufen, den intendierten Manichäismus kippen zu lassen. Brooks spricht diesbezüglich von einer expressionistischen Rhetorik der Überzeichnung.[28] In der Szenenfolge III,6/7 hat sich Barnwell von Millwoods Verführungs- und Überredungskünsten soweit manipulieren lassen, dass er seinen eignen Onkel ermordet. Maskiert überrascht er diesen auf einem einsamen Spaziergang, auf dem der Onkel vorausahnend Monologe über „O Death thou strange mysterious Power" hält, ein ganzes Arsenal schauerlicher Sprachbilder des Todes bringt: „Forms of dreary Graves", „Bodies chang'd by Death" und sich so stoisch in die *ars moriendi* einüben will: „The wise Man prepares himself for Death" (42f.). Diese Handlungsfolge von Räsonnement über den Tod und Ermordung wird durch eine kurze gestische Pantomime unterbrochen. Als Mordwerkzeuge hat Barnwell gleich zwei Waffen mitgebracht, Pistole und Dolch, die erste lässt er zaudernd fallen, mit der zweiten erst sticht er zu, worauf sich folgender Dialog zwischen Opfer und Mörder entspinnt:

> UNCLE Oh! I am slain! All gracious Heaven regard the Prayer of thy dying Servant. Bless, with thy choicest Blessings, my dearest Nephew; forgive my Murderer, and take my fleeting Soul to endless Mercy.
>
> BARNWELL *throws off his Mask, runs to him, and kneeling by him, raises and chases him.*
>
> BARN Expiring Saint! Oh, murder'd, martyr'd Uncle! Lift up your dying Eyes, and view your Nephew in your Murderer, – O do not look so tenderly upon me. – Let Indignation lighten from your Eyes, and blast me e're you die. – By heaven, he weeps in Pity of my Woes. – Tears, – Tears, – for Blood. – The Murder'd, in the Agonies of Death, weeps for his Murderer. (43)

27 Müller, Klaus-Detlef: „Einführung". In: Lillo: *Der Kaufmann von London*. Hg. v. Klaus-Detlef Müller. Tübingen 1981, S. 118–150, Zitat S. 127.

28 Vgl. Brooks, Peter: *The Melodramatic Imagination. Balzac, Henry James, Melodrama, and the Mode of Excess*. 2. Aufl. New Haven, London 1995, S. 55.

Hier wird ein Äußerstes an melodramatischer Rührung postuliert und in sprachlichen Gesten der Exklamation, der Steigerung, der Hyperbel, durch Geminatio und Aposiopese an der Grenze des Artikulierbaren evoziert. Der Gemordete, der für den Mörder Tränen des Mitleids vergießt, soll dem Theaterbesucher zum Vorbild werden. Mit dem geheiligten Opfer, dem im Sterben verzeihenden Onkel bietet das Drama neben dem titelgebenden Londoner Kaufmann eine zweite moralische Autorität auf. Moralisch-okkult bewegt sich des Onkels Rede zwischen stoischer Lebensweisheit und christlicher Lehre. *The London Merchant* vollzieht hier eine metadramatische Reflexion und konturiert in Überzeichnung den idealen Zuschauer des Melodramas auf der Bühne.

Lessings empfindsame Mitleidsästhetik des *Briefwechsels über das Trauerspiel* im Sinne von: „Der mitleidigste Mensch ist der beste Mensch",[29] scheint sich in dieser Szene anzudeuten – beinahe in Karikatur –, und so verwundert es nicht, dass diese in Lessings Überlegungen lobend Erwähnung findet und der Steigerungsmechanismus darin gewürdigt wird:

> Gedenken Sie an den alten Vetter, im *Kaufmann von London*; wenn ihn Barnwell ersticht, entsetzen sich die Zuschauer, ohne mitleidig zu sein, weil der gute Charakter des Alten gar nichts enthält, was den Grund zu diesem Unglück abgeben könnte. Sobald man ihn aber für seinen Mörder und Vetter noch zu Gott beten hört, verwandelt sich das Entsetzen in ein recht entzückendes Mitleiden, und zwar ganz natürlich, weil diese großmütige Tat aus seinem Unglücke fließet und ihren Grund in demselben hat.[30]

Bei den Lillo-Bearbeitern auf dem Kontinent stieß die Ermordung des Onkels hingegen nicht auf vergleichbares Verständnis, sondern diese melodramatische Miniatur wurde kurzerhand aus der Handlung entfernt. Sie fehlt in Merciers französischer Adaption von Lillos Drama *Jenneval ou le Barnevelt francais* (1769), und der Theaterschriftsteller und Schauspieler Friedrich Ludwig Schröder folgt ihm darin in seiner deutschen Übertragung *Die Gefahren der Verführung*, die 1778 erstmals gespielt, 1781 publiziert wurde.[31] Bei Mercier und bei Schröder bleibt die Katastrophe, der Mord am Onkel und die Hinrichtung von Kaufmannsgehilfe und Buhlerin aus. Barnwell, alias Adolph Millhof, schreckt vor der Tat zurück und zeigt sich reuig. Das Stück endet versöhnlich, indem der abtrünnige Neffe sich erneut der Autorität des Onkels unterordnet. Ist dieser Onkel bei Lillo nur Nebenfigur mit

---

29 Lessing, Gotthold Ephraim: *Werke*. Bd. 4. München 1970, S. 163.

30 Ebd., S. 193.

31 Zur Schröder'schen Umarbeitung der Vorlagen von Lillo und Mercier vgl. Glaser, Horst Albert: *Das bürgerliche Rührstück. Analekten zum Zusammenhang von Sentimentalität mit Autorität in der trivialen Dramatik Schröders, Ifflands, Kotzebues und anderer Autoren am Ende des achtzehnten Jahrhunderts.* Stuttgart 1969, S. 12–17; Price: „George Barnwell Abroad", S. 147–149.

wenigen Zeilen in der Mordszene, wird er bei Schröder zur Hauptfigur. Anhand von Neffe und Onkel wird ein Vater-Sohn-Konflikt inszeniert und der Onkel erfüllt am Schluss die Doppelfunktion von Familienoberhaupt und richtender Instanz. Er fungiert als klassischer Hausvater. Lillos bürgerliche Tragödie wird durch diese Umarbeitung unkenntlich gemacht, denn das Tragische wird versöhnlich gekappt. Finanztransaktionen stehen am Ende des Stücks und sollen den Haussegen wiederherstellen und die Zukunft der Familie sichern. Auch die Buhlerin und Auftraggeberin des Mordes, hier mit Namen Lina von Marin, soll finanziell befriedet und dadurch moralisch gebessert werden.

So äußert Barnwell/Millhof gegenüber seinem Onkel: „Wir wollen sie vor Dürftigkeit schützen, und versuchen, was Wohlthaten über die Unglückliche vermögen". Der Onkel willigt in diesen Handel ein: „ich will mit ihr reden, und ist sie nicht eine ganz verstockte Sünderin, die gar nicht zu bessern ist, so will ich ihr ein Jahrgeld aussetzen, wovon sie ehrlich leben kann."[32] Das Stück inszeniert am Ende die poetische Gerechtigkeit als eine ökonomische. Das Erbe des Onkels war zunächst dem tugendhaften Kaufmannsgehilfen Karl Wahlmann – Truemans deutschem Pendant – in Gänze zugefallen, nachdem der lasterhafte Neffe enterbt worden war. Und dieser selbst spendet diesem Vorgang Beifall, indem er den Widerruf der Enterbung verhindern will und die Gleichung von Vermögen und Moral eigens unterstreicht: „Nein, bester Onkel, widerrufen Sie nicht; wer verdient Ihr Vermögen besser, als dieser Edle, der noch über keinen Fehltritt zu erröthen hat." Das hausväterliche Machtwort des Onkels beendet schließlich das Geplänkel zwischen den Berufsgenossen und Freunden, die sich wechselseitig das Vermögen zuschieben wollen. Auch der vom Pfad der Tugend abgekommene, ‚verlorene Sohn' erhält seinen gerechten Anteil:

> Millh. Ihr seid närrische Jungens – komplimentirt mit einander, und habt noch Nichts – Hört zu, Bursche! Jeder soll die Hälfte meines Vermögens haben – aber nicht eher, bis ich todt bin. – Zu Eurer neuen Handlung geb' ich Euch 50000 Thlr. – Carl, suche dir hier, oder auf deinen Reisen, ein Weibchen, und dann wollen wir alle nur ein Familie ausmachen.[33]

---

32 Schröder, Friedrich Ludwig: „Die Gefahren der Verführung. Ein Schauspiel in 4 Aufzügen. Nach Mercier's Jenneval." In: ders.: *Dramatische Werke*. Hg. v. Eduard von Bülow. Berlin 1831, S. 157–198, S. 196f.

33 Schröder: „Die Gefahren der Verführung. Ein Schauspiel in 4 Aufzügen. Nach Mercier's Jenneval," S. 196f. Koopmann hat darauf hingewiesen, dass die genannte Summe in den Dramen der Zeit kursiert und als „reiche Erbschaft" zu gelten hat: *Geld und Literatur im 18. Jahrhundert*, S. 12; vgl. S. 21, 23, 25. Auch Fiederer nennt die 50.000 Taler; vgl. *Geld und Besitz im bürgerlichen Trauerspiel*, S. 32f.

In dieser Engführung von Ökonomie und Moral transportiert Schröders Sekundärbearbeitung von Lillos Drama die in diesem vorgetragene bürgerliche Kaufmannsideologie in eigener Form. Auch hier wird das Private, die Familie als vorbildliches Gesellschafts- und Wirtschaftsmodell propagiert. Im Hinblick auf die weitgehende Rücknahme der melodramatischen Effekte in den kontinentalen Lillo-Übertragungen, die Streichung der Katastrophe durch den Wegfall von Mord und Hinrichtung, könnte von einer Ersetzung des Tränen- durch den Geldfluss gesprochen werden. Nicht mehr die allgemeine, extreme Rührung steht im Vordergrund der Bühnenhandlung und des metadramatischen Diskurses, sondern das Geld als Moralisch-Okkultes avanciert zum alleinigen melodramatischen Effekt. Von diesem wird moralische Besserung erhofft. Über die hier vorgenommene Gleichung von „Geld und Gut" sowie das Rührstück im Allgemeinen hat Hegel nur despektierlich gesprochen, auf das „Pathos" eines „wesentlichen Zweckes" könne es keinen Anspruch erheben.[34] Es ist dem Theaterpraktiker Schröder allerdings durchaus zuzutrauen, dass die Schlusswendung ‚Zu Eurer neuen Handlung geb' ich Euch 50000 Thlr.' auch metadramatisch zu verstehen ist.

In eine etwas weitere Welt führen die Rührstücke August von Kotzebues. Eines seiner Schauspiele, *Die Spanier in Peru, oder: Rolla's Tod. Romantisches Trauerspiel in fünf Akten*, ist zugleich ein Beispiel für die erfolgreiche Adaption eines deutschen Rührstücks auf der englischen Bühne.[35] Vordergründig handelt es sich um ein historisches Drama um den spanischen Entdecker Francisco Pizarro, der, in der Hoffnung auf Gold, 1532 eine Expedition nach Peru leitete. Das Stück arbeitet mit starken moralischen Kontrasten von Gut und Böse. Die Spanier werden durch einen Lasterkatalog, die Peruaner durch einen Tugendkatalog dargestellt.

---

34 „Bei uns Deutschen" sind die „*Schauspiele* und *Dramen*" auf „das Rührende im Kreis des bürgerlichen Lebens und des Familienkreises losgegangen, [...] hauptsächlich aber war es der Triumph des *Moralischen*, der am häufigsten in diesem Felde gefeiert wurde. Gewöhnlich handelt es sich hier um Geld und Gut, Standesunterschiede, unglückliche Liebschaften, innere Schlechtigkeiten in kleineren Kreisen und Verhältnissen und dergleichen mehr, überhaupt um das, was wir auch sonst schon täglich vor Augen haben – nur mit dem Unterschiede, daß in solchen moralischen Stücken die Tugend und Pflicht den Sieg davonträgt und das Laster beschämt und bestraft oder zur Reue bewegt wird, so daß die Versöhnung nun in diesem moralischen Ende liegen soll, das alles gut macht." Hegel, Georg Wilhelm Friedrich: *Vorlesungen über die Ästhetik*, Dritter Teil. Hg. v. Rüdiger Bubner. Stuttgart 1971, S. 353f.

35 Zum Erfolg dieses Stücks in England, das in mehreren Übersetzungen vorlag u.a. von M. G. Lewis, dem Autor der gothic novel *The Monk*, vgl. Fietz: „Zur Genese des englischen Melodramas"; Löhndorf, Karl-Ludwig: *Marmontel als intermediale Quelle: Neues zur Rezeptionsgeschichte von Jean-François Marmontels „Bestsellerroman"* Les Incas, ou la destruction de l'empire de Pérou. Frankfurt a. M. 2009, S. 125–146; Matlaw, Myron: „English Versions of *Die Spanier in Peru.*" In: *Modern Language Quarterly* 16 (1955), S. 63–67.

Kotzebues Antikolonialismus arbeitet, Lillo vergleichbar, mit einer einfachen Umkehrung der Stereotype. So figurieren die vermeintlich zivilisierten Spanier in der Rolle der Barbaren. Von Pizarro selbst wird gleich in der ersten Szene folgendes sprechendes Bild gezeichnet: „Ein wildes, stieres Auge, ein ungekämmter Bart, Heuchler in der Freundschaft, Tyrann in der Liebe [...]. Ungeschliffen und holpricht an Leib und Seele, in seiner Jugend ein Sauhirt, im Alter, Menschen wie Säue regierend.“[36] Er steht *pars pro toto* für die „Unmenschen“ (26) der spanischen Kolonialmacht. Täter und Opfer, die spanischen Christen und die peruanischen Heiden werden in der Bildlichkeit von „Wolf“ und „Schaaf“ (6) klar voneinander gesondert und moralisch bewertet. In dieser verkehrten Welt figurieren die Heiden als „Kinder frommer Unschuld“ und die Christen begeben sich auf eine „höllische Jagd“ (18). Eine besondere Legitimation erhält dieser Antikolonialismus im Stück dadurch, dass er aus der spanischen Binnenperspektive durch Valverde, Elvira und Las Casas formuliert wird. Es handelt sich bei dem Letztgenannten um einen alten Dominikanermönch, der allerdings durch die frommen Heiden und die Grausamkeiten der Spanier bekehrt worden ist und von der Missionierung abgelassen hat. Besonders wortgewaltig und in einer durch Diärese, Parallelismus, Steigerung, Exklamation etc. melodramatisch-exzessiven Rhetorik formuliert er seine Anklage gegen die Spanier:

> Man wettete, wer mit mehr Geschicklichkeit einen Menschen spalten, einen Kopf herunter hauen könne; man riß die Kinder aus der Mutter Armen, und schleuderte sie gegen Felsen. [...] An dreyzehn Galgen hieng man dreyzehn Indianer auf – Gott! Darf ichs aussprechen! – zur Ehre Christi und der zwölf Apostel. Meine Augen haben diese Greuel gesehen, und ich lebe noch! – Ihr weint, Donna Elvira? hat euch allein mein schreckliches Gemälde erschüttert? (18 f.)

Ähnlich der Mordszene in Lillos *The London Merchant* präsentiert uns der Text hier neben der Ausstellung kolonialer Gewaltexzesse auch eine metadramatische Reflexion und in Donna Elvira eine ideale Rezipientin des Melodramas. Der melodramatische Modus kann in seiner Überzeichnung die reale, eigene Erfahrung – in diesem Falle diejenige von Las Casas, die er mit seinen Augen gemacht hat – ersetzen und zu einer vergleichbar rührenden und läuternden Wirkung kommen. Tatsächlich wird sich Donna Elvira von nun an in den Dienst des Antikolonialismus stellen und avanciert im geplanten Attentat auf Pizarro fast noch, entgegen ihrem Geschlechtscharakter, zum heroischen Helden des Dramas.

---

36 Kotzebue, August von: *Die Spanier in Peru, oder: Rolla's Tod. Romantisches Trauerspiel in fünf Akten.* Leipzig 1796, S. 4 f. Im Folgenden wird nach dieser Ausgabe im Haupttext zitiert.

Die dramatisch-sentimentale Handlung zentriert sich um eine Dreiecks-Beziehung zwischen Rolla, dem peruanischen General, Cora, seiner vormaligen Verlobten, und Alonzo, einem spanischen Überläufer, in den sich Cora verliebt hat. Rolla entsagt zugunsten des Liebesglücks von Cora und Alonzo. Seine Opferbereitschaft geht sogar so weit, dass er den von den Spaniern in Haft genommenen Alonzo auslöst, um Cora den Ehemann und dem Kind seinen Vater zurückzugeben. Schließlich rettet er unter Einsatz seines Lebens deren Kind.

Empfindsam-melodramatisch werden bei Kotzebue vor allem die Freundschaft Rollas und Coras Mutterliebe aufgeladen. Bei Kotzebue fällt Cora gegen Ende des Stücks in den „Wahnsinn einer Mutter" (133), wie es im Text heißt, als sie den peruanischen König nicht zur militärischen Rettung ihres Sohnes bewegen kann, der in die Hände der Spanier gefallen ist. Mit folgenden Worten wendet sie sich gegen ihren König:

> Tyrann! den mein angstvolles Winseln nicht rührt, ist deinem Ehrgeiz noch nicht Blut genug geflossen? Sieh! an jedem deiner Diamanten hängt ein Blutstropfen! musstest du auch noch Kinder von der Mutterbrust reissen, und den wilden Thieren vorschleudern? Ha! was kümmert mich dein Diadem! was kümmert eine Mutter der Thron von Quito! Herbey ihr Mütter, die der Sieg kinderlos machte! helft mir fluchen, daß unser Jammer zugleich mit dem Jauchzen dieses Barbaren gen Himmel steige! und wenn ihn dort der Schmerzensschrei nur Einer unglücklichen Mutter ewig quält, so ist er gestraft genug! (Sie sinkt erschöpft zu Boden.) (133)

Im nächsten Moment wankt Rolla totenblass auf die Bühne, in der rechten Hand ein blutiges Schwert, in der linken das aus der Spanier Hand befreite Kind. Die abschließende melodramatische Handlung vollzieht sich sprachlich-gestisch, Rolla übergibt das Kind und stirbt: „Für Cora". Cora, die zwischenzeitlich an dem selbstlosen Charakter Rollas gezweifelt hatte, erkennt seine Größe und sein Opfer an: „(Schmerzhaft auf die Leiche herabblickend.) O! wer hat geliebt wie dieser Mann! – Knabe! du bist theuer erkauft!" (135)

Klingt in dieser Diktion zwar die melodramatische Allianz von Geld und Gut, die von Lillo bis Schröder zu beobachten war, noch einmal rhetorisch an, so wird sie in Kotzebues Stück ideologisch allerdings programmatisch verabschiedet. Gefühl wird gegen Geld und Gold ins Feld geführt, so dass der moralische Manichäismus im Drama auch mit dieser Opposition arbeitet. „Jene fechten um schnödes Gold, wir für das Vaterland" (34), ist von Seiten der Peruaner zu vernehmen. Im Gespräch mit Donna Elvira entwirft Rolla ein emphatisches Verständnis des Menschseins, das sich gerade durch die Abkehr vom Geld, durch Unbestechlichkeit auszeichnet.

> Rolla. Dieser Wächter ist ein Mensch. [...] Ein Mensch! verstehst du mich? nicht alle Menschen sind Menschen. [...] Diesen Wächter, den kein Geld bestechen konnte, bestach sein Gefühl. Er ist mein Bruder, ich thue ihm nichts. (98 f.)

Konnte das Geld in der Eröffnungsszene von Lillos *The London Merchant* noch als Mittel der Friedenssicherung gepriesen werden, wird es in Kotzebues antikolonialistischem Stück dem Krieg und der Gewalt zugeordnet. Gemeinschaft stiftet hingegen das Gefühl auch über die Staatsgrenzen hinweg. Es sind durchaus die Werte der Französischen Revolution – Freiheit, Gleichheit, Brüderlichkeit – die hier im Namen Rollas und der Peruaner propagiert werden, zugleich wird das Gefühl aber ebenso in der oben angesprochenen Vaterlandsliebe national gefasst. Die Erfolge von Kotzebues *Die Spanier in Peru* in Deutschland und seiner Übertragungen ins Englische erklären sich auch vor dem Hintergrund der zeitgenössischen französischen Expansionspolitik. Das deutsche und englische Publikum konnte in der Figur des Kolonisatoren Francisco Pizarro zunehmend mehr Züge von Napoleon Bonaparte erkennen, der auf seinen Italien- und Ägypten-Feldzügen seine Soldaten folgendermaßen zu motivieren pflegte: „Ich will Euch in die fruchtbarsten Ebenen der Welt führen. Reiche Provinzen, große Städte werden in Eure Hände fallen; dort werdet Ihr Ehre, Ruhm und Reichtümer finden.“[37] August von Kotzebues Rührstück *Die Spanier in Peru* stellt somit ein Konglomerat an fortschrittlichen und konservativen Tendenzen dar. Anstatt einer weit- und weltläufigen politischen Handlung inszeniert Kotzebue in exotischem Gewand ein Familiendrama, das vor allem den empfindsamen Tugendkodex des 18. Jahrhunderts bedient, aber auch romantische Mutter-Kind-Vorstellungen anklingen lässt. Die Werte der Französischen Revolution und der gegen Frankreich gerichtete Patriotismus werden gleichermaßen bedient. Das deutsche Rührstück führt so zu einer besonderen Ausprägung der melodramatischen Imagination und wird zu einer Ausdrucksform des Moralisch-Okkulten um 1800.

In England haben Kotzebues *Die Spanier in Peru* ein äußerst erfolgreiches Nachleben. Adaptiert von Richard Brinsley Sheridan wird das Stück 1799 unter dem Titel *Pizarro* gespielt und erlebt bis 1840 dreißig Neuauflagen. Mit Breitenwirkung und extremer Emotionalisierung hält eine zeitgenössische Kritik zwei Momente fest, die als Qualitätsmerkmale des Melodramatischen zu gelten haben. Es heißt, das Stück „attracted more numerous and fashionable audiences than have ever attended an English theatre“ und weiter: „The genius of the German dramatist is unquestionably of the first order. In conducting a passion through its

---

37 Zit. nach Ullrich, Volker: *Napoleon*. Reinbek bei Hamburg 2004, S. 36.

most intricate mazes, he is, perhaps, unequalled, and he seldom fails to produce emotions of the most agonizing kind.“[38]

Literaturverzeichnis

Bode, Christoph: „Kotzebue, August von“. In: *The Encyclopedia of Romantic Literature*, Bd. 2. Romantic Literature H-Re. Hg. v. Frederick Burwick, Nancy Moore Goslee u. Diane Long Hoeveler. Malden, MA u. a. 2012, S. 734 – 742.

Brooks, Peter: „Die melodramatische Imagination“. In: *Und immer wieder geht die Sonne auf.* Hg. v. Cargnelli, S. 35 – 63.

Brooks, Peter: *The Melodramatic Imagination. Balzac, Henry James, Melodrama, and the Mode of Excess*. 2. Aufl. New Haven, London 1995.

Cargnelli, Christian (Hg.): *Und immer wieder geht die Sonne auf. Texte zum Melodramatischen im Film*. Wien 1994.

Decker, Christof: *Hollywoods kritischer Blick. Das soziale Melodrama in der amerikanischen Kultur 1840 – 1950*. Frankfurt a. M., New York 2003.

Dickens, Charles: *Sketches by Boz. Illustrative of Every-Day Life and Eyery-Day People*, Bd. II. London 1910.

Elsaesser, Thomas: „Tales of Sound and Fury. Anmerkungen zum Familienmelodram“. In: *Und immer wieder geht die Sonne auf.* Hg. v. Cargnelli, S. 93 – 128.

Fiederer, Margrit: *Geld und Besitz im bürgerlichen Trauerspiel*. Würzburg 2002.

Fietz, Lothar S.: „Zur Genese des englischen Melodramas aus der Tradition der bürgerlichen Tragödie und des Rührstücks“. In: *Deutsche Vierteljahrsschrift für Literaturwissenschaft und Geistesgeschichte* 65 (1991), S. 99 – 116; übersetzt: „On the Origins of the English Melodrama in the Tradition of Bourgeois Tragedy and Sentimental Drama: Lillo, Schröder, Kotzebue, Sheridan, Thompson, Jerrold“. In: *Melodrama*. Hg. v. Hays, S. 83 – 101.

Freeman, Lisa A.: „Tragic Flaws: Genre and Ideology in Lillo's *London Merchant*“. In: *The South Atlantic Quarterly* 98 (1999), S. 539 – 561.

Fulda, Daniel: *Schau-Spiele des Geldes. Die Komödie und die Entstehung der Marktgesellschaft von Shakespeare bis Lessing*. Tübingen 2005.

Glaser, Horst Albert: *Das bürgerliche Rührstück. Analekten zum Zusammenhang von Sentimentalität mit Autorität in der trivialen Dramatik Schröders, Ifflands, Kotzebues und anderer Autoren am Ende des achtzehnten Jahrhunderts*. Stuttgart 1969, S. 12 – 17.

Guthke, Karl S.: *Das deutsche bürgerliche Trauerspiel*. 6. überarb. Aufl. Stuttgart, Weimar 2006.

Hays, Michael u. Anastasia Nikolopoulou (Hg.): *Melodrama. The Cultural Emergence of a Genre*. Basingstoke u. a. 1996.

---

38 Zitiert nach Fietz: „Zur Genese des englischen Melodramas“, S. 105. Zum Erfolg von *Pizarro* auf der Londoner Bühne vermerkt Christoph Bode, dass es „the most popular play of the decade and the second most popular play of the entire eighteenth century“ war: „Kotzebue, August von“. In: *The Encyclopedia of Romantic Literature*, Bd. 2. Romantic Literature H-Re. Hg. v. Frederick Burwick, Nancy Moore Goslee u. Diane Long Hoeveler. Malden, MA u. a. 2012, S. 734 – 742, hier S. 734.

Hegel, Georg Wilhelm Friedrich: *Vorlesungen über die Ästhetik*, Dritter Teil. Hg. v. Rüdiger Bubner. Stuttgart 1971.

Henze-Döhring, Sabine: „‚Ausdruck' und ‚Körperlichkeit': Das deutsche Melodram des späten 18. Jahrhunderts". In: *Theater im Kulturwandel des 18. Jahrhunderts. Inszenierung und Wahrnehmung von Körper – Musik – Sprache.* Hg. v. Erika Fischer-Lichte und Jörg Schönert. Göttingen 1999, S. 215 – 226.

Henze-Döhring, Sabine: „Körperästhetik im Sprech- und Musiktheater des späten 18. Jahrhunderts. *Romeo und Julie* als Trauerspiel und als Melodram". In: *Musiktheater als Herausforderung. Interdisziplinäre Facetten von Theater- und Musikwissenschaft.* Hg. v. Hans-Peter Bayerdörfer. Tübingen 1999, S. 139 – 144.

Kappelhoff, Hermann: *Matrix der Gefühle. Das Kino, das Melodrama und das Theater der Empfindsamkeit.* Berlin 2004.

Kelleter, Frank u. Ruth Mayer (Hg.): *Melodrama! The Mode of Excess from Early America to Hollywood.* Heidelberg 2007.

Koopmann, Helmut: *Geld und Literatur im 18. Jahrhundert.* Sion 1992.

Kotzebue, August von: *Die Spanier in Peru, oder: Rolla's Tod. Romantisches Trauerspiel in fünf Akten.* Leipzig 1796.

Küster, Ulrike: *Das Melodrama. Zum ästhetikgeschichtlichen Zusammenhang von Dichtung und Musik im 18. Jahrhundert.* Frankfurt a. M. u. a. 1994.

Lessing, Gotthold Ephraim: *Werke.* Bd. 4. München 1970.

Lillo, George: *Der Kaufmann von London oder Begebenheiten Georg Barnwells. Ein bürgerliches Trauerspiel.* Übersetzt von Henning Adam von Bassewitz (1752). Kritische Ausgabe mit Materialien und einer Einführung. Hg. v. Klaus-Detlef Müller. Tübingen 1981.

Lillo, George: *The London Merchant or, The History of George Barnwell.* London 1731, o. S. [The Dedication].

Löhndorf, Karl-Ludwig: *Marmontel als intermediale Quelle: Neues zur Rezeptionsgeschichte von Jean-François Marmontels „Bestsellerroman"* Les Incas, ou la destruction de l'empire de Pérou Frankfurt a. M. 2009.

Matlaw, Myron: „English Versions of *Die Spanier in Peru.*" In: *Modern Language Quarterly* 16 (1955), S. 63 – 67.

Mazella, David: „‚Justly to Fall Unpitied and Abhorr'd': Sensibility, Punishment, and Morality in Lillo's *The London Merchant*". In: *ELH* 68 (2001), S. 795 – 830.

Meier, Christian: *Die politische Kunst der griechischen Tragödie.* München 1988.

Morrissey, Lee: „Sexuality and Consumer Culture in Eighteen Century England". In: *Restoration and 18th Century Theatre Research* 13 (1998), S. 25 – 40.

Müller, Klaus-Detlef: „Einführung". In: Lillo: *Der Kaufmann von London.* Hg. v. Klaus-Detlef Müller. Tübingen 1981, S. 118 – 150.

Price, Lawrence Marsden: „George Barnwell Abroad". In: *Comparative Literature* 2 (1950), S. 126 – 156.

Schimpf, Wolfgang: „Art. Melodrama". In: *Reallexikon für deutsche Literaturwissenschaft*, Bd. 2. Hg. v. Harald Fricke. 3. neubearb. Aufl. Berlin u. a. 2000, S. 558 – 562.

Schimpf, Wolfgang: *Lyrisches Theater. Das Melodrama des 18. Jahrhunderts.* Göttingen 1988.

Schmidt, Johann N.: *Ästhetik des Melodramas. Studien zu einem Genre des populären Theaters im England des 19. Jahrhunderts.* Heidelberg 1986.

Schößler, Franziska: *Einführung in das bürgerliche Trauerspiel und das soziale Drama.* 2. Aufl. Darmstadt 2008.

Schröder, Friedrich Ludwig: „Die Gefahren der Verführung. Ein Schauspiel in 4 Aufzügen. Nach Mercier's Jenneval. In: ders.: *Dramatische Werke.* Hg. v. Eduard von Bülow. Berlin 1831, S. 157–198.

Stein, Eckart u. Laurenz Volkmann: „George Lillo ‚The London Merchant'". In: *Kindlers Literatur Lexikon*. 3., neu bearb. Aufl. Hg. v. Heinz Ludwig Arnold. Stuttgart, Weimar 2009.

Stiersdorfer, Klaus: „A Sentimental Appeal to Reason: *The London Merchant*". In: *Restoration and 18th Century Theatre Research* 12 (1997), S. 1–17.

Szondi, Peter: *Die Theorie des bürgerlichen Trauerspiels im 18. Jahrhundert. Der Kaufmann, der Hausvater und der Hofmeister.* Hg. v. Gert Mattenklott. Frankfurt a. M. 1973.

Ullrich, Volker: *Napoleon.* Reinbek bei Hamburg 2004.

Wallace, David: „Bourgeois Tragedy or Sentimental Melodrama? The Significance of George Lillo's *The London Merchant*". In: *Eighteenth-Century Studies* 25 (1991–92), S. 123–143.

Wegmann, Thomas: *Tauschverhältnisse. Zur Ökonomie des Literarischen und zum Ökonomischen in der Literatur von Gellert bis Goethe.* Würzburg 2002.

Wirtschaften in der Komödie

Daniel Fulda

Divergente Dynamiken?

Wirtschaft, Wirthschafften und komödisches Spiel vom späten 17. bis zum mittleren 18. Jahrhundert

Das Wort *Wirtschaft* hat heute zwei Hauptbedeutungen, denn es fasst einerseits sämtliche Tätigkeiten zusammen, die sich auf die Befriedigung materieller menschlicher Bedürfnisse richten, und bezeichnet andererseits konkrete Räume, in denen man sich gegen Bezahlung beköstigen lassen kann. So verhielt es sich auch schon im 18. Jahrhundert, jedenfalls in dessen zweiter Hälfte.[1] Gleichwohl war das semantische Feld, in dem beide Bedeutungen stehen, damals nicht dasselbe wie heute. Denn die erstgenannte Bedeutung – ‚Wirtschaft' als ein Sammelbegriff für alle materielle Produktion, Dienstleistungen sowie den Handel – war im 18. Jahrhundert ganz neu.[2] Durchaus präsent war aber auch noch die traditionelle, viel engere Bedeutung, die sich vom ‚Wirt' – also vom Hausherrn – herleitet.[3] ‚Wirtschaft' ist seit dem Mittelalter und ebenso in der Frühen Neuzeit zunächst etwas Personenbezogenes, nämlich die subsistenzsichernde Tätigkeit einer Gruppe, und zwar meist derjenigen, die in einem Haus zusammenleben.[4] Diese Wirtschaft ist noch nicht auf maximalen Gewinn ausgerichtet; theoretisch gilt hier vielmehr die schon von Aristoteles getroffene Unterscheidung zwischen der als ‚rechte Ordnung' begriffenen „Ökonomik" (von gr. *oikos* = das Haus, die Hausgemeinschaft) und dem tendenziell lasterhaften Gewinnstreben der Chrematistik.[5] Der ‚Wirt' oder Hausherr hat für die Angehörigen seiner Wirtschaft (das Wort bezeichnet also nicht nur eine Tätigkeit, sondern auch den jeweiligen

---

1 Vgl. „Wirthschafft [1]". In: [Zedler, Heinrich:] *Grosses vollständiges Universal-Lexicon Aller Wissenschafften und Künste.* Bd. 1–64 u. 4 Suppl.-Bde. Bd. 57. Halle 1748, Sp. 1130–1183, hier Sp. 1130.

2 Vgl. Burkhardt, Johannes: „Wirtschaft". In: *Geschichtliche Grundbegriffe. Historisches Lexikon zur politisch-sozialen Sprache in Deutschland.* Bd. 1–8 (in 9), Bd. 7. Hg. v. Otto Brunner, Werner Conze u. Reinhart Koselleck. Stuttgart 1992, S. 511–594 (S. 513–550 stammen von Peter Spahn und Otto Gerhard Oexle), hier S. 551 u. ö.

3 Vgl. Grimm, Jacob und Wilhelm: *Deutsches Wörterbuch.* Bd. 1–16 (in 32). Bd. 14,2. Hg. v. der Deutschen Akademie der Wissenschaften zu Berlin. Leipzig 1960, Sp. 661–681, hier Sp. 670–672, s. v. Wirtschaft.

4 Spuren davon weist noch Zedler: *Universal-Lexicon*, Bd. 57, Sp. 1130 auf.

5 Vgl. Koslowski, Peter: „Haus und Geld. Zur aristotelischen Unterscheidung von Politischer Ökonomie und Chrematistik". In: *Philosophisches Jahrbuch* 86 (1979), S. 42–59.

Haushalt als solchen) zu *sorgen.*[6] Materieller Bedarf und ethische Verpflichtung fallen im alteuropäischen Begriff von Wirtschaft noch zusammen.

Die ursprüngliche Bindung von ‚Wirtschaft' ans Haus erklärt auch die im 16. Jahrhundert ausgebildete Sonderbedeutung ‚Gastwirtschaft' oder ‚Gasthaus'.[7] Semantisch steht hier zumindest anfänglich der Aspekt der Versorgung im Vordergrund und nicht der Gewinn, der sich damit erzielen lässt: Der Gastwirt, so heißt es noch in der Mitte des 18. Jahrhunderts in Zedlers *Universal-Lexicon*, lädt „durch ein gewisses an seinem Hause angemahltes, aufgehangenes oder ausgestecktes Schild oder anderes Zeichen die Reisenden und Fremden ein[], daselbst einzukehren, zu herbergen, und zu zehren"; er hat „ein offenes Wirths- oder Gast-Haus in der Stadt oder auf dem Lande [...], allwo er Reisende mit Pferden und Wagen aufnehmen, mit Futter und Mahl versorgen, allerley Geträncke verzapfen, auch Trinck-Gäste niedersetzen mag u. d. g."[8]

Der erste Abschnitt des vorliegenden Beitrags geht der Herausbildung des modernen Sammelbegriffs von Wirtschaft nach und bezieht sie auf den grundlegenden Wandel des ökonomischen Denkens im 18. Jahrhundert, d.h. auf den Wandel von statischer Subsistenz zu dynamischem Wachstum als dominanten Erwartungen sowie von Moral- und Gemeinwohlnormen zum Modell einer von unendlich vielen konkurrierenden Interessen angetriebenen Wirtschaft und Gesellschaft, wo das allgemeine Beste gerade aus den divergierenden Begehrlichkeiten der Individuen erwächst. Der zweite Abschnitt analysiert sodann dramatische Inszenierungen von Wirtschaftsmentalitäten in Gasthaus- oder anderen Bewirtungssituationen aus dem späten 17. und frühen 18. Jahrhundert. Wie zu zeigen ist, drückt sich sowohl in Christian Reuters studentischer Wirtshaus-Komödie *Die ehrliche Frau zu Plißine* als auch in den Bewirtungs-Rollen- und Verkleidungsspielen der Fürstenhöfe („Wirthschafften") eine anökonomische Mentalität aus, die reale wirtschaftliche Zwänge unbekümmert überspielt. In der Komödie der mittleren Aufklärung hingegen geht ausgerechnet von der Lust am verpflichtungslosen Spiel eine neuartige Dynamik aus, die strukturelle Parallelen zu jener marktwirtschaftlichen Interessenkonkurrenz aufweist, die Adam Smith wenig später theoretisiert. Wie der dritte Abschnitt anhand der *Candidaten* von Johann Christian Krüger sowie der *Minna von Barnhelm* herausstellt, bleibt es in der Komödie zwar bei der normativen Reserve gegenüber materiellen Gewinnin-

---

6 Vgl. Burkhardt: „Wirtschaft", S. 531f.: „Wirt ist, wer sich für jemanden einsetzt und für ihn Sorge trägt".

7 Vgl. *Duden*. Bd. 7: *Etymologie. Herkunftswörterbuch der deutschen Sprache*. Bearb. von Günther Drosdowski, Paul Grebe [u. a.]. Mannheim, Wien, Zürich 1963, S. 768 s. v. Wirtschaft.

8 Art. „Wirth, Gastwirth, Gasthalter, Gastgeber". In: Zedler: *Universal-Lexicon*, Bd. 57, Sp. 1102, hier Sp. 1102.

teressen, doch konvergieren die avanciertesten Komödien der Aufklärung und die moderne ökonomische Mentalität in der Erwartung, dass normativ enthemmte Betriebsamkeit aus sich selbst heraus zum bestmöglichen Ergebnis führt.

Die analysierten Dramen bzw. quasi-dramatischen Inszenierungen erscheinen zunächst vielleicht disparat und zufällig ausgewählt. Die nachfolgende Analyse zielt hingegen darauf, die Repräsentativität des Materials für seine Zeit aufzuweisen, und zwar sowohl in dramen- als auch in wirtschaftsmentalitätsgeschichtlicher Hinsicht. Dafür sprechen nicht zuletzt die strukturellen Gemeinsamkeiten, die die prima vista recht unterschiedlichen ‚Stücke' in den beiden Gruppen aufweisen: So unterschiedlich die gesellschaftlichen Positionen der Akteure einerseits in Reuters Studentenspiel, andererseits in den höfischen Verkleidungsdivertissements der ‚Wirtschaften' sind, so sehr kommen sie darin überein, dass sie kein arbiträres, sondern ein repräsentatives Verhältnis der Mitspieler zu den von ihnen verkörperten Rollen voraussetzen. Denn es handelt sich um ein Drama bzw. Inszenierungen, in denen die Akteure letztlich ihre eigene gesellschaftliche Position und ihr Selbstbild zum Ausdruck bringen; d. h. es handelt sich um Texte, die *zwischen* Leben und Literatur, zwischen gesellschaftlicher Praxis und inszenatorisch-fiktionalem Freiraum stehen (auch in diesem Sinne ließe sich von ‚*Inter*texten' sprechen). Dramaturgisch folgen aus dieser begrenzten Literarizität Handlungsarmut und eine Tendenz zum Sprechen-über statt Vorspielen, so dass kaum spezifisch dramatische Dynamik entsteht.

Eine solche Dynamik bricht sich hingegen Bahn in den ein halbes Jahrhundert jüngeren Komödien von Krüger und Lessing. Weiterhin gemeinsam haben die beiden heute sehr unterschiedlich bekannten Stücke Grundzüge der Figuren- und Konfliktkonstellation: Ein charakterlich ungleiches Liebespaar mit einem aus Tugend versteiften Mann und einer ihn antreibenden, taktisch beweglicheren Frau bringt weder auf seine noch auf ihre Art eine gute Lösung zustande. Beide Komödien drohen daher das Gattungsschema zu sprengen, was aber verhindert wird durch den Eingriff einer Figur, die das Funktionsprinzip des Ganzen verkörpert. Lessing kannte *Die Candidaten*,[9] doch braucht daraus nicht auf eine direkte Vorbildlichkeit von Krügers Stück geschlossen zu werden, denn andere Prätexte wie George Farquhars *The Constant Couple* weisen viel detailreichere Parallelen auf. Motivische Gemeinsamkeiten von *Die Candidaten* und *Minna von Barnhelms* herauszustellen dient dementsprechend nicht dem Aufweis intertextueller Bezüge im üblichen Sinne, sondern soll eine dramatische Struktur freilegen, deren

---

9 Einen beiläufigen Hinweis auf das Stück gibt die *Hamburgische Dramaturgie* im 83. Stück, vgl. Lessing, Gotthold Ephraim: *Werke*. Bd. 1–8. Bd. 4. In Zus.arb. mit Karl Eibl hg.v. Herbert G. Göpfert. Darmstadt 1996, S. 617.

Kombination von individueller Interessenverfolgung und systemisch garantiertem guten Ausgang bereits der marktwirtschaftlichen Mentalität entspricht, die sich seither durchgesetzt hat.

Die semantische Revolution der Wirtschaft im 18. Jahrhundert

Zunächst gibt es im 18. Jahrhundert keinen Begriff für das, was wir heute zusammenfassend als Wirtschaft bezeichnen. Aber es artikuliert sich bereits in der deutschen Frühaufklärung ein Bedürfnis danach. Als 1727 in Halle eine neuartige Professur für „Oeconomie, Policey und Cammer-Sachen" eingerichtet wird (als erste ihrer Art neben der zeitgleich eingerichteten in Frankfurt an der Oder), beklagt der Prorektor Ludewig, dass ein integrierender Begriff fehle: „Ich habe mich selbsten über dieser Frage in meinen Gedancken aufgehalten und herum gesonnen; *ob dergleichen Nahmen in unserer Sprache nicht auszufinden wäre, der beydes die Wirthschafft und Policey zusammen im Begriff hätte?*"[10] Die ‚Policey' bringt Ludewig ins Spiel, weil der Handel, den die Professur ebenfalls im Blick halten soll, herkömmlich nicht zur Wirtschaft im Sinne von Haushaltung, sondern zu jener Policey gehört, die frühneuzeitlich als gute Ordnung eines Landes verstanden wird. Ludewig schlägt indessen vor, das Verständnis von ‚Wirtschaft' eben im kommerziellen Sinne zu erweitern, mit dem Argument:

> In hiesigen Landen heisset alle Nahrungs und Erwerbekunst überhaupt gut *Wirthschafften.* Wir nennen einen *Fürsten*, der seine Landes Einkommen, durch Handel und Wandel, vermehret und mehr einnimmet, als er ausgiebt, einen guten *Wirth* und, wann das Gegentheil geschiehet, so heisset es; es sei an einem solchen Hof keine gute *Wirthschafft.* [...] Woraus dann so viel folget; daß gleichwie die *Nahrungs-Kunst* vor den gemeinen *Mann* so wohl, vor *Bürger* und *Bauren*; als auch vor die *Fürsten* und das gantze *Land* gehörig: so auch von allen diesen das Wort *Wirthschafft* angenommen und gebrauchet werden möge.[11]

Den von Ludewig gewiesenen Weg hat die Begriffsentwicklung dann tatsächlich genommen. Ludewigs Begründung ist freilich noch ganz traditionell, wenn er auf

---

10 Ludewig, Johann Peter von: *Die, von Sr. Königlichen Majestät [...] auf Dero Universität Halle am 14. Iulii 1727. Neu angerichtete Profession, in Oeconomie, Policey, und Cammer-Sachen wird, nebst Vorstellung einiger Stücke verbesserter Kön. Preußl. Policey bekannt gemachet von dem zeitigem [!] Prorectore.* Halle 1727, S. 145 (§ 50) – wiederabgedruckt in: *Geschichte der Ökonomie.* Hg. v. Johannes Burkhardt u. Birger P. Priddat. Frankfurt a. M. 2000, S. 143–180, hier S. 168.
11 Ebd., S. 146 (§ 50).

die Parallelität zwischen dem Haushalt des einzelnen und dem Haushalt des Fürsten, der das ganze Land umfasse, abhebt. Zur Wirtschaft gehört 1727 weiterhin der „gute Wirth“ als derjenige, der sie zu lenken hat. Die in Halle neugeschaffene Ökonomie-Professur sollte, wie Axel Rüdiger gezeigt hat, die obrigkeitliche Wirtschaftslenkung unterstützen – zum Nutzen des Fiskus.[12] An einen Prozess eigener Dynamik ist noch nicht gedacht, erst recht nicht an eine Dynamik, die so komplex ist, dass sie sich der Steuerung entzieht.[13]

Dass dies ein halbes Jahrhundert später erstmals anders ist, markiert den großen Umschwung des ökonomischen Denkens im 18. Jahrhundert, wenngleich es noch einige Zeit dauert, bis sich die mit dem Namen Adam Smiths verbundene neue Ansicht durchsetzt. (In Deutschland setzt sie sich vor den 1790er Jahren überhaupt nicht als Ganze durch, d. h. mit ihrer Abkehr von einer obrigkeitlichen Lenkung der Wirtschaft.[14]) Smiths Wirtschaftstheorie konterkariert die Tradition gleich in mehrfacher Hinsicht: Den Abschied von einer planenden Lenkung der Wirtschaft (sei es im traditionellen häuslichen, sei es im neuen territorialen oder gar nationalen Maßstab) signalisiert seine berühmte Metapher von der „unsichtbaren Hand“, welche die eigensinnigen und häufig widerstreitenden Interessen der unendlich vielen Wirtschaftssubjekte so koordiniere, dass das allgemeine Wohl optimal gefördert werde.[15] Denn diese Hand gehört keiner konkreten Person. Vielmehr ist es die überlegene Weisheit und unendliche Güte Gottes, die mit der aus der Bibel bekannte Metapher der unsichtbar alles lenkenden Hand (Dtn 4,34 u. ö.) auf die immanente Dynamik des (markt)wirtschaftlichen Prozesses übertragen wird. Völlig aufgegeben ist zugleich das Modell einer hauswirtlichen Fürsorge. Als Movens der Wirtschaft gilt Smith vielmehr das Eigeninteresse: Allein die Aussicht auf „Befriedigung ihrer eigenen eitlen und unersättlichen Bedürfnisse“ treibt die Menschen an, sich wirtschaftlich zu betätigen, d. h. selbst zu

12 Vgl. Rüdiger, Axel: *Staatslehre und Staatsbildung. Die Staatswissenschaft an der Universität Halle im 18. Jahrhundert.* Tübingen 2005, S. 202.

13 Zur Herausbildung der Vorstellung, dass komplexe Systeme wie die moderne Wirtschaft oder Gesellschaft sich selbst steuern, also autonom sind, vgl. Vogl, Joseph: *Kalkül und Leidenschaft. Poetik des ökonomischen Menschen.* München 2002, S. 248 f., 255.

14 Vgl. Tribe, Keith: „Natürliche Ordnung und Ökonomie“. In: *Aufklärung* 13 (2001), S. 283–302.

15 Smith, Adam: *Theorie der ethischen Gefühle oder Versuch einer Analyse der Prinzipien, mittels welcher die Menschen naturgemäß zunächst das Verhalten und den Charakter ihrer Nächsten und sodann auch ihr eigenes Verhalten und ihren eigenen Charakter beurteilen.* Nach der Auflage letzter Hand übersetzt und mit Einleitung, Anmerkungen und Registern hg. v. Walther Eckstein. Teilbd. 1–2. Leipzig 1926, S. 316; ders.: *Eine Untersuchung über Wesen und Ursachen des Volkswohlstandes.* [Nachdruck der dreibändigen Ausgabe Jena 1923.] Bd. 1–2. Bd. 2. Gießen 1973, S. 235.

arbeiten, Arbeiten zu delegieren, technische Hilfsmittel zu ersinnen usw.[16] Auch dieser Gedanke bedeutet eine grundstürzende Abkehr von alteuropäischen Denkstrukturen: Traditionell hatte das Gemeinwohl stets Vorrang vor dem individuellen Interesse. Dem Einzelnen war aufgegeben, zugunsten des gemeinen Besten seine Selbstliebe zu bändigen. Das Verhältnis des einzelnen zu den anderen Gliedern der Gesellschaft war – idealerweise – daher nie bloß ein funktionales, sondern unterlag primär ethischen Forderungen (Nächstenliebe, Treue, Fürsorge usw.). Diesen engen Zusammenhang von Ethik und gesellschaftlichem Nutzen löst Adam Smith auf: „Nicht von dem Wohlwollen des Fleischers, Brauers oder Bäckers erwarten wir unsere Mahlzeit, sondern von ihrer Bedachtnahme auf ihr eigenes Interesse. Wir wenden uns nicht an ihre Humanität, sondern an ihre Eigenliebe, und sprechen ihnen nie von unseren Bedürfnissen, sondern von ihren Vorteilen."[17] Nach alteuropäischem Denken müsste daraus ein Kampf aller gegen alle resultieren, eine Wolfsgesellschaft. Ganz anders das moderne Verständnis von Wirtschaft: Danach wird das Gute für alle nicht dadurch realisiert, dass der Einzelne es tut, sondern dass er seine Interessen durchzusetzen strebt, und zwar gerade auch die ethisch bedenklichen – seine Gier nach Geld, Macht oder sinnlichen Genüssen –, denn hier entwickelt er die stärksten Energien. Alteuropäisch hätte man gesagt: das sind die Hauptlaster Habgier, Ehrgeiz und Wollust. Seit dem späten 18. Jahrhundert hingegen lässt sich sagen: daraus speisen sich die Interessen der Subjekte, die der Gesellschaft Dynamik verleihen – womit sich die Wertung geradezu verkehrt.[18]

Für Smith gehört zur Wirtschaft Wachstum – was heute manchem als Fluch erscheint,[19] ist bei ihm erstmals grundlegend gedacht. Das unstillbare Mehrhabenwollen des Einzelnen treibt dazu, und die zunehmende Arbeitsteilung ermöglicht es. Zwar ist das Bedürfnis nach wirtschaftlichem Wachstum zu Smith' Zeit bereits gut 100 Jahre alt. Zunächst waren es die Fürsten, die ihre Macht auszubauen strebten, dafür Geld benötigten und sich deshalb als Wirtschaftsförderer betätigten (knapp verwies vorhin Ludewig darauf). Alteuropäisch war der Gewinn des einen jedoch bloß als Verlust des anderen denkbar, wie die mer-

---

16 Smith: *Theorie der ethischen Gefühle*, S. 316.

17 Smith: *Untersuchung*, Bd. 1, S. 18f.

18 Vgl. Hirschman, Albert O.: *Leidenschaften und Interessen. Politische Begründungen des Kapitalismus vor seinem Sieg*. Übers. von Sabine Offe. Frankfurt a. M. 1980; Rommel, Thomas: *Das Selbstinteresse von Mandeville bis Smith. Ökonomisches Denken in ausgewählten Schriften des 18. Jahrhunderts*. Heidelberg 2006.

19 Vgl. Rosa, Hartmut: „Kapitalismus als Dynamisierungsspirale – Soziologie als Gesellschaftskritik". In: Klaus Dörre, Stephan Lessenich, H. R., unter Mitarbeit v. Thomas Barth: *Soziologie – Kapitalismus – Kritik. Eine Debatte*. Frankfurt a. M. 2009, S. 87–125, hier S. 98f.

kantilistische Theorie zeigt. Einen Zuwachs aus sich heraus sahen dann die Physiokraten des mittleren 18. Jahrhunderts durch die natürliche Produktivität des Bodens gesichert – aber eben nur in der Landwirtschaft.[20] Smith hingegen generalisiert das Produktivitätsprinzip. Der Eintritt in die wirtschaftstheoretische Moderne ist damit vollzogen. Wie im Deutschen hat der konzeptionelle Wandel übrigens auch im Englischen eine begriffliche Parallele: An die Stelle der traditionellen Rede von *commerce*, die mit dem merkantilistischen Denken bloßer Umverteilung verbunden war, treten *political economy* oder einfach *economy* mit einem Bedeutungsspektrum von der Landwirtschaft bis zum Handel.[21]

Anökonomie (quasi-)dramatischer Wirtschaften um 1700

Als Bezeichnung für das Gasthaus erfährt ‚Wirtschaft' im 18. Jahrhundert – und bis in die Gegenwart – keinen nur annähernd gleichgewichtigen Bedeutungswandel. Gleichwohl ändern sich die Konnotationen, wie sich an unterschiedlichen dramatischen Verwendungen dieses Motivs und Schauplatzes verfolgen lässt.[22]

Wie der Hauswirt hat der Gastwirt, traditionell verstanden, die Versorgung der ihm in seinem Haus Anvertrauten bzw. sich Anvertrauenden zu gewährleisten. Der Unterschied liegt darin, dass Gäste im Wirtshaus eigentlich Fremde und immer nur vorübergehend da sind; sie sind keine Familienmitglieder und leisten auch keine Dienste wie die ‚Leute' eines Herrn, sondern kommen mit ‚unpersönlichem' Geld für ihre Bewirtung auf. Solche Lockerung des persönlichen Verhältnisses schafft eine Unsicherheit, die in der ständisch geordneten Gesellschaft nicht der Norm entspricht. Auf der einen Seite soll diese Unsicherheit daher aufgefangen werden durch besonders anspruchsvolle ethische Anforderungen: Wirte haben hilfsbereit, freundlich, bescheiden und vor allem ehrlich zu sein.[23] Auf der anderen Seite hat

20 Vgl. Burkhardt: „Wirtschaft", S. 573–576.

21 Vgl. ebd., S. 568 (so zuerst bei James Steuart 1766).

22 Als motivgeschichtliche Studie vom Mittelalter bis zur Gegenwart, die in der historisch kontextualisierenden Interpretation des literarischen Materials aber schematisch bleibt, vgl. Kaemena, Bettina: *Studien zum Wirtshaus in der deutschen Literatur.* Frankfurt a. M. [u. a.] 1999. Auf die Zusammenstellung charakteristischer Handlungsmuster von Dramen, die im Wirtshaus spielen, beschränkt sich Langer, Bernhard: *Zum Welten-Spiegel. Das Wirtshaus als dramatischer Schauplatz.* Fulda 1996. Eindringlicher: Friedrich, Peter u. Rolf Parr (Hg.): *Gastlichkeit. Erkundungen einer Schwellensituation.* Heidelberg 2009.

23 Vgl. Zedler: *Universal-Lexicon*, Bd. 57, Sp. 1102: „Ein Wirth soll mit dem Gemässe zu allen Zeiten und gegen jedermann richtig umgehen, selbiges nicht verfälschen oder unsauber halten

sich in ihr aber auch ein gewisser Freiraum geöffnet: Wer in ein Wirtshaus kommt, hat seinen sozial, familiär, biographisch usw. definierten Platz zumindest kurzfristig verlassen und tritt in einen Raum neuer Möglichkeiten ein – schon weil er hier so wenig wie nirgends sonst kalkulieren kann, auf welche anderen Menschen er trifft.[24]

Dieser Raum unvorhergesehener Möglichkeiten wird in der Frühen Neuzeit freilich kaum je positiv bewertet. In der Literatur bildet das Wirtshaus vielmehr einen Ort des Betruges und der Gefahr. Wer ins Wirtshaus geht, gerät leicht in Völlerei und Trunkenheit sowie in die Gefahr, vom Wirt oder anderen Gästen übers Ohr gehauen oder gar ausgeraubt zu werden. Auch in erotischer Hinsicht gelten die Sitten hier als gelockert.[25] In der deutschen Dramenliteratur um 1700 präsentieren Christian Reuters Schlampampe-Stücke eine solche Wirtschaft: Die Wirtin des Goldenen Maulaffen zu Plissine (= Leipzig) begleitet zwar jeden dritten Satz mit der Formel „*so wahr ich eine ehrliche Frau bin*",[26] doch widerlegt sie sich laufend selbst, indem sie „böses Geld", d. h. untergewichtige Münzen verleiht, sich aber „gutes" Geld zurückzahlen lassen möchte.[27] Unehrlich zeigt sie sich außerdem darin, dass sie ihren Gästen übel nachredet, ihrerseits aber Prätentionen über den eigenen Stand hinaus pflegt. Nicht besser halten es ihre Töchter, die sich gerne einmal mit Wein und Leckereien aushalten lassen und den studentischen Mietern ziemlich umstandslos an den Hals werfen.[28]

Nun sind die Gegenspieler dieser lasterhaften Figuren ebenfalls keine Vertreter einer vorbildlichen Moral und Lebensführung. Die Studenten, die den Töchtern der Schlampampe falsche Freier schicken, um mit deren Enttarnung die ganze Familie bloßzustellen und schadenfroh über sie lachen zu können, bilden

lassen, denen Gästen freundlich und bescheiden begegnen, Zimmer, Betten, Haus- und Tischgeräthe reinlich halten, gutes Brod, frisches Fleisch, ohngefälschtes Geträncke und andere Nothdurfften etc haben und nicht mit doppelter Kreide anschreiben."

24 Vgl. Eibl, Karl: *Die Entstehung der Poesie*. Frankfurt a. M. 1995, S. 47; Rau, Susanne: „Das Wirtshaus. Zur Konstitution eines öffentlichen Raumes in der Frühen Neuzeit". In: *Offen und Verborgen. Vorstellungen und Praktiken des Öffentlichen und Privaten in Mittelalter und Früher Neuzeit*. Hg. v. Caroline Emmelius [u. a.]. Göttingen 2004, S. 210 – 227; Kümin, Beat: „Wirtshausgeschichte. Das Gastgewerbe in der historischen Frühneuzeitforschung". In: *Gastlichkeit.* Hg. v. Friedrich u. Parr, S. 117 – 131.

25 Vgl. die Ermahnung an den Gastwirt im Zedler: *Universal-Lexicon*, Bd. 57, Sp. 1102, er dürfe „keine verdächtigen Leute, Spitzbuben, oder liederliche und unzüchtige Weibspersonen wissentlich hegen und dulten".

26 So bereits dreimal in ihrem fünf Sätze umfassenden Auftrittsmonolog der *Honnéte Femme Oder die Ehrliche Frau zu Plißine*; vgl. Reuter, Christian: *Schlampampe. Komödien*. Hg. v. Rolf Tarot. Stuttgart 1988, S. 9 (I,1).

27 Ebd., S. 21 (I,8).

28 Vgl. ebd., S. 17 (I,5), S. 32 f. (II,10),

mit ihrer Devise „*Schreib an und lesch aus*“[29] vielmehr die Pendants der liederlichen Wirtsfamilie. Gemeint ist, die eigene Zeche und sogar Miete immer nur anschreiben zu lassen, aber niemals zu bezahlen.[30] Erklärlich ist diese ungewöhnliche Amoralität des Stücks aus dem Entstehungskontext: Reuter, der selbst Student in Leipzig war, verfasste es im Streit mit seiner Zimmerwirtin, die ihm wegen Mietsäumnis gekündigt hatte. Die moralische Normierung, der das Wirtshaus unterlag (und mehr oder weniger bis heute unterliegt), kommt in Reuters Stück daher nur als Waffe gegen seine Gegnerin zur Geltung, nicht aber als Maßstab, an dem alle Figuren gemessen werden. Gegen die allgemeine Norm nimmt Reuter die Lizenzen des Studentenlebens[31] für sich und seine Kommilitonen offensiv in Anspruch. Dies bedeutet aber gerade nicht, dass das Wirtshaus ‚modernitätsträchtig‘ gefeiert würde, nämlich als Ort von Geschäftigkeit und Chancen und einer Mobilität zunächst des Reisens, symbolisch aber auch der gesellschaftlichen Bewegung. Der Gasthof „Zum goldenen Maulaffen“ ist durch die Turbulenz eines Drunter und Drüber, nicht durch eine produktive Dynamik gekennzeichnet.

Zum Schauplatz wird das Wirtshaus auch in theatralischen Inszenierungen am anderen Ende des sozialen Spektrums gemacht. An den kontinentaleuropäischen Höfen des späten 17. und frühen 18. Jahrhunderts sehr beliebt waren Verkleidungsdivertissements, die als „Wirtschafften“ bezeichnet wurden, lat. *Convivia ludicra personatorum aulæ optimatum* (so die Definition des Zedler), ‚vergnügliche Gastmähler des verkleideten Hofadels‘.[32] Hier kostümierte sich die Hofgesellschaft als Besucher eines Gasthauses, als Landleute oder als Handwerker, zuweilen auch als Angehörige fremder Völker, und bezog besonders hergerichtete Räume des Schlosses oder auch ein eigens aufgebautes Bauerndorf oder bevölkerte einen ebenso fiktionalen Jahrmarkt.[33] Gespielt wurde hier ‚Wirt-

29 Ebd., S. 45 (III,9).

30 Vgl. ebd., S. 21 (I,8), 33 (II,9), 54 (II, 13).

31 Vgl. Füssel, Marian: „Studentenkultur als Ort hegemonialer Männlichkeit? Überlegungen zum Wandel akademischer Habitusformen vom Ancien Régime zur Moderne“. In: *Männer – Macht – Körper. Hegemoniale Männlichkeiten vom Mittelalter bis heute*. Hg. v. Martin Dinges. Frankfurt a. M. 2005, S. 85–100.

32 „Wirthschafft [2]“. In: Zedler: *Universal-Lexicon*, Bd. 57, Sp. 1183–1187, hier Sp. 1183. Der Artikel folgt weitgehend wörtlich Rohr, Julius Bernhard: *Einleitung zur Ceremoniel-Wissenschafft Der großen Herren*. Berlin 1729, S. 824–833.

33 Vgl. Schnitzer, Claudia: „Königreiche – Wirtschaften – Bauernhochzeiten. Zeremonielltragende und unterwandernde Spielformen höfischer Maskerade“. In: *Zeremoniell als höfische Ästhetik in Spätmittelalter und Früher Neuzeit*. Hg. v. Jörg Jochen Berns u. Thomas Rahn. Tübingen 1995, S. 280–331, hier S. 305–331; zum Kontext dies.: *Höfische Maskeraden. Funktion und Ausstattung von Verkleidungsdivertissements an deutschen Höfen der frühen Neuzeit*. Tübingen schaft' im eingangs angesprochenen doppelten Sinne, nämlich sowohl als Betätigung für den Lebensunterhalt wie auch als öffentliche Bewirtung, denn solche „Lustbarkeiten"[34] kulminierten regelmäßig im gemeinsamen Speisen an großen, üppig gedeckten Tafeln.

Wichtig ist, dass diese Bewirtung ostentativ kostenlos erfolgte; in den so inszenierten Wirtschaften war es nicht nötig, den Wirt zu bezahlen, nicht einmal mit ‚Spielgeld'. Auf dem Wirtshaus-Schild einer 1721 in Dresden abgehaltenen „Wirthschaffts-Masqverade"[35] hieß es in diesem Sinne: „Der Wirth nimmt hier kein Geld, schreibt nicht mit doppler Kreiden, / Und kann die Kargheit nicht in seinem Gasthof leiden."[36] Ebenso großzügig wurde 1728 eingeladen:

> Zum weissen Adler heist die Schencke,
> Ihr Gäste, stellt euch zeitlich ein!
> Es kan kein beßrer Gastwirth seyn,
> Er öffnet Keller, Küch' und Schräncke,
> Und giebt umsonst Kost und Getränke.
> Singt, tantzt, spielt, eßt, schenckt ein, trinckt aus,
> Nur lasset den Verdruß zu Hauß.[37]

1999, vgl. dort auch die Abb. 214–248 mit einem Wirtshausschild, Figurinen, Bildern und Drucken von den Festlichkeiten sowie Tischordnungen, sowie Rousseaux, Ulrich: *Freiräume. Unterhaltung, Vergnügen und Erholung in Dresden (1694–1830).* Köln, Weimar, Wien 2007, S. 76f., 80f., 86f. Deppe, Uta: *Die Festkultur am Dresdner Hofe Johann Georgs II. von Sachsen (1660–1679).* Kiel 2006, S. 399, Anm. 141, und Flögel, Karl Friedrich: *Geschichte des Grotesk-Komischen. Ein Beitrag zur Geschichte der Menschheit.* Bd. 1–2. Bd. 2. [Nach d. Ausg. von 1789 neu bearb. u. hg.v. Max Bauer.] München 1914, 283–288 führen neben Dresden auch die Höfe von Versailles („Hôtellerie allemande"), Kopenhagen, Stockholm, Berlin, Wien und Mainz an. Die Quellenlage für die Dresdner ‚Wirtschaften' ist deshalb besonders gut, weil die vom Hofdichter Johann Ulrich König verfassten Verse zur Vorstellung der verkörperten Figuren regelmäßig im Druck erschienen; die folgenden Fußnoten führen sie im Einzelnen an. Aus Berlin liegen Texte von Friedrich von Canitz sowie von Johann von Besser vor (s. u.). Über eine 1698 am Wiener Hof abgehaltene Bauernwirtschaft berichtet Lünig, Johann Christian: *Theatrum Ceremoniale Historico-Politicum, Oder Historisch- und Politischer Schau-Platz Aller Ceremonien.* Bd. 1. Leipzig 1719, S. 157–160.

34 Zedler: *Universal-Lexicon*, Bd. 57, Sp. 1184.

35 Ebd., Sp. 1185.

36 König, Johann Ulrich: *Dreßdnische Carnevals-Lust / Bestehend in Poetischen Einfällen über das Königl. Büchsen-Schiessen, Und dergleichen Schertz- und Sinn-Gedichten über Die daselbst gehaltene Bauren-Wirthschafft, Nebst dem Kehraus des Carnevals [...].* Leipzig 1721, n. pag. (http://diglib.hab.de/drucke/gl-4f-kapsel-3–24/start.htm?image=00027, 19.12.2013).

37 Zu lesen auf einem über der Dresdner Schlosstreppe angebrachten Wirtshausschild, vgl. König, Johann Ulrich: *Dreßdnische Carnevals-Ergötzlichkeiten, bestehend in Poetischen Einfällen über einige Königliche Schiessen, und dergleichen Schertz- und Sinn-Gedichten über die daselbst gehaltene Bauren-Wirthschafft [...].* Leipzig 1728, n. pag. (http://diglib.hab.de/drucke/gm-2f-59/start.htm?image=00028, 20.12.2013). Vgl. auch König, Johann Ulrich: *Schertz- und Sinn-Gedichte*

Abb. 1: Entwurf für das Wirtschaftsschild „Zum Weißen Adler“ zur Wirtschaft am 9. Februar 1728 in Dresden, Pinsel in Wasser- und Deckfarben, Gold; Dresden, Sächsisches Hauptstaatsarchiv, OHMA F 21b, Bl. 5[38]

über die Prächtige Wirthschafft Der Schäffer, Wintzer, Gärtner und Müller. Bey dem Beschluß Des Dreßdnischen Carnevals öffentlich vorgelesen. Dresden 1725, [S. 2]: „Ihr Gäste, kommt zum Trunck! kommt her zum Tantz und Schmauß! / Ihr findet alles hier umsonst in diesem Hauß. / Tantzt, esset, trincket, spielt, und schertzet nach Belieben!“

38 Abbildung nach Schnitzer, Claudia, u. Petra Hölscher (Hg.): *Eine gute Figur machen. Kostüm und Fest am Dresdner Hof.* Dresden 2000, S. 144 (Abb. 101a); Abdruck mit freundlicher Genehmigung des sächsischen Staatsarchivs.

Und wenn der Hausknecht – den häufig der (Hof-)Dichter verkörperte[39] – am Ende doch eine Rechnung präsentierte, so musste er sie auf Befehl des Wirtes wieder zerreißen.[40] Jegliche Geschäftlichkeit sehen wir in den ‚Wirtschaften' der höfischen Belustigung gestrichen. Der bewegende Faktor in der hier dargestellten Welt ist das Vergnügen, nicht das Geld.

Diese Sichtweise teilen die fürstlichen ‚Wirtschaften' und Reuters Studentenstück. Beide überspielen die Kommerzialisierung und Monetarisierung, die die Wirtschaft in der Frühen Neuzeit realiter erfährt. Klargestellt sei, dass es hier noch nicht darum geht, ob die modernen ökonomischen Prinzipien der Konkurrenz und des Eigennutzes akzeptiert werden. Die Vorbehalte setzen vielmehr weit früher ein und richten sich gegen die Geschäftlichkeit und den Verpflichtungscharakter jeglicher Geldwirtschaft. Die fürstlichen ‚Wirtschaften' inszenieren einen Überfluss an Gütern und Nahrung. Ihren typischen Ort im Jahreslauf haben sie daher zu Karneval – worin sie sich erneut mit der Gattung Komödie treffen, denn im höfischen Festkalender sind die Karnevalstage ebenso der typische Ort für die Aufführung von Komödien (in manchen ‚Wirtschaften' treten dementsprechend auch die Figuren der Commedia dell'Arte auf).[41]

Konvergenzen weisen die ‚Wirtschaften' und Reuters Komödie sogar hinsichtlich ihrer theatralischen und dramatischen Qualitäten auf. Denn die höfischen Inszenierungen von Wirtschaft stellen nicht nur in dem Maße theatralische Ereignisse dar, in dem das frühneuzeitliche Hofleben generell als Ausfüllen von Rollen sowie als Zurschaustellen und Agieren vor Zuschauern zu verstehen ist.[42] Hinzu kommt ein explizites Rollenspiel mit Rollenbewusstsein, eingeleitet durch eine Art Prolog mit Vorstellung der Figuren und Akteure und geschlossen durch einen Epilog, meist vom Hofpoeten verfasst und vorgetragen – zu nennen ist hier vor allem der Dresdner Johann Ulrich König.[43] Bisweilen stellt auch eine Figur die anderen vor, oder allen Mitwirkenden ist ein Text vorgegeben (beide Varianten

39 Vgl. Canitz, Friedrich Rudolph Ludwig: „Gedancken über etliche Personen in einer Wirthschafft" (1682). In: *Gedichte*. Hg. v. Jürgen Stenzel. Tübingen 1982, S. 353–357, hier S. 355.

40 Vgl. „Briefe an eine Dame über die Höfe des achtzehnten Jahrhunderts (Schluß)". In: *Morgenblatt für gebildete Stände* 22.2.1841, Nr. 48, S. 190f., hier S. 191. Vgl. König: *Dreßdnische Carnevals-Ergötzlichkeiten* (http://diglib.hab.de/drucke/gm-2f-59/start.htm?image=00029, 20.11.2013).

41 Vgl. König: *Dreßdnische Carnevals-Ergötzlichkeiten*, n. pag.; http://diglib.hab.de/drucke/gm-2f-59/start.htm?image=00034f., 20.11.2013.

42 Vgl. Deppe: *Festkultur*, S. 19, 54f.

43 Vgl. Kaemena: *Studien zum Wirtshaus*, S. 107–119, zu Besser und Friedrich von Canitz, der als „Hofpoet" aber nicht ganz zutreffend gekennzeichnet ist.

kommen bei den in Berlin veranstalteten Wirtschaften vor);[44] wenn nicht, so war es die Aufgabe der Mitwirkenden, so passend wie möglich zur verkörperten Rolle zu extemporieren. In seiner *Critischen Dichtkunst* (4. Auflage 1751) behandelt Gottsched die „Wirthschafften" dementsprechend als eine „poetische Erfindung" und theateranaloges Rollenspiel, in dem diejenigen, die üblicherweise nur Zuschauer sind, selbst auftreten.[45]

Gleichwohl unterscheidet sich das – so wörtlich im Dresdner Prolog von 1721 – „Schau-Spiel"[46] der ‚Wirtschaften' von Theater im engeren Sinne, denn das Gespielte verweist mit Szenerie wie Personnagen stets auf die Spielenden. Die Hofgesellschaft agiert nicht wie Schauspieler, die prinzipiell jede Rolle verkörpern können, sondern repräsentiert die „Profeßionen und Handwercke"[47] ihres Landes, so wie der Adel ohnehin das ganze Land repräsentiert. Dementsprechend treten der Fürst oder der Thronfolger in der Regel als Wirt auf.[48] Sie demonstrieren damit jene Fürsorge und Freigebigkeit, die sie auch in der Realität zu üben beanspruchen: „Dieß ist ein Wirth / der nie auff Eigennutzen dencket / [/] Der manchem schon die Zech und auch die Schuld geschencket", wird etwa August der Starke bedichtet.[49] Auf die Entsprechung von gespielter Rolle und sozialer Position weist die Vorstellung des Wirts, wenn er vom Fürsten verkörpert wird, sogar ausdrücklich hin – in Dresden heißt es: „Bey diesem grossen Wirth in Dienste sich

44 Vgl. Besser, Johann von: „Der Scheeren-Schleiffer, Bey der in Berlin gehaltenen Wirthschafft, den 7. Januar 1690". In: *Schrifften, Beydes In gebundener und ungebundener Rede*; Zweiter Theyl. [...] ausgefertiget von Johann Ulrich König. Leipzig 1732, S. 759–763; Canitz: „Gedancken über etliche Personen in einer Wirthschafft".

45 Gottsched, Johann Christoph: „Versuch einer Critischen Dichtkunst vor die Deutschen." In: *Ausgewählte Werke*. Bd. 1–11 (in 22). Bd. 6,2. Hg. v. Joachim Birke u. P. M. Mitchell. Berlin, New York 1968–83, S. 557 (Des II. Abschnitts V. Hauptstück. Von Wirthschafften, Mummereyen, und Balletten).

46 König: *Dreßdnische Carnevals-Lust*, n. pag. (http://diglib.hab.de/drucke/gl-4 f-kapsel-3–24/start.htm?image=00010, 19.12.2013).

47 Zedler: *Universal-Lexicon*, Bd. 57, Sp. 1183.

48 Vgl. König, Johann Ulrich: *Eilfertige Gedancken, Auf die Von Sr. Königl. Maj. in Polen und Churfürstl. Durchl. zu Sachsen angestellte Wirthschafft Der Zwölff Nationen, Bey einem dazu angeordneten Prächtigen Jahrmarckte und nächtl. Illumination Der gantzen Königlichen Orangerie.* Dresden 1719, [S. 2]; ders.: *Dreßdnische Fast-Nachts-Lustbarkeiten, Bestehend In Schertz- und Sinn-Gedichten über die daselbst, Bey Hoher Anwesenheit Ihro Königl. Maj. aus Preußen, gehaltene Handwerks-Wirthschafft.* Dresden 1730 [S. 3]; Deppe: *Festkultur*, S. 399, Anm. 145 mit Bezug auf Kaiser Leopold I.; *Eine gute Figur machen*, S. 192f, sowie S. 195 über das Dresdner Fest der Schäfer, Winzer, Gärtner und Müller mit dem Kurprinzenpaar als Wirten; bei der Dresdner Bauernwirtschaft von 1709 hingegen trat August der Starke als französischer Bauer auf (ebd., S. 191).

49 König: *Dreßdnische Carnevals-Lust*, n. pag. (http://diglib.hab.de/drucke/gl-4 f-kapsel-3–24/start.htm?image=00018, 19.12.2013).

begeben, / Ist süsser, als in Freiheit leben. / Pracht, Anstalt, Uberfluß und Ordnung fehlt hier nicht. / Weil nichts in diesem Hauß als Eigennutz gebricht. / Sein Hertz ist ohne falsch und unverfälscht sein Wein, / Drum kehren gar bey ihm gekrönte Häupter ein."[50] Auch bei den im Rang nachfolgenden ‚Mitspielern' wird gerne auf die Person hingewiesen, die im jeweiligen Kostüm steckt: „Es bleibt, ob gleich dein Leib in fremder Kleidung geht / Ein Schau-Platz dein Gesicht von Huld und Majestät", wird etwa der sächsische Kurprinz angesprochen.[51] Ebenso sind die Kostüme stilistisch zwar den jeweils dargestellten Figuren angepasst, doch verweisen sie durch die Kostbarkeit der verwandten Stoffe oder Pelze zugleich auf den weit höheren Stand ihrer Träger.[52]

Diese eingeschränkte, weil repräsentativ unterfangene Fiktionalität kennzeichnet freilich auch Reuters Komödie, denn sie enthält nicht nur motivisch Studentenstreiche, sondern ist ursprünglich selbst schon ein Streich. Hinter der Titelfigur soll Reuters eigene Wirtin durchaus erkennbar bleiben. Diese erkannte sich denn auch – und war so unklug, Reuter zu verklagen und dadurch noch zusätzlichen Spott auf sich zu ziehen. Seinen genuinen Ort hat Reuters Drama, das fast eher ein Pasquill zu nennen ist,[53] nicht auf der vom praktischen Leben abgegrenzten Theaterbühne. Die einzige seinerzeitige ‚Aufführung' bestand vielmehr darin, dass Leipziger Studenten einige Passagen durch die Fenster der verspotteten Witwe Müller brüllten.[54]

Von ‚eigentlichen' Dramen scheinen die ‚Wirtschaften' dadurch unterschieden, dass sie keine Konflikte schürzen und lösen. Näher betrachtet, hat jedoch auch dies Parallelen in der zeitgenössischen deutschen Komödie im Allgemeinen und Reuters Stück im Besonderen. Königs eigene Komödie *Die verkehrte Welt* von 1725 (die als seine beste gilt) „hat Revue-Charakter",[55] womit sie handlungsstrukturell näher an die ‚Wirtschafts-Libretti' desselben Autors rückt als an die Intrigenkomödien Molières oder der Commedia dell'Arte (der gleichwohl manche Figuren entlehnt sind). Reuters Stück weist nicht einmal einen durchgehenden Handlungszusammenhang auf. Vor der kleinen Intrige mit den falschen Freiern im dritten Akt reihen sich vielmehr bloß Episoden aneinander. Hinzu kommt ein Zug

---

50 König: *Dreßdnische Carnevals-Ergötzlichkeiten*, n. pag.; http://diglib.hab.de/drucke/gm-2f-59/start.htm?image=00030, 20.12.2013.

51 König: *Eilfertige Gedancken*, [S. 2].

52 Vgl. „Wirthschafft [2]". In: Zedler: *Universal-Lexicon*, Bd. 57, Sp. 1185.

53 Vgl. Grunwald, Stefan: „Molière und die Dramaturgie Christian Reuters". In: *Europäische Tradition und deutscher Literaturbarock. Internationale Beiträge zum Problem von Überlieferung und Umgestaltung*. Hg. v. Gerhart Hoffmeister. München, Bern 1973, S. 275–282, hier S. 277.

54 Vgl. ebd., S. 276.

55 Hinck, Walter: *Das deutsche Lustspiel des 17. und 18. Jahrhunderts und die italienische Komödie. Commedia dell'arte und théâtre italien*. Stuttgart 1965, S. 147.

ins Epische: Die Schlampampe führt ihre Fehler und Laster nur zum kleineren Teil agierend vor; meist hingegen erzählen die studentischen Figuren davon, um gleich selbst darüber zu lachen, statt erst den Zuschauer lachen zu machen.[56] Strukturell damit vergleichbar agieren die Figuren der Wirtschaften nicht miteinander, sondern sprechen über sich bzw. werden vom Sprecher vorgestellt.

Die Dynamik, die im Drama normalerweise durch das Überkreuzen und Sich-gegenseitig-verstärken konkurrierender Interessen entsteht, geht Reuters Stück ab. Man kann dies als dramaturgische Entsprechung zu jener Verweigerung gegenüber der Geschäftsfunktion von Gastwirtschaften verstehen, die die studentischen Identifikationsfiguren pflegen („schreib an und lesch aus“), so wie sie sich der längst überfälligen Mietzahlung erfolgreich entziehen (übertrieben großzügig entlohnen sie dagegen einige Musiker, die sie gar nicht bestellt haben).[57] Im Wirtshaus „Zum goldenen Maulaffen“ werden keine Geschäfte gemacht; die Geschäftigkeit des Erwerbsstrebens geht vielmehr sämtlichen Figuren ab, so dass es nur konsequent ist, dass die Handlung auch in dramaturgischer Hinsicht nicht von Dynamik gekennzeichnet ist. Im Grunde dasselbe gilt für die ‚Wirtschaften‘: Hier ist es nicht die Liederlichkeit von Wirtin wie Kunden, sondern die Großzügigkeit des fürstlichen Wirts, die Geschäftigkeit erübrigt.[58] Und auch hier entsprechen sich das (an)ökonomische Ethos der Figuren und eine weitgehend statische Dramaturgie.

Divergenz und Konvergenz ökonomischer und komödischer Dynamiken in der mittleren Aufklärung

Von dieser Ausgangslage um 1700 scheint der Weg zur Autonomie des Ökonomischen sowie zur wirtschaftlichen Dynamik, wie sie am Ende des 18. Jahrhunderts gedacht werden, sehr weit. Es ist hier nicht möglich, diesen Weg stationenweise abzuschreiten, nicht einmal am Leitfaden der spezielleren Frage nach

---

56 Vgl. Reuter: *Ehrliche Frau*, I,5, II,11, III,2.

57 Vgl. ebd., S. 54 (III,13), 51 (III,11).

58 Realiter ist diese Großzügigkeit freilich fast nur eine gespielte, denn solche Verkleidungsdivertissements waren für den Hof vergleichsweise wenig kostspielig, weil die Geladenen selbst für ihre Kostüme aufkommen mussten (vgl. Deppe: *Festkultur*, S. 54).

weiteren Parallelen zwischen Komödie und Ökonomie.[59] Das Folgende beschränkt sich daher auf das, was mir der springende Punkt zu sein scheint: Wenn die deutsche Literatur der Aufklärung wesentlich und wie nie zuvor oder danach ein moraldidaktisches Unternehmen ist: kann sie sich dann überhaupt anders als kritisch oder gar feindlich zur zunehmend wichtigeren Sphäre der Wirtschaft mit ihrer zunehmend anerkannten Vorteilsmaximierung stellen? Und wenn sie es kann: Worin drückt sich dies aus, wenn ihre normativen Postulate doch wirtschaftliche Gesichtspunkte geringschätzen?

Festzuhalten ist zunächst noch einmal: Die deutsche Literatur der Aufklärung stellt geschäftliche Tätigkeiten selten dar und propagiert nirgends eine Ethik oder Mentalität des gewinnorientierten Wirtschaftens.[60] Sogar stärker als andere Stimmen der gesellschaftlichen Selbstverständigung[61] hält sie vielmehr am Primat der Moral fest. Ablesen lässt sich dies besonders gut an der Komödie, die als Gattung geradezu darauf angelegt ist, Verhaltensmuster zu prüfen und Interessen zu wägen mit der Finalperspektive einer guten Ordnung, konkretisiert meist in einer oder mehreren Heiraten am Schluss des Stücks. Häufiger als in anderen Gattungen kommen dabei auch materielle Werte ins Spiel, in älteren Texten z. B. ein vergrabener Schatz, im 18. Jahrhundert häufig eine Erbschaft oder reiche Mitgift, bisweilen ein Lotteriegewinn (der Kennspruch auf dem erfolgreichen Los lautet dann freilich „Pour la vertu!“[62]). Exemplarisch geprüft werden Ethiken des Umgangs mit solchen materiellen Werten einerseits und immateriellen Werten wie Tugend, Treue oder Nächstenliebe andererseits. Unter den deutschen Komödien der Aufklärung aber gibt es keinen Text, der unmittelbar marktwirtschaftliche Verhaltensweisen und eine ungehemmte Vertretung der eigenen Interessen propagieren würde.

---

59 Vgl. Verf.: *Schau-Spiele des Geldes. Die Komödie und die Entstehung der Marktgesellschaft von Shakespeare bis Lessing.* Tübingen 2005, wo ausführlicher auch auf die nachfolgend besprochenen Dramen eingegangen wird.

60 Vgl. Eder, Jürgen: „‚Beati possidentes‘? Zur Rolle des ‚Geldes‘ bei der Konstituierung bürgerlicher Tugend“. In: *Bürgerlichkeit im Umbruch. Studien zum deutschsprachigen Drama 1750–1800. Mit e. Bibliogr. der Dramen der Oettingen-Wallersteinschen Bibliothek zwischen 1750 und 1800.* Hg. v. Helmut Koopmann. Tübingen 1993, S. 1–50; Fiederer, Margrit: *Geld und Besitz im bürgerlichen Trauerspiel.* Würzburg 2002, S. 338 f.

61 Vgl. Hellmuth, Eckhart: „Praktische Philosophie und Wirtschaftsgesinnung. Zur Reflexion über Wirtschaft, Erwerb und Gewinn im Deutschland des 18. Jahrhunderts“. In: *Archiv für Kulturgeschichte 68* (1986), S. 135–149.

62 Gellert, Christian Fürchtegott: „Das Loos in der Lotterie. Lustspiel in drei Aufzügen“ [1746]. In: *Gesammelte Schriften. Kritische, kommentierte Ausgabe.* Bd. 1–6. Bd. 3. Hg. v. Bernd Witte. Berlin, New York 1988, S. 113–194, S. 150 (III,1).

Der Wirt, der Gastlichkeit gegen Bezahlung bietet, wird in der Komödie regelmäßig als Negativfigur, nämlich als schamlos geldgierig, betrügerisch und intrigant gezeichnet – der Wirt in *Minna von Barnhelm* ist dafür nur ein besonders bekanntes, noch relativ harmloses Beispiel.[63] Schlussendlich belohnt werden vielmehr die tugendhaften Figuren, ja es kann geradezu als Prinzip der Aufklärungskomödie bezeichnet werden, die Figuren „nach Verdienst zu belohnen", wie die Vaterfigur in Johann Christian Brandes' *Der Gasthof* programmatisch formuliert.[64] Zwar hat dies meist auch eine materielle Seite, z. B. mit einer reichen Heirat. Was die vorbildlichen Figuren zu besitzen *streben*, sind jedoch allein menschliche und moralische Werte – „Schätze [...] in anderer Leute Herzen", wie es in Gellerts Lustspiel *Das Loos in der Lotterie* heißt.[65] Häufig erweist sich ausgerechnet Desinteresse an materiellen Gütern als sicherster Weg, zu ihnen zu gelangen – ein Paradox, das die lange und mächtige Tradition des christlichen Tugendlohnversprechens hinter sich hat.

Doch gibt es auch in der deutschen Komödie der Aufklärung Anzeichen dafür, dass die traditionale altruistische Ethik durch eine marktgesellschaftliche abgelöst wird. Allerdings geschieht dies indirekt, nämlich nicht als Proklamation auf der Ebene der expliziterten Normen, sondern in der dramatischen Struktur, d. h. im typisch komödischen Handlungsverlauf, denn die Lust am komödischen Spiel entfaltet zunehmend eine Eigendynamik, die in der moralkontrollierten deutschen Tradition der Gattung zuvor nicht zum Zuge kam. (Das gilt vor allem für Stücke, in denen es – anders als in Brandes' *Gasthof* – keine gütige Vaterfigur gibt, die schlussendlich die rechte Ordnung wiederherstellt.) Die Dynamisierung der Komödie geht also nicht auf eine wachsende Akzeptanz materieller Gewinninteressen zurück; insofern handelt es sich um *divergente* Dynamiken. Gleichwohl *konvergieren* die avanciertesten Komödien der Aufklärung und die moderne ökonomische Mentalität in der Erwartung, dass normativ enthemmte Betriebsamkeit aus sich selbst heraus zum bestmöglichen Ergebnis führt.

---

63 Vgl. daneben z. B. auch Brandes, Johann Christian: *Der Gasthof, oder: Trau, schau wem! Ein Lustspiel in fünf Aufzügen*. Leipzig 1790 [EA 1769] (http://nbn-resolving.de/urn:nbn:de:gbr:3:1-154253, 19.12.2013: zum Wirt in *Minna von Barnhelm*, besonders zu seiner metadramatischen Funktion, Nieberle, Sigrid: „Problematische Gastlichkeit. Denunziation und Metadrama in Lessings *Minna von Barnhelm*". In: *Internationales Archiv für Sozialgeschichte der deutschen Literatur* 34 (2009), S. 73–91.

64 Brandes: *Der Gasthof*, S. 130 (V,5). Bei Untugend bedeutet diese Belohnung Bestrafung, und dies meint der Graf von Werlingen (die Vaterfigur) an der zitierten Stelle, denn er spricht mit dem schon entdeckten, wenn auch noch nicht überführten Bösewicht des Stückes.

65 Gellert: „Das Loos in der Lotterie", S. 186 f. (V,7).

Erläutern lässt sich beides anhand der *Candidaten* von Johann Christian Krüger.[66] Weder der 1723 geborene Autor noch sein 1748 veröffentlichtes Stück gehören zum engeren Kanon der deutschen Literatur, obwohl es sich um eine der besten Komödien vor Lessing handelt. Stofflich geht es um die Besetzung eines gut dotierten Amtes, um das drei Kandidaten konkurrieren: Chrysander, ein bloß am Titel interessierter Nichtskönner, Valer, der das Amt nicht wirklich haben, sondern es im Erfolgsfall ausschlagen will, um den Grafen, der das Amt vergibt, zu düpieren, sowie Herrmann, der einzige qualifizierte Kandidat. Verglichen mit anderen deutschen Komödien der Zeit ist die Handlung außergewöhnlich verwickelt, denn es kommen darüber hinaus erotische Interessen ins Spiel: Der Graf möchte sich die Braut des Kandidaten Herrmann als Mätresse gefügig machen, während seine vernachlässigte Gattin davon lebt, „jungen Leuten die Aemter für Schmeicheleyen und Liebkosungen zu verkaufen".[67] Ebendrauf spekuliert Valer, und auch Herrmann sollte, nach Ansicht seiner Braut, diesen Umstand ausnutzen. Mit Handels- und Besitzmetaphern belegt sind die erstrebten Interessenabgleiche nicht nur an der zitierten Stelle,[68] so dass sich die Handlung des Stücks mit guten Gründen als ein Modell für das Funktionieren einer sich ökonomisierenden Gesellschaft verstehen lässt.

Natürlich erhält am Ende der tugendhafte Herrmann das Amt – das erfordert die Gattungskonvention des guten Ausgangs. Doch richtet sich die satirische Kritik des Stücks auch gegen ihn, denn seine ehrenhaften Grundsätze machen ihn ungeschickt, seine Interessen zu verfolgen, kurzum: Er kann sich nicht ‚verkaufen'. Dass dies eine in der Gesellschaft unabdingbare Fähigkeit ist, daran lässt das Stück keinen Zweifel. Wichtig ist, dass das ältere Ideal tugendhaften Abwartens nun aber nicht einfach durch sein Gegenteil ersetzt wird, indem gezeigt würde, dass interessengeleitete Aktivität zum erstrebten Ziel führt. Strategisches Geschick ist unabdingbar, befähigt aber nicht zur vollständigen Beherrschung einer Situation. In Krügers Komödie gibt es keine unbedingt überlegene Figur, die alles zum guten Ende leiten könnte, wie dies z. B. im wenige Jahre älteren *Verschwender*, einer Destouches-Übersetzung Luise Gottscheds für die Musterdramensammlung ihres Mannes, der Fall ist.[69] Selbst die strategisch geschickteste Figur, der in der

66 Vgl. Krüger, Johann Christian: „Die Candidaten, oder: Die Mittel zu einem Amte zu gelangen". In: *Werke. Kritische Gesamtausgabe*. Hg. v. David G. John. Tübingen 1986, S. 271–377.

67 Ebd., S. 318 (III,1) ähnlich S. 274 (I,1)

68 Vgl. ebd., S. 285 (I,5), 365 (V,4).

69 Vgl. Destouches[, Philippe Néricault]: „Le Dissipateur, ou l'Honnête-Friponne. Comédie". In: *Œuvres*. T. 1–10. Bd. 3. [Ed. par] l'académie française. Nouv. éd., augmentées de pièces nouvelles, et mises en meilleur ordre. La Haye 1754, S. 149–279; [Gottsched, Luise Adelgunde Viktorie:] „Der Verschwender, oder die ehrliche Betrügerinn. Ein Lustspiel in fünf Aufzügen". In: *Die*

Ämterkonkurrenz siegreiche Valer, ist nicht in der Lage, alle relevanten Faktoren zu überblicken: Erst nach seinem Erfolg bemerkt er, dass er mit diesem Erfolg – der für ihn nur einen Spaß bedeutet! – eine Verwandte schädigt, denn in der Braut des von ihm ausgestochenen Herrmann findet er – eine typische Komödienanagnorisis – seine seit Jahren vermisste Cousine wieder. Also verzichtet er zugunsten von Herrmann.[70] So unvoraussehbar kommt das gute Ende zustande.

Statt vom Schema der belohnten Tugend oder von einer alles überschauenden Intrigantenfigur sind *Die Candidaten* von der Eigendynamik des komischen Spiels geprägt. Krügers Stück gewinnt seinen Reiz daraus, dass unabsehbar ist, wohin sich die konkurrierenden Interessen treiben. Entfesselte Dynamik ist sein Programm; bezeichnenderweise heißt der mit einer falschen Identität auftretende Valer eigentlich Wirbelbach. Dramen- und theaterästhetisch betrachtet, schlägt hier der Einfluss der Commedia-dell'Arte-Tradition durch. Ihr war Krüger, der selbst Schauspieler in einer der umherziehenden Truppen war, die das Theaterwesen in Deutschland prägten, stärker verpflichtet als die meisten anderen Autoren der deutschen Aufklärung.[71] Das Gesellschaftsmodell, das die Handlungslogik der *Candidaten* impliziert, ist aber das der Marktkonkurrenz. Um die berühmte Formel Bernard de Mandevilles aufzugreifen: Es sind „private vices" – zuvörderst der Mutwille des Herrn von Wirbelbach –, die hier ein „public benefit",[72] die angemessene Besetzung eines öffentlichen Amtes, bewirken. Und dieses gute Ergebnis wird nicht durch die überlegene Steuerung eines Mitspielers herbeigeführt und ebenso wenig durch eine deus-ex-machina-Figur wie bei Molière bisweilen (*L'Avare, Tartuffe, Dom Juan*), sondern durch eine „unsichtbare Hand", nämlich durch die immanente Dynamik der sich überkreuzenden Interessen.

Beides – die ‚Laster' der Einzelnen ebenso wie der gute Ausgang des Ganzen – gehört genuin und typisch zur Gattung Komödie: Wie keine andere Gattung bietet die Komödie normwidrigem Verhalten einen Entfaltungsraum und vermittelt trotzdem die Gewissheit eines ‚Happy Ends', und zwar auch in materieller Hinsicht. Die Komödie kann daher ganz allgemein als latent marktgesellschaftsaffin gelten (auch wo die expliziten Normen dagegenhalten). In Krügers *Candidaten* wird aus dieser latenten Affinität zum ersten Mal in der deutschen Literaturgeschichte eine akute, indem das Stück die spielerische Dynamik der Commedia dell'Arte-Tradition nutzt, um die Bedingungen gesellschaftlicher Dynamik ein-

deutsche Schaubühne. Bd. 1–6. Bd. 3. Hg. v. Johann Christoph Gottsched. Faksimiledr. nach d. Ausg. von 1741–1745. Mit e. Nachw. v. Horst Steinmetz. Stuttgart 1972, S. 63–194.

70 Vgl. Krüger: „Die Candidaten", S. 375 f. (V,8).

71 Vgl. Hinck: *Das deutsche Lustspiel des 17. und 18. Jahrhunderts*, S. 234.

72 Vgl. Mandeville, Bernard: *The Fable of the Bees: Or, Private Vices, Publick Benefits*. Vol. 1–2. With a Commentary, Critical, Historical, and Explanatory by F. B. Kaye. Oxford 1924.

zufangen. Die Gesellschaft soll hier nicht mehr moralisch geheilt werden, sondern wird auf die Gewinnchancen befragt, die sie bietet. Gemeinsam hat Krügers Komödie mit ökonomischen Verhaltensmodellen, dass sie ein interessenbewusstes Konfliktverhalten als unabdingbare und insofern positive Fähigkeit eines jeden, der sich gesellschaftlich behaupten will, ausgibt. Dass Herrmann sich nur schwer dazu entschließen kann, sich zu verstellen, um seine Interessen zu verfolgen, wird von seiner Verlobten zwar als Tugend anerkannt, die sie als Lebenspartnerin überzeugt.[73] Sein Zögern erscheint zugleich aber als moralistische Vereinseitigung und existentielle Schwäche.

Um es noch einmal zu betonen: Es ist vor allem die Handlungsstruktur, d. h. die spezifische Dynamik des komödischen Spiels, von der diese Botschaft ausgeht. Die explizierten Normen werden weit weniger merkantilisiert: Taktisches Geschick ist vonnöten, legitim aber nur dann, wenn dadurch erworbene „Verdienste" zur Geltung gebracht werden sollen.[74] Von der subjektiven Motivation her ist auch Valers Intrige ganz marktfern, denn der „Spaß", den er dabei hat, „ist nicht mit Gelde zu bezahlen".[75] In der Verflechtung vieler Spiele und Intrigen stellt sich auf systemischer Ebene gleichwohl jene Struktur ein, die als charakteristisch für die Marktgesellschaft gilt. Denn die Marktgesellschaft konfrontiert einerseits mit der Erfahrung, dass Handlungsketten so lang und komplex geworden sind, dass sie sich nicht mehr beherrschen lassen.[76] Mehr und mehr ausgeschlossen wurde dadurch, „was die traditionelle Moral verlangte", nämlich dass die Individuen das Gute, das sie von der Gesellschaft (d. h. von allen anderen) erwarten, selbst tun. Eine hinreichende Verlässlichkeit dessen, was der Einzelne von den anderen zu gewärtigen hat, bot sich nur mehr durch die Erwartung, dass jeder seinen eigenen Interessen folgt. Die damit verbundene Bedrohung des Einzelnen durch die anderen wurde indessen ‚aufgewogen' durch die Annahme einer produktiven Eigendynamik, in der die partikularen Interessen unabhängig von ihrer Moralität zum Vehikel eines für alle bestmöglichen Verlaufes werden.[77] Die Komödie unterstellt diesen ‚guten' Effekt des ‚bösen' Spiels, d. h. Interessengegensatzes, durch ihr gattungstypisches ‚Happy End'. Nicht in diesem guten Ausgang besteht also das Neue in Krügers Komödie. Von dem durch Gottsched etablierten Komödienmodell, in dem die Identifikationsfiguren auf moralische Vorbildlichkeit getrimmt

---

73 Vgl. Krüger: „Die Candidaten", I,2.
74 Krüger: „Die Candidaten", S. 276 (I,1).
75 Krüger: „Die Candidaten", S. 314 (III,1).
76 Vgl. Ottow, Raimund: „Modelle der unsichtbaren Hand vor Adam Smith". In: *Leviathan* 19 (1991), S. 558–574, hier S. 559. Das folgende Zitat ebd.
77 Vgl. Ottow: „Modelle der unsichtbaren Hand vor Adam Smith", S. 560.

sind, rücken *Die Candidaten* gleichwohl ab, indem sie die Interessen, die das gute Ende herbeiführen, als mehr oder weniger amoralisch kennzeichnen.

Es wäre demnach nicht ausreichend, die Komödie der mittleren Aufklärung dadurch von den mehr oder weniger dramatischen Belustigungen der Zeit um 1700 abzuheben, mit denen wir es eben zu tun hatten, dass man sie als verbürgerlicht charakterisiert. Verglichen mit den studentischen Verhaltensmustern, die Reuters *Ehrliche Frau* feiert, und der höfischen Selbstbespiegelung in den ‚Wirtschafts-Libritti' eines Johann Ulrich König, vertritt Krügers Komödie zwar eindeutig bürgerliche Werte (berufliche Qualifikation als Zugangsvoraussetzung für Ämter, Ehrlichkeit, Liebesehe, gesellschaftlicher Aufstieg gemäß Verdiensten). Damit jedoch ist keinerlei marktgesellschaftliche Tendenz verbunden.[78] Diese ergibt sich vielmehr aus etwas ganz anderem, geradezu Anti-Bürgerlichen, nämlich aus einem universalisierten komischen Spiel.

Den Abschluss sollen ein paar knappe Bemerkung zu *Minna von Barnhelm* machen, dem sicherlich herausragenden deutschen Wirtschafts-Drama, schon weil es das erste im doppelten und im modernen Sinne von ‚Wirtschaft' ist, geht es doch wesentlich um die Vermögensverhältnisse der Figuren (des entlassenen Majors von Tellheim, des habituellen Glücksspielers Riccaut de la Marlinière, der Witwe Marloff, des Wachtmeisters Werner) und ebenso des Staates und der Stände (konkret der sächsischen Stände, die ihre Kontributionen für den preußischen König nicht ohne den Kredit aufbringen konnten, den Tellheim ihnen gewährte, weshalb er später der Korruption angeklagt wird[79]) – und all dies in einem Gasthaus, in dem Privates und Politisches, die Liebhaber des Risikos und die Tugendhaften auf immer wieder überraschende Weise zusammenkommen und zusammenwirken. Dabei wiederholt Lessing die Grundkonstellation von Krügers *Candidaten:* Erneut haben wir es mit einem aus Tugend versteiften Mann zu tun, den seine taktisch beweglichere Braut anzutreiben sucht, und wie bei Krüger bringt keiner von beiden aus eigener Kraft eine Lösung zustande. Vielmehr wird auch bei Lessings das ‚Happy End' durch eine randständige Figur, ja durch eine „unsichtbare Hand" ermöglicht, nämlich durch das, so wörtlich, „Handschreiben" des unsichtbar bleibenden Königs, der Tellheim von allen Untreue-Vorwürfen

---

78 Generell kannte der bürgerliche Normenhorizont in Deutschland im 18. Jahrhundert „noch keine Autonomie ökonomischer Werte"; vgl. Maurer, Michael: *Die Biographie des Bürgers. Lebensformen und Denkweisen in der formativen Phase des deutschen Bürgertums (1680–1815).* Göttingen 1996, S. 355; vgl. ebd., S. 354: „Der erwerbsorientierte Bürger ist nicht Egoist, sondern Hausvater".

79 Vgl. Tellheims Darlegung seiner Situation vor Minna in Lessing, Gotthold Ephraim: „Minna von Barnhelm oder das Soldatenglück. Ein Lustspiel in fünf Aufzügen". In: *Werke*, Bd. 1, S. 605–704, hier S. 677 (IV,6).

entlastet, so dass er seine Braut heiraten kann.[80] (Dass die Entscheidung des Königs den entscheidenden Schritt zum ‚Happy End' darstellt, ist häufig übersehen worden, da Minna auch über Tellheims Rehabilitation hinaus noch ihre Rolle der Enterbten spielt, die sich keinem Manne zumuten mag.)[81]

Es sind nicht Minnas gute Absichten, die das gute Ende herbeiführen. Sogar der geldgierige Betrüger Riccaut leistet dazu einen größeren Beitrag, indem er dem Feldjäger, der das königliche Handschreiben überbringt, den Weg zu Tellheims Gasthof weist.[82] Anders als Valer-Wirbelbach, die Intrigantenfigur bei Krüger, gerät Minna zudem selbst in den Strudel des von ihr mit einigem Mutwillen inszenierten Spiels oder „Streichs",[83] so dass sie sich am Ende davon überrollt sieht („Ich habe den Scherz zu weit getrieben"[84]). Dass jemand den Lauf der Dinge übersehen könnte und daher zu lenken imstande sei, weist Lessings Komödie vollends als eine unterkomplexe Illusion aus. Auch der König, der Tellheim rehabilitiert, tritt nicht als eine derart überlegene Figur auf, fällt seine Entscheidung doch völlig unabhängig von der gezeigten Handlung, nämlich schon am Tag zuvor. Zunächst einmal verkörpert dieser König nicht mehr, aber auch nicht weniger als das systemische Funktionieren der Gesellschaft.[85] Indem seine Lenkung nicht nur das Beste bewirkt, sondern darüber hinaus ante festum erfolgt (der König ermöglicht die Versöhnung Tellheims und Minnas, bevor die beiden sich überhaupt gestritten haben), erinnert sie zugleich aber an die göttliche Providenz. Wie bei Smith' ‚unsichtbarer Hand' erscheint hier die Providenz- und Theodizeetradition erneut als Hintergrundannahme mit Garantiefunktion.[86]

Indem Minnas komödientypische Intrige ohne Wirkung auf die in Wahrheit maßgeblichen gesellschaftlichen Rahmenbedingungen ihrer Verbindung mit Tellheim bleibt und dadurch als eigentlich selbstbezügliche Inszenierung kenntlich wird, deutet sich in Lessings komplex und autoreflexiv gebautem Stück überdies ein weiteres Charakteristikum der modernen Gesellschaft an, nämlich

---

80 Vgl. ebd. V,9; das Zitat S. 680 (IV,6).

81 Klärend hat hier vor allem die klassische Studie von Michelsen, Peter: „Die Verbergung der Kunst. Über die Exposition in Lessings ‚Minna von Barnhelm'". In: *Jahrbuch der deutschen Schillergesellschaft* 17 (1973), S. 192–252, gewirkt.

82 Vgl. Lessing: „Minna von Barnhelm", V,6.

83 Ebd., S. 663 (III,12) u. 701 (V,12).

84 Ebd., S. 700 (V,11); vgl. S. 676 (IV,6).

85 Man könnte, da es in *Minna von Barnhelm* zugleich um große Politik und Krieg geht, auch sagen: Er verkörpert die Geschichte. Zur Geschichtsimmanenz des scheinbar wie ein *deus ex machina* eingreifenden Königs vgl. Verf.: „Rex ex historia. Komödienzeit und verzeitlichte Zeit in *Minna von Barnhelm*". In: *Das achtzehnte Jahrhundert* 30 (2006), S. 179–192, hier S. 190.

86 Vgl. Verf.: „Heilsökonomien. Pietismus und Komödie in Konflikt und Konvergenz". In: *Pietismus und Ökonomie*. Hg. v. Wolfgang Breul u. Alexander Schunka. Erscheint 2014.

dass diese autonome Teilsysteme ausbildet. Die von der „Komödiantin“[87] Minna ausgehende Dynamik ist nicht dieselbe wie diejenige, die Tellheims Rehabilitierung und Entschädigung bewirkt. Immerhin jedoch kommen Komödienspiel und Gesellschaft darin überein (jedenfalls in Lessings Komödie!), dass die traditionell mit der Gattung Komödie gesetzte Erwartung eines guten Endes[88] auch auf der gesellschaftlichen Ebene als berechtigt ausgewiesen wird, nicht zuletzt hinsichtlich Tellheims materieller Interessen. Insofern kann man doch von *konvergenten* Dynamiken sprechen. Die Dynamik des ökonomischen Interesses, die normativ weiterhin keine Anerkennung in der Aufklärungskomödie findet, wird in den Komödien Krügers und Lessings durch die Dynamik des komischen Spiels substituiert. Das gilt prozessual – für die widerstreitenden Absichten der Akteure – ebenso wie resultativ – den guten Ausgang betreffend –, so dass spielerischer Übermut weniger als Alternative zum ökonomischen Gewinnstreben erscheint denn als dessen Stellvertreter.

Man halte dagegen, wie sich das spielerische Moment in den vorgestellten Dramen-Wirtschaften um 1700 als ein *Über*spielen ökonomischer Bedingungen realisierte, und zwar als ein Überspielen, das man im Hinblick auf mögliche Gesichtspunkte der Lebensführung wie auch ‚wirtschaftspolitisch‘ als regressiv bezeichnen darf. Demgegenüber stellt sich die Dynamik des Spiels in den jüngeren Stücken als marktwirtschaftshomolog dar. Spielerische Dynamik ist hier ‚produktiv‘ geworden, denn sie bringt gegenüber der jeweiligen Ausgangslage etwas (gutes) Neues hervor, während das ältere Stück und die Verkleidungsdivertissements eben dies nicht vorsehen – sie zeigen sich vielmehr einem statischen Weltbild verpflichtet.

Literaturverzeichnis

„Briefe an eine Dame über die Höfe des achtzehnten Jahrhunderts (Schluß)“. In: *Morgenblatt für gebildete Stände* 22.2.1841, Nr. 48, S. 190–XX.

[Gottsched, Luise Adelgunde Viktorie:] „Der Verschwender, oder die ehrliche Betrügerinn. Ein Lustspiel in fünf Aufzügen“. In: *Die deutsche Schaubühne*. Bd. 1–6. Bd. 3. Hg. v. Johann Christoph Gottsched. Faksimiledruck nach der Ausgabe von 1741–1745. Mit einem Nachwort v. Horst Steinmetz. Stuttgart 1972, S. 63–194.

Besser, Johann von: „Der Scheeren-Schleiffer, Bey der in Berlin gehaltenen Wirthschafft, den 7. Januar 1690“. In: *Schrifften, Beydes In gebundener und ungebundener Rede*; Zweiter Theyl. [...] ausgefertiget von Johann Ulrich König. Leipzig 1732, S. 759–763.

---

87 Lessing: „Minna von Barnhelm“, S. 701 (V,12).

88 Vgl. Hinck, Walter: *Vom Ausgang der Komödie. Exemplarische Lustspielschlüsse in der europäischen Literatur.* Opladen 1977.

Brandes, Johann Christian: *Der Gasthof, oder: Trau, schau wem! Ein Lustspiel in fünf Aufzügen.* Leipzig 1790 [EA 1769] (http://nbn-resolving.de/urn:nbn:de:glov:3:1-154253), 19.12.2013.

Burkhardt, Johannes: „Wirtschaft". In: *Geschichtliche Grundbegriffe. Historisches Lexikon zur politisch-sozialen Sprache in Deutschland.* Bd. 1–8 (in 9), Bd. 7. Hg. v. Otto Brunner, Werner Conze u. Reinhart Koselleck. Stuttgart 1992, S. 511–594 .

Burkhardt, Johannes u. Birger P. Priddat (Hg.): *Geschichte der Ökonomie.* Frankfurt a. M. 2000.

Canitz, Friedrich Rudolph Ludwig: „Gedancken über etliche Personen in einer Wirthschafft" (1682). In: *Gedichte.* Hg. v. Jürgen Stenzel. Tübingen 1982, S. 353–357.

Deppe, Uta: *Die Festkultur am Dresdner Hofe Johann Georgs II. von Sachsen (1660–1679).* Kiel 2006.

Destouches[, Philippe Néricault]: „Le Dissipateur, ou l'Honnête-Friponne. Comédie". In: *Œuvres.* T. 1–10. Bd. 3. [Ed. par] l'académie française. Nouv. éd., augmentées de pièces nouvelles, et mises en meilleur ordre. La Haye 1754, S. 149–279.

Eder, Jürgen: „‚Beati possidentes'? Zur Rolle des ‚Geldes' bei der Konstituierung bürgerlicher Tugend". In: *Bürgerlichkeit im Umbruch. Studien zum deutschsprachigen Drama 1750–1800. Mit e. Bibliographie der Dramen der Oettingen-Wallersteinschen Bibliothek zwischen 1750 und 1800.* Hg. v. Helmut Koopmann. Tübingen 1993, S. 1–50.

Eibl, Karl: *Die Entstehung der Poesie.* Frankfurt a. M. 1995.

Fiederer, Margrit: *Geld und Besitz im bürgerlichen Trauerspiel.* Würzburg 2002.

Flögel, Karl Friedrich: *Geschichte des Grotesk-Komischen. Ein Beitrag zur Geschichte der Menschheit.* Bd. 1–2. Bd. 2. [Nach d. Ausg. von 1789 neu bearb. u. hg. v. Max Bauer.] München 1914.

Friedrich, Peter u. Rolf Parr (Hg.): *Gastlichkeit. Erkundungen einer Schwellensituation.* Heidelberg 2009.

Fulda, Daniel: „Heilsökonomien. Pietismus und Komödie in Konflikt und Konvergenz". In: *Pietismus und Ökonomie.* Hg. v. Wolfgang Breul u. Alexander Schunka. Erscheint 2014.

Fulda, Daniel: „Rex ex historia. Komödienzeit und verzeitlichte Zeit in *Minna von Barnhelm*". In: *Das achtzehnte Jahrhundert* 30 (2006), S. 179–192, hier S. 190.

Fulda, Daniel: *Schau-Spiele des Geldes. Die Komödie und die Entstehung der Marktgesellschaft von Shakespeare bis Lessing.* Tübingen 2005.

Füssel, Marian: „Studentenkultur als Ort hegemonialer Männlichkeit? Überlegungen zum Wandel akademischer Habitusformen vom Ancien Régime zur Moderne". In: *Männer – Macht – Körper. Hegemoniale Männlichkeiten vom Mittelalter bis heute.* Hg. v. Martin Dinges. Frankfurt a. M. 2005, S. 85–100.

Gellert, Christian Fürchtegott: „Das Loos in der Lotterie. Lustspiel in drei Aufzügen" [1746]. In: *Gesammelte Schriften. Kritische, kommentierte Ausgabe.* Bd. 1–6. Bd. 3. Hg. v. Bernd Witte. Berlin, New York 1988, S. 113–194.

Gottsched, Johann Christoph: „Versuch einer Critischen Dichtkunst vor die Deutschen." In: *Ausgewählte Werke.* Bd. 1–11 (in 22). Bd. 6,2. Hg. v. Joachim Birke u. P. M. Mitchell. Berlin, New York 1968–83.

Gottsched, Johann Christoph: *Dressdnische Fast-Nachts-Lustbarkeiten, Bestehend In Schertz- und Sinn-Gedichten über die daselbst, Bey Hoher Anwesenheit Ihro Königl. Maj. aus Preußen, gehaltene Handwerks-Wirthschafft.* Dresden 1730.

Grunwald, Stefan: „Molière und die Dramaturgie Christian Reuters". In: *Europäische Tradition und deutscher Literaturbarock. Internationale Beiträge zum Problem von Überlieferung und Umgestaltung.* Hg. v. Gerhart Hoffmeister. München, Bern 1973, S. 275–282.

Hellmuth, Eckhart: „Praktische Philosophie und Wirtschaftsgesinnung. Zur Reflexion über Wirtschaft, Erwerb und Gewinn im Deutschland des 18. Jahrhunderts". In: *Archiv für Kulturgeschichte* 68 (1986), S. 135–149.

Hinck, Walter: *Das deutsche Lustspiel des 17. und 18. Jahrhunderts und die italienische Komödie. Commedia dell'arte und théâtre italien*. Stuttgart 1965.

Hinck, Walter: *Vom Ausgang der Komödie. Exemplarische Lustspielschlüsse in der europäischen Literatur*. Opladen 1977.

Hirschman, Albert O.: *Leidenschaften und Interessen. Politische Begründungen des Kapitalismus vor seinem Sieg*. Übers. von Sabine Offe. Frankfurt a. M. 1980.

Kaemena, Bettina: *Studien zum Wirtshaus in der deutschen Literatur*. Frankfurt a. M. [u. a.] 1999.

König, Johann Ulrich: *Dreßdnische Carnevals-Ergötzlichkeiten, bestehend in Poetischen Einfällen über einige Königliche Schiessen, und dergleichen Schertz- und Sinn-Gedichten über die daselbst gehaltene Bauren-Wirthschafft [...]*. Leipzig 1728. http://diglib.hab.de/drucke/gm-2f-59/start.htm?image=00028

König, Johann Ulrich: *Dreßdnische Carnevals-Lust / Bestehend in Poetischen Einfällen über das Königl. Büchsen-Schiessen, Und dergleichen Schertz- und Sinn-Gedichten über Die daselbst gehaltene Bauren-Wirthschafft, Nebst dem Kehraus des Carnevals [...]*. Leipzig 1721. http://diglib.hab.de/drucke/gl-4f-kapsel-3–24/start.htm?image=00027

König, Johann Ulrich: *Dreßdnische Fast-Nachts-Lustbarkeiten, Bestehend In Schertz- und Sinn-Gedichten über die daselbst, Bey Hoher Anwesenheit Ihro Königl. Maj. aus Preußen, gehaltene Handwerks-Wirthschafft*. Dresden 1730.

König, Johann Ulrich: *Eilfertige Gedancken, Auf die Von Sr. Königl. Maj. in Polen und Churfürstl. Durchl. zu Sachsen angestellte Wirthschafft Der Zwölff Nationen, Bey einem dazu angeordneten Prächtigen Jahrmarckte und nächtl. Illumination Der gantzen Königlichen Orangerie*. Dresden 1719.

König, Johann Ulrich: *Schertz- und Sinn-Gedichte über die Prächtige Wirthschafft Der Schäffer, Wintzer, Gärtner und Müller. Bey dem Beschluß Des Dreßdnischen Carnevals öffentlich vorgelesen*. Dresden 1725.

Koslowski, Peter: „Haus und Geld. Zur aristotelischen Unterscheidung von Politischer Ökonomie und Chrematistik". In: *Philosophisches Jahrbuch* 86 (1979), S. 42–59.

Krüger, Johann Christian: „Die Candidaten, oder: Die Mittel zu einem Amte zu gelangen". In: *Werke. Kritische Gesamtausgabe*. Hg. v. David G. John. Tübingen 1986, S. 271–377.

Kümin, Beat: „Wirtshausgeschichte. Das Gastgewerbe in der historischen Frühneuzeitforschung". In: *Gastlichkeit*. Hg. v. Friedrich u. Parr, S. 117–131.

Langer, Bernhard: *Zum Welten-Spiegel. Das Wirtshaus als dramatischer Schauplatz*. Fulda 1996.

Lessing, Gotthold Ephraim: *Werke*. In Zus.arb. mit Karl Eibl hg. v. Herbert G. Göpfert. Bd. 1–8. Darmstadt 1996, Bd. 4.

Ludewig, Johann Peter von: *Die, von Sr. Königlichen Majestät [...] auf Dero Universität Halle am 14. Iulii 1727. Neu angerichtete Profession, in Oeconomie, Policey, und Cammer-Sachen wird, nebst Vorstellung einiger Stücke verbesserter Kön. Preußl. Policey bekannt gemachet von dem zeitigem [!] Prorectore*. Halle 1727.

Lünig, Johann Christian: *Theatrum Ceremoniale Historico-Politicum, Oder Historisch- und Politischer Schau-Platz Aller Ceremonien*. Bd. 1. Leipzig 1719.

Mandeville, Bernard: *The Fable of the Bees: Or, Private Vices, Publick Benefits*. Vol. 1–2. With a Commentary, Critical, Historical, and Explanatory by F. B. Kaye. Oxford 1924.

Maurer, Michael: *Die Biographie des Bürgers. Lebensformen und Denkweisen in der formativen Phase des deutschen Bürgertums (1680–1815).* Göttingen 1996.
Michelsen, Peter: „Die Verbergung der Kunst. Über die Exposition in Lessings ‚Minna von Barnhelm'". In: *Jahrbuch der deutschen Schillergesellschaft* 17 (1973), S. 192–252.
Nieberle, Sigrid: „Problematische Gastlichkeit. Denunziation und Metadrama in Lessings *Minna von Barnhelm*". In: *Internationales Archiv für Sozialgeschichte der deutschen Literatur* 34 (2009), S. 73–91.
Ottow, Raimund: „Modelle der unsichtbaren Hand vor Adam Smith". In: *Leviathan* 19 (1991), S. 558–574.
Rau, Susanne: „Das Wirtshaus. Zur Konstitution eines öffentlichen Raumes in der Frühen Neuzeit". In: *Offen und Verborgen. Vorstellungen und Praktiken des Öffentlichen und Privaten in Mittelalter und Früher Neuzeit.* Hg. v. Caroline Emmelius [u. a.]. Göttingen 2004, S. 210–227.
Reuter, Christian: *Schlampampe. Komödien.* Hg. v. Rolf Tarot. Stuttgart 1988.
Rohr, Julius Bernhard: *Einleitung zur Ceremoniel-Wissenschafft Der großen Herren.* Berlin 1729.
Rommel, Thomas: *Das Selbstinteresse von Mandeville bis Smith. Ökonomisches Denken in ausgewählten Schriften des 18. Jahrhunderts.* Heidelberg 2006.
Rosa, Hartmut: „Kapitalismus als Dynamisierungsspirale – Soziologie als Gesellschaftskritik". In: Klaus Dörre, Stephan Lessenich, H. R., unter Mitarbeit v. Thomas Barth: *Soziologie – Kapitalismus – Kritik. Eine Debatte.* Frankfurt a. M. 2009, S. 87–125.
Rousseaux, Ulrich: *Freiräume. Unterhaltung, Vergnügen und Erholung in Dresden (1694–1830).* Köln, Weimar, Wien 2007.
Rüdiger, Axel: *Staatslehre und Staatsbildung. Die Staatswissenschaft an der Universität Halle im 18. Jahrhundert.* Tübingen 2005.
Schnitzer, Claudia: „Königreiche – Wirtschaften – Bauernhochzeiten. Zeremonielltragende und unterwandernde Spielformen höfischer Maskerade". In: *Zeremoniell als höfische Ästhetik in Spätmittelalter und Früher Neuzeit.* Hg. v. Jörg Jochen Berns u. Thomas Rahn. Tübingen 1995, S. 280–331.
Schnitzer, Claudia: *Höfische Maskeraden. Funktion und Ausstattung von Verkleidungsdivertissements an deutschen Höfen der frühen Neuzeit.* Tübingen 1999.
Schnitzer, Claudia, u. Petra Hölscher (Hg.): *Eine gute Figur machen. Kostüm und Fest am Dresdner Hof.* Dresden 2000.
Smith, Adam: *Eine Untersuchung über Wesen und Ursachen des Volkswohlstandes.* [Nachdruck der dreibändigen Ausgabe Jena 1923.] Bd. 1–2. Bd. 2. Gießen 1973.
Smith, Adam: *Theorie der ethischen Gefühle oder Versuch einer Analyse der Prinzipien, mittels welcher die Menschen naturgemäß zunächst das Verhalten und den Charakter ihrer Nächsten und sodann auch ihr eigenes Verhalten und ihren eigenen Charakter beurteilen.* Nach der Auflage letzter Hand übersetzt und mit Einleitung, Anmerkung und Registern hg. v. Walther Eckstein. Teilbd. 1–2. Leipzig 1926.
Tribe, Keith: „Natürliche Ordnung und Ökonomie". In: *Aufklärung* 13 (2001), S. 283–302.
Vogl, Joseph: *Kalkül und Leidenschaft. Poetik des ökonomischen Menschen.* München 2002.

Yvonne Nilges

Hanswurst im Wirtshaus

Die Alt-Wiener Volkskomödie – Wegbereiter, Widersacher, Varianten

„Wirtshaus, Bratwurst, volle Becher! / Sind Hans Wurstens Sorgenbrecher“: So lesen wir in einer Anthologie alter Puppenkomödien, genauer: in einem Puppenspiel über Hanswurst und Don Juan.[1] Bis heute erinnert der Wiener „Wurstelprater“ mit seinen Unterhaltungs-, aber auch zahlreichen Gaststättenbetrieben an die ausnehmende Popularität der Wiener Hanswurst-Figur im 18. Jahrhundert; für das Jahr 1782 ist dort namentlich ein Gasthaus „Zum Hanswurst“ belegt.[2] Und wirklich: Die Hanswurst-Gestalt in der Alt-Wiener Volkskomödie interferiert so nachdrücklich mit dem spezifisch gastronomischen Motiv, dass sich Hanswurst ohne das Wirtshaus im 18. Jahrhundert schwerlich denken lässt. Zum Wiener Lokalkolorit, das sich in der Hanswurst-Figur bekundet, gehört, man möchte meinen: atmosphärisch auch und nicht zuletzt das Wiener *Lokal* – eine Besonderheit, die über die allgemeine Ess- und Trinklust der traditionellen komischen Figur auf dem Theater weit hinaus geht. Wie kam es zu dieser speziellen Verbindung, und welche Entwicklung ging damit einher?

Obgleich die restlose Erfassung und Publikation der Quellen – der Handschriften, Theatermanuskripte und der Drucke – zumal des frühen 18. Jahrhunderts nach wie vor ein Desiderat darstellt,[3] verweisen die bislang edierten Texte der Alt-Wiener Volkskomödie auf den Komplex „Hanswurst im Wirtshaus“ als eine für das Genre nachgerade symptomatische Thematik. Die lustige Figur, verbunden mit der Gaststätte, durchzieht die Dramenwirtschaft des Alt-Wiener Volkstheaters wie ein roter Faden – als dramaturgische *Conditio sine qua non*, wobei sich das gastronomische Motiv der Trank- und Speise-Wirtschaft zum ökonomischen Motiv der Wirtschaftlichkeit kontrastiv verhält. Sparsam-rational geht es im volkstümlichen Wirtshaus naturgemäß nicht zu, und aller Handel, der getrieben wird, hat allenfalls mit Händel, d. h. komischen Auseinandersetzungen, bisweilen auch mit dem schelmischen ‚Aus-Handeln‘ freier Verköstigung zu tun. Dabei beruht der Nexus von „Hanswurst“ und „Wirtshaus“ einerseits auf dem Umstand, dass

1 Engel, Carl (Hg.): *Deutsche Puppenkomödien*, Bd. 3. Don Juan oder: Der steinerne Gast. Ein tragikomisches Schauspiel in fünf Akten. Oldenburg 1875, S. 29.

2 Czeike, Felix: *Historisches Lexikon Wien*, Bd. 5. Wien 2004, S. 360.

3 Vgl. hierzu Hein, Jürgen: *Das Wiener Volkstheater*. 3. Auflage. Darmstadt 1997, S. 9; zur Forschungslage sowie zur Problematik der Begrifflichkeit vgl. ebd., bes. S. 6–9.

volkstümliche Theateraufführungen in Wien bis zur Errichtung des Kärntnertortheaters (1709) herkömmlich in Bier- und Weinhäusern stattfanden.[4] Die Affinität von Wirtshaus und Theater war mithin bereits gegeben, *bevor* Stranitzky (1676–1726) zum Schöpfer der Wiener Hanswurstiaden wurde, doch kam es zur vollen ‚Geschmacksentfaltung' dieses gastronomischen Motivs noch nicht in Stranitzkys – vornehmlich extemporierten – Dramen, sondern erst in den Werken Philipp Hafners (1735–1764). Seine und die Nachfolgekomödien des 18. (und des frühen 19.) Jahrhunderts wollen wir weiter unten typologisch daher besonders in den Blick nehmen. Zum anderen jedoch geht das „Hanswurst im Wirtshaus"-Thema nicht allein auf autochthone Wiener Traditionen, sondern letztlich auch auf eine Gestalt von scheinbar fremder, tatsächlich allerdings verwandter Provenienz zurück: Gemeint ist ausgerechnet Shakespeares Sir John Falstaff, in welchem wir den gleichsam *allochthonen* Prototypen vom Wiener „Hanswurst im Wirtshaus" sehen dürfen, und zwar in Falstaffs volkstümlichen Wirtshausszenen und seiner Verbindung zu dem englisch-deutschen Pickelhering.

Dass die Pickelhering-Figur zu den Ahnen des Wiener Hanswurst gehört – neben Vorfahren zumal aus der Commedia dell'Arte, hier besonders Arlecchino –, ist bekannt. „In seiner ganzen Art schwankt Pickelhäring zwischen den Typen des Fool und des Clown", d. h. zwischen dem weisen Narren und dem Tölpel des englischen Theaters,[5] und es ist diese bezeichnende Verquickung auch ein Charakteristikum für den Hanswurst. Der Bühnen-Pickelhering entstand und verbreitete sich auf dem europäischen Festland zu Beginn des 17. Jahrhunderts in englischen Wandertruppen. Dabei ist die Geburt des Pickelherings nicht eindeutig datier- oder lokalisierbar, wohl aber die Namensherkunft dieser komischen Figur („pickled herring" als gängige Speise für das Volk, die wegen des Salzes mit Alkohol verzehrt wurde und somit oft zum Rausch führte). Zum „Gevatter" der allegorischen Völlerei wurde der dem englischen Volk vertraute Fisch in Christopher Marlowes *Doctor Faustus* (1592), zur komisch-typologischen Gestalt jedoch erst auf englischen Wanderbühnen, die sich bei der Entwicklung Pickelherings ihrerseits an Shakespeares Amalgamierung von *Fool* und *Clown* orientierten.[6] Von beson-

---

4 Zeman, Herbert: „Die Alt-Wiener Volkskomödie des 18. und frühen 19. Jahrhunderts". In: *Österreich im Europa der Aufklärung: Kontinuität und Zäsur in Europa zur Zeit Maria Theresias und Josephs II.*, Bd. 2. Hg. vom Bundesministerium für Wissenschaft und Forschung und von der Österreichischen Akademie der Wissenschaften. Wien 1985, S. 717–741, hier S. 721.

5 Rommel, Otto: *Die Alt-Wiener Volkskomödie: Ihre Geschichte vom barocken Welttheater bis zum Tode Nestroys.* Wien 1952, S. 174.

6 Vgl. hierzu und zum Folgenden Alexander, John: „Will Kemp, Thomas Sacheville and Pickelhering: A Consanguinity and Confluence of Three Early Modern Clown Personas". In: *Daphnis: Zeitschrift für Mittlere Deutsche Literatur und Kultur der Frühen Neuzeit (1400–1750)* 36 (2007), S. 463–486.

derer Bedeutung für den Bühnen-Pickelhering im deutschsprachigen Raum war nun der in den 1590er Jahren in London wirkende Mime William Kemp, der die komischen *dramatis personae* bei Shakespeare spielte, so folgende Rollen: Nick Bottom im *Midsummer Night's Dream*, Lancelot im *Merchant of Venice*, Peter in *Romeo and Juliet* – und eben auch den Part des passionierten Wirtshausgängers Falstaff. Letzterer war bereits in England auf zweifache Weise mit dem „pickled herring" verbunden gewesen, denn

> the surname „Cob" is also a term meaning a „young herring" and [thus ...] those Shakespearean plays featuring Falstaff which have been interpreted as satires on the Oldcastle-Cobham family [...] are all connected in one way or another with herrings. [...] In addition, the historical Sir John Fastolfe (ca. 1378–1459) who was the owner of the Boar's Head Inn in London was the English commander responsible for supplying the English army [...] with Lenten food, i.e. barrels of herrings, during what came to be known as the Battle of the Herrings (February 12, 1429).[7]

Falstaff als ‚Ur-Pickelhering' also, der ungeachtet seiner ritterlichen Stellung doch zum ‚Fisch des Volks' gehörte und durch den Einfluss William Kemps auf die englischen Wanderbühnen auch im Sinn des Bühnen-Pickelherings nachwirkte.

Es ist derweil bemerkenswert, dass das so eng mit Falstaff assoziierte gastronomische Motiv bei der Genese Pickelherings auf dem Kontinent doch binnen kurzer Zeit verloren ging, indem sich dieses Motiv im Folgenden auf eine nur noch allgemeine Ess- und Trinklust reduzierte, die dem Wirtshaus keinen exponierten Platz mehr einräumte (dies ganz der herkömmlichen komischen Figur entsprechend, so dass hier neben einer Kontraktion diverser lustiger Shakespeare-Gestalten – deren Bild nicht vom expliziten Wirtshausgang geprägt war – auch eine Assimilation z. B. an die mittelalterlichen Narren, an Figuren der Commedia dell'Arte usw. stattfand). Mit anderen Worten: Pickelhering, wie er sich im deutschsprachigen Raum zunehmend einführte, liebte zwar das Essen und das Trinken, doch ein spezifischer Bezug zum Wirtshaus, insbesondere ein dramaturgisch relevanter, lässt sich eigentlich nicht ausmachen. Ein Pickelhering in der Gaststätte, mithin ein nachdrücklich ‚falstaffisierter', sticht in den Spieltexten der englischen Wandertruppen keineswegs hervor;[8] entsprechend fehlt ein solcher auch in den von jenen Truppen inspirierten Dramen, wenn wir nur etwa an Andreas Gryphius' *Absurda Comica* (1657) oder Christoph Blümels *Der Jude von Venetien* (1662) denken, wo die Gestalt des Pickelhering die einstmals von William

---

7 Alexander: „Willkemp, Thomas Sacheville and Pickelhering", S. 479f.

8 Brauneck, Manfred, Alfred Noe (Hg.): *Spieltexte der Wanderbühne*, Bd. 1. Engelische Comedien und Tragedien [1620]. Berlin, New York 1970.

Kemp gespielten Shakespeare-Rollen übernimmt. Pickelhering „muss das spiel zieren, wie die bratwurst das sauerkraut“:[9] Die Kreatürlichkeit – und somit auch der Hunger und der Durst – ist zwar in diesen Dramen weiterhin bezeichnend, nicht jedoch der typisch Falstaffische Wirtshaus-Nexus, von dem sich Pickelhering in der deutsch-englischen Dramatik des 17. Jahrhunderts alsbald dispensiert hatte.[10] Gleichwohl, so können wir an dieser Stelle resümieren, war Falstaff durch seine ursprüngliche Pickelhering-Nähe ein englischer Vorfahre des Wiener Hanswurst im Wirtshaus (puritanischen Erbes freilich): dieser wie jener feigherzig-sympathisch, doch ein desto beherzterer *Genius Loci* des Lokals – „O, I could wish this tavern were my drum!“[11]

So, wie auch das Verbum „wursteln“ mit dem englischen „to wrestle“ etymologisch verwandt ist,[12] so ‚kämpft‘ auch der Wiener Hanswurst für den Genuss im Wirtshaus – und auf erheiternde Art mit dessen Folgen. Indem Philipp Hafner, der „Vater des Wiener Volksstücks“ (Josef Sonnleithner), die Stegreif- in die Literaturkomödie überführte, lokalisierte er auch die Hanswurst-Gestalt nicht zuletzt als Stammgast im Lokal. In seinem Zauberlustspiel *Mägera, die förchterliche Hexe* (1762) parodiert Hafner nicht nur die barocke Theatralik, sondern stellt das Wirtshaus auch ins Zentrum von Hanswursts und seines Herren (Liebes-) Abenteuern: Als Leichenbitter verkleidet, behauptet Hanswurst komödiantisch, er und sein Herr hätten sich in ihrem amourösen Unglück das Leben genommen – ausschließlich und ausgerechnet das Wirtshaus sei Zeuge bei dem Vorgange gewesen.

> [S]ie liegen beyde in einem Gebüsch, das unweit von dem Wirthshause im Wald daraussen ist, wo sie allzeit eingekehrt haben, und der Wirth hat sie auch indessen dort mit Gesträuse [sic] zugedeckt, liegen lassen; und in sein Wirthshaus nicht hineingenommen.[13]

---

9 Gryphius, Andreas: *Werke in drei Bänden mit Ergänzungsband.* Bd. 1. Absurda Comica oder Herr Peter Squentz. Hg. v. Hermann Palm. Darmstadt 1961, S. 17.

10 Vgl. auch die Materialsammlung bei Genée, Rudolph: *Geschichte der Shakespeare'schen Dramen in Deutschland.* Leipzig 1870.

11 Shakespeare, William: *The Complete Works.* Hg. v. Alfred Harbage. New York 1977, S. 693 (*The First Part of King Henry the Fourth*). Die Bezüge Pickelherings und damit auch Hanswursts zu Shakespeare sind im Allgemeinen wie auch im Besonderen tatsächlich vielschichtig und warten noch auf eine sorgsame Aufarbeitung; vgl. nur etwa das sozial gemischte Publikum auch und zumal des Elisabethanischen Volkstheaters.

12 Vgl. Müller-Kampel, Beatrix: „Hanswurst, Bernardon, Kasperl: Österreichische Gegenentwürfe zum norddeutsch-protestantischen Aufklärungsparadigma“. In: *Komik in der österreichischen Literatur.* Hg. v. Wendelin Schmidt-Dengler, Johann Sonnleitner u. Klaus Zeyringer. Berlin 1996, S. 33–55, hier S. 33.

13 Hafner, Philipp: *Gesammelte Werke*, Bd. 1. Ein neues Zauberlustspiel, betitelt: Mägera, die förchterliche Hexe, oder das bezauberte Schloß des Herrn von Einhorn. Eingeleitet und hg. v. Ernst Baum. Wien 1914/1915, S. 157.

Das Wirtshaus als die ideale letzte Ruhestätte: Markierungen wie diese zeigen, wie Hafner den Wiener Hanswurst nach Stranitzky und Gottfried Prehauser (1699–1769) nunmehr weiter konturierte – gehörte zum Wien des 18. Jahrhunderts doch auch und insbesondere eine markante, lebendige Wirtshauskultur, die mit dem gesteigerten Lokalkolorit in Hafners Dramen jetzt entsprechend auch vermittels der Hanswurst-Gestalt akzentuiert wurde. Stranitzky und auch Prehauser hatten das Wirtshaus noch nicht als so konstitutiv behandelt, wie es Hafner *nach* den beiden seinerseits durchgängig handhabte; der Schöpfer des Wiener Hanswurst und auch sein Nachfolger hielten sich mithin noch eng an die ganz allgemeine, etablierte Pickelhering-Darstellung (und an die Commedia dell'Arte). Zwar suchte Hanswurst – besonders bei Stranitzky noch in derber Kraftsprache – „zu fressen und [zu] sauffen", wann immer ihm dies möglich war, das Wirtshaus selbst spielte *expressis verbis* freilich tendenziell noch keine grundlegende Rolle.[14] Dies änderte sich erst mit Hafners Dramen.

Wien als das im 18. Jahrhundert größte Wirtshaus des Heiligen Römischen Reiches Deutscher Nation:[15] Diese feuchtfröhliche Ehrenbezeichnung ist heute in Vergessenheit geraten, doch zeigen noch etwa die volkstümlichen Dramen Karl Meisls oder Adolf Bäuerles aus dem frühen 19. Jahrhundert, wie sehr der Wiener seinem Wirtshaus zugetan war und sich ihm als identifikationsstiftendem Ort lebhaft verbunden fühlte. Wien und das Wirtshaus gehörten untrennbar zusammen. „Wirtshaus! Wirtshaus! Sei's nun Täuschung oder Zauberei, das ist einmal gewiß, / daß ich durstig bin!", heißt es noch in einer Komödie von Bäuerle, die bezeichnenderweise schon in ihrem Titel auf Wiener Besonderheiten und deren (Un-)Übertragbarkeit verweist.[16]

Infolge des Hanswurst-Streites um Gottsched und die Neuberin – später sollte in Österreich auch Sonnenfels hinzukommen – war Hafners Hanswurst nicht allein ‚regelmäßiger', sondern auch ‚wienerischer' geworden: Gerade das Wirtshaus avancierte jetzt nachdrücklich zum liebsten Aufenthaltsort des Hanswurst. So verkleidet er sich in *Mägera, die förchterliche Hexe* neben dem bereits erwähnten Leichenbitter auch als Wirt, der dem Herrn seiner geliebten Colombine

14 Stranitzky, Josef Anton: *Wiener Haupt- und Staatsaktionen*, 2 Bde. Bd. 1. *Die Enthaubttung des weltberühmten Wohlredners Ciceronis* [1724]. Eingeleitet und hg.v. Rudolf Payer von Thurn, Wien: Verlag des Literarischen Vereins, 1908/1910, hier, S. 105. Ähnlich auch Hanswursts Kostüm, das bei Stranitzky ja noch nicht ein ‚wienerisches', sondern das eines Salzburger Bauern gewesen war.

15 Vgl. dazu die Kulturgeschichte des Wiener Wirtshauses im Katalog des Wien Museums, der eine gleichnamige Ausstellung vom 19. April bis 23. September des Jahrs 2007 dokumentiert: Spring, Ulrike (Hg.): *Im Wirtshaus – Eine Geschichte der Wiener Geselligkeit*. Wien 2007.

16 Bäuerle, Adolf: *Ausgewählte Werke*, Bd. 1. Aline oder Wien in einem andern Weltteile [1822]. Hg. v. Otto Rommel. Wien 1909/1911, S. 142.

schließlich die Wirtshaus-„Thür vor der Nase" zuschlägt (wobei der Name „Colombine" natürlich eine Reminiszenz an die Commedia dell'Arte ist).[17] Wie sehr Hafner die Hanswurst-Figur dem Wiener Wirtshaus-Geschmack anpasste, zeigt insbesondere ein Traum Hanswursts, der auf den damals in Wiener Wirtshäusern beliebten italienischen Wein Montepolciano rekurriert:

> Niemals habe ich es sonst mit den Philosophen gehalten, welche behaupten, daß die Sonne stehe, und die Erde gehe, bis ich es am 30ten dieses auf die Nacht nach eilf Uhr selbst erfahren habe: ich spürte es schon auf der Gasse im Nachhausegehen, daß die Erde nicht allzufest stehen müsse, und als ich gar nach Haus kam, ward ich hievon doppelt überzeuget: denn alle Sessel im Zimmer machten mir ein Compliment, und liefen um mich herum, da war ich erst überwiesen, daß ich die Philosophie müsse studiret haben; gleichwie ich mich aber jederzeit wenig um meine Wissenschaft bekümmere, so grübelte ich auch hier nicht viel mehr nach, sondern legte mich ohne weitere Untersuchung in das Bett [... K]aum hatte ich aber vier Menuet herab geschnarcht, so erschien mir im Traum der Professor Montepolciano, öffentlicher Lehrer der ausländischen Philosophie in hiesigen Gewürzgewölben [...]. „Schüler! Sagte er zu mir, lasse dich die Zeit nicht reuen, die du am vergangenen Abend in meinem Lehrsaale zugebracht hast, schon seit acht Tagen hab ich keinen fleißigern, keinen dauerhaftern Schüler in meiner Lehr gehabt, du bist meiner Mühe und meines vortrefflichen Unterrichts würdig, lasse dich nicht abschröcken, daß die Lection dir den Kopf so schwer gemacht hat, wenn du mich öfters frequentiren wirst, so wird es dich viel leichter ankommen, denn du scheinest mir Talente für meinen Unterricht zu haben, du wirst noch ein großer Schüler von mir werden; lebe wohl, und saufe dich bald wieder voll."[18]

Das gemahnt – wiewohl von seiten Hafners unbewusst – erstaunlich an John Falstaffs Panegyrik auf seinen eigenen Lehrmeister Wein, dessen Schulungen dem Wirtshausgänger als Ergießungen des Scharfsinns buchstäblich zu Kopfe steigen:

> It ascends me into the brain, dries me there all the foolish and dull and crudy vapors which environ it, makes it apprehensive, quick, forgetive, full of nimble, fiery, and delectable shapes, which, delivered o'er to the voice, the tongue, which is the birth, becomes excellent wit. [...] If I had a thousand sons, the first humane principle I would teach them should be to forswear thin potations and to addict themselves to sack.[19]

„Sack" hier, „Montepolciano" dort: Bei Falstaff geht es namentlich um Londoner, bei Hanswurst um „hiesige", d. h. *Wiener* „Gewürzgewölbe" – und doch erweist sich Hanswurst hier unwissentlich als ‚Ur-Pickelherings' Wiener Nachfahre.

---

17 Hafner: *Gesammelte Werke*. Bd. 1, S. 183.

18 Ebd., Bd. 2. Philipp Hafners Songes Hannswurstiques oder auf gut Chinesisch, Es könnte einem nicht närrscher träumen, S. 125 f.

19 Shakespeare: *The Complete Works*, S. 730 (*The Second Part of King Henry the Fourth*).

Wenn wir der Alt-Wiener Volkskomödie chronologisch weiter folgen, so lässt sich unschwer feststellen, dass die Hanswurst-Gestalt mitsamt ihren Metamorphosen (Kasperl usw.) auch später noch existierte – und mit ihr einvernehmlich das Motiv des Wirtshauses, obgleich nicht selten unter Namensänderungen des Protagonisten. Es sind dies gleichsam Hanswursts Erben, die zwar – bedingt durch den Kampf der Aufklärer gegen Hanswurst – nicht mehr wie dieser heißen, auch wohl gemäßigter auftreten, in selbigem aber noch immer den Vater ihrer gastronomischen Gedanken haben.[20] Einer dieser Wirtshaus-Nachfahren in der Alt-Wiener Volkskomödie ist etwa Emanuel Schikaneders (1751–1812) Tiroler Wastel, die lustige Hauptfigur einer gleichnamigen Komödie aus dem Jahre 1796. Dort opponiert der volkstümliche, nach Tirol gewissermaßen translozierte Hanswurst-Wastel gegen die kulinarischen Gewohnheiten des Adels – verkörpert durch die Frau von Tiefsinn – und durchstreift stattdessen den Wiener Wurstelprater [!] mit der dezidierten Absicht, beim Praterwirt einzukehren.[21] Dahingegen ist das Wirtshaus-Motiv in der *Zauberflöte* (1791), angedeutet im zweiten Akt durch Papageno, naturgemäß und schon aufgrund der (Gattungs-) Umstände ein wenig abgeschwächt – wie sich die Handlung denn in diesem Fall auch nicht in Wien zuträgt. Gleichwohl hatte Mozart bereits in einem Brief an seinen Vater vom 16. Juni des Jahres 1781 darauf insistiert, „daß in der Musick der hanswurst noch nicht ausgerottet ist" – und mithin auch das Wirtshaus nicht.[22] Die Hanswurst-Züge bei Papageno beziehen sich also bei Schikaneder und bei Mozart zumindest in Ansätzen ganz folgerichtig auch auf das charakteristische Motiv des Wirtshauses.

Ein altes häßliches Weib kommt aus der Versenkung, hält auf einer Tasse einen großen Becher mit Wasser.

PAPAGENO *sieht sie lang an.*
Ist das für mich?

---

20 Es sei die Bernardoniade von Johann Joseph Felix von Kurz (1717–1784) an dieser Stelle ausgenommen, da sie zur Wirtshaus-Thematik keinen wesentlichen Beitrag leisten kann. Dies ist durch die Sonderstellung der Bernardon-Figur begründet: „Die Komik Bernardons ist der des Hanswurst fast entgegengesetzt, sie nähert sich der Kindlichkeitskomik, zeigt im Spiel der Zauberburleske Figuren, die mit den Situationen nicht fertig werden und in ihre Grenzen verwiesen werden. Bernardon [...] demonstriert eher marionettenhaft das Ausgeliefertsein des barocken Menschen an die metaphysischen Mächte." – Hein: *Das Wiener Volkstheater*, S. 36.

21 Schikaneder, Emanuel: „Der Tiroler Wastel". In: *Alt-Wiener Volkstheater*, Bd. 1. Hg. und mit einer Einleitung versehen v. Otto Rommel. Wien [1913], S. 83–166.

22 Mozart, Wolfgang Amadeus: *Briefe und Aufzeichnungen*, Bd. 3. Hg. von der Internationalen Stiftung Mozarteum Salzburg. Gesammelt und erläutert v. Wilhelm A. Bauer, Otto Erich Deutsch u. Joseph Heinz Eibl. Kassel, Basel u. a. 1963, S. 132.

WEIB	Ja, mein Engel!
PAPAGENO	*sieht sie wieder an, trinkt.*
	Nicht mehr und nicht weniger als Wasser. – Sag du mir, du unbekannte Schöne! werden alle fremde Gäste auf diese Art bewirthet?
WEIB	Freylich mein Engel!
PAPAGENO	So, so! – Auf die Art werden die Fremden auch nicht gar zu häufig kommen.[23]

Das weist schon voraus auf Karl Meisls lustigen Fritz, der – ebenfalls ein Erbe des Wiener Hanswurst – vom Brunnenwasser ähnlich irritiert ist: „Wer ein Geld hat, kann im Wirtshaus sitzen – / Und wer keins hat, laßt 'n Brunnen schwitzen."[24] Dem Wirtshaus gemäßer ist *Alkohol* – dem denn auch Papageno in der *Zauberflöte* bald nebst anderen Verköstigungen eifrig zuspricht, sobald er die Gelegenheit dazu erhält: „Ha! – Das ist Götterwein!"[25]

Wie sehr die lustige Person und insbesondere Hanswurst als Wirtshausgänger in der Tat eine ‚Spezialität aus Wien' war, mag Goethes fragmentarische Farce *Hanswursts Hochzeit oder Der Lauf der Welt* (1775) veranschaulichen. Das gastronomische Motiv ist zwar auch dort gegeben, doch kontrastiert es in seiner Bedeutung drastisch mit allen angeführten Beispielen.[26] Ganz ungewohnt für die Alt-Wiener Volkskomödie, dafür jedoch tradierten Pickelhering-Darstellungen des 17. Jahrhunderts (und hier zumal den Vorbildern der englischen Wanderbühnen) folgend, interessiert sich der Hanswurst des jungen Goethe zwar nach wie vor für Speis und Trank, weit mehr noch aber für die sexuelle Triebbefriedigung mit seiner Braut Ursel Blandine – und für das Wirtshaus sogar überhaupt nicht. Auffallend ist hier, wie die Festgesellschaft von der Hanswurst-Figur mit Vulgarismen abgewiesen wird, die selbst Stranitzky – *vor* dem Hanswurst-Streit – fremd gewesen waren. „Bei dem Wirt zur goldnen Laus / Da wird sein der Hochzeitschmaus"; allein Kilian Brustfleck muss erleben, wie sein Mündel andere Prioritäten setzt:

---

23 Mozart, Wolfgang Amadeus: *Die Zauberflöte: Eine große Oper in zwey Aufzügen.* Von Emanuel Schikaneder. Wien 1791, S. 75.

24 Meisl, Karl: *Ausgewählte Werke*, Bd. 2. Der lustige Fritz oder Schlafe, träume, stehe auf, kleide dich an und bessere dich! [1818]. Hg. v. Otto Rommel. Wien 1913, S. 192.

25 Mozart: *Die Zauberflöte*, S. 78. Es ist in diesem Kontext reizvoll, ein fragmentarisches Lustspiel zu betrachten, das Mozart in drei Aufzügen konzipierte und von dem nur wenige Seiten erhalten sind. Wie das Personenverzeichnis anführt (1787), beabsichtigte Mozart hier interessanterweise, einen „Wurstel" und einen „Kasperl" *nebeneinander* auftreten zu lassen; ob und zu welchen Wirtshausszenen es dabei gekommen wäre, lässt sich leider nicht rekonstruieren. – *Mozart: Briefe und Aufzeichnungen*, Bd. 4. Die Liebes-Probe, S. 168.

26 Vgl. hierzu den Beitrag von Yvonne Pietsch in diesem Band.

HANSWURST Mich deucht das größt bei einem Fest
Ist wenn man sichs wohl schmecken läßt
Und ich hab keinen Appetit
Als ich nähm gern Ursel auf n Boden mit
Und aufm Heu und aufm Stroh
Jauchzen wir in dulci jubilo.
KILIAN BRUSTFLECK Ich sag Euch was die deutsche Welt
An großen Nam<en> nur enthält
Kom<mt> alles heut in Euer Haus
Formiert den schönsten Hochzeit schmaus.
HANSWURST Ich mögt wohl meine Pritsche schmieren
Und sie zur Tür hinaus formieren
Indes was hab ich mit den Flege<ln>
Sie mögen fressen und ich will vögeln [.][27]

Goethes Hanswurst ist eben kein Wiener! Auch Tiecks Hanswurst im *Gestiefelten Kater* (1797) ist es nicht. Statt im Wirtshaus, das in der Komödie zwar vorkommt, doch eigentlich nur als Staffage dient, muss Tiecks Hanswurst als Konsequenz aus dem Hanswurst-Streit als exilierter Hofnarr im Speisesaal des Königs sitzen und seine freudlose, zwangskultivierte Existenz betrauern:

> O edle Seele, die Tränen stehn dir in den Augen, und du knurrst vor Schmerz, oder macht es der Geruch des Bratens, der dir in die Nase zieht? Ja, lieber Empfindsamer, wer sich damals nur unterstand, über mich zu lachen, der wurde ebenso verfolgt, wie ich, und so mußt ich denn wohl in die Verbannung wandern.[28]

Die romantische Ironie, mit der Hanswurst bei Tieck über sein Schicksal reflektiert, ist freilich bezeichnend: Denn während das Wirtshaus für Hanswurst (und für die lustige Person im Allgemeinen) *jenseits* der Alt-Wiener Volkskomödie ohne greifbare Substanz bleibt, wird die Gaststätte in volkstümlichen Wiener Dramen geradewegs zum unerlässlichen Dispositiv erhoben und auch später – *nach* dem Hanswurst-Streit – hoch gehalten. Bei Philipp Hafner folgt das Wirtshaus, wie wir bereits gesehen haben, der Hanswurst-Gestalt sogar bis in die Träume; es ist dieses Motiv so grundlegend, dass es auch Anlass gibt, aus Träumen Albträume werden zu lassen, sofern das Wirtshaus seinem Stammgast in der Angstvorstellung zweckentfremdet wird:

27 Goethe, Johann Wolfgang von: *Sämtliche Werke, Briefe, Tagebücher und Gespräche.* Frankfurter Ausgabe. Bd. 4. Hg. v. Dieter Borchmeyer, Martin Ehrenzeller, Karl Eibl u. a. Frankfurt a. M. 1985, S. 577 f.
28 Tieck, Ludwig: *Werke in vier Bänden.* Bd. 2. Hg. v. Marianne Thalmann. München 1963, S. 235.

> Wollte ich doch lieber, es träumte mir künftig, daß ich ein Kettenhund als ein Kellner wäre, was hätte ich in meinem Traum, der mich in der Nacht des Sechszenden zum Kellner machte, alles auszustehen; ich war in dem Wirthshaus, bey dem goldenen Gastschinder genannt, Ober- und Unterkellner zugleich, und hatte Küche und Keller über mich, was es da zu laufen, zu verrichten, und zu gedenken gab, läßt sich gar nicht entwerfen [.][29]

Ob nun als Sehnsuchts- oder Schinderort: Das Wirtshaus ist in der Alt-Wiener Volkskomödie oftmals nicht nur Fix-, sondern auch Dreh- und Angelpunkt für die Hanswurst-Handlung. Anderwärts hingegen, besonders auch im Hinblick auf den direkten Vorgänger Hanswursts, den Bühnen-Pickelhering, ist es dies nicht. Indem „Hanswurst im Wirtshaus" in der Alt-Wiener Volkskomödie existentiell wird (und es bleibt), korrespondiert dieser Komplex, noch einmal, also zum einen – unbewusst – dem ursprünglichen Falstaff-Pickelhering; zum anderen ist er auch eine – bewusste – Konsequenz alt-wienerischer Traditionen und somit, wie oben ausgeführt, ein Ausdruck von besonderen, althergebrachten, lokalen volkstümlichen Lebens- und Gesellschaftsformen. Es gibt indes noch eine Ausnahme, wo diesem Komplex eine vergleichbare Bedeutung zukommt – auch über die Grenzen der Alt-Wiener Volkskomödie hinaus. Gemeint ist hier, womit wir unsere Betrachtungen zuallererst begonnen haben und mit denen wir nun auch zu einem Ende kommen wollen – nicht das Personen-, sondern das Puppenspiel.

Dass in frühen Puppenspielen des Faust-Stoffes ein Pickelhering vorkommt – so, wie diese Figur späterhin durch Kasperle ersetzt wird –, ist durchaus nichts Ungewöhnliches, und hier wird nunmehr in der Tat gleichfalls das Wirtshaus von Belang. Die Faust-Puppenspiele (und auch Puppenspiele anderer Provenienz, wie eingangs z. B. des Don Juan-Stoffes) variieren das „Hanswurst im Wirtshaus"-Thema *im gesamten deutschsprachigen Raum*, so dass es nicht verwundert, wenn Heine später in der Einleitung zu seinem *Doktor Faust. Ein Tanzpoem* (1851) vom „Puppenspiel-Faust" als von wirklichen „Hanswurstiaden" spricht.[30] Das Wirtshaus hat in diesen Puppenspielen seinen angestammten und durchaus zentralen Platz, indem es im Verein mit Pickelhering oder seinen Nachfolgern Fausts materielle Nöte komödiantisch widerspiegelt:

> WAGNER Das Wirtshaus ist hier nebenan.
> KASPERLE Was Ihr sagt! Hier ist kein Wirtshaus? Hier kann man nichts haben für sein Geld zu essen und zu trinken?
> WAGNER Nein, sag' ich, nein!

---

29 Hafner: *Gesammelte Werke.* Bd. 2: Philipp Hafners Songes Hannswurstiques oder auf gut Chinesisch, Es könnte einem nicht närrscher träumen, S. 167.

30 Heine, Heinrich: *Sämtliche Schriften.* Bd. 6/1. Hg. v. Klaus Briegleb. München 1997, S. 355.

KASPERLE Na, ich bin auch nit so. Wenn's nit anders sein kann, will ich Euch mein gutes Gemüt zeigen und eine Mahlzeit umsonst annehmen.[31]

Über die Puppen-, wenngleich nicht über die Personenspiele hat die exorbitante Rolle von „Hanswurst im Wirtshaus" sich über die Alt-Wiener Volkskomödie *hinaus* erhalten. In diesem Sinne ist auch die Szene zu „Auerbachs Keller in Leipzig" in Goethes *Faust I* eine versteckte Hanswurst-Reminiszenz,[32] die freilich auch in diesem Falle nicht auf die Alt-Wiener Volkskomödie, ebenfalls nicht – wie noch in *Hanswursts Hochzeit* – auf die Pickelhering-Dramen des 17. Jahrhunderts (und zumal englische Wanderbühnen), sondern auf die *Puppen*-Tradition zurückweist. Im Puppenspiel und in der Alt-Wiener Volkskomödie blieb Falstaff-Pickelherings Sinn lebendig.

Literaturverzeichnis

Alexander, John: „Will Kemp, Thomas Sacheville and Pickelhering: A Consanguinity and Confluence of Three Early Modern Clown Personas". In: *Daphnis: Zeitschrift für Mittlere Deutsche Literatur und Kultur der Frühen Neuzeit (1400–1750)* 36 (2007), S. 463–486.
Bäuerle, Adolf: *Ausgewählte Werke*. 2 Bde. Hg. v. Otto Rommel. Wien 1909/1911.
Brauneck, Manfred, Alfred Noe (Hg.): *Spieltexte der Wanderbühne*. Bd. 1. Engelische Comedien und Tragedien [1620]. Berlin, New York 1970.
Curran, Jane: „Hanswurst, Kasperle, Pickelhäring and Faust". In: *International Faust Studies: Adaptation, Reception, Translation*. Hg. v. Lorna Fitzsimmons. London, New York 2008 S. 6–51.
Czeike, Felix: *Historisches Lexikon Wien*. 6 Bde. Wien 1992–2004.
Engel, Carl (Hg.): *Deutsche Puppenkomödien*. 12 Bde. Oldenburg 1874–1880.
Genée, Rudolph: *Geschichte der Shakespeare'schen Dramen in Deutschland*. Leipzig 1870.
Goethe, Johann Wolfgang von: *Sämtliche Werke, Briefe, Tagebücher und Gespräche*. Frankfurter Ausgabe. 40 in 45 Bden. Hg. v. Dieter Borchmeyer, Martin Ehrenzeller, Karl Eibl [u.a.]. Frankfurt a. M. 1985–1999.
Gryphius, Andreas: *Werke in drei Bänden mit Ergänzungsband*. Hg. v. Hermann Palm. Darmstadt 1961.
Hafner, Philipp: *Gesammelte Werke*. 2 Bde. Eingeleitet und hg. v. Ernst Baum. Wien 1914/1915.
Hein, Jürgen: *Das Wiener Volkstheater*. 3. Auflage. Darmstadt 1997.
Heine, Heinrich: *Sämtliche Schriften*. 7 in 6 Bden. Hg. v. Klaus Briegleb. München 1997.
Meisl, Karl: *Ausgewählte Werke*. 2 Bde. Hg. v. Otto Rommel. Wien 1913.

---

31 Simrock, Karl: *Doktor Johannes Faust. Puppenspiel in vier Aufzügen* [Rekonstruktion], zit. bei Jane Curran: „Hanswurst, Kasperle, Pickelhäring and Faust". In: *International Faust Studies: Adaptation, Reception, Translation*. Hg. v. Lorna Fitzsimmons. London, New York 2008, S. 36–51, hier S. 41.

32 So Curran: „Hanswurst, Kasperle, Pickelhäring and Faust", S. 46.

Mozart, Wolfgang Amadeus: *Die Zauberflöte: Eine große Oper in zwey Aufzügen*. Von Emanuel Schikaneder. Wien 1791.

Mozart, Wolfgang Amadeus: *Briefe und Aufzeichnungen*. 7 Bde. Hg. von der Internationalen Stiftung Mozarteum Salzburg. Gesammelt und erläutert v. Wilhelm A. Bauer, Otto Erich Deutsch u. Joseph Heinz Eibl. Kassel, Basel u. a. 1962–1975.

Müller-Kampel, Beatrix: „Hanswurst, Bernardon, Kasperl: Österreichische Gegenentwürfe zum norddeutsch-protestantischen Aufklärungsparadigma". In: *Komik in der österreichischen Literatur*. Hg. v. Wendelin Schmidt-Dengler, Johann Sonnleitner u. Klaus Zeyringer. Berlin 1996, S. 33–55.

Rommel, Otto: *Die Alt-Wiener Volkskomödie: Ihre Geschichte vom barocken Welttheater bis zum Tode Nestroys*. Wien 1952.

Schikaneder, Emanuel: *Der Tiroler Wastel*. In: *Alt-Wiener Volkstheater*. Bd. 1. Hg. und mit einer Einleitung versehen v. Otto Rommel. Wien [1913], S. 83–166.

Shakespeare, William: *The Complete Works*. Hg. von Alfred Harbage. New York 1977.

Spring, Ulrike (Hg.): *Im Wirtshaus – Eine Geschichte der Wiener Geselligkeit*. Katalog des Wien Museums zur gleichnamigen Ausstellung vom 19. April bis 23. September 2007. Wien 2007.

Stranitzky, Josef Anton: *Wiener Haupt- und Staatsaktionen*. 2 Bde. Eingeleitet und hg. v. Rudolf Payer von Thurn. Wien 1908/1910.

Tieck, Ludwig: *Werke in vier Bänden*. Hg. v. Marianne Thalmann. München 1963.

Zeman, Herbert: „Die Alt-Wiener Volkskomödie des 18. und frühen 19. Jahrhunderts". In: *Österreich im Europa der Aufklärung: Kontinuität und Zäsur in Europa zur Zeit Maria Theresias und Josephs II.*, Bd. 2. Hg. vom Bundesministerium für Wissenschaft und Forschung und von der Österreichischen Akademie der Wissenschaften. Wien 1985, S. 717–741.

Yvonne Pietsch

Zu Gast bei Freunden?

Über die Grenzen des interkulturellen Austauschs: Goethes *Hanswursts Hochzeit oder der Lauf der Welt* und sein Begriff der ‚Weltliteratur'

Goethes Interesse für englische Literatur lässt sich für seine Studentenzeit in Leipzig erstmals nachweisen und hält zeit seines Lebens in unterschiedlicher Ausprägung an. Hinlänglich bekannt durch *Dichtung und Wahrheit* sowie die zahlreichen Publikationen zum Thema ist Goethes frühe Beschäftigung mit Shakespeares Werk und seine damit verbundene Begeisterung für den englischen Dramatiker, die sich in seinem eigenen Werk vielfach niederschlägt. Neben seiner Shakespeare-Verehrung lässt sich in der Zeit vor 1775 Goethes Interesse für englische Erzähler wie Laurence Sterne,[1] Henry Fielding und Oliver Goldsmith nachweisen, nach seiner Übersiedelung nach Weimar kommt die Lektüre von Ben Jonsons *Sejanus* und *Volpone* sowie – im Zuge seiner *Faust*-Bearbeitung – seine Beschäftigung mit John Miltons *Paradise Lost* hinzu.[2]

Höhepunkt der deutsch-englischen Interferenzen ist jedoch zweifellos die Ausweitung von Goethes Interesse im Sinne einer Weltliteratur auf die zeitgenössischen englischen Autoren wie etwa Lord Byron, dessen Werk er nicht hoch genug loben konnte, Sir Walter Scott oder Thomas Carlyle. Diese Entwicklung wurde von zahlreichen Übersetzungen von Goethe-Texten ins Englische begleitet

---

1 Vgl. dazu u. a. Large, Duncan: „Goethe, Sterne and the Question of Plagiarism". In: *Goethe at 250. London Symposium.* Hg. v. Terence J. Reed, Martin Swales u. Jeremey Adler. München 2000, S. 85–108.

2 Sieht man sich den englischen Bücherbestand von Goethes Privatbibliothek an, zu dem auch die Übersetzungen aus dem Englischen ins Deutsche gezählt werden, fällt das Ergebnis indes recht dürftig aus: Insgesamt lassen sich lediglich 58 englische Titel nachweisen (vgl. *Goethes Bibliothek. Katalog.* Bearbeitet von Hans Ruppert. Weimar 1958, S. 211–220. [Goethes Sammlungen zur Kunst, Literatur und Naturwissenschaft der Nationalen Forschungs- und Gedenkstätten der klassischen deutschen Literatur in Weimar]). Auch der Bibliotheksbestand von Goethes Vater bietet verhältnismäßig wenig englische Literatur (vgl. Götting, Franz: „Die Bibliothek von Goethes Vater". In: *Nassauische Annalen* 64 (1953), S. 23–69, hier besonders S. 53–54). Ähnliches lässt sich über das quantitative Verhältnis zwischen Goethes Übersetzungstätigkeit aus dem Französischen und dem Englischen sagen. Im englischsprachigen Bereich blieb es bei nur drei Übertragungen insgesamt: 1773 widmete er sich den Gesängen Ossians/Macphersons, 1817 der Übertragung von Szenen aus Marturins Tragödie *Bertram or the Castle of St. Aldobrand* sowie Byrons *Manfred.*

und führte somit zu einem wechselseitigen interkulturellen Austausch, der lange Zeit die Goethe-Rezeption in England prägte.

Für Goethe diente der Begriff ‚Weltliteratur', den er seit 1827 in Rezensionen, Aufsätzen, Briefen und Gesprächen verwendete,[3] – ähnlich wie ‚Weltverkehr' oder ‚Welthandel' – der Beschreibung eines dynamischen Prozesses, der sich erst in der Zukunft vollziehen sollte und unabschließbar sei. Entsprechend interpretierte Goethe ihn immer wieder neu und fügte ihm weitere Bedeutungsnuancen hinzu.[4] ‚Weltliteratur' bezeichnet dabei das Projekt einer (tendenziell weltweit gedachten) internationalen literarischen Kommunikation, des fortschreitenden geistigen Austauschs der Nationen untereinander und der wechselseitigen künstlerischen Beeinflussung ihrer Literaturen. Für Goethe sollte Deutschland bei diesem ‚Austausch' der Literaten untereinander die Vorreiterrolle übernehmen bzw. hatte diese bereits inne:

> Überall hört und lies't man von dem Vorschreiten des Menschengeschlechts, von den weiteren Aussichten der Welt- und Menschenverhältnisse. Wie es auch im Ganzen hiermit beschaffen sein mag [...], will ich doch von meiner Seite meine Freunde aufmerksam machen, daß ich überzeugt sei, es bilde sich eine allgemeine Weltliteratur, worin uns Deutschen eine ehrenvolle Rolle vorbehalten ist. Alle Nationen schauen sich nach uns um, sie loben, sie tadeln, nehmen auf und verwerfen, ahmen nach und entstellen, verstehen oder missver-

3 Vgl. zur Begriffsgeschichte Birus, Hendrik: „Weltliteratur". In: *Reallexikon der deutschen Literaturwissenschaft. Neubearbeitung des Reallexikons der deutschen Literaturgeschichte.* Bd. 3. Hg. v. Jan-Dirk Müller u. a., Berlin, New York 2003, S. 825–826. Zu den historischen Voraussetzungen und der Rezeptionsgeschichte des Begriffs vgl. Bender, Helmut u. Melzer, Ulrich: „Zur Geschichte des Begriffes ‚Weltliteratur'". In: *Saeculum* 9 (1958), S. 113–123; Schrimpf, Hans Joachim: *Goethes Begriff der Weltliteratur. Essay.* Stuttgart 1968; Weber, Peter: „Die Herausbildung des Begriffs Weltliteratur". In: *Literatur im Epochenumbruch. Funktionen europäischer Literaturen im 18. und beginnenden 19. Jahrhundert.* Hg. v. Günther Klotz u. a. Berlin, Weimar 1977, S. 533–614; Wild, Reiner: „Überlegungen zu Goethes Konzept einer Weltliteratur". In: *Bausteine zu einem transatlantischen Literaturverständnis. Hg. v.* Hans W. Panthel u. Peter Rau. Frankfurt a. M. 1994, S. 3–11; Bohnenkamp, Anne: „Den Wechseltausch zu befördern. Goethes Entwurf einer Weltliteratur". In: Goethe, Johann Wolfgang: *Sämtliche Werke. Briefe, Tagebücher und Gespräche*, hg.v. Friedmar Apel u. a., Frankfurt a. M. 1985–1999, I. Abt., Bd. 22, S. 937–964, Koch, Manfred: *Weimaraner Weltbewohner. Zur Genese von Goethes Begriff ‚Weltliteratur'.* Tübingen 2002.

4 Vgl. zur Analyse der von Goethe selbst erzeugten Verunsicherung der Begriffsprägung Roger Lüdeke: „‚On what I have named World-Literature, after you': Thomas Carlyles ‚Sartor Resartus'". In: *Geistiger Handelsverkehr: komparatistische Aspekte der Goethezeit. Für Hendrik Birus zum 16. April 2008.* Hg. von Anne Bohnenkamp u. Matías Martínez. Göttingen 2008, S. 271–290, besonders S. 279–282.

> stehen uns, eröffnen oder verschließen ihre Herzen: dieß alles müssen wir gleichmüthig aufnehmen, indem uns das Ganze von großem Werth ist.[5]

Goethes Projekt ist eine zukunftsoptimistische Antwort auf die verkehrs- und kommunikationstechnischen Öffnungs- und Akzelerationsprozesse nach dem Ende der Napoleonischen Ordnung Europas. Zugleich will Goethe mit ‚Weltliteratur' den damit einhergehenden Verunsicherungsfaktoren auf kommunikativer und interkultureller Ebene entgegenwirken. Mit dem von ihm geprägten Begriff[6] intendierte er nicht etwa einen unüberschaubaren oder aber qualitativ begrenzten Thesaurus literarischer Texte, sondern – ähnlich wie er es in *Flüchtige Übersicht über die Kunst in Deutschland* formulierte[7] – eine „allgemeine freie Wechselwirkung aller zugleich Lebenden, in steter Rücksicht auf das, was uns vom Vergangenen übrig und bekannt ist"[8] – sozusagen ein fortschreitender, produktiver Welthandel der Literaturen unter Berücksichtigung alter Texte, Vorgängertexte, Intertexte. Seine Vision einer ‚Weltliteratur', überspitzt ausgedrückt: die Vision einer ‚gelebten Intertextualität', ging damit über das bloße Kennenlernen von Werken anderer Nationen weit hinaus, sollte doch auch eine persönliche Begegnung der Schriftsteller untereinander ermöglicht werden, die zu einer gesellschaftspolitischen Wirksamkeit im Sinne des Humanitätsideals und der Völkerverbindung beitragen sollte. Ziel Goethes war die Verbesserung des interkulturellen Verständnisses durch Austausch auf literarischer Ebene, was wiederum zu einer produktiven Kritik untereinander und einer gegenseitigen Befruchtung Anlass geben sollte: „Es ist aber sehr artig, daß wir jetzt, bei dem engen Verkehr zwischen Franzosen, Engländern und Deutschen, in den Fall kommen, uns einander zu korrigieren. Das ist der große Nutzen, der bei einer Weltliteratur herauskommt und der sich immer mehr zeigen wird."[9] Die Selbst-

---

5 Johann Wolfgang von Goethe (Übersetzung): „Le Tasse, drame historique en cinq actes, par Monsieur Alexandre Duval". In: *Goethes Werke. Hg. im Auftrage der Großherzogin Sophie von Sachsen.* Weimarer Ausgabe. 143 Bände. I. Abtheilung: Goethes Werke. 55 Bände. Weimar 1887–1918 (nachfolgend abgekürzt mit der Sigle WA unter Angabe der Abteilung und des Bandes) Abteilung I, Band 4, S. 265–266.

6 Zu Christoph Martin Wielands Begriff der „Weltliteratur" und dessen Kontext vgl. Weitz, Hans-Joachim: „‚Weltliteratur' zuerst bei Wieland" [1987]. In: Ders.: *Der einzelne Fall: Funde und Erkundungen zu Goethe.* Weimar 1998, S. 349–352.

7 WA I 48, S. 20–25.

8 WA I 48, S. 23.

9 Goethe im Gespräch mit Eckermann, 15. Juli 1827. In: Johann Peter Eckermann: *Gespräche mit Goethe in den letzten Jahren seines Lebens.* Hg. v. Heinz Schlaffer. Johann Wolfgang Goethe: Sämtliche Werke nach Epochen seines Schaffens (Münchner Ausgabe). Hg. v. Karl Richter u. a. Bd. 19. München 1986, S. 237.

verständlichkeit, mit der Goethe hier Welthandel und literarischen Austausch in Korrelation setzt, zeigt, wie hoch Goethe die Bedeutung des literarischen Lebens und die wechselseitige Befruchtung von Kunst und Markt einschätzt.

Gleichwohl wurde Goethes Konzept der ‚Weltliteratur', das ursprünglich auf ein Mit- und Nebeneinander gleichwertiger Literaturen abzielte, von der sich im 19. Jahrhundert allmählich institutionalisierenden Germanistik für die Zwecke der Etablierung einer nationalen Identität instrumentalisiert. Die deutsche Literatur wurde im Rückgriff auf Goethes Weltliteraturbegriff und über das Verfahren der Exklusivität zur unüberbietbaren Nationalliteratur stilisiert und entsprechend ideologisiert. Während für die Entstehung von Goethes ‚Weltliteratur' eine Europäisierung (und tendenzielle Globalisierung) von Handel, Verkehr und Kommunikation die Voraussetzung darstellte, setzten spätere Rezipienten vor allem auf Nationalisierung und Exklusion. Dieses dezidiert „patriotisch aufwallende Missverstehen" [10] des Goetheschen Konzeptes durch eine ganze Generation von Philologen am Ende des 19. Jahrhunderts trug schließlich in entscheidendem Maße dazu bei, dass sich das Fach Komparatistik, das sich im Selbstverständnis des Faches an Goethes Weltliteratur-Konzept anlehnt, an deutschen Universitäten recht eigentlich erst nach dem Zweiten Weltkrieg überhaupt institutionalisieren konnte.

Das Autorschaftskonzept des späten Goethe, das sich im Konzept der ‚Weltliteratur' darstellt, steht in deutlichem Gegensatz zu dem des jungen Goethe, das sich etwa in seinen in den 1770er Jahren verfassten Farcen und Satiren manifestiert. Gleichwohl ist beides – Goethes Idee der ‚Weltliteratur' und sein frühes Stück *Hanswursts Hochzeit oder der Lauf der Welt. Ein mikrokosmisches Drama*, von dem im Folgenden die Rede sein wird, jeweils eine Reaktion auf den bestehenden Literaturmarkt. In beiden Fällen setzt sich ein schreibendes Ich mit seiner gesellschaftlichen Stellung als Autor, mit Sprache und fremden Texten auseinander. Während sich bei der Konzeption der ‚Weltliteratur' in späterer Zeit das Verlangen (im Sinne einer Ökonomie des Begehrens, freilich unter anderen ökonomischen Voraussetzungen als um 1770) ausspricht, nämlich als empirischer Autor „in den mehr oder weniger freien geistigen Handelsverkehr mit aufgenommen zu werden"[11], versucht sich zwar in *Hanswursts Hochzeit* ebenfalls eine als Autor auftretende Figur gesellschaftlich und textintern zu positionieren. Diese Ich-Setzung vollzieht sich aber *ex negativo* über eine radikale Form des Aufbegehrens, der Abgrenzung von und Ablehnung jeglicher Form des Einflusses von außen und

---

10 Hugo Dyserinck: *Komparatistik. Eine Einführung*. 3. durchgesehene und erweiterte Auflage. Bonn 1991, S. 23.

11 Goethe, Johann Wolfgang von (Einleitung): „Thomas Carlyle, Leben Schillers. Aus dem Englischen. Eingeleitet durch Goethe". In: *WA* I 42.I, S. 187.

kulminiert in einer durch karnevaleske Elemente geprägten, vulgären Anklage des zeitgenössischen Literaturmarkts.

Das Stück entstand, wie andere Farcen und Satiren, etwa *Das Jahrmarktsfest zu Plundersweilern*, *Götter, Helden, und Wieland* oder *Ein Fastnachtspiel vom Pater Brey*, in den 1770er Jahren, genauer: kurz vor Goethes Schweizer Reise, zwischen Januar und Mai 1775.[12] Abgesehen von *Götter, Helden, und Wieland* richtete sich die Kritik dieser Stücke nicht gegen andere Personen. Sie griffen vielmehr Goethes eigene Genieästhetik, seine Popularität als Autor des *Götz von Berlichingen mit der eisernen Hand* und *Die Leiden des jungen Werthers*, den Gefühlskult der Empfindsamkeit sowie den zeitgenössischen Publikumsgeschmack an. Aufgrund ihres heiter-ephemeren Charakters und zotenhaften Humors wurden sie in der Sekundärliteratur oft nicht beachtet oder so behandelt, als betrete man mit ihnen das Souterrain von Goethes geistigem Haushalt.[13] Dabei finden seine Experimentierfreude mit traditionellen Stoffen und Motiven sowie ein überaus deutlicher Bezug auf Intertexte wohl in keinem anderen Werkzusammenhang stärker Ausdruck als bei diesen Satiren und Farcen aus den 1770er Jahren.[14]

Hanswursts Hochzeit liegen zahlreiche Prätexte zugrunde. Hauptsächlich gehen die Texte bzw. die intertextuell akzentuierten Figuren auf die Spieltradition

---

12 Vgl. *WA* I 28, S. 435. Dieter Borchmeyer sieht das Stück in Goethes biographischem Kontext als „ironische[n] Protest gegen den wohlanständig-förmlichen Gesellschaftskreis des Frankfurter Bankiers Schönemann, der Familie seiner Verlobten Lili." (Borchmeyer, Dieter: „Goethes theatrales Satyricon". Zu seinen Sturm-und-Drang-Farcen – mit einem Blick auf Faust". In: *La satire au thèatre. Satire und Theater. Actes du colloque international de Montpellier du 20 au 22 novembre 2003*. Hg. v. Sabine Kremser-Dubois u. Philippe Wellnitz. Montpellier 2005, S. 41–56, Zitat S. 47). Überraschenderweise fiel es nicht – wie zahlreiche andere Skizzen und Entwürfe – einem der Autodafés der Jugendzeit zum Opfer. Die überlieferte Handschrift zeigt, dass es sich um eine Gemeinschaftsproduktion unter Freunden handelte, eine Gelegenheitsdichtung, die sich vielleicht nicht in erster Linie gegen die Schönemann-Familie richtete, sondern ein generelles Aufbegehren gegen jegliche Form bürgerlicher Doppelmoral darstellte. Vgl. Näheres zu den anderen beteiligten Schreibern im Folgenden.

13 Auch zu Goethes Lebzeiten kam eine Veröffentlichung des Fragments aufgrund des derben Inhalts nicht in Frage. So erschien *Hanswursts Hochzeit* erst 1836 in den bei Cotta publizierten „Nachgelassenen Werken", vgl. *Goethe's poetische und prosaische Werke in zwei Bänden*. Stuttgart, Tübingen 1836, S. 38 ff.

14 Vgl. Stern, Martin: „Die Schwänke der Sturm- und Drang-Periode: Satiren, Farcen und Selbstparodien in dramatischer Form". In: *Goethes Dramen. Neue Interpretationen*. Hg. v. Walther Hinderer. Stuttgart 1980, S. 23–41, hier S. 32. – Zu Goethes produktiver Rezeption des deutschen Dramas der Frühen Neuzeit vgl. Birus, Hendrik: „Wiederholung der Anfänge: zur Rezeption des europäischen Dramas des 16./17. Jahrhunderts in der deutschen Romantik". In: *Theater im Aufbruch. Das europäische Drama der Frühen Neuzeit*. Hg. v. Roger Lüdeke u. Virginia Richter. Tübingen 2008, S. 199–213, hier S. 199–203.

der englischen Wanderbühnen zurück.[15] Die scheinbar ‚gastliche Aufnahme' dieser Prätexte und der verwendeten intertextuellen Referenzen wird aber durch die Hauptfigur insofern unterlaufen, als sie sich in ihrer Wertigkeit als schreibendes Ich über alle textlichen Fremdeinflüsse hinwegzusetzen bzw. diese zu unterminieren versucht. Darüber wird im Folgenden noch zu sprechen sein.

Interessant ist Goethes ‚Rückkehr' zu diesem Jugend-Stück im Zuge der Niederschrift seiner Autobiographie *Dichtung und Wahrheit*. In der ausführlich ausfallenden, retrospektiven Bewertung der Fragment gebliebenen Farce, die in einigen Punkten nicht so recht auf die alte Konzeption des Stückes zu passen scheint, lässt sich eine stärkere Akzentuierung bestimmter Themenbereiche wie Literaturmarkt/Publikum feststellen. Darauf soll im Folgenden, auch im Hinblick auf Goethes ‚Weltliteratur'-Konzept, das er wenige Jahre nach seiner Würdigung von *Hanswursts Hochzeit* in *Dichtung und Wahrheit* entwickelte, näher eingegangen werden.

Goethe akzentuiert in seiner Beschreibung zwei Aspekte von *Hanswursts Hochzeit:* zum einen das innovative Bühnenbild, das sich die Neuerungen in der Theatertechnik zunutze macht (wobei dieser Punkt im Stück von 1775 tatsächlich so gut wie keine Rolle spielt), zum anderen, und das „eigentliche Interesse"[16] des Stückes vorstellend, die Namen der auftretenden Personen (die im Fragment aus der Jugendzeit ja als die am nachhaltigsten ausgearbeiteten Passagen gelten können).

Goethes Bühnenbildentwurf für das kaum ausgearbeitete Stück ist insofern interessant, als hier das Thema ‚Gastlichkeit' in den Vordergrund gerückt und

---

15 Als unmittelbare Vorlage dienten ein zusammen mit Dramen Christian Reuters 1695 veröffentlichtes Singspiel mit dem Titel *Harlequins Hochzeit-Schmauß* (Erstmals nachgewiesen durch Reinhold Köhler: „Harlekins Hochzeit und Goethes *Hanswursts Hochzeit*. In: *Zeitschrift für deutsches Altertum* 20 (1876), S. 119–126) sowie das anonyme Singspiel *Pickelhärings Hochzeit* von 1752. – Die Protagonisten Hanswurst und sein Vormund Kilian Brustfleck sind komische Figuren, die ihren Ursprung in der Spieltradition der englischen Wanderbühnen haben. Die Prätexte erfreuten sich als typische „Budenspiele" (so die Bezeichnung Goethes in *Dichtung und Wahrheit*, vgl. Johann Wolfgang Goethe: *Aus meinem Leben. Dichtung und Wahrheit*. Historisch-kritische Ausgabe bearbeitet von Siegfried Scheibe. Bd. 1. Berlin 1970, S. 595) auf Jahrmärkten noch im 18. Jahrhundert großer Beliebtheit. – Vgl. zur Entwicklung der Wiener Hanswurstfigur und dem Einfluss der englischen Wanderbühnen Yvonne Nilges' Aufsatz *Hanswurst im Wirtshaus: Die Alt-Wiener Volkskomödie – Wegbereiter, Widersacher, Varianten* in diesem Band. Zur Geschichte der englischen Wanderbühne in Deutschland vgl. u. a. Ralf Haekel: *Die Englischen Komödianten in Deutschland. Eine Einführung in die Ursprünge des deutschen Berufsschauspiels*. Heidelberg 2004. George Brandt: „German baroque theatre and the strolling players, 1550–1750". In: *A History of German Theatre*. Hg. v. Simon Williams. Cambridge 2008, S. 38–64.
16 Goethe: *Dichtung und Wahrheit*, S. 596.

durch die Darstellung des Wirtshauses die Rezeptionsseite (Gast/Publikum) stärkere Berücksichtigung als noch im Fragment von 1775 findet.

Im Zentrum des Bühnenbildes steht das „Wirtshaus zur goldnen Laus“[17], das sich als auf einer Achse drehbarer, von allen Seiten für den Zuschauer offener, karnevalesker Raum präsentiert.[18] Das Gasthaus wird dadurch (wie es bereits der Untertitel des Stückes vorgibt) zum Mikrokosmos,[19] der sich zu vier säkularen Orten des privaten und öffentlichen bzw. städtischen und ländlichen Bereichs hin öffnet: zur Straße, zum Hausgarten, zum Wäldchen, zum See. Diese radikale Öffnung des Raumes korrespondiert mit der Zurschaustellung der vergrößerten Laus-Insignien auf der Vorderseite des Wirtshauses, die nicht nur ein Zeichen für eine neue Dimension des Sehens und der theatralen Dekorationskunst im 19. Jahrhundert darstellt, sondern auch eine in ihrer Monstrosität abschreckende Wirkung antizipiert. Zugleich führt sie als Symbol für den ungebetenen Gast, der sich parasitär auf seinem Wirt niederlässt, die Ambivalenz der Gastlichkeit besonders drastisch vor Augen. Nicht zuletzt enthält die Gast-Metapher aber auch aufschlussreiche Reflexionen über das Verhältnis zwischen Autor und Zuschauer, der als Theaterbesucher ebenfalls Gast-Status besitzt. Hanswurst, der als Genie ausgewiesene Bräutigam, setzt sich auch in seinen Repliken radikal über die Erwartungen der Gäste bzw. des Publikums hinweg. Sein ausschließliches Interesse gilt seiner sexuellen Potenz und Zeugungskraft in Analogie zur (Er-)Zeugung eines Artefakts ohne Rücksicht auf Publikumsgeschmack und bürgerliche Wertewelt. Während Hanswursts Vormund, Kilian Brustfleck, im Stück immer wieder auf

---

17 Goethe: *Dichtung und Wahrheit*, S. 596.

18 Ähnlich wie es die technische Errungenschaft, die Erfindung des in *Dichtung und Wahrheit* erwähnten Sonnenmikroskops 1738 durch Johann Nathanael Lieberkühn, dem naturwissenschaftlich Interessierten möglich machte, die ihm sonst versteckt gebliebene Welt der Insekten zu beobachten, sollen die von Goethe hier beschriebenen Kulissen einen möglichst unverstellten Blick auf das Geschehen gewähren. Proklamiert wird das Ausschöpfen aller technischen Möglichkeiten, die dem Dekorateur zur Verfügung stehen. Gleichzeitig aber zeigt die vergrößerte Laus-Insignie, dass an die Stelle einer begrenzten Welt, in der der Mensch Mittelpunkt ist und diese mit seinen fünf Sinnen erfassen kann, die Möglichkeiten unendlich vieler anderer Welten, die nicht zwangsläufig auf den Menschen zugeschnitten sein müssen, liegen. Zum Sonnenmikroskop vgl. u. a. Schmitz, Emil-Heinz: *Handbuch zur Geschichte der Optik*. Bd. II A. Das Mikroskop. Bonn 1989. S. 371–372; Willkomm, Moritz: *Die Wunder des Mikroskops oder die Welt im kleinsten Raume*. 3. Auflage. Leipzig 1871, S. 20–21.

19 Vgl. Goethe: *Dichtung und Wahrheit*, S. 595: „Im ersten Act stand die Vorderseite nach der Straße zu, mit der goldnen nach dem Sonnenmikroscop gearbeiteten Insignie; im zweyten Act, die Seite nach dem Hausgarten, die dritte nach einem Wäldchen die vierte nach einem nahe liegenden See, wodurch denn geweissagt war, daß in folgenden Zeiten, es dem Decorateur geringe Mühe machen werde einen Wellenschlag über das ganze Theater bis an das Souffleurloch zu führen.“

einen kruden Materialismus rekurriert, indem er das bevorstehende Hochzeitsmahl als Demonstration sozialer Überlegenheit bewertet wissen will, weicht Hanswurst in einen spielerischen Freiraum aus, der deutlich die Grenzen bürgerlicher Moralvorstellungen überschreitet:

KILIAN BRUSTFLECK	[...] Die Welt nimmt an euch unendlichen Theil / Nun seid nicht grob wie die Genies sonst pflegen / Und sagt nicht etwa: ah meintwegen / Es hat doch nicht so mächtig Eil. / Was sind nicht alles für Leute geladen / Was ist nicht noch zu sieden und zu braten! / Es ist gar nichts an einem Feste / Ohne wohlgeputzte Vornehme Gäste.
HANSWURST	Mich deucht, das Größt' bei einem Fest / Ist, wenn man sich's wohl schmecken lässt. / Und ich hab' keinen Appetit, /Als ich nähm' gern Ursel auf'n Boden mit, / Und auf'm Heu und auf'm Stroh / Jauchzten wir in dulci jubilo.[20]

Hanswurst stellt seine sexuellen Vorlieben (im Folgenden metaphorisch als kreativer, aber auch gegen die Normen des Publikums/der Gäste gerichteter Schöpfungsakt) in den Vordergrund seines Handelns. Entsprechend möchte er statt mit den Gästen zu feiern lieber seine „Pritsche schmieren".[21] Die Ambivalenz dieser Aussage ergibt sich daraus, dass zum einen mit Pritsche „das klappernde Bret der lustigen Person in Komödien, und bey andern Feyerlichkeiten"[22] bezeichnet wird, mit dem die lustige Figur den anderen „vor den Hintern"[23] schlägt. Neben dieser Bedeutung kann die „Pritsche schmieren" auch „Geschlechtsverkehr mit Vierbeinern haben" heißen.[24] Über das Erscheinen der geladenen Hochzeitsgäste sagt er entsprechend: „Indess was hab ich mit den Flegeln? / Sie mögen fressen und ich will [vögeln]"[25].

An Hanswursts expliziter Abwehrhaltung gegenüber jeglicher sozialer Interaktion (die über den Geschlechtsverkehr hinausgeht) wird deutlich, dass die Handlung des Stückes nicht auf Einsicht oder Besserung der Hauptfigur ausgelegt

20 *WA* I 38, S. 49–50.
21 *WA* I 38, S. 50.
22 Adelung, Johann Christoph: *Grammatisch-kritisches Wörterbuch der Hochdeutschen Mundart, mit beständiger Vergleichung der übrigen Mundarten, besonders aber der Oberdeutschen. Zweyte vermehrte und verbesserte Ausgabe.* 4 Teile. Leipzig 1793–1801, Bd. 2, Sp. 1200.
23 Ebenda, Sp. 1200.
24 Vgl. die Definition im Deutschen Wörterbuch zu ‚Britsche': „vulva bestiarum quadrupedum" (*Deutsches Wörterbuch von Jacob und Wilhelm Grimm.* 16 Bände. Leipzig 1854–1961, Bd. 2, Sp. 394).
25 *WA* I 38, S. 50. (Die *WA* zensiert das letzte Wort und ersetzt es durch einen Gedankenstrich.)

ist, sondern vielmehr auf die Darstellung der „Autonomie des Partikularen“[26] ohne Rücksicht auf den (literarischen) Markt bzw. jede Form der Öffentlichkeit. Ökonomische Prämissen spielen nur insofern eine Rolle, als sich der Protagonist darüber hinwegsetzt, indem er sexuelles Begehren zur obersten Handlungsmaxime macht.

In *Dichtung und Wahrheit* benennt Goethe als „das eigentliche Interesse des Stücks“, „daß das sämmtliche Personal des Schauspiels aus lauter deutschherkömmlichen Schimpf- und Eckelnamen bestand“.[27] Es finden sich insgesamt fünfzig Benennungen, die zum größten Teil der Sexual- und Fäkalsprache des 18. Jahrhunderts zuzuordnen sind.[28] Aufgeschrieben sind sie von fremder Hand: Zwei der Schreiber sind bislang nicht identifiziert, bei der dritten Handschrift handelt es sich um die von Goethes Jugend- und Studienfreund Johann Heinrich Merck.[29] Das offensichtlich in Gemeinschaftsproduktion[30] entstandene Namensinventar zeigt deutlich die hier kollektiv über das Medium Sprache ausagierte Lust an ästhetischer Provokation.

Der Text ist jedoch mehr als eine Zurschaustellung derber Ausdrücke oder einer bloßen Persiflage der Gastlichkeit. Das Stichwort „Genie“ liefert dafür den Hinweis: *Hanswursts Hochzeit* übernimmt, wie es Matthias Luserke ausdrückt, die Funktion einer „literarischen Initiation“.[31] Über das Medium der Vulgärsprache wird das Aufbegehren eines Autors gegen den zeitgenössischen Literaturbetrieb laut. Kilian Brustflecks Charakterisierung des Verhältnisses zwischen Publikum und Autor – „Soll ie das Publikum dir seine Gnade schenken / So muss es dich vorher als einen Mazzen denken“[32] – benennt als Erfolgsrezept für den zeitgenössischen Schriftsteller dessen Prostitution für, dessen bedingungslose Auslie-

---

26 Vgl. dazu auch Daniel Fuldas Interpretation der Schlampampen-Dramen Christian Reuters in ders.: *Schau-Spiele des Geldes. Die Entstehung der Marktgesellschaft von Shakespeare bis Lessing.* Tübingen 2005, S. 398.

27 Goethe: *Dichtung und Wahrheit*, S. 596.

28 Auch in Goethes Briefen in dieser Zeit ist die Verwendung von sprachlichen Ausfällen und burschikoser Unflätigkeit anzutreffen, die z.T. im Studentenmilieu des 18. Jahrhunderts zu verorten sind. Beispiele dazu liefert etwa Luserke, Matthias: *Der junge Goethe. Ich weis nicht warum ich Narr soviel schreibe.* Göttingen 1999, S. 150 – 151.

29 Vgl. zum Namensinventar die Erläuterungen bei Morris, Max: *Der junge Goethe.* Neue Ausgabe in sechs Bänden. Bd. 6. Leipzig 1912, S. 472 – 475.

30 Ähnliche Gemeinschaftsproduktionen von Texten mit Merck, aber auch mit Friedrich Hildebrand von Einsiedel sind auch für Goethes frühe Weimarer Zeit noch bekannt, vgl. etwa die unter „Tiefurter Späße“ subsumierten Texte (auch als Matineen bezeichnet) im Goethe- und Schiller-Archiv Weimar, Signatur GSA Weimar 25/XXXIV.

31 Luserke: *Der junge Goethe*, S. 152.

32 *WA* I 38, S. 54.

ferung an sein Publikum. Durch die im Stück verwendete Fäkal- und Sexualsprache werden die verwendeten Prätexte quasi unrezipierbar. Literarische Individualität setzt ein radikales, nicht auf Erfolg hin ausgelegtes Schreiben voraus. Das „Genie" setzt sich selbst und aus sich selbst heraus neue Dichtungsregeln fern aller normativen Regelpoetiken, gelangt hier aber schon bald an seine Grenzen. Der Text entgleist zur Textbeschmutzung, zur Nestbeschmutzung.

Während dies in *Hanswursts Hochzeit* lediglich durch die Setzung bzw. Positionierung des schreibenden Ichs als autonomes, frei wählendes und erfindendes Individuum durch das Oppositionspaar Dichter contra Publikum durchgespielt wird und letztlich in der Brüskierung der Zuschauer/Gäste endet, öffnet sich Goethes späteres Konzept der ‚Weltliteratur' im Zuge der Ökonomisierung gerade einem Miteinander-Agieren der (empirischen) Autoren. Ziel ist das Gelingen eines Austauschs (der sich jedoch wissenschaftsgeschichtlich nicht so realisieren ließ, wie es Goethe antizipiert hatte). Publikationen in Journalen, der briefliche Austausch mit Gleichgesinnten übernahm dabei die katalytische Funktion, die in *Hanswursts Hochzeit* noch über Provokation und Rebellion mittels sprachlicher Ausfälle erreicht werden sollte. Was das Nebeneinanderstellen des frühen Dramas und des späten ‚Weltliteratur'-Konzeptes letztlich so interessant macht, ist die hier von Goethe vollzogene Wende als Reaktion auf die veränderten ökonomischen und historischen Bedingungen.

Literaturverzeichnis

Adelung, Johann Christoph: *Grammatisch-kritisches Wörterbuch der Hochdeutschen Mundart, mit beständiger Vergleichung der übrigen Mundarten, besonders aber der Oberdeutschen.* Zweyte vermehrte und verbesserte Ausgabe. 4 Teile. Leipzig 1793–1801.

Bender, Helmut u. Ulrich Melzer: „Zur Geschichte des Begriffes ‚Weltliteratur'". In: *Saeculum* 9 (1958), S. 113–123.

Birus, Hendrik: „Weltliteratur". In: *Reallexikon der deutschen Literaturwissenschaft. Neubearbeitung des Reallexikons der deutschen Literaturgeschichte*, Bd. 3., hg. v. Jan-Dirk Müller u. a., Berlin, New York 2003, S. 825–826.

Birus, Hendrik: „Wiederholung der Anfänge: Zur Rezeption des europäischen Dramas des 16./17. Jahrhunderts in der deutschen Romantik". In: *Theater im Aufbruch. Das europäische Drama der Frühen Neuzeit.* Hg. v. Roger Lüdeke u. Virginia Richter. Tübingen 2008, S. 199–213.

Bohnenkamp, Anne: „Den Wechseltausch zu befördern. Goethes Entwurf einer Weltliteratur". In: Goethe, Johann Wolfgang: *Sämtliche Werke. Briefe, Tagebücher und Gespräche.* Hg. v. Friedmar Apel u. a., Frankfurt a. M. 1985–1999, I. Abt., Bd. 22, S. 937–964.

Borchmeyer, Dieter: „Goethes theatrales Satyricon. Zu seinen Sturm-und-Drang-Farcen – mit einem Blick auf Faust". In: *La satire au théatre. Satire und Theater. Actes du colloque international de Montpellier du 20 au 22 novembre 2003*. Hg. v. Sabine Kremser-Dubois u. Philippe Wellnitz. Montpellier 2005, S. 41–56.

Brandt, George: „German baroque theatre and the strolling players, 1550–1750". In: *A History of German Theatre*. Hg. v. Simon Williams. Cambridge 2008, S. 38–64.

Deutsches Wörterbuch von Jacob und Wilhelm Grimm. 16 Bände. Leipzig 1854–1961.

Dyserinck, Hugo: *Komparatistik. Eine Einführung*. 3. durchgesehene und erweiterte Auflage. Bonn 1991.

Eckermann, Johann Peter: *Gespräche mit Goethe in den letzten Jahren seines Lebens*, hg. v. Heinz Schlaffer. Johann Wolfgang Goethe: Sämtliche Werke nach Epochen seines Schaffens (Münchner Ausgabe). Hg. v. Karl Richter u. a. Bd. 19. München 1986.

Fulda, Daniel: *Schau-Spiele des Geldes. Die Entstehung der Marktgesellschaft von Shakespeare bis Lessing*. Tübingen 2005.

Goethe, Johann Wolfgang (Übersetzung): „Le Tasse, drame historique en cinq actes, par Monsieur Alexandre Duval". In: *Goethes Werke*. Hg. im Auftrage der Großherzogin Sophie von Sachsen <Weimarer Ausgabe>. 143 Bände. I. Abtheilung: Goethes Werke. 55 Bände. Weimar 1887–1918 (Abteilung I, Band 4).

Goethe, Johann Wolfgang von (Einleitung): Thomas Carlyle, Leben Schillers. Aus dem Englischen. Eingeleitet durch Goethe. In: WA I 42.I.

Goethe, Johann Wolfgang: *Aus meinem Leben. Dichtung und Wahrheit*. Historisch-kritische Ausgabe bearbeitet von Siegfried Scheibe. Bd. 1. Berlin 1970.

Goethe's poetische und prosaische Werke in zwei Bänden. Stuttgart, Tübingen 1836.

Goethes Werke. Hg. im Auftrage der Großherzogin Sophie von Sachsen <Weimarer Ausgabe>. 143 Bände. I. Abtheilung: Goethes Werke. 55 Bände. Weimar 1887–1918.

Götting, Franz: „Die Bibliothek von Goethes Vater". In: *Nassauische Annalen* 64 (1953), S. 23–69.

Haekel, Ralf: *Die Englischen Komödianten in Deutschland. Eine Einführung in die Ursprünge des deutschen Berufsschauspiels*. Heidelberg 2004.

Koch, Manfred: *Weimaraner Weltbewohner. Zur Genese von Goethes Begriff ‚Weltliteratur'*. Tübingen 2002.

Köhler, Reinhold: „Harlekins Hochzeit und Goethes Hanswursts Hochzeit". In: *Zeitschrift für deutsches Altertum* 20 (1876), S. 119–126.

Large, Duncan: „Goethe, Sterne and the Question of Plagiarism". In: *Goethe at 250. London Symposium*. Hg. v. Terence J. Reed, Martin Swales u. Jeremey Adler. München 2000, S. 85–108.

Lüdeke, Roger: „‚On what I have named World-Literature, after you': Thomas Carlyles ‚Sartor Resartus'". In: *Geistiger Handelsverkehr: komparatistische Aspekte der Goethezeit. Für Hendrik Birus zum 16. April 2008*. Hg. v. Anne Bohnenkamp u. Matías Martínez. Göttingen 2008, S. 271–290.

Luserke, Matthias: *Der junge Goethe. Ich weis nicht warum ich Narr soviel schreibe*. Göttingen 1999.

Morris, Max: *Der junge Goethe. Neue Ausgabe in sechs Bänden*. Bd. 6. Leipzig 1912.

Ruppert, Hans (Bearbeiter): *Goethes Bibliothek*. Weimar 1958. (Goethes Sammlungen zur Kunst, Literatur und Naturwissenschaft der Nationalen Forschungs- und Gedenkstätten der klassischen deutschen Literatur in Weimar).

Schmitz, Emil-Heinz: *Handbuch zur Geschichte der Optik*. Bd. II A. Das Mikroskop. Bonn 1989.

Schrimpf, Hans Joachim: *Goethes Begriff der Weltliteratur. Essay*. Stuttgart 1968.

Stern, Martin: „Die Schwänke der Sturm- und Drang-Periode: Satiren, Farcen und Selbstparodien in dramatischer Form“. In: *Goethes Dramen. Neue Interpretationen.* Hg. v. Walther Hinderer. Stuttgart 1980, S. 23–41.

Weber, Peter: „Die Herausbildung des Begriffs Weltliteratur“. In: *Literatur im Epochenumbruch. Funktionen europäischer Literaturen im 18. und beginnenden 19. Jahrhundert.* Hg. v. Günther Klotz u. a., Berlin, Weimar 1977, S. 533–614.

Weitz, Hans-Joachim: „‚Weltliteratur‘ zuerst bei Wieland“ [1987]. In: Ders.: *Der einzelne Fall: Funde und Erkundungen zu Goethe.* Weimar 1998, S. 349–352.

Wild, Reiner: „Überlegungen zu Goethes Konzept einer Weltliteratur“. In: Hans W. Panthel u. Peter Rau (Hg.): *Bausteine zu einem transatlantischen Literaturverständnis.* Frankfurt a. M. 1994, S. 3–11.

Willkomm, Moritz: *Die Wunder des Mikroskops oder die Welt im kleinsten Raume.* 3. Auflage. Leipzig 1871.

Lessings Ökonomien im Fokus seiner Intertexte

Volker C. Dörr

Elende Wirtshäuser?

Zu Lessings *Miß Sara Sampson* und Lillos *The London Merchant*

Zugegeben: Gotthold Ephraim Lessings „bürgerliches Trauerspiel“ *Miß Sara Sampson* und George Lillos Drama *The London Merchant* zueinander in Beziehung zu setzen, scheint zunächst ungefähr so originell, wie nach Spuren von Boccaccios *Decamerone* in Lessings *Nathan der Weise* zu suchen. Bereits 1972 resümiert Karl S. Guthke in seinem Standardwerk über *Das deutsche bürgerliche Trauerspiel:* „Seit der Zeit des Positivismus wurde Lillos Einfluß“ – und gemeint ist eben: der „Einfluß des ‚London Merchant‘ auf ‚Miß Sara Sampson‘“ – „als selbstverständlich angenommen“, um dann aber kurz und lapidar anzuschließen: „obwohl Ähnlichkeiten bestenfalls sehr entfernt sind“.[1] Und auch Monika Fick resümiert ebenso bündig wie überzeugend: „Stoff- und Motivparallelen gibt es dabei wenige, es sei denn, man nimmt das englische Ambiente, den Verzicht auf fürstliche Protagonisten und den Kontrast zwischen den Frauenfiguren, der Buhlerin und dem tugendhaften Mädchen, als solche.“[2]

Es sieht also so aus, als sei die mit dem Thema meines Beitrags implizit formulierte Behauptung eines Bezugs zwischen Lessing und Lillo nicht nur unoriginell, sondern auch unplausibel (und das ist doch vielleicht immerhin bemerkenswert). In Gail K. Harts anregender Monographie zur *German Bourgeois Tragedy* (*Tragedy in Paradise*, 1996) heißt es hingegen immer noch: „It is well known that *The London Merchant*, George Lillo's 1731 play about the demise of a young merchant's apprentice [...], was Lessing's main model for *Miß Sara Sampson*.“[3] Wenn damit gemeint ist, dass Lillos Drama die Hauptquelle für Lessing gewesen sei, dann kann das seit Langem als mindestens fraglich gelten.[4] Und

---

1 Guthke, Karl S.: *Das deutsche bürgerliche Trauerspiel*. Stuttgart 1972, S. 24.

2 Fick, Monika: *Lessing-Handbuch. Leben, Werk, Wirkung*. 3. Auflage. Stuttgart, Weimar 2010, S. 149.

3 Hart, Gail K.: *Tragedy in Paradise. Family and Gender Politics in German Bourgeois Tragedy 1750–1850*. Columbia, SC 1996, S. 24.

4 Darauf, dass die Vorbilder für Lessings Trauerspiel eher Dramen von Thomas Shadwell, Charles Johnson und Susannah Centlivre gewesen sind, hat bereits 1926 Paul P. Kies hingewiesen. Vgl. Guthke: *Das deutsche bürgerliche Trauerspiel*, S. 24; Fick: *Lessing-Handbuch*, S. 150; Müller, Klaus-Detlef: „Textkritik, Materialien, Einführung“. In: *George Lillo: Der Kaufmann von Londen, bürgerliches Trauerspiel*. Übersetzt von Henning Adam von Bassewitz (1752). Kritische

in der Tat fällt einer der zentralen Unterschiede schon bei der Betrachtung der zitierten kurzen Charakterisierung von Lillos Trauerspiel ins Auge: Bei Lillo geht es um „the demise of a young merchant's apprentice", wobei die Tatsache, dass es sich um einen „merchant's apprentice" handelt, noch dadurch betont wird, dass dieser „merchant", obwohl er für die Handlung selbst kaum eine Rolle spielt,[5] die Titelfigur abgibt. Was aber das Ableben eines Kaufmannslehrlings mit der Vergiftung der Tochter eines englischen Adligen zu tun hat, ist zunächst einigermaßen unklar. Auch Gail Hart konstatiert: „the plays tell rather different stories"; dennoch beharrt sie auf einer Reihe von Gemeinsamkeiten: „[...] both plays affirm middle-class concerns, both take place in England [...], and both feature sexually licit women (with wood names) as villains."[6] Beiden Dramen gemein, so Hart, ist letztlich, dass sie auf die Etablierung einer Familie ohne Frauen zielen,[7] wobei besonders Sir William Sampson als Patriarch konstruiert sei, der als Vater und Mutter zugleich fungieren kann – und vor allem Sara von der Tatsache irritiert ist, dass er sich ihr gegenüber weniger als strafender denn vielmehr als liebender Vater erweist.[8]

Dieser plausiblen Lesart gegenüber soll hier Lessings „bürgerliches Trauerspiel", das bereits in der Erstausgabe (1755) so benannt wird,[9] vordringlich als Kontrafaktur von Lillos Drama *The London Merchant* gelesen werden, das erst seit der französischen und der ihr folgenden ersten deutschen Übersetzung *explizit* eine „tragédie bourgeoise" bzw. ein „bürgerliches Trauerspiel" ist.[10]

Dass man es – und das ist durchaus ungewöhnlich für die spätestens seit Gottsched an der Leitnation Frankreich orientierte deutsche Literatur des mitt-

---

Ausgabe mit Materialien und einer Einführung. Hg. v. Klaus-Detlef Müller. Tübingen 1981, S. 79–150, hier S. 146.

5 Vgl. Feldmann, Doris: „Peace as the Result of ‚the Method of the Merchandise': Ideological Warfare in George Lillo's *The London Merchant*". In: *Guerres et paix: la Grande-Bretagne au XVIIIe siècle*. Hg. v. Paul-Gabriel Boucé. Paris 1998, S. 293–302, hier S. 294.

6 Hart: *Tragedy in Paradise*, S. 27.

7 Zum Fehlen der Mütter im deutschen bürgerlichen Trauerspiel generell vgl. auch Wurst, Karin A.: *Familiale Liebe ist die ‚wahre Gewalt'. Repräsentation der Familie in G. E. Lessings dramatischem Werk*. Amsterdam 1988, S. 115f.

8 Vgl. Hart: *Tragedy in Paradise*, S. 48. – Karin A. Wurst hat allerdings überzeugend darauf hingewiesen, dass die Liebe des Vaters zur Tochter so selbstlos nicht ist, vielmehr durchaus egoistische Züge trägt; vgl. Wurst: *Familiale Liebe*, S. 111f.

9 Vgl. Hillen, Gerd: „Erläuterungen zu Band 2". In: *Gotthold Ephraim Lessing: Werke*. In Zusammenarbeit mit Karl Eibl, Helmut Göbel u.a. hg. von Herbert G. Göpfert. Bd. 2. Trauerspiele. Nathan. Dramatische Fragmente. München 1971, S. 687–791, hier S. 692; vgl. auch Fick: *Lessing-Handbuch*, S. 148.

10 Bassewitz übernimmt die Gattungsbezeichnung von Pierre Cléments französischer Übersetzung; vgl. Müller: „Textkritik, Materialien, Einführung", S. 109.

leren 18. Jahrhunderts – mit einem englischen Stoff zu tun hat, signalisiert Lessings Text bereits mit dem ersten paratextuellen Signal: mit dem ersten Wort des Titels, der Personenstandsanzeige *Miß*, der ein dann eindeutig als englisch zu lesender Name folgt. Und ebenso deutlich markiert wird, ebenso früh, dass hier das Moment des Englischen unter den Bedingungen deutscher textueller Produktion verhandelt wird, schreibt Lessing doch *Miß* am Ende mit der nicht erst heute deutschesten aller Lettern, nämlich mit einem „ß", das in der Mitte des 18. Jahrhunderts überall auf dem Rückzug ist, nur in Deutschland nicht. Wenigstens die Namen also sind importiert, und wenigstens die zweite Hälfte des Namens der, mit der Kommentarfigur des Dieners Norton gesprochen, „bösen Marwood",[11] die Mellefont als „eine buhlerische Marwood" charakterisiert,[12] ist ein konkretes Zitat aus Lillos Text, oder vorsichtiger: der Name gilt als ein solches Zitat – womit er freilich, argumentiert man rezeptionsästhetisch, dann doch auch eines ist.

Kein Lillo-Zitat, aber doch ein Zitat eines Lillo-Zitats, ist der Name der Titelfigur, wie Hart ausführt: Lillos Hauptquelle, *An Excellent Ballad of George Barnwel Who Was Undone by a Strumpet, that caused him thrice to Rob his Master and to Murder his Uncle*,[13] die er im „Prologue" seines Dramas als Ursprung des Namens von dessen Protagonisten angibt („the fam'd old Song, that bears his [sc. Barnwel(l)'s] Name"[14]), nennt als Vornamen der Millwood keinen anderen als „Sarah".[15] Hart schließt: „German bourgeois tragedy as it is derived from Lessing's critical reception of Lillo, can trace its origin [...] back to a *murder* committed by a man who was manipulated by a woman, whose name was Sarah Millwood."[16] Demgegenüber soll hier betont werden, dass es sich ja um intertextuelle Abhängigkeiten, oder eher nur: Bezüge, handelt, dass also die Namen des ersten deutschen bürgerlichen Trauerspiels (wenn auch nicht gleich die gesamte Gattungstaxonomie) durch das Medium eines seiner Prätexte auf einen anderen Prätext verweisen: auf einen englischen Balladentext eben, den Lessing womöglich nicht einmal gekannt hat. Bemerkenswert ist nun, dass Lessing, wenn er oder sein Text denn den Namen Sara(h) aus England importiert, ihn offenkundig nicht als Vornamen der Marwood einführt. Vielmehr zitiert er von Lillo die Tat-

11 Lessing, Gotthold Ephraim: „Miß Sara Sampson. Ein Trauerspiel in fünf Aufzügen". In: ders.: *Werke*, S. 9–100, hier S. 15 (I, 3).
12 Lessing: „Miß Sara Sampson", S. 23 (I, 7).
13 Hart: *Tragedy in Paradise*, S. 25.
14 Lillo, George: „The London Merchant: or, the History of George Barnwell". In: *The Dramatic Works of George Lillo*. Hg. v. James L. Steffensen. Oxford 1993, S. 151–209, hier S. 154.
15 Die Ballade ist abgedruckt in Müller: „Textkritik, Materialien, Einführung", S. 113–118.
16 Hart: *Tragedy in Paradise*, S. 25.

sache, dass dessen Millwood ebenfalls keinen hat. Beide, Millwood wie Marwood, sind also reduziert auf eine Existenz im Namen des Vaters.

Es gehört zur *communis opinio* der Forschung, dass Lessings bürgerliche Trauerspiele in dem Sinne bürgerlich sind, dass sie bürgerliche innere Werte wie Tugend auf die Bühne bringen – und dabei wohl eher problematisieren als propagieren –, dass in ihnen der Bürger also weniger als Standesangehöriger auf der Bühne steht (genau besehen tut er das ja gar nicht, weder in *Miß Sara Sampson* noch in *Emilia Galotti*), sondern vielmehr als Mensch, weder als *bourgeois* also noch als *citoyen*, sondern als Privatperson in ihrem häuslichen Umfeld.[17] Lillos Trauerspiel ist nicht nur dem Untertitel der französischen Übersetzung nach „bourgeois", sondern auch der Sache,[18] denn, darauf hat etwa Klaus-Detlef Müller im Kommentar zu seiner kritischen Ausgabe der ersten deutschen Übersetzung (von Henning Adam von Bassewitz, 1752) hingewiesen, es sei Lillo gerade darum gegangen, „den Kaufmann und seine Standesideologie auf die Bühne zu bringen" – mit dem ebenso bemerkenswerten wie gegen die Qualität des Stückes sprechenden Effekt, dass „der eigentlich bürgerliche Gehalt des Dramas ohne jeden Zusammenhang mit der Handlung rein deklamatorisch vermittelt" wird, ja werden muss.[19] Wenn hier, geradezu diskursiv, der Kaufmannsstand über den Adel gestellt wird, dann weil dessen „Ethos [...] den Krieg als die dem Adel gemäße Form der Konfliktlösung überflüssig macht" – durch eine „an der Ökonomie orientierte Politik", die „dem Land Geld und Blut (in dieser Reihenfolge!) erspart".[20] Damit erweist sich Millwood als „die eigentliche Gegenspielerin des Kaufmanns von London", nicht etwa Barnwell, der nahezu zu einer „Nebenfigur" degradiert werde.[21]

Zu den vielen Unterschieden im Detail gehört, dass Millwood und Barnwell, anders als Marwood und Mellefont, keine gemeinsame Vorgeschichte, geschweige eine gemeinsame Tochter haben. Im dritten Auftritt der ersten Handlung von *The London Merchant* berichtet Millwood ihrem Kammermädchen Lucy davon, sie

---

17 Vgl. dazu die Diskussion literatursoziologischer Forschungspositionen bei Fick: *Lessing-Handbuch*, S. 150–152; vgl. auch Wurst: *Familiale Liebe*, S. 103 f.

18 Zur ökonomischen Ideologie der *domestic tragedy* vgl. den Beitrag von Doris Feldmann in diesem Band.

19 Joseph Vogl zufolge allerdings reiche das in der Exposition (diskursiv) „entworfene Aktionsschema tief in das Dramengeschehen selbst hinein", weil die dort entwickelten „polit-ökonomischen Regulationsideen wechselseitiger Abhängigkeit und wechselseitigen Verkehrs [...] in den Geschäften des Bühnenstücks [wiederkehren]": indem dort die Affekte und Leidenschaften reguliert werden (sollen). Vgl. Vogl, Joseph: *Kalkül und Leidenschaft. Poetik des ökonomischen Menschen*. 3. Auflage. Zürich, Berlin 2008, S. 96–100, hier S. 99.

20 Müller: „Textkritik, Materialien, Einführung", S. 128.

21 Müller: „Textkritik, Materialien, Einführung", S. 135.

habe jemand Junges, „innocent", der mit „considerable Sums of Money" umgeht, gefunden, also ein mögliches Opfer der letztlich ökonomisch motivierten Intrige, die ihren Lebensunterhalt nun mit unredlichen Mitteln sichern soll. Sie erzählt, wie sie ihn angesprochen habe, weil sie „an Affair of Importance to communicate" hatte; er nun habe ihr „a Tavern" („ein gewisses Wirthshaus" heißt es in Bassewitz' Übersetzung[22]) genannt; unter Hinweis auf ihre „Honour and Reputation", die Schaden nehmen könnten, wenn sie dorthin ginge, bestellt Millwood Barnwell zu sich nach Hause.[23] Dem folgt Barnwells Auftritt.

Lessings Marwood hingegen hatte bereits vor Einsetzen der Bühnenhandlung den denkbar intimsten Umgang mit Mellefont, wovon die Existenz der Tochter Arabella zeugt – glaubt man jedenfalls der Marwood selbst. Nicht nur Mellefont muss sich in der topischen Unsicherheit wähnen – *pater semper incertus est* –, sondern streng genommen auch der Leser, denn die *dramatis personae* führen Arabella nur als „der Marwood Tochter" auf, nicht etwa als diejenige (auch) Mellefonts.[24]

Wie sich bei Lessing gegenüber Lillo die Grenzen des Textes in seine, dann wieder expositorisch eingeholte, Vorgeschichte hinein öffnen, so operiert er auch in topographischer Hinsicht mit dem Moment der Entgrenzung. Während es Lillos Millwood also aus vorgeschobenen Gründen der Reputation vermeidet, ins Wirtshaus zu gehen, geht Lessings Marwood in deren zwei, in denen wir als Zuschauer sie, in einer souveränen Wendung des Autors gegen die pseudoaristotelische Einheit des Ortes, auch antreffen: Ist der „Schauplatz" des ersten Auftritts des ersten Aufzugs ein „Saal im Gasthofe",[25] so stellt der „Schauplatz" des gesamten zweiten Aufzugs „das Zimmer der Marwood vor, in einem andern Gasthofe".[26] Im dritten Aufzug dann macht Marwood Sara, in der Maske einer frisch erfundenen Lady Solmes, ihre Aufwartung: „im ersten Gasthofe",[27] dessen von Mellefont bzw. Sara bewohnte Zimmer dann Schauplätze des vierten und fünften Aufzugs bleiben. Das gesamte Drama *Miß Sara Sampson* spielt im Wirtshaus, keine der Figuren, mit Ausnahme des Gastwirts, ist dort zu Hause; alle sind fremd.

Die Handlung des Dramas spielt nicht nur in der Fremde, sie beginnt auch damit, dass genau auf dieses Moment der Fremde hingewiesen wird: „*Sir William Sampson und Waitwell treten in Reisekleidern herein*", so lautet die erste Szenenanweisung, bevor der im Habitus des auf der Durchreise Begriffenen gezeigte Vater

22 Lillo: *Der Kaufmann von Londen*, S. 13 (I, 3).
23 Lillo: „The London Merchant", S. 161 (I, 3).
24 Lessing: „Miß Sara Sampson", S. 10.
25 Lessing: „Miß Sara Sampson", S. 11 (I, 1).
26 Lessing: „Miß Sara Sampson", S. 26 (II, 1).
27 Lessing: „Miß Sara Sampson", S. 44 (III, 1).

der Titelfigur die ersten gesprochenen Worte des Texts äußert: „Hier meine Tochter? Hier in diesem elenden Wirtshause?“[28] Und es ist wohl nicht zu weit hergeholt, in dem Epitheton „elend“ nicht nur ein Qualitätsurteil der Bewirtungsleistung zu vernehmen, sondern auch das Echo einer älteren Sprachstufe; auf ihr „wohnt“ dem Wort, so das *Grimmsche Wörterbuch*, „noch ganz gewöhnlich die bedeutung des lat. *extorris* bei“.[29] Ein „elender Gasthof“ ist mithin ein ‚heimatferner‘ Gasthof, ein Gasthof in der Fremde.

Als solches vielleicht noch nicht bemerkenswert ist, dass der Gasthof, der als Schauplatz natürlich dadurch motiviert ist, dass Sara und Mellefont sich auf der Flucht befinden und eben eigentlich nirgends zu Hause sind, ansonsten nicht in seiner Funktion gezeigt wird: Es wird nicht geschlafen oder gegessen. Bemerkenswerter aber ist wohl, was denn stattdessen in den gezeigten Gasthöfen getan wird: Es wird gelesen. Das Wirtshaus im Drama ist auch und vor allem ein Ort des Schrift(tausch)verkehrs: ein Ort, an dem Briefe überbracht und gelesen werden. Und es wird von weiteren Briefen berichtet. Enggeführt werden beide Entitäten, das Wirtshaus und der Brief, im Reden über einen der Briefe, den Mellefont der Marwood hat „vor [s]einer Abreise zustellen lassen“: Mellefont, so Marwood, könne den Brief „unmöglich“ selbst geschrieben haben: „Den Anfang desselben, in welchem Sie mir, ich weiß nicht was für Summen vorrechneten, die Sie mit mir wollen verschwendet haben, mußte ein Gastwirt, sowie den übrigen theologischen Rest ein Quäker geschrieben haben.“[30]

Als Briefautor ist der Gastwirt also, in Marwoods Darstellung, offenbar ein kleinlicher Rechner; er pflegt einen Diskurs der ökonomischen Verknappung. Auch der im Drama erscheinende Wirt Mellefonts und Sir William Sampsons reduziert sich selbst auf die Rolle dessen, der in Rechnung stellt (statt etwa, was ja auch denkbar wäre, gastfreundlich zu sein): „Ein Wirt nimmt sein Geld, und läßt seine Gäste machen, was ihnen gutdünkt.“[31] Dabei muss es ihm, wie er ungeschönt deutlich macht, darum gehen, seinen Umsatz und Profit bedingungslos zu maximieren: Dass Waitwell und Sir William den „fremden Herrn, der sich seit einigen Wochen mit seinem jungen Weibchen bei [ihm] aufhält“, also Mellefont, „ein wenig beobachten wollen“, ist kein Problem (es könnte ja ein moralisches sein). „Aber“, so der Wirt weiter, „ich hoffe, daß Sie ihm keinen Verdruß verursachen werden. Sie würden mein Haus in einen übeln Ruf bringen, und gewisse Leute würden sich scheuen, bei mir abzutreten. Unser einer muß von allen Sorten

28 Lessing: „Miß Sara Sampson“, S. 11 (I, 1).
29 Grimm, Jacob und Wilhelm Grimm: *Deutsches Wörterbuch*. Bd. 3. E – Nachdruck der Erstausgabe 1862. München 1984, S. 410.
30 Lessing: „Miß Sara Sampson“, S. 31 f. (II, 3).
31 Lessing: „Miß Sara Sampson“, S. 13 (I, 2).

Menschen leben."[32] Hier nun wird deutlich, dass Gastwirt und Quäker, wie von Marwood angeführt, tatsächlich ein Gegensatzpaar ausmachen: Der Wirt nämlich argumentiert jenseits irgendwelcher moralischer Vorstellungen oder metaphysischer Gründe. Er denkt strikt ökonomisch, und symbolische Größen wie sein „Ruf" erscheinen in seiner Kalkulation nur als wirtschaftliche Faktoren. Der Gastwirt spielt also bei Lessing die Rolle desjenigen, der für genau diejenigen ökonomischen Werte eintritt, die Lillos Drama propagiert – freilich auf einer Schwundstufe, geht es hier doch um betriebswirtschaftliche Optimierung, nicht um volkswirtschaftliche Orientierung.

Dass es bei Lillo genau darum, um die Volkswirtschaft, geht, signalisiert der Text fast überdeutlich: Als allererste Aktion überhaupt überreicht Trueman, das ideale Gegenbild Barnwells, seinem Chef Thorowgood, dem titelgebenden Kaufmann, „Letters" aus Genua: Briefe, die bestätigen, dass der Plan der Spanier gescheitert ist, sich Geld für gegen England gerichtete Rüstungszwecke zu leihen – gescheitert eben wegen der Bemühungen der englischen Kaufleute. Dass diese die Genueser erfolgreich zu beeinflussen suchten, „to break their Contract with the *Spanish* Court", dass hier „the Friendship of the Merchants of *London*", also ein moralisches Gut unter moralisch Guten, mit einem Vertragsbruch erkauft wird, problematisiert der Text nicht weiter.[33] (Bassewitz' deutsche Übersetzung sucht es mit der etwas weniger offensiven Formulierung „Wiederaufhebung dieses mit dem spanischen Hofe geschlossenen Tractats" zu verhüllen.)[34]

Zurück zu Lessing: Dessen Wirtshaus ist ein fremder, exterritorialer Ort ebenso wie ein Ort der semiotischen Fluktuation; der Wirt, der es betreibt, ist vor allem Betriebswirt. Und wenn der Autor eines Briefes ein Wirt sein kann, dann kann auch der Wirt ein Autor sein – ein Autor, der die Fluktuation der Zeichen dadurch in Gang hält, dass er aufnimmt, was er bekommen kann. Dies aber lässt sich unschwer dechiffrieren als die Situation globaler Intertextualität, wie sie etwa Julia Kristeva im Anschluss an Michail M. Bachtin entwickelt hat.[35] (Wobei, wie sich zuletzt an der Diskussion von Helene Hegemanns Roman *Axolotl Roadkill* gezeigt hat, es das Buch als textuelle Wirtschaft vor allem „in einen üblen Ruf bring[t]", wenn der textuelle Wirt zu viele Gäste aufnimmt. Nebenbei bemerkt: Wenn der Ullstein Verlag entschuldigend verlauten lässt: „Dieser Roman folgt in Passagen

---

32 Lessing: „Miß Sara Sampson", S. 13 (I, 2).

33 Lillo: „The London Merchant", S. 157 f. (I, 1).

34 Lillo: *Der Kaufmann von Londen*, S. 8 (I, 1).

35 Vgl. Kristeva, Julia: „Bachtin, das Wort, der Dialog und der Roman". In: *Literaturwissenschaft und Linguistik. Ergebnisse und Perspektiven.* Hg. v. Jens Ihwe. 3 Bde. Frankfurt a. M. 1972, Bd. 3, S. 345–375.

dem ästhetischen Prinzip der Intertextualität",[36] dann stellt man sich schon die Frage, was er denn bitte in den anderen „Passagen" macht.)

Zu den Gästen, die ein anderer Wirt aufgenommen hat, von dem aber angenommen werden kann, dass auch für ihn das Prinzip der maximalen Einnahme gilt – schließlich heißt es in den Worten des Wirts der Familie Sampson „*Unser*einer muß von allen Sorten Menschen leben" –, gehört die Marwood. Sie ist die einzige, die sich zwischen den Gasthöfen bewegt, und sie ist auch die einzige, die eine explizite Herkunft aus der Fremde hat: aus London nämlich, wie Lessings Text mehrfach betont.[37] Das aber: dass die Marwood aus einem anderen (zeichen-) ökonomischen Zusammenhang und ursprünglich aus London stammt, das wissen wir schon.

Marwood ist aber nicht nur die böse Frau,[38] die von außen kommt; sie tritt auch als Autorin in Erscheinung: und zwar des „versiegelten Zettels",[39] mit dem sie Mellefont mitteilt, dass sie Sara vergiftet hat und „auf dem Wege nach Dover" ist – mit Arabella als „Geisel".[40] Saras vorletzte Handlung vor ihrem Ableben wird sein, dass sie dieses „Papier" zerreißt, bevor sie ihrem Vater Mellefont als Sohn und dessen Tochter, in dessen Beisein, als Tochter zuspricht: „Wenn ich hoffen dürfte, liebster Vater, daß Sie einen Sohn, anstatt einer Tochter, annehmen wollten! Und auch eine Tochter wird Ihnen mit ihm nicht fehlen, wenn Sie Arabellen dafür erkennen wollen."[41] Diese Konstruktion stützt nicht nur Gail Harts These vom Phantasma der mutterlosen Idealfamilie; sie ist auch schief, um nicht zu sagen symbolisch inzestuös: denn mit dieser Übereignung, die zudem durch eine Figur vorgenommen wird, die eigentlich keinerlei Verfügungsgewalt über das Übereignete hat, wird Mellefont zum Bruder seiner eigenen Tochter ernannt. Paradoxerweise wird diese Verwirrung durch eine weitere Verwirrung, diesmal der prototypischen Geschlechterrollen, beseitigt: Mellefont ersticht sich, und zwar mit einem Dolch, mit dem Marwood ihn zuvor hatte töten wollen, das heißt, er erleidet einen prototypisch weiblichen Tod durch letale Penetration – ausgeführt durch die transzendentale Waffe der Vereindeutigung: den phallischen Dolch. Später in Lessings Werkgeschichte wird Emilia Galotti exakt denselben Tod erleiden,

---

36 Pressemitteilung des Ullstein Verlags; zitiert nach Müller, Lothar: „Das Drama des begabten Kindes. Das antibürgerliche Bürgertum: Nicht um eine Generation geht es in ‚Axolotl Roadkill', sondern um ein Milieu". In: *Süddeutsche Zeitung*. Nr. 45. 24. Februar 2010, S. 11.

37 Vgl. etwa Lessing: „Miß Sara Sampson", S. 42 (II, 8).

38 Freilich erweist sich bei genauerer Lektüre, dass „auch die ‚böse' Marwood nicht von Grund auf und ursprünglich böse ist", was die Rezeption des Stückes aber nicht eben erleichtert hat; Fick: *Lessing-Handbuch*, S. 157.

39 Lessing: „Miß Sara Sampson", S. 90 (V, 5).

40 Lessing: „Miß Sara Sampson", S. 97 (V, 10).

41 Lessing: „Miß Sara Sampson", S. 98 (V, 10).

ebenfalls durch einen Dolch, der diesmal von Orsina, der anderen Millwood Lessings,[42] stammt. Nur dass es dann, typischerweise, der Vater ist, der die Verfügungsgewalt über die Jungfräulichkeit seiner Tochter final für sich reklamiert, indem er sie zerstört – die Tochter wohlgemerkt, nicht deren Jungfräulichkeit.

Mit diesem Zettel der Marwood nun hat es eine eigentümliche Bewandtnis: Nachdem Mellefont ihn gelesen und so aus der Feder der Täterin selbst erfahren hat, dass Sara vergiftet und dem Tode geweiht ist, wünscht Sara nicht etwa, dass die Tat unterblieben wäre, sondern dass Mellefont keine Kenntnis der Tat erlangt hätte: „Hätte er mir doch gefolgt, und den Zettel nicht gelesen! Er konnte es ja wohl denken, daß er das letzte Gift der Marwood enthalten müsse. – "[43] Diese Metapher mit dem *tertium comparationis* der schleichenden Wirkung, die dadurch bald eine Remotivierung erfahren wird, dass Mellefont ja tatsächlich indirekt an der Kenntnis stirbt, weil er sich in letzter Konsequenz selbst entleibt, ist ihrerseits metonymisch vorbereitet worden: durch die Urheberin von Tat wie Text selbst, die dann freilich noch plant, das Gift gegen sich selbst einzusetzen – weil sie sich sowieso als Opfer einer schleichenden Vergiftung wähnt: „Der Dolch" – den Mellefont ihr bei ihrem misslungenen Tötungsversuch abgenommen hat und später gegen sich selbst richten wird –

> „war für andre, das Gift ist für mich! – Das Gift für mich! Schon längst mit mir herumgetragen, wartet es hier, dem Herzen bereits nahe, auf den traurigen Dienst; hier, wo ich in bessern Zeiten, die geschriebenen Schmeicheleien der Anbeter verbarg; für uns ein eben so gewisses, aber nur langsamres Gift."[44]

Tödlich wirkende Schmeicheleien und Tatbekenntnisse haben ein Gemeinsames: das Medium der Schrift und deren Modus der gleitenden Signifikation, für das sie metonymisch stehen. Die letale Bedeutung der Erstgenannten wird aber kaum durch die *intentio auctoris* sichergestellt: denn wohl die wenigsten „Anbeter", so sie diesen Namen verdienen, wollen die Angebetete mit ihren Schmeicheleien töten. Dass Mellefont mit dem Dolch, den Marwood gegen ihn gezogen hat, am Ende sich selbst tötet, kann, im Blick auf eine *gender*-Typologie des Tötens, auf zweierlei Weisen gedeutet werden: Als Todesart erscheint der Vorgang prototypisch weiblich; als Tötung ist er männlich. Es werden also im Text zwei dichotomische Formen der Tötung präsentiert: die weibliche der Vergiftung, die männliche der Penetration mit Dolch. Beide lassen sich mit spezifischen Formen

---

42 Zur Traditionslinie der „Millwoods" im deutschen bürgerlichen Trauerspiel vgl. Hart: *Tragedy in Paradise*, S. 25f.

43 Lessing: „Miß Sara Sampson", S. 92 (V, 6).

44 Lessing: „Miß Sara Sampson", S. 84 (IV, 9).

der Signifikation assoziieren, und nur in einem Fall muss dabei der Umweg über eine semiotische Fassung der Psychoanalyse genommen werden; denn die Assoziation von Gift und Schrift wird in Lessings Text explizit präsentiert. Im Falle des phallischen Dolchs liegen die Verhältnisse etwas schwieriger: Wenn in *Emilia Galotti* der Vater die Tochter ersticht, dann lässt sich dies nur zu leicht als Sieg (freilich als Pyrrhus-Sieg) des Patriarchats über das (Auf-)Begehren der Tochter deuten – ein Sieg, mit dem zugleich die eindeutige Verfügungsgewalt über den Körper der Tochter restituiert wird, und zwar für immer und ewig. Und dies bedeutet auch eine semiotische Vereindeutigung der Tochter, die nur als Tote keine Deutungsrätsel mehr aufgibt.

Was bedeutet es aber, wenn der prospektive Schwiegersohn sich ersticht? Zunächst jedenfalls, indirekt, dass der Schwiegervater für den Verlust seiner Tochter entschädigt werden kann.

Auch in diesem Punkt verkomplizieren sich bei Lessing die Dinge gegenüber Lillo; denn dort wird überhaupt nur einmal getötet: mit einem Schwert, das, in schönster Eindeutigkeit, ein Mann gegen einen Mann, George Barnwell gegen seinen Onkel, zückt. Als ödipale Konstruktion ist das zwar etwas schief: der Mann, den Barnwell tötet, ist sein Onkel und die Frau, die er gewinnen will, ist weder dessen Frau noch seine Mutter – aber sie wäre nicht uneindeutiger geworden, wenn er seinen Onkel, wie er zunächst vorhatte, erschossen hätte.

Überhaupt ist die textuelle Ökonomie in *The London Merchant* entscheidend vom Moment der Eindeutigkeit geprägt – was sich, wie beschrieben, vor allem darin zeigt, dass die zentralen Aussagen nicht der Unschärfe des Poetischen überlassen, sondern von Sprachrohren des ökonomisch-moralischen Diskurses selbst ausgesprochen werden. Der dritte Akt, der Barnwells Onkel den Tod bringen wird, beginnt im Haus, im *oikos*, Thorowgoods mit einem Zwiegespräch zwischen ihm und seinem Musterschüler Trueman, in dem dieser eine Engführung von Volkswirtschaft und Moral formuliert:

> "I have observ'd those Countries, where Trade is promoted and encouraged, do not make Discoveries to destroy, but to improve Mankind, – by Love and Friendship, to tame the fierce, and polish the most savage, – to teach them the Advantages of honest Traffick, – by taking from them, with their own Consent, their useless Superfluities, and giving them, in Return, what, from their Ignorance in manual Arts, their Situation, or some other Accident, they stand in need of."[45]

Ob sich auf dem Feld der Literatur der internationale „Traffick" immer so „honest" darstellt, mag einmal dahingestellt bleiben; deutlich aber wird: Die hier ange-

45 Lillo: „The London Merchant", S. 178 (III, 1).

sprochenen „Advantages“ des Handelsverkehrs realisieren sich nur teilweise: als Geben, nicht als Nehmen. Denn dass Bedürfnisse gestillt werden, die aus „Ignorance in [...] Arts“ resultieren, gilt, wie das Beispiel des Imports der Gattung bürgerliches Trauerspiel zeigt, auch für andere als „manual Arts“. Was hingegen nicht gilt, ist, dass durch solche literarischen Handelsbeziehungen dem Empfängerland „useless Superfluities“ genommen würden – das Gegenteil ist der Fall.

Denn das Feld der Deutung literarischer Texte ist ja das Feld der „superfluity“ schlechthin, und dass sich dieser Überfluss durch den Handelsverkehr zwischen Texten eher vergrößert als verkleinert, liegt wohl auf der Hand. Natürlich wäre es zweifelhaft zu behaupten, das höhere Maß an semantischer Komplexität, das Lessings Drama gegenüber demjenigen Lillos aufweist, resultiere aus einem höheren Grad an Intertextualität; aber ganz falsch ist es dennoch nicht: denn was Lessings Drama vorführt (und auch, allegorisch, reflektiert), ist, dass der zunehmenden globalen Autonomie der Literatur auch eine lokale Autonomie des Zitats korrespondiert. Der Modus der Berufung auf die Autorität wird transformiert zur Anspielung – oder anders: zum textuellen Import, der sich der ökonomischen Verknappung nicht mehr fügt, sondern als Gift der schleichend sich verschiebenden Signifikation der Schrift wirkt. Und die einzige Form der Kontrolle dieser malignen Signifikation besteht – oder besser: bestünde –, wie gesehen, im radikalen Entzug: in der materialen Vernichtung der Schrift durch Zerreißen des Zettels.

Am Ende werden die Verhältnisse, wenn auch auf verquere Weise, wieder hergestellt: Sir William Sampson gewinnt zwar keinen Sohn hinzu, weil der sich der Adoption entzieht; er verliert aber auch keine Tochter. Das Moment der Einsetzung in besondere persönliche Verhältnisse erscheint dabei aus Lillos Drama importiert – allerdings mit entscheidenden Weiterungen. Dort ist es Thorowgood, der Titelheld, der sich Millwoods aufrichtiger Dienerin Lucy als Freund verspricht – wenn auch erst als Belohnung für eine erfüllte Bedingung: Zunächst spricht er sie vom Vorwurf des Verrats an ihrer Herrschaft (der letztlich darin bestanden hat, einer Verbrecherin das Handwerk zu legen) frei, um dann fortzufahren: „Proselytes to Virtue shou'd be encourag'd. Pursue your proposed Reformation, and know me *hereafter* for your Friend.“[46] Dieses Motiv erscheint bei Lessing gleich mehrfach: zum einen schlicht zitiert, wenn Sir William Sampson – der insofern als Zitat des *merchant* gedeutet werden kann, als er die „Tugend“ seiner Tochter bewacht „wie ein Kaufmann seine Ware“[47] – seinen langjährigen Diener aufgrund

---

46 Lillo: „The London Merchant“, S. 198 (V, 1) [Hervorhebung V. D.].

47 Stephan, Inge: „‚So ist die Tugend ein Gespenst‘. Frauenbild und Tugendbegriff im bürgerlichen Trauerspiel bei Lessing und Schiller“. In: *Lessing Yearbook* 17 (1985), S. 1–20, hier S. 13.

von dessen Verdiensten zum Freund befördert: „Betrachte dich von nun an, mein guter Waitwell, nicht mehr als meinen Diener. Du hast es schon längst um mich verdient, ein anständiger Alter zu genießen. [...] Ich will allen Unterschied zwischen uns aufheben [...].“[48] Zum anderen erscheint es aber auch in doppelter Inversion, indem nicht die freundschaftlichen Gefühle als Belohnung eingesetzt werden, sondern ihrerseits belohnt werden sollen, hätten belohnt werden sollen – im Falle Mellefonts nämlich, der sein Erbe ausgeschlagen hat, weil es an eine für ihn unerfüllbare Kondition geknüpft war: „Verwünschtes Vermächtnis! Verdammter Unsinn eines sterbenden Vetters, der mir sein Vermögen nur mit der Bedingung lassen wollte, einer Anverwandtin die Hand zu geben, die mich eben so sehr haßt, als ich sie!“[49] Damit wird das Moment der Verkopplung von Gefühl und ökonomischer Verknappung in der Transformation von ‚Liebe wie Geld‘ zu ‚Geld für Liebe‘ radikalisiert und vom empfindsamen Standpunkt Mellefonts entschieden zurückgewiesen.

Die letzte Erscheinungsform einer solchen definitorischen Einsetzung in persönliche Verhältnisse besteht in Lessings Drama schließlich darin, dass Sir Williams Tochter ihm einen Ersatz für sich selbst vermacht. „Sie sei, wer sie sei: sie ist ein Vermächtnis meiner Tochter“, sind die letzten gesprochenen Worte des Textes, mit denen der Vater seinen Freund und vormaligen Diener Waitwell auffordert, „auf Arabellen [zu] denken“[50]. Das aber: dass am Ende das „Vermächtnis“ einer Tochter an ihren Vater steht, bedeutet geradezu eine Perversion, jedenfalls eine völlig Verkehrung der gewöhnlichen Verhältnisse, in denen es um das „Besitzverhältnis“ des Vaters gegenüber der Tochter geht.[51] Eine solche Umkehrung ist nur im utopischen Raum der Literatur möglich. Man wird also sagen können: Arabella ist ein Vermächtnis weniger Miss Sara Sampsons als vielmehr des gleichnamigen Dramas. Und tatsächlich ist es die Literatur, nicht etwa das Leben, in der solche reibungslosen Substitutionen wie hier vollzogen werden können, wo Tochter für Tochter ersetzt wird und störende Väter sich diesem Prinzip opfern, das eher ein weibliches denn ein väterliches ist: ein Vermächtnis der Tochter. Der schöne Altar („ara bella“), auf dem hier geopfert wird, ist die Literatur selbst. Sara Sampson ist aber nicht nur die Tochter Sir William Sampsons, genauer: das ist sie ja am Ende gar nicht mehr, sie ist auch und vielmehr Tochter eines intertextuellen Zusammenhangs, gewissermaßen des „fam'd old Song, that bears her Name“.

Lillos und Lessings Texte lassen sich so deuten, dass sie jenseits und diesseits einer Unterscheidung stehen: derjenigen zwischen heteronomer und faktisch

48 Lessing: „Miß Sara Sampson“, S. 61 (III, 7).
49 Lessing: „Miß Sara Sampson“, S. 21 (I, 7).
50 Lessing: „Miß Sara Sampson“, S. 100 (V, 11).
51 Vgl. Stephan: „‚So ist die Tugend ein Gespenst‘“, S. 12.

recht weitgehend autonomer Literatur (die zwar dem Buchstaben nach noch im Dienste der Moralphilosophie, ja Theologie steht, sich unter der Hand und dem Geiste nach aber bereits ziemlich verselbständigt hat – worin sich etwa Lessings Texte von denen Gottscheds oder Gellerts unterscheiden). Der ökonomischen Moral und moralischen Ökonomie der Verknappung, wie sie bei Lillo herrschen, setzt Lessings Text eine Fülle entgegen, die Gift ist für phallogozentrische Eindeutigkeit. „Gifft" aber, so kann man in Zedlers *Grossem vollständigen Universal-Lexicon, dem* Kodex der zeitgenössischen Bildung, lesen, „heißt Gabe, daher Mit-Gifft";[52] das heißt, die Fülle der Bedeutung ist die Mitgift des Zitats.

Freilich setzt diese Dichotomie zwischen Lessing und Lillo, wie alle Komplexitätsreduktionen auf dem Feld der Literatur, voraus, dass man etwas überliest: Das Gift der Uneindeutigkeit durchwirkt auch Lillos Drama, wenn etwa die Briefe, mit denen die Verkopplung von Ökonomie und Moral bezeugt werden soll, vor allem die Tatsache belegen, dass mit zweierlei moralischem Maß gemessen wird. Das aber kann immerhin als Mimesis sozialer Realität gelten, Lessings Allegorie des personalisierten Gabentauschs ist am Ende vor allem eines: Literatur aus und über Literatur.

Literaturverzeichnis

Feldmann, Doris: „Peace as the Result of ‚the Method of the Merchandise': Ideological Warfare in George Lillo's *The London Merchant*". In: *Guerres et paix: la Grande-Bretagne au XVIIIe siècle.* Hg. v. Paul-Gabriel Boucé. Paris 1998, S. 293–302.

Fick, Monika: *Lessing-Handbuch. Leben, Werk, Wirkung.* 3. Auflage. Stuttgart, Weimar 2010.

Grimm, Jacob und Wilhelm Grimm: *Deutsches Wörterbuch.* Bd. 3. E – Nachdruck der Erstausgabe 1862. München 1984.

Grosses vollstaendiges Universallexikon aller Wissenschaften und Kuenste, welche bishero durch menschlichen Verstand und Witz erfunden wurden. Hg. v. Johann Heinrich Zedler. Nachdruck der Ausgabe 1732–1752. Bd. 10: G–Gl. Graz 1961.

Guthke, Karl S.: *Das deutsche bürgerliche Trauerspiel.* Stuttgart 1972.

Hart, Gail K.: *Tragedy in Paradise. Family and Gender Politics in German Bourgeois Tragedy 1750–1850.* Columbia, SC 1996.

Hillen, Gerd: „Erläuterungen zu Band 2". In: *Gotthold Ephraim Lessing: Werke.* In Zusammenarbeit mit Karl Eibl, Helmut Göbel u. a. hg. v. Herbert G. Göpfert. Bd. 2. Trauerspiele. Nathan. Dramatische Fragmente. München 1971, S. 687–791.

52 *Grosses vollstaendiges Universal-Lexicon aller Wissenschaften und Kuenste, welche bishero durch menschlichen Verstand und Witz erfunden wurden.* Hg. v. Johann Heinrich Zedler. Nachdruck der Ausgabe 1732–1752. Bd. 10: G–Gl. Graz 1961, Sp. 1455.

Kristeva, Julia: „Bachtin, das Wort, der Dialog und der Roman“. In: *Literaturwissenschaft und Linguistik. Ergebnisse und Perspektiven.* Hg. v. Jens Ihwe. 3 Bde. Frankfurt a. M. 1972, Bd. 3, S. 345–375.
Lessing, Gotthold Ephraim: *„Miß Sara Sampson. Ein Trauerspiel in fünf Aufzügen“.* In: ders.: *Werke.* In Zusammenarbeit mit Karl Eibl, Helmut Göbel u. a. hg. v. Herbert G. Göpfert. Bd. 2. Trauerspiele. Nathan. Dramatische Fragmente. München 1971, S. 9–100.
Lillo, George: *Der Kaufmann von Londen oder Begebenheiten Georg Barnwells. Ein bürgerliches Trauerspiel.* Übersetzt von Henning Adam von Bassewitz (1752). Kritische Ausgabe mit Materialien und einer Einführung. Hg. v. Klaus-Detlef Müller. Tübingen 1981.
Lillo, George: *„The London Merchant: or, the History of George Barnwell“.* In: *The Dramatic Works of George Lillo.* Hg. v. James L. Steffensen. Oxford 1993, S. 151–209.
Müller, Klaus-Detlef: „Textkritik, Materialien, Einführung“. In: *George Lillo: Der Kaufmann von Londen*, S. 79–150.
Müller, Lothar: „Das Drama des begabten Kindes. Das antibürgerliche Bürgertum: Nicht um eine Generation geht es in ‚Axolotl Roadkill‘, sondern um ein Milieu“. In: *Süddeutsche Zeitung.* Nr. 45. 24. Februar 2010, S. 11.
Stephan, Inge: „‚So ist die Tugend ein Gespenst‘. Frauenbild und Tugendbegriff im bürgerlichen Trauerspiel bei Lessing und Schiller“. In: *Lessing Yearbook* 17 (1985), S. 1–20.
Vogl, Joseph: *Kalkül und Leidenschaft. Poetik des ökonomischen Menschen.* 3. Auflage. Zürich, Berlin 2008.
Wurst, Karin A.: *Familiale Liebe ist die ‚wahre Gewalt‘. Repräsentation der Familie in G. E. Lessings dramatischem Werk.* Amsterdam 1988.

Claudia Nitschke

Das natürliche System des Marktes

Lessings *Nathan der Weise* und Adam Smiths *Wealth of Nations*

Lessings *Nathan der Weise* wurde vor allem als „Humanitätsexempel“ (Thomas Berger) wirkungsmächtig; unter dieser offensichtlichen Bedeutungsschicht soll in der folgenden Analyse aber eine andere Ebene ins Zentrum gerückt werden, die eng mit den vieldiskutierten Konzepten von kommunikativem Austausch und Toleranz verbunden ist: nämlich die Homologie von moralisch kodierten *und* marktorientierten, wirtschaftlichen Austauschprozessen. Dabei gerät vor allem eine *performative* Beglaubigungstechnik in den Blick, die beiden Bereichen zugrunde liegt: das Modell der Zirkulation. Bei dieser Vorstellung von Zirkulation handelt es sich um eine im 18. Jahrhundert vorherrschende Kategorie der Analyse,[1] die bei Adam Smith etwa die Voraussetzung für sein Konzept vom selbst regulierenden Markt darstellt – der Verfasser von *Theory of Moral Sentiments* legt in *Wealth of Nations* eine unter anderem am *self interest* ausgerichtete Theorie des Marktes vor, die – so wurde, verdichtet im sogenannten Adam-Smith-Problem, moniert – grundsätzlich mit seiner Vorstellung von moralischen Konzepten (etwa der „Sympathy“) kollidiere.

In *Nathan der Weise* liegt nun gewissermaßen eine Verknüpfung beider Ansätze vor, die modifizierte moralische Prämissen an das Prinzip des zirkulierenden Austauschs knüpft und gleichzeitig mehreren Orts explizit auf die Funktion und Bedeutung des Geldes verweist.

Die für die Gesellschaft insgesamt förderlichen Aspekte dieses Markt-Konstrukts sind bei Smith konkret auf die ökonomischen Entwicklungen bezogen und werden in Abgrenzung zu anderen ökonomischen Theorien (wie etwa dem Merkantilismus) entwickelt. Bei Lessing dagegen stehen auf den ersten Blick Inhalte und moralische Verhaltenskodizes im Zentrum; dass es sich bei Nathan um einen Kaufmann handelt, nimmt zunächst einmal anachronistisch Bezug auf Lessings Gegenwart und die zeitgenössischen Standeserwartungen, die sich an die bürgerlichen Kaufleute richteten: „Es waren die speziellen Tugenden des Kaufmanns,

---

1 Auf die Zirkulation als eine zentrale Analysekategorie der frühneuzeitlichen Wissenschaft verweisen besonders Harald Schmidt und Marcus Sandl in ihrem Sammelband *Gedächtnis und Zirkulation: Der Diskurs des Kreislaufs im 18. und frühen 19. Jahrhundert*. Göttingen 2002, auch besonders den Beitrag Sandls zu „Zirkulationsbegriff und kameralwissenschaftliche Wissensordnung“, S. 63–79.

die als Inbegriff bürgerlicher Tugenden verstanden und eingefordert wurden: Nüchternheit, Rechtschaffenheit, Genauigkeit, Sparsamkeit, Ehrlichkeit."[2]

Zudem stellt der „Agent des Geldes" (Daniel Fulda) als Synekdoche (hier im Sinne eines das Ganze legitimierenden Teilaspektes) oder eben als verbindendes Glied zwischen der bürgerlichen Wertewelt und der Welt des Geldes eine der wichtigen Berufsgruppen für den moralischen Selbstentwurf des Bürgertums dar.[3] Literarisch wird dies sicherlich auf besonders nachdrückliche und wirkungsmächtige Weise durch George Lillos *The London Merchant* exemplifiziert, insofern das Stück die Werte des Standes und seine politische Bedeutung *in extenso* vorführt. Die Vernetzung mit der politischen Welt wird nicht nur eingangs durch eine (der eigentlichen Handlung vorgeschaltete) Szene geleistet: Wenn hier in einem Gespräch zwischen Thorowgood und Trueman beschrieben wird, wie das Bündnis zwischen der Bank von Genua und dem spanischen König unterlaufen wird. Denn „nach reiflicher Überlegung der Sachen und Erwägung ihres wahren Vorteils, haben der Rath und die Bank zu Genua die Freundschaft der londenschen Kaufleute der Freundschaft eines Monarchen vorgezogen" und dadurch „viel Geld" und „viel Blut" „ersparet".[4] Das symbolische Kapital der „londenschen" Kaufleute wird auch international zu einer diplomatiegeschichtlichen Komponente, die den „glückliche[n] Ausgang" bedingt, so dass sich hier in der fiktionalen Realität Joseph Addisons Diktum „there are no more useful Members in a Commonwealth than Merchants"[5] in eindrucksvoller Pragmatik bestätigt. Königin und Kaufmannschaft greifen dabei ineinander wie die Räder einer gut geölten Maschine und bleiben explizit auf das Essentielle bezogen: „Die Liebe ihrer Unterthanen", so heißt es eben über die Königin, „ist ihr reichster Schatz, die Glückseligkeit derselben ihr gröster Ruhm." (KL 8) Der letzte Zweck der Politik und des Handels wird in diesem Satz eindeutig festgelegt. Die Einbettung und Verflochtenheit mit der gesellschaftlichen Realität wird ebenso deutlich mit Blick auf die rechtliche Strafverfolgung. Das moralische Versagen ist in *The London Merchant* nicht zufällig in juristische Termini übersetzbar und damit justiziabel. Die

---

2 Müller, Klaus-Detlef: „Kaufmannsethos und Kaufmannsstand im deutschen Drama des 18. Jahrhunderts". In: *Begegnungen. Bühne und Berufe in der Kulturgeschichte des Theater.* Hg. v. Ariane Martin und Nikola Roßbach. Tübingen 2005, S. 143–158, hier S. 143.

3 Zu den moralischen Wochenschriften in Deutschland vgl. Martens, Wolfgang: *Die Botschaft der Tugend. Die Aufklärung im Spiegel der deutschen Moralischen Wochenschriften.* Stuttgart 1968.

4 Hier zitiert nach der Übersetzung von Henning Adam von Bassewitz: Lillo, Georg: *Der Kaufmann von Londen oder Begebenheiten Georg Barnwells.* Ein bürgerliches Trauerspiel. Übersetzt von H.A.v.B. Kritische Ausgabe mit Materialien und einer Einführung. Hg. v. Klaus-Detlef Müller. Tübingen 1981, S. 8. Im Folgenden als KL und der entsprechenden Seitenzahl zitiert.

5 Addison, Joseph: *The Spectator* 69 (19.5.1711), hier zitiert nach der Ausgabe von Bond, Donald F. (Hg.): *The Spectator.* Bd. 1. Oxford 1965, S. 296.

letzte, von Clément de Genève und dann auch von Henning Adam von Bassewitz[6] gestrichene Szene auf dem Schafott spielt die Handlung konsequent in den Bereich einer staatlichen Öffentlichkeit zurück.

Während in *The London Merchant* also ein moralischer Kodex benannt und überzeugend praktiziert wird – zum Schluss eben tatsächlich durch eine externalisierte, staatliche Jurisdiktion –, werden diese klar differenzierbaren Aspekte von Moral und staatlicher Richtbarkeit in Lessings *Nathan* auf einer symbolischen Ebene zusammengeführt, insofern die *dramatis personae* sowohl funktional relevante Rollen verkörpern (am deutlichsten natürlich mit dem Sultan als Souverän) als auch Menschen sind.

Im Folgenden geht es sowohl um die konstellativen als auch um die performativen Implikationen des Stückes, die in einer hier entscheidenden Konvergenzinsinuierung von zwei analogen Formen der Zirkulation kulminieren: Geld und Moral. Zum einen muss die Frage gestellt werden, welche analytische Funktion die inhaltliche Konstellation der *dramatis personae* (besonders zentral hier natürlich auch, warum in Lessings Stück ein Kaufmann zum Dreh- und Angelpunkt des Geschehens wird) mit Blick auf die zeitgenössische Gegenwart hat;[7] zum anderen ist die spezifische Qualität der Dialoge in *Nathan* Gegenstand der Untersuchung – inwiefern bildet sich in ihnen die besondere, moderne Qualität eines Zirkulationsmodells ab, das sich bereits in Adam Smiths *Wealth of Nations* in einem sehr unmittelbaren Sinne als Voraussetzung des freien Marktes und dem damit einhergehenden Wohlstand/Wohlbefinden (*wealth*) der Nationen gedacht wird?

Prämisse: Fiktion und Spiel

Sowohl die konstellativen als auch die performativen Darstellungsstrategien werden ergänzt von der beständigen Selbstreferentialität des Stückes, das durchgehend einen Repräsentationsanspruch mit einer „Spiel"-Metaphorik verbindet. Das geschieht allerdings in diesem Fall nicht mit einem illusionsdurchbrechenden Gestus, sondern verifiziert das „Gespielte" in seinem repräsentativen

---

6 Zu einem genauen Überblick der Veränderungen, die zunächst Clément und dann Bassewitz vorgenommen hat, vgl. Müller, *Der Kaufmann von Londen*, S. 87–112. Vgl. auch Jürgen von Stackelbergs Kapitel zu *Der Kaufmann von Londen* in: *Übersetzungen aus zweiter Hand. Rezeptionsvorgänge in der europäischen Literatur vom 14. bis zum 18. Jahrhundert*. Berlin, New York 1984, S. 144–162. Stackelberg sondiert die jeweils kontextuellen Gründe für Streichungen und Veränderungen, besonders mit Blick auf die französische Übersetzung.

7 Vgl. dazu den letzten Abschnitt.

Gehalt. Das umständlich und langwierig zelebrierte Schachspiel gehört zu dieser *mise en abyme*, insofern der Sultan mit seiner Schwester das strategische „Königsspiel“[8] um Geld spielt und somit *en miniature* spielerisch eine Aufgabe versieht, die ihm als Sultan realiter zukommt. Seine spezifische Technik, die Schwester gewinnen zu lassen, Großzügigkeit also im Kontext einer vorgeblich verlorenen Strategie taktisch zu implementieren, führt bereits im Spielkontext auf eine weitere Meta-Ebene, die im Stück Spiel und Realität fest verbindet, insofern die eigentlichen Spielziele in der Realität verortet sind. Die interpretatorischen Folgen dieses strategischen Altruismus sind fraglos vielfältig, hier geht es aber zunächst um die ostentative Fortführung des Spieles in der Wirklichkeit, ja die Verlagerung des eigentlichen Spiel-Zieles in die fiktive Realität des Stückes.

Explizit wird der Abgleich von der Realität und ihrer mimetisch-poietischen Wiedergabe im Narrativ ausgerechnet vom Patriarchen eingefordert, der ja inmitten der von den anderen Figuren unterschiedlich verkörperten Tugendvariationen durchgehend eine moralisch unvorteilhafte Figur macht. Der Patriarch mahnt einen Unterschied zwischen Realis und Irrealis an, indem er das vom Tempelherren als hypothetisch formulierte Dilemma vor allem in seiner konkreten Modalität benannt wissen will:

PATRIARCH Mich schaudert! – Doch zu allererst
Erkläre sich der Herr, ob so ein Fall
Ein Faktum oder eine Hypothes'.
Das ist zu sagen: ob der Herr sich das
Nur bloß so dichtet, oder obs geschehn,
Und fortfährt zu geschehn.
TEMPELHERR Ich glaubte, das
Sei eins, um Euer Hochehrwürden Meinung
Bloß zu vernehmen.
PATRIARCH Eins? – Da seh der Herr
Wie sich die stolze menschliche Vernunft
Im Geistlichen doch irren kann. – Mit nichten!
Denn ist der vorgetragne Fall nur so
Ein Spiel des Witzes: so verlohnt es sich
Der Mühe nicht, im Ernst ihn durchzudenken.
Ich will den Herrn damit auf das Theater
Verwiesen haben, wo dergleichen pro
Et contra sich mit vielem Beifall könnte
Behandeln lassen. – Hat der Herr mich aber
Nicht bloß mit einer theatral'schen Schnurre

8 Vgl. dazu etwa Adelung, Johann Christoph: *Grammatisch-kritisches Wörterbuch der hochdeutschen Mundart. Mit beständiger Vergleichung der übrigen Mundarten.* Bd. 3. Rev. und berichtiget von Franz Xaver Schönberger. Wien 1808, Sp. 1313–1314.

Zum besten; ist der Fall ein Faktum; hätt'
Er sich wohl gar in unsrer Diöces',
In unsrer lieben Stadt Jerusalem,
Ereignet: – ja alsdann –[9]

Aus einer solchermaßen vom Patriarchen disqualifizierten, mäeutisch exekutierten Erörterung des Pro und Contra besteht nun freilich das gesamte Stück. Bei dieser Anklage allerdings legt es der Text keineswegs auf die Demonstration der Scharfsinnigkeit des Patriarchen an: Denn in einer vollständigen, performativen Inversion der pragmatischen Handlungsmaxime („so verlohnt es sich / Der Mühe nicht, im Ernst ihn durchzudenken") reagiert der Patriarch, indem er das „rein" hypothetische „Problema" kurzerhand in ein mögliches Faktum transformiert (und in der Angelegenheit sogar einen Kundschafter aussendet). Auf diese Weise reduziert er die Komplexität der fiktiven Situation auf ein realiter vorgegebenes Handlungsparadigma: „Tut nichts! der Jude wird verbrannt!" Genau in dieser ideologischen Haltung erweist er sich als unfähig, sympathetisch auf den individuellen Fall einzugehen, womit die Verweigerung korrespondiert, sich auf die Fiktion einzulassen.

Die emotionale Einbindung und interessengesteuerte Entkoppelung wird folglich indirekt zum entscheidenden Kriterium und Vorteil des Fiktionalen. *Ex negativo* wird das Fiktionale zu einer Welt, in der nuancierte und interessenentkoppelte Urteile denkbar werden. Es sei an dieser Stelle auch vermerkt, dass der Text hier nicht stehen bleibt, sondern Nathans dezidierte Stellung gegen „kalte Buchgelehrsamkeit" in einem umfänglichen Dialog zwischen Recha und Sittah überdeutlich integriert, wenn Recha bekennt, kaum lesen zu können und das meiste von ihrem Vater selbst gelernt zu haben: „In ganzem Ernst. Mein Vater liebt / Die kalte Buchgelehrsamkeit, die sich / Mit toten Zeichen ins Gehirn nur drückt, / Zu wenig." (NW 615) Sittah muss anerkennen, dass sich auf diese Weise alles besser einpräge, insofern auf diese Weise „mit eins die ganze Seele" (NW 615) lerne. Im Gegenzug kann Recha sie für ihre trotz Buchstudiums aufrechterhaltene Natürlichkeit loben; deutlich wird in dieser Szene, die in gewisser Weise das Pendant zur indirekten Degradierung der Bühne durch den Patriarchen darstellt (insofern ein gedichtetes Spiel des Witzes die Mühe des „Durchdenkens" nicht verlohne), dass eine spezifische Relevanz des fiktionalen Mediums (hier Bühne und Bücher) eingefordert wird: Allerdings ist hier die Rezeptionshaltung und vor allem die angemessene Übertragung auf die Realität entscheidend – wenn die

9 Lessing, Gotthold Ephraim: „Nathan der Weise". In: *Werke 1778–1780*. Bd. 9. Hg. v. Klaus Bohnen u. Arno Schilson. Frankfurt a. M. 1993, S. 577. Im Folgenden zitiert unter NW mit der entsprechenden Seitenzahl.

interesselose Immersion im Medium der Fiktion eingefordert wird, so ist damit gleichzeitig auch der lebensweltliche Transfer des Gelernten als Bildungsprozess entscheidend.

In den immanenten Narrativen, den „Problemata", wie es der Patriarch fasst, liegt offensichtlich ein Zugriff zu einer prästabilisierten, moralisch klar geordneten Welt, in der das Eigeninteresse des Rezipienten im Sinne des Fiktionsvorbehalts automatisch zurücktritt.

Ideenzirkulation und Substantialisierung: Die Ring-Parabel

Die besondere Rolle Nathans als Kaufmann muss im Text ins Auge springen, zumal sie über die performative Funktion des Austausches im Text gestärkt wird: Dass beständig geschenkt, substituiert und getauscht wird, quasi auch mit „Ideen" gehandelt wird,[10] ist kaum zu übersehen. Die personelle Grundkonstellation des Stückes mit der Verschonung des Tempelherrn und der Adoption Rechas lässt sich ebenfalls dieser Tausch- bzw. Substitutionslogik subsumieren. Immerhin versteht Nathan seine adoptierte Tochter Recha als Kompensation für den tragischen Verlust seiner Ehefrau und seiner sieben Söhne, eine Überkreuzbewegung, die durch das Faktum verstärkt wird, dass die Familie Nathans verbrennt (genau wie Recha beinahe den Flammen zum Opfer fällt, aber durch den Tempelherrn gerettet werden kann). In der kunstvollen Erstattungs-Ökonomie des Dramas wird die von Christen ermordete Familie durch die Christin Recha restituiert, gleichzeitig wird Recha vor dem Flammentod durch einen „Christen", der sich als Moslem entpuppt, bewahrt. Die komplexen Überlebensvoraussetzungen wurden von der

10 So etwa bei Goetschel, Willi: „Nathan's Business". In: *Lessing Yearbook* 28 (1996), S. 105–123, hier S. 114: Goetschel „Nathan's new economics announces circulation and exchange as the new paradigm for the epistomological process of truth production." Besonders auch Schönert, Jörg: „Der Kaufmann von Jerusalem. Zum Handel mit Kapitalien und Ideen in Lessings *Nathan der Weise*". In: *Scientia Poetica* 12 (2008), S. 89–113 und Weidmann, Heiner: „Ökonomie der ‚Großmuth'. Geldwirtschaft in Lessings *Minna von Barnhelm* und *Nathan dem Weisen*". In: *Deutsche Vierteljahrsschrift* 68 (1994), S. 447–461. Aber etwa auch, mit Blick auf das grundsätzliche Modell des Schenkens: Jeffrey S. Librett, der vermerkt: „All gifts are bound up in an economy of circulating gifts". In: „Problematic generosity in *Nathan der Weise*". In: *Lessing Yearbook* 35 (2003), S. 35–53, hier S. 38. Susan E. Gustafon unterstellt dabei eine spezifische Sprachskepsis in: „Der Zustand des stummen Staunens. Language Skepticism in *Nathan der Weise* und *Ernst und Falk*". In: *Lessing Yearbook* 18 (1986), S. 1–19. Auffällig ist hier, dass bei allen spielerischen Hin- und Hertauschprozessen, die eigentliche Bedeutung als Signifikat unverändert bleibt.

Forschung umfassend in ihrer Bedeutung diskutiert. Den Prozessen der Ersetzung des Textes liegt dabei zwangsläufig eine Technik des Austausches zugrunde, dem wiederum, wie allen „Tauschverhältnissen", eine Wert-Vergleichbarkeit inhärent ist. Diese Werteökonomie bei Lessing wird allerdings in auffälliger Weise emotionalisiert, d. h. obwohl die Quantifizierung beibehalten wird, scheint doch der Grundmodus aller Entscheidungen eine emotionale Reaktion zu sein, die jene Austauschverrechnungen zugleich *ad absurdum* führt:

> Und ob mich siebenfache Liebe schon
> Bald an dies einz'ge fremde Mädchen band;
> Ob der Gedanke mich schon tötet, daß
> Ich meine sieben Söhn' in ihr aufs neue
> Verlieren soll. (NW 597)

Helmut J. Schneider hat ausführlich untersucht, wie etwa Kleist die vielen Substitutionsbewegungen aufgreift und – etwa in *Das Erdbeben von Chili* oder *Der Findling* – umakzentuiert.[11] Kleists ironischer Rekurs auf Lessings Substitutionslogik ist auf der einen Seite aufschlussreich, insofern er die rekurrente Technik des Austausches und der Rückerstattung in *Nathan* offenlegt; zugleich folgt die Tauschlogik bei Lessing dennoch anderen Prinzipien und muss textimmanent vor allem im Lichte einer individualisierenden Substantialisierung betrachtet werden. Das „Schenken" ist motiviert durch Liebe, genauso werden auch vom Schicksal oktroyierte Verluste und Kompensationen in einem ähnlichen Modus akzeptiert und aufgewertet.

Die Ringparabel bietet eine für das gesamte Stück maßgebliche Vorlage für diesen Prozess der Substantialisierung, mit der die Prinzipien der Wertallokation auf zwei Ebenen (in der Binnenerzählung und im rahmenden Dialog zwischen Nathan und dem Sultan) erprobt werden. Bereits der einleitende Monolog Nathans verknüpft die beiden hier entscheidenden Aspekte, nämlich „Geld" und „Wahrheit":[12] „Ich bin / Auf Geld gefaßt; und er will – Wahrheit. Wahrheit! / Und will sie so, – so bar, so blank, – als ob / Die Wahrheit Münze wäre!" (NW 554) Nathan stellt dann bezeichnenderweise fest, dass dieser unerwartete Transfer wohl mit einer gewogenen „uralte[n]" Münze noch „ginge"; mit der neuen Münze aber, die „nur der Stempel" macht, allerdings „doch nun nicht" (NW 554). Der Sultan wird im Zuge dieses Vergleichs zum jüdischen Schuldeneintreiber, der „in Kopf / Auch

---

11 Schneider, Helmut Jürgen: „Geburt und Adoption bei Lessing und Kleist." In: *Kleist-Jahrbuch* 2002, S. 21–41.

12 Vgl. zu „Lessing's Numismatics" auch Shell, Marc: *Money, Language, and Thought. Literary and Philosophical Economies from the Medieval to the Modern Era.* Berkeley, Los Angeles, London 1982, S. 15–162.

Wahrheit" einstreiche. Der Wert der abgewogenen Münze verbürgt Wahrheit in diesem Sinne besser als der vereinbarte Wert der Währung, insofern er zugleich den Wert verkörpert. Die neue Münze, „die nur der Stempel" (NW 554) macht, erlaubt zwar – so die Definition von Geld[13] – eine interregionale und intertemporale Kaufkraft; Nathans eigener Verweis auf die Zeitachse mit Blick auf die Dichotomie alte/neue Münze verweist aber zugleich auf das potentiell Problematische der Geldfunktion: Im Gegensatz zur genau abgewogenen Münze, bei der Nominalwert und Realwert koinzidieren, können bei der modernen Münze theoretisch beide Werte auseinander treten. Die Erzählung selbst ist nun als Anweisung auf Wahrheit strukturanalog zu einer Münze angelegt, wobei zunächst offen bleibt, ob es sich dabei um die alte oder die neue Form der Wertzuweisung handelt.

In Boccaccios dritter Erzählung in *Das Dekameron*, die Lessing seiner Ring-Parabel zugrunde legt, wird nun der hier entscheidende Ring zu einem Herrschaftssymbol:

> Um diesen seinem Werthe und seiner Schönheit nach zu ehren und ihn auf immer im Besitz seiner Nachkommen zu erhalten, ordnete er an, daß derjenige unter seinen Söhnen, der den Ring, als ihm vom Vater übergeben, vorzeigen könnte, für seinen Erben gelten und vor allen anderen als der vornehmste geehrt werden sollte.[14]

Die Schönheit und der Wert des Ringes repräsentiert und indiziert das Herrschaftsvorrecht des so privilegierten Erben. Nathans Geschichte verfährt deutlich anders, denn hier ist der Ring nicht nur ein prominentes Schmuckstück, das die inhärente Tugendhaftigkeit des bevorzugten Sohnes auch äußerlich widerspiegelt, sondern er trägt zusätzlich zu genau dieser Gottgefälligkeit bei:

> Vor grauen Jahren lebt' ein Mann in Osten,
> Der einen Ring von unschätzbarem Wert'
> Aus lieber Hand besaß.
> Der Stein war ein
> Opal, der hundert schöne Farben spielte,
> Und hatte die geheime Kraft, vor Gott
> Und Menschen angenehm zu machen, wer
> In dieser Zuversicht ihn trug. (NW 555–556)

---

13 In der Ringparabel werden wesentliche Aspekte der Geldfunktion vorausgetzt. Die historischen Entwicklungen, Ereignisse und Diskurse (u.a. auch bei Adam Smith) erweisen sich allerdings als weitaus komplexer: Vgl. dazu im Überblick North, Michael: *Das Geld und seine Geschichte. Vom Mittelalter bis heute.* München 2009; Schnaas, Dieter: *Kleine Kulturgeschichte des Geldes.* München 2010.

14 Zitiert nach den Quellen in: Lessing: *Werke 1778–1780*, S. 1155.

Der „unschätzbare" Wert übersteigt wertehierarchisch noch die „Kostbarkeit" von Boccaccios Ring; überdies wird eine Überlieferungsgeschichte angedeutet, die den Erwerb des Ringes personalisiert, insofern der Mann ihn aus „lieber Hand" erhalten hat. Die Annahme einer „geheime[n] Kraft" weicht am deutlichsten von der Insignienfunktion in Boccaccios Geschichte ab. Die hier unterstellte Reziprozität greift auf psychologisierte Parameter zurück, scheint aber zugleich marktwirtschaftliche Tauschgesetzlichkeiten zu reproduzieren; bereits der ursprüngliche Erhalt des Ringes gibt dabei eine emotionalisierte Richtung vor. Den Ring tragen darf der „geliebteste" Sohn; mit diesem Kapital, der vom Ring bestätigten väterlichen Liebe, wird die „geheime Kraft" des Ringes aktiviert, die den Träger vor „Gott und Menschen" angenehm macht. Denn nur unter der Prämisse des Vertrauens in die Kraft des Ringes kann dieser seine hier als magisch verstandene Funktion erfüllen, die der Richter als die entscheidende des Ringes erkennt und benennt. In Lessings Ringerzählung wird somit der gefühlsmäßige Mehrwert entscheidend. Der Liebesvorschuss erbringt die emotionalen Zinsen, von denen der Erbe schließlich profitiert.[15]

Der Vater in der Geschichte, der in „frommer Schwachheit" jedem der drei Söhne den Ring verspricht und keinen „kränken" will, greift zu der bereits bei Boccaccio vorgegebenen Taktik und bestellt zwei weitere Ringe, die er zu seiner großen Freude nicht von dem ursprünglichen unterscheiden kann. Während also der Vater die paradoxe Verdreifachung des Singulären „froh und freudig" (NW 557) zur Kenntnis nimmt, stehen die Brüder, die den Ring primär als Erbfolgeregelung verstehen, damit vor einem Problem: „Kaum war der Vater tot, so kömmt jeder / Mit seinem Ring', und jeder will der Fürst / Des Hauses sein." (NW 557)[16]

Bei Boccaccio wird die Frage nicht gelöst und die finale Schlussfolgerung kann nur lauten, dass der echte Ring existieren mag, allerdings nicht identifiziert werden kann: „Da sich nun ergab, daß die Ringe einander so ähnlich waren, daß niemand erkennen konnte, welcher der echte sei, blieb die Frage, welcher von ihnen des Vaters echter Erbe sei, unentschieden, und bleibt es noch heute."[17]

Lessings Richter nun bestreitet dagegen auf der Basis der Wunderkraft, dass überhaupt einer der Ringe der „rechte" sei, da ja keiner der drei Brüder von den anderen mehr geliebt werde. Aus dem unidentifizierbaren wahren Ring werden drei potentiell falsche. Denn sie verkümmern zur dreifachen Beanspruchung eines

---

15 Vgl. dazu auch den Beitrag von Thomas Martinec in diesem Band.

16 Brüder und Vater rechnen also in Währungen, die nicht ineinander konvertierbar sind: Der Vater in durchaus gutgemeinter („fromme[r]", NW 556) Schwachheit akzentuiert seine Liebe, für die seiner Meinung nach der Ring steht; die Brüder dagegen verstehen den Ring als testamentarische Anweisung auf eine alleinige Vorherrschaft im Haus.

17 Ebd., S. 1156.

Nominalwertes, der durch den Realwert nicht eingelöst werden kann. Insofern keiner die Wunderkraft zu besitzen scheint, sich beliebt zu machen, ist die Reziprozität des Mediums irreversibel beschädigt:

> Doch halt! Ich höre ja, der rechte Ring
> Besitzt die Wunderkraft beliebt zu machen;
> Vor Gott und Menschen angenehm. Das muß
> Entscheiden! Denn die falschen Ringe werden
> Doch das nicht können! – Nun; wen lieben zwei
> Von euch am meisten? – Macht, sagt an! Ihr schweigt?
> Die Ringe wirken nur zurück? und nicht
> Nach außen? Jeder liebt sich selber nur
> Am meisten? – O so seid ihr alle drei
> Betrogene Betrieger! Eure Ringe
> sind alle drei nicht echt. Der echte Ring
> Vermutlich ging verloren. (NW 558–559)

Was der Richter also vorzuschlagen versucht, ist eine Wertentkopplung im Sinne der Werterhaltung. Die Aura der Echtheit des Ringes muss sich an dem Träger manifestieren, sie wird ablesbar an seiner angenehmen Wirkung auf die anderen – Person und Ring entsprechen sich genau in dieser Qualität, sie bilden eine substantielle Einheit. Der Ring erkennt das „Angenehme“ an und bringt es dadurch in verstärktem Maße hervor. Das Moment des Wachstums gehört damit als Kontrollmechanismus integral zu Lessings Adaption der Ring-Parabel und bestimmt auch die moralische Verhaltensempfehlung, die der Richter schließlich mit Blick auf die „Währung“ Ring ausspricht:

> Hat von
> Euch jeder seinen Ring von seinem Vater:
> So glaube jeder sicher seinen Ring
> Den echten. –
> Möglich; daß der Vater nun
> Die Tyrannei des Einen Rings nicht länger
> In seinem Hause dulden wollen! – Und gewiss,
> Daß er euch alle Drei geliebt und gleich
> Geliebt: indem er zwei nicht drücken mögen,
> Um Einen zu begünstigen. – Wohlan!
> Es eifre jeder seiner unbestochnen
> Von Vorurteilen freien Liebe nach!
> Es strebe von euch jeder um die Wette,
> Die Kraft des Steins in seinem Ring’ an Tag
> Zu legen! komme dieser Kraft mit Sanftmut,
> Mit herzlicher Verträglichkeit, mit Wohltun,

Mit innigster Ergebenheit in Gott,
Zu Hülf'! (NW 559)

Die reproduzierten Ringe haben zwar einen klaren substantiellen Gegenwert – allerdings nicht den, den die Brüder in ihnen zu sehen versuchen.[18] Da sie unfähig sind, den Realwert zu erkennen, der in der Liebe des Vaters besteht, verlieren alle Ringe im Grunde ihre Anweisungsqualität. Weder kann einer der Brüder die „Tyrannei" aufrechterhalten und den Besitz antreten, noch zeichnet sich einer vor dem anderen durch die garantierte Liebenswürdigkeit aus.[19] Analog zur Geldfunktion formuliert: Die Brüder verstehen die Funktion des Ringes vor allem „Zahlungsmittel", während der Vater in der Reproduktion des Ringes die Wertmessfunktion (hier als emotionale Verbindlichkeit) akzentuiert. Diesen vom Vater etablierten Wert behalten die Ringe bei, auch wenn sie sich im Falle der Vorherrschaft im Haus nicht als „Zahlungsmittel" eignen. Die Lehre ist eine (zusätzlich im Hinweis auf Gott metaphysisch abgesicherte) substantialisierte. Nur der Gott wohlgefällige Sohn kann den Liebesvorschuss des Vaters decken und den damit implizierten Verhaltenserwartungen entsprechen; erst dadurch kann die immanente Eigenschaft des Ringes aktiviert und die emotionalen Zinsen angesammelt werden. Der Ring indiziert primär die paternale Liebe (nicht aber den singulären Anspruch an Macht oder materiellen Reichtum) und kann auf diese Weise legitim reproduziert werden: Sie wird dadurch nicht weniger.

In ähnlicher Weise wie der Ring wird nun auch die gesamte Erzählung Nathans explizit als Münze präsentiert; ihren Wert zu bestimmen, ist der Sultan

---

18 Insofern Nathan selbst seine Ringerzählung mit der Equation von Wahrheit und alter Münze einleitet, fällt zunächst die Ringvervielfältigung ins Auge. Denn im Grunde ist der rechte entweder verloren oder unerkannt. Damit gleicht er auffällig der neuen Münze, bei der nur noch der Aufdruck verrät, welchen Nominalwert sie beansprucht.

19 Vgl. dazu auch Weidmann: Ökonomie der ‚Großmuth', S. 449: „Diese neuen Züge, die Lessing in die alte Geschichte von den drei Ringen eingeschrieben hat, decken sich mit einigem, was wir inzwischen wissen von Geldwirtschaft: daß Geld kein Gegenstand ist, daß ein Geldstück das, was es gilt, natürlich nicht selbst wert sein, daß es aber auch nicht einmal durch ein echtes, wertvolles Original gedeckt sein muß, weil die Illusion eines solchen vollkommen genügt; daß Geld darum einen Wert hat, weil alle ihm diesen Wert zutrauen [...] und also ohne jenen ‚psychologischen' Effekt nicht auskommt." Weidmann bezieht sich auch auf Max Webers *Protestantische Ethik* und Adam Smith's *Wealth of Nations*, beides wird für ihn am Ende der Ringparabel evoziert. Auch für Weidmann gehen, wie im Folgenden argumentiert, Eigennutz und Gemeinsinn zusammen: Er versteht Großmut als Utopie im 18. Jahrhundert, „die sich in einer von außen bald nicht mehr zu erschütternden Realität zuinnerst einnistete; eine Hoffnung, die genau an jener zentralen Stelle des ökonomischen Systems entsprang, wo sich seither die ödeste Illusionslosigkeit breitgemacht hat, dort nämlich, wo sich irgendein Engagement für den anderen mit irgendeinem Eigeninteresse deckt." (S. 460–461) aufgerufen. Saladin (eigentlich entschlossen, den als geizig stereotypisierten Juden ein wenig zu necken) akzeptiert die von Nathan dargebotene Währung als weitaus „wertvoller“ als das ursprünglich spielerisch Anvisierte. Die Engführung von Münze, Wahrheit, Emotion und den mit allen drei Aspekten verbundenen inkrementellen Wachstumskonzepten ist dabei auch für die zentrale Parabel des Textes entscheidend. Anweisung und Substanz werden hier als (mindestens) identisch eingeführt, ja die „neue Münze“ erlaubt hier laut Sultan sogar eine Substanzsteigerung. Damit wird, um wieder auf Nathans Münz-Metapher in seinem Eingangsmonolog zu dieser Szene zurückzukommen, der Erzählung mehr Wert zugesprochen als ursprünglich vom Sultan eingefordert (anders als es mit der gewogenen alten Münze möglich wäre, die ihren Wert ja realiter verkörpert), insofern ihre Wahrheit als Realwert den eingeforderten Nominalwert noch übersteigt.[20]

Welche Schlussfolgerungen aber ergeben sich aus dem Changieren zwischen extradiegetischer Rahmung und Ringparabel? Was bedeuten diese umständlich erzeugten, mehrschichtigen Parallelisierungen mit Blick auf die Axiologie des „Geldes“?

Erhellend für den Inhalt der Parabel ist zum einen das performative Element, nämlich das Gespräch, das die Ringparabel rahmt und sich als einschlägig für das gesamte Stück erweist. Es folgt der edukativen Dynamik des als-ob, einer oben beschriebenen Art der Fiktion, die den Gesprächspartner hypothetisch für das inhärent Offensichtliche erwärmt. Der Austausch der verschiedenen Positionen und Argumente im Stück wird im Kontext der Ringparabel explizit mit der Geldzirkulation analogisiert. *Nathan der Weise* akzentuiert also – bei aller möglichen und offensichtlichen textimmanenten Kritik an Protagonisten, Situationen[21] etc. – auch auffällig einen Aspekt von Geld, bei dem es um Reziprozität, Austausch und Wertanreicherung geht.

Wichtig ist dabei zum zweiten, dass diese Form des Austausches und der Ideenzirkulation im ganzen Stück unter der Prämisse der Substantialisierung erfolgt, insofern alle Dialoge an einen evidenten Sinn geknüpft werden, der am Ende jedes Schlagabtausches als gültig akzeptiert, ja vielmehr als gültig „erkannt“ wird. Die Verhandlungstechniken, die Daniel Fulda überzeugend an Konzepte des

---

20 Vgl. dazu Goetschel: „Nathan's prologue to the ring Märchen thus announces the transformation, or if you wish, transaction in which intrinsic value becomes a functional currency.“ Goetschel: Nathan's Business, S. 112.

21 Darunter fallen etwa die Verschwendungssucht des Sultans, seine Kriegspläne etc.

Homo politicus im 17. Jahrhundert anlehnt,[22] erweisen sich dabei zugleich als wahrheitsausgerichtet – der Realwert aller (schau)spielerisch und (oft mit Lehrabsicht) überzogen dargebotenen Argumente ist somit „Wahrheit", alle anderen Vorstellungen werden in den Dialogen effizient entwertet.[23]

Die Wahrheit wird – hier setzt wiederum die autoreferentielle Komponente ein – zugänglich, erfahrbar über den verbalen Austausch, über die Fiktion, über die gleichermaßen erzeugte Distanz (die hilft, das Eigeninteresse auszusetzen) und Nähe (die über sympathetische Kategorien wie Mitleid eine emotionale Realität etabliert). Zirkulation von Ideen wird in diesem Sinne als uneingeschränkt positiv vorgeführt – dies allerdings unter dem in der Ringparabel expliziten (in der Binnenerzählung) und performativen (im rahmenden Dialog) Substanzvorbehalt. Dieser wird nicht angemahnt, sondern vielmehr in seiner Selbstläufigkeit vorgeführt. Alle Tausch- und Substitutionsprozesse führen bei Lessing schließlich zum harmonischen Schlusstableau, in dem die verstreuten Familienangehörigen wieder zusammenfinden. Die beständige Zirkulation von Wahrheit in *Nathan* ermöglicht (zusammen mit zahlreichen teleologisch und theologisch anschlussfähigen Glücks- und Zufällen) überhaupt erst das zunächst unwahrscheinliche Ende. Das Wirkliche und das Wahre nähern sich hier asymptotisch an.

Inhaltlich-pädagogisch wird auf diese Weise ein Prinzip aufgewertet, das sich als zentral auch für die „kommerzielle Gesellschaft" erweist. Zirkulation erscheint hier als „Ideenumlauf",[24] als ein inhaltlich fundierter Austausch, der sich wiederum an die eben entwickelte Hypothese des „Spiels" koppelt. Allen Situationen liegt eine ähnlich duale Spielhaltung zugrunde, sei es nun wirklich beim Schachspiel oder bei den vielen pädagogisch gelenkten Gesprächen. Das taktische Ziel, das Schauspiel oder das Streitgespräch zu gewinnen, verbindet sich mit dem eigentlichen, strategischen Interesse, dem anderen zu helfen; verabreicht wird in diesem Sinne „Arznei, nicht Gift" (wie Nathan Recha beruhigt, nachdem er sie – um sie von ihrem Engelsglauben zu kurieren – mit der Vorstellung erschreckt, der unbekannte Retter könne als Folge seiner Rettungsmaßnahme erkrankt sein, NW 497).

---

22 Fulda, Daniel: „‚Er hat Verstand; er weiß / Zu leben; spielt gut Schach.' Nathan der Weise als Politicus." In: *Aufklärung und Weimarer Klassik im Dialog.* Hg. v. Andre Rudolph u. Ernst Stöckmann. Tübingen 2008, S. 55–78.

23 Dies geschieht entweder im direkten Austausch oder indirekt durch Entlarvung wie etwa bei dem Patriarchen.

24 So hält es Manfred Koch für Goethe fest in „Zirkulation und wiederholte Spiegelungen. Kulturelle Gedächtnisbildung durch modernen Ideenumlauf in Goethes *Unterhaltungen deutscher Ausgewanderten.*" In: Schmidt u. Sandl (Hg.): *Gedächtnis und Zirkulation*, S. 167–187.

Beim Schachspiel zwischen Saladin und Sittah wird dieses Konzept am deutlichsten: Es drängt sich die Frage nach dem Spiel (das ja über die natürliche Begrenzung des Schachbrettes hinaus in die fiktive Realität ausgedehnt wird) und seinen Zielen auf – beide Spieler sind zwar daran interessiert, ihr Spielziel durchzusetzen; dieses fällt aber eben nicht notwendigerweise mit dem Schachmatt des Anderen zusammen. Schach wird zu einem Mittel, einer Spielmetapher, die aber nicht nur die Sphäre des Spiels und die fiktive Realität verbindet (in die ja der Spiel*zweck* exportiert wird), sondern auch die Überlagerung und Vertauschung zweier potentiell konträrer Prämissen ermöglicht, unter denen das Spiel zum einen als Zweck und zum anderen als Mittel betrachtet werden kann. Während Saladin das Spiel zu verlieren versucht, um Sittah den Spieleinsatz zu überlassen,[25] ist Sittah bemüht zu gewinnen, um den Hofstaat für ihren Bruder weiterhin heimlich finanzieren zu können. Beide wollen ihr „Spiel" mit allen Mitteln für sich entscheiden. Die Schachpartie bietet dazu nur noch Anlass und Fassade, ist aber nicht mehr Gegenstand des kompetitiven Verhaltens.

Der fassungslose Al-Hafi beschwert sich über diese Transgression, wenn er bei Nathan empört einwendet: Saladin habe ihm deutlich gemacht, dass er „nun einmal matt sein [wolle]; / Er wolle! Heißt das spielen? NATHAN Schwerlich wohl; / Heißt mit dem Spiele spielen." (NW 539)

Hier deutet sich die Koinzidenz an, die für den gesamten Text entscheidend ist: Die Entschlossenheit, das „Spiel" zu gewinnen, geht sowohl bei Sittah als auch bei Saladin Hand in Hand mit ihren *de facto* altruistischen Intentionen. Nicht nur im Kontext des Schachspiels dient das intensiv kultivierte Interesse, das auf die Erringung des taktischen (Sieg/Niederlage beim Schachspiel) und dadurch dann auch des strategischen Triumphes (pekuniäre Versorgung der Schwester/Finanzierung der Hofhaltung) ausgerichtet ist, einem Ziel, das sich einem dezidiert dem Interesse am Gegenüber, ja in Sittahs und Nathans Fall (aufgrund ihrer gesellschaftlichen Position) sogar dem Interesse am Allgemeinen verdankt.

Das topische Spielen greift so nämlich auch in den Gesprächen als empathischer Distanzmechanismus, d. h. es aktiviert das spielinhärente Interesse das Wortgefecht zu gewinnen, allerdings immer nur unter der inhaltlichen Prämisse

25 Auf die Reziprozität als wichtigem Punkt bei Lessings Konzept des Schenkens (das nicht der Logik do ut des entspricht) weist Helmut J. Schneider hin: „die grundsätzliche Bedürftigkeit auch des Schenkenden, der selbst auf Gaben angewiesen ist: Das reine, d. h. absichtslos überströmende Schenken ist kein absolutes und autarkes, wie es allein Gott zukommt. Menschliches Geben muß sich im Nehmen als seiner anderen komplementären Seite wiedererkennen." Schneider, Helmut J.: „Schenken und Tauschen. Bemerkungen zu einer Grundfigur der Lessingschen Dramatik." In: *Streitkultur. Strategien des Überzeugens im Werk Lessings*. Hg. v. Wolfram Mause u. Günter Saße. Tübingen 1993, S. 462–471, hier S. 463.

der Richtigkeit und Adäquatheit. Somit spielt auch Nathan in den Situationen, in denen er (Selbst)erkenntnis vermittelt, um den Einsatz der Wahrheit. Vorwände, Winkelzüge, ja auch der Rückgriff auf „Märchen“ (mit denen man eingestandenermaßen „Kinder“ abspeist) bilden das taktische Reservoir Nathans, dessen Verfahren einer Art mäeutisch assistierten Selbsterfahrung / Selbstfindung seines Dialogpartners gleichkommt.

Bei einem solchen, mehrschichtigen Spielmodus sind dementsprechend multiple Gewinndimensionen zu verzeichnen. Das Komplementäre dieses Verfahrens wird wiederum anhand des Schachspieles deutlich; sowohl Saladin als auch Sittah erreichen in einer erstaunlichen, das Schachspiel transzendierenden Synergie ihr jeweiliges Spielziel, indem sie die altruistische Absicht des Anderen immer noch übertreffen. Genau wie in der Rahmung der Ringparabel werden beim Spiel zwei Ebenen synchronisiert: Das Eigeninteresse (das sich im Willen, das selbstdefinierte Spiel oder die Diskussion etc. zu gewinnen, das Schauspiel kompetent und erfolgreich umzusetzen, manifestiert) funktioniert nur taktisch als Teil einer Strategie, das Gesamtwohl zu befördern. Das spielerisch Egoistische ist in *Nathan* somit das real Altruistische.

Die „blöden Maulwurfsaugen der Selbstsucht“:[26] Wahrer Vorteil, Eigennutz und *self interest* bei Lessing und Adam Smith

Sämtliche strategischen (Schau-)Spiel-Dialoge stehen in diesem Sinne immer schon im Zeichen des „wahren Vorteils“, wie es die Kongruenz der beiden zur Debatte stehenden Beinamen Nathans auch im Gespräch mit Saladin bereits andeutet:

Ich habe längst gewünscht, den Mann zu kennen,
Den es den Weisen nennt.
NATHAN: Und wenn es ihn
Zum Spott so nennte? Wenn dem Volke weise
Nichts weiter wär’ als klug? und klug nur der,
Der sich auf seinen Vorteil gut versteht
SALADIN: Auf seinen wahren Vorteil, meinst du doch?

26 Kant, Immanuel: Anthropologie in pragmatischer Hinsicht. In: *Werke*. Bd. 6. Hg. v. Wilhelm Weischedel. Wiesbaden 1964, S. 415.

NATHAN: Dann freilich wär' der Eigennützigste
Der Klügste. Dann wär' freilich klug und weise
Nur eins. (NW 551–552)

Nathans Unterscheidung zwischen Vorteil und wahrem Vorteil erweist sich als maßgeblich für die Differenzierung von klug und weise,[27] insofern letzteres die Nachhaltigkeit des ersten verbürgt. Die hier aufgerufene Vorstellung von einem langfristigen Nutzen (sozusagen als wahrem „Eigennutz“) evoziert einen Unterschied, der auch bei Adam Smith prominent zwischen verschiedenen Motivationen, vor allem natürlich den Konzepten der *sympathy* und des *self interest*, diagnostiziert wurde.[28]

Das *self interest* bei Smith ist eingebunden in eine spezifische selbstregulatorische Konzeption, die Smith in einer wirkungsmächtigen und eingängigen Formel als „invisible hand“ bezeichnet hat:

> He [every individual] generally, indeed, neither intends to promote the public interest, nor knows how much he is promoting it. By preferring the support of domestic to that of foreign industry, he intends only his own security; and by directing that industry in such a manner as its produce may be of the greatest value, he intends only his own gain, and he is in this, as in many other cases, led by an invisible hand to promote an end which was no part of his intention. Nor is it always the worse for the society that it was no part of it. By pursuing his own interest he frequently promotes that of society more effectually than when he really intends to promote it. I have never know much good done by those who affected to trade for the public good. It is an affectation, indeed, not very common among merchants [...].[29]

Smith argumentiert hier, dass der Einzelne durch ein starkes Eigeninteresse motiviert indirekt das Allgemeinwohl befördere, indem er erfolgsorientiert seinen kommerziellen Interessen nachgeht. Die „unsichtbare Hand“ indiziert bei Smith

---

27 Smith markiert, ganz analog zu dem vorausschauenden Element, das Vorteil und wahren Vorteil unterschiedet, auch die „prudence“ als Tugend, indem er insistiert: „Self-command, by which we are enabled to abstain from present pleasure or to endure present pain, in order to obtain a greater pleasure or to avoid a greater pain in some future time.“ Smith, Adam: *The Theory of Moral Sentiment*. Hg. v. Knud Haakonssen. Cambridge 2002, S. 220. Im Folgenden zitiert unter TMS und der entsprechenden Seitenzahl. Diese Ebene der eingeforderten *prudence*, verbunden mit dem menschlichen Bedürfnis nach Normenkonformität beschreibt eine weitere Ebene des self-interest.

28 Zum Verständnis von *sympathy* als einer Motivation vgl. Montes, Leonidas: *Adam Smith in Context*. London 2004, S. 45–55.

29 Smith, Adam: *An Inquiry into the Nature and Causes of the Wealth of Nations*. Two Volumes in One. With a new Preface by George J. Stigler. Bd. 1. Hg. v. Edwin Cannan. Chicago 1976, S. 477–478. Im Folgenden zitiert als WN mit der entsprechenden Seitenzahl und der Bandnummer.

keine göttliche Führung, sondern bezieht sich auf die in *Wealth of Nations* entwickelte Vorstellung einer quasi naturgesetzlichen freien Marktgesellschaft, die sich mit eigenen, natürlichen Gesetzen poliziert. Smiths Überzeugung, dass der Markt ganz sich selbst überlassen automatisch die für sein Funktionieren notwendige Balance zwischen Angebot und Nachfrage herstellt, wird in diesem Sinne in *Wealth of Nations* als Naturgesetz postuliert. Die in diesem Traktat sorgfältig gepflegte Rhetorik des Natürlichen geht Hand in Hand mit einer weiteren wichtigen Implikation des Textes. Es wird im Grunde die Ablösung eines alten regulatorischen Systems (gerade Smiths dezidierte Position gegen den feudal durchsetzten Merkantilismus ist hier mitzudenken) durch ein neues Modell der freien Wirtschaft. Damit korrespondierend ist die Idee eines „natural system of perfect liberty and justice“ (WN, 121, Bd. 2) im Text omnipräsent. Ökonomische Aktivität wird so zum Symbol eines natürlichen Systems und gleichzeitig paradoxerweise gerade dadurch zum Promulgator einer Moral, die schon partiell- funktional in das *self interest* eingelassen ist. Moralische Bestätigung und (Selbst-)Kontrolle gehören nämlich integral zum „natürlichen“ Konzept des Marktes. Smith grenzt sich pragmatisch auch gegen Positionen wie etwa die von Bernard Mandeville in *The Fable of the Bees: Or, Private Vices, Publick Benefits* (1714, erweitert 1723) vertretene These ab, dass es insbesondere die Neigungen zum Laster und zum Luxus seien, die letztlich das hier entscheidende ökonomische Wachstum bewerkstelligten und damit die im Untertitel angekündigten „public benefits“ erzielten.[30]

Diese spezifische Positionierung (die in ihrem Erklärungsanspruch im Detail sicherlich noch etwas komplizierter liegt) ist hier insofern *heuristisch* aufschlussreich, als damit das *self interest* auf einer anderen konzeptuellen Ebene platziert wird: Das *self interest* (als eine komplexe interaktive Größe von Verhaltenserwartung und -regulierung) wird als eine Prämisse und nicht nur als ein zufälliger Faktor in einem selbstregulierten System deutbar, das – wie Smith ausführlich, performativ und explizit, belegt – ein „natürliches“ ist. In diesem Sinne sind auch Smiths *Theory of Moral Sentiments* und *Wealth of Nations* als komplementär zu verstehen, da sie beide ein durch eine „unsichtbare Hand“ reguliertes, natürliches System propagieren[31] – und genau diese Implikation ist es,

---

30 Dagegen betont Smith pragmatisch die ökonomische Funktion der „frugality“ gegenüber der von Mandeville ins Feld geführten „prodigality“. Abgesehen von den ökonomischen Implikationen, die Smith zu entkräften versucht, kann er zudem Mandevilles axiomatischer Reduktion aller Handlungen auf egoistische Motive auf der Basis seines eigenen Moralkonzepts nicht akzeptieren.

31 Vgl. dazu auch Riedel, Wolfgang: *„Die unsichtbare Hand“. Ökonomie, Sittlichkeit und Kultur der englischen Mittelklasse (1650–1850).* Tübingen 1990.

die auch von *Nathan* performativ inszeniert und dadurch ästhetisch eindrucksvoll mitgetragen wird.

In *Theory of Moral Sentiments* hält Adam Smith eine andere Motivation[32] fest: „this desire of approbation, and this aversion to disapprobation of his brethren, would not alone have rendered him fit for that society for which he was made. Nature, accordingly, has endowed him, not only with a desire of being approved of, but with a desire of being what ought to be approved of; or of being what he himself approves of in other men." (TMS 136)[33]

Gegen dieses Zitat steht nun das bekannte Zitat aus *Wealth of Nations*, mit dem das Konzept des *self interest* in einer seiner einfachsten (und demzufolge auch so prominenten) Manifestationen greifbar wird:[34] „It is not from the benevolence of the butcher, the brewer, or the baker, that we expect our dinner, but from their regard to their own interest. We address ourselves, not to their humanity but to their self-love, and never talk to them of our own necessities but of their advantages." (WN 18, Bd. 1)

Die verschiedenen kontextuellen Anwendungsfelder dieser Überlegungen sind hier entscheidend; offensichtlich geht es Smith bei der Hervorhebung des *self interests* ganz und gar nicht um die Ausmerzung eines Allgemeinsinnes; vielmehr ermöglicht für ihn das sich selbst durch *self interest* regulierende, „natürliche" System auf der nicht-individuellen, gesamtgesellschaftlichen Ebene die Gleichberechtigung der Interessen. Historisch zielt er hier also auf einen durchaus emanzipatorischen, ja distributionslogisch gerechten Prozess der natürlichen Egalisierung aller Interessen: „To hurt in any degree the interest of any one order of citizens, for no other purpose but to promote that of some other, is evidently contrary to that justice and equality of treatment which the sovereign owes to all the different orders of his subjects." (WN 171–172, Bd. 2) Angesichts dieser prozessualen Anlage des natürlichen Systems scheint die Metaphorik in George Stiglers bekannter Beschreibung von *Wealth of Nations* „as a stupendous palace erected on the granite of *self interest*"[35] als verfehlt, vor allem, weil sich gerade das *self interest* als Moment der beständigen Bewegung und Regulierung, aber eben – gesamtgesellschaftlich – auch als prozessualer Modus einer Form von Verteilungsgerechtigkeit erweist. Daher ist es sicher richtig, wenn Joseph Vogl dieser

---

32 Im Sinne von Montes: *Adam Smith in Context.*

33 Auch hier weicht er von Mandeville ab, der Tugenden in letzter Instanz für ein komplex maskiertes *self interest* hält.

34 Vgl. dazu auch Fleischacker, Samuel: *A Third Conception of Liberty. Judgement and Freedom in Kant and Adam Smith.* Princeton, NJ 1999, S. 139.

35 Stigler, George J.: „Smith's Travels on the Ship of State". In: *History of Political Economy* 3 (1971), S. 265–277, hier 265.

Theorie die These unterlegen wollte, der ökonomische Mensch „sei Subjekt seiner beschränkten Interessen, aber Medium der bürgerlichen Gesellschaft.“[36] Adam Smith denke „die Verfahren der Ökonomie als Fundament der Gesellschaft und [... den] Markt als Operator einer spontanen Sozialordnung“.[37] Die ökonomischen Verfahrensweisen scheinen realhistorisch genau den Umstellungen der Gesellschaft zu entsprechen, allerdings nicht, weil *a priori* die Logik des Marktes greift; vielmehr findet sich auch in anderen Bereichen der Gesellschaft eine ähnliche performative Logik des Austausches und der Zirkulation, wobei sich genau in dieser Analogie eine spezifische Evidenz ergibt, die jene „natürliche“ Logik des Marktes überhaupt erkennbar macht und sie bekräftigt. Es überrascht nicht, dass diese synchronen Entwicklungen die langwierigen Umstellungsprozesse hin zu einer primär funktional strukturierten Gesellschaft begleiten und auch mit tragen. Damit avanciert das Konzept des Marktes letztlich nichtsdestoweniger, wie es Vogl postuliert, zum Ort „einer praktischen Wahrheit im Wissen über Politik, Gesellschaft und Geschichte.“[38]

Über den durch die „Natürlichkeit“ des Systems vermittelten Ebenenwechsel erklärt sich allerdings wiederum auch die Zuspitzung des *self interest* auf das für alle günstige *social interest*, das sich quasi automatisch aus einem selbstläufigen Markt (mit einer kompatiblen politischen Rahmenstruktur) ergibt – darin findet sich dann die hier entscheidende Schnittstelle mit Lessings *Nathan.* In *Nathan der Weise* wird nun wie gesagt die Quasi-Identität des (scheinbar) Egoistischen (also des „wahren“ Eigennützigen) mit dem Altruistischen beleuchtet. Dies geschieht durch eine Kongruenz der individuellen *und* konstellativen Bedeutung der Dramenfiguren: Nathan ist Kaufmann, aber er repräsentiert auch genau das natürliche, selbstregulierende System der Zirkulation; damit fallen in Lessings Anwendungsbeispiel das Individuelle und das durch das Individuelle repräsentierte Allgemeine zusammen. Die entschiedene, moralisch-finale Substantialisierung der Austauschsprozesse und Verhandlungen bindet das Ökonomische in *Nathan* allerdings *a priori* auf das Ethische zurück und legt in der klaren Abgrenzung von Klugheit und Weisheit auch die Dichotomie von kurzfristigem und wahrem Vorteil offen. Die Marktlogik ist im Literarischen immer eine notwendigerweise moralische. In dem oben zitierten Dialog zwischen Nathan und Saladin über den wahren Vorteil fällt trotz einer greifbaren Nähe zu Smiths Überlegungen vor allem eine Abweichung ins Auge. Während Smith die Begrenzung auf das Partikularinteresse geradezu einfordert und auf die natürliche Selbstläufigkeit des Marktes (der dann

---

36 Vogl, Joseph: *Das Gespenst des Kapitals*. Zürich 2010, S. 41.
37 Vogl: *Das Gespenst des Kapitals*, S. 51.
38 Vogl: *Das Gespenst des Kapitals*, S. 52.

den Wohlstand, Wohlfahrt bzw. „wealth" für alle generiert) besteht, so ist der Diskurs zwischen Nathan und Saladin von einer entscheidenden *intentionalen* Durchdringung gekennzeichnet, die Smiths Analyse noch einmal anders nuanciert. Weisheit wird von der Erkenntnis des „wahren Vorteils" abhängig gemacht, so dass eigennütziges Handeln bei Lessing letztlich langfristig nur als selbstloses Handeln denkbar ist. Das Stück belegt diese Fügungen gleich mehrfach durch die zahllosen, keineswegs pragmatisch induzierten Rettungen, die im Text vollzogen werden. Die überdeutliche Verflochtenheit des Personals akzentuiert dies besonders. Nathan rettet Recha, die vom Tempelherren gerettet, der von Saladin gerettet wird. Das moralisch Richtige wird zum „wahren Vorteil", der sich im Text auch konkret in der finalen Rekonstruktion der Familie manifestiert. Der Gewinngedanke wird dabei beständig explizit angeführt, die merkwürdige Verzinsung oftmals auch konkret quantifiziert benannt.[39] In diesem Sinne wird das *self interest* also auch auf der individuellen Ebene unvermeidlicherweise „moralisch", ja altruistisch und *vice versa* wird das eigentlich Altruistische zum verkappt „Eigen-Nützigen". Das gleichzeitige, paradoxe Anrecht auf „Verzinsung" der selbstlos guten Taten wird bei Lessing providentiell formuliert, wenn Nathan darauf beharrt, dass moralisches Verhalten (einer ebenso natürlichen Gesetzmäßigkeit zufolge, wie sie Smith für den freien Markt fordert) belohnt wird: „Denn Gott lohnt Gutes, hier / Getan, auch hier noch." (NW 16) In einer moralisch fein justierten und selbstläufigen Gemeinschaft fallen, so insinuiert das Stück, das Altruistische und das Egoistische *per se* zusammen.

Analog zu Smith wird diese idealtypische Situation als „natürlich" verstanden, folgen doch die Retter im Stück einem nicht berechnenden und für sie nicht rationalisierbaren Impuls, der die jeweiligen guten Taten als instinktive, natürliche Handlung ausweist. Der eigene, wahre Vorteil, so legt der Text nahe, liegt immer in der menschlichen Regung gegenüber dem Mitmenschen; diese ist im Stück als mehr oder weniger offen eingestandenes emotionales Faktum präsent. Saladin hält in diesem Sinne fest: „Wie aus einer guten Tat, / Gebar sie auch schon bloße Leidenschaft, / Doch so viel andre gute Taten fließen!" (NW 561) Genau diese emotionale Grunddisposition wird in den vielen mäeutischen Gesprächen

---

39 Etwa wenn, wie bereits zitiert, die Rettung Rechas Nathan für den Verlust seiner sieben Söhne entlohnt, insofern er sie „siebenfache Liebe schon / Bald an dieses einz'ge fremde Mädchen band" (NW 597). Ähnlich konkret beziffert er seine Dankbarkeit Saladin gegenüber, als der Tempelherr sein eigenes Leben als Geschenk Saladins bezeichnet: „Durch das er mir / Ein doppelt, dreifach Leben schenkte." (NW 534) Auch der Tempelherr fühlt sich zu einem Komparativ bewogen, wenn er angesichts der Erklärung, dass Recha seine Schwester sei, entgegnet: „Ihr nehmt und gebt mir, Nathan! / Mit vollen Händen beides! – Nein! Ihr gebt / Mir mehr, als Ihr mir nehmt! unendlich mehr!" (NW 625)

des Textes abgerufen und durch einen Distanzierungsmechanismus moralisch evaluiert, so dass auch hier performativ deutlich wird, dass der Mensch, der auf Mitleid und Sympathie reagiert, sich letztlich am besten auf seinen eigenen menschlichen Vorteil versteht. In diesem Sinne wird in *Nathan* die Zirkulationsmetaphorik angereichert mit jener anderen Komponente von „wealth" als Wohlergehen, die sich nicht pekuniär oder rein funktional ausdrücken lässt.

Die verschiedenen Dialoge reformulieren in ihrem Ergebnis die starke Subjektivität, die etwa die Positionen Rechas, des Tempelherrn oder auch des Sultans (mit Blick auf die Vorurteile, die ihn antreiben) motiviert, für einen unparteiischen Beobachter (was im beschriebenen Modus des Fiktionsvorbehalts erfolgt) und entgehen so der Falle eines sich selbst limitierenden, flüchtigen „Vorteils".[40] Bei dem in *Nathan* dominanten Gesprächsmodus geht es um die Erzeugung eines adäquaten Blickwinkels, der – korrespondierend mit den spontanen, „leidenschaftlichen" guten Taten – eine angemessene moralische Beurteilung und den damit einhergehenden „wahren Vorteil" ermöglicht.

Da es hier nicht nur um den spielerischen, moral-erzeugenden Modus der Fiktion als Distanzmechanismus geht, sondern um seine Kopplung an den „wahren Vorteil", lohnt wiederum ein Blick auf Smiths moralphilosophische Überlegungen in *Theory of Moral Sentiments.* Smiths Theorie vom „impartial spectator" kann in leichter Modifikation produktiv auf Nathans spielerische Versuche angewendet werden, eine Distanzierung und Interessenentkopplung zu erreichen.[41] Das Verfahren der Objektivierung bei Lessing funktioniert so auch insofern als ein Verfahren der Sympathieherstellung und -lenkung, als der – im Sinne Smiths – in seinen eigenen Gefühlen befangene „Agent" wiederum als unparteiischer Beobachter aktiviert wird, der sich gewissermaßen in die Reaktionen und Emotionen der Anderen hineinfühlen, hineindenken und sie angemessen auswerten muss. Alexander Broadie hat bei der Erörterung des komplizierten Evaluierens und Einlassens auf den Anderen von einer offensichtlichen Analogie zum bekannten Diktum „truck, barter, and exchange one thing for another" (WN 17, Bd. 1) gesprochen, das Smith in *Wealth of Nations* als ein unhintergehbares, anthropologisch konstantes Merkmal aufführt.[42] Genau wie in der

---

40 Mit Blick auf Adam Smith hat unter anderem Stephen Holmes ganz pragmatisch hervorgehoben, dass es die unregulierten Leidenschaften wie Stolz, Neid, Habsucht und Eitelkeit sind, die das self-interest beschränken, ja ihm de facto zuwiderlaufen. Holmes, Stephen: „The Secret History of *Self interest*". In: *Beyond Self Interest.* Hg. v. Jane Mansbridge. Chicago, IL 1990.

41 In Smiths „spectatorial" Theorie ist es der „impartial spectator", der zum eigentlichen Prüfstein der „propriety", der Angemessenheit jedes moralischen Verhaltens wird.

42 Vgl. Broadie, Alexander: „Sympathy and the Impartial Spectator." In: *The Cambridge Companion to Adam Smith.* Hg. v. Knud Haakonssen. Cambridge 2006, S. 158–190, hier S. 178.

von Smith aufgerissenen Wirtschaftslogik lassen sich auch bei Lessing die hier relevanten Nachverhandlungen zu Perspektivwechsel und Sympathieevokation beobachten.

Wenn also bei Smith der entscheidende ethische Standpunkt beim *impartial spectator* liegt, so greift in *Nathan der Weise* das Verfahren der Objektivierung, das die „Approbation" von einer objektivierten Position aus zu leisten versucht. Die dem Gesprächspartner zugemutete Unparteilichkeit mit Blick auf *sein* Verhältnis zu den anderen „Agents" hilft bei der Evaluierung des richtigen Handelns und erlaubt – statt der Absorption durch die eigenen Emotionen – die Identifizierung mit den Gefühlen des Anderen; es ermöglicht (und bemisst) damit erst moralische Adäquatheit.[43]

Bei Lessing wird sehr deutlich, wie sich ein nachhaltig konzipierter Begriff des „wahren Vorteils", der sich *nicht* auf unmittelbar berufliche Handlungssituationen bezieht, altruistischen Sympathie- und Moral-Konzeptionen annähert. Für eine dezidierte Trennung eines klar bezeichneten beruflichen Feldes und allgemein menschlicher Interaktionen sorgt der Text mit einem nur nebenbei erwähnten Hinweis. Es ist – gerade auch mit Blick auf Smith – entscheidend, dass Nathan als kompetenter Kaufmann Schulden eintreibt und ja eben auf diese Weise genau den sagenhaften Reichtum erlangt, der ihm später eine nahezu unbegrenzte Großzügigkeit erlaubt. Die Geschäftssphäre, so wird indiziert, folgt eigenen (legitimen) Regeln, deren Rigidität auf menschliche Interaktionen bezogen allerdings wenig Sinn ergäben: Sie sind eben Spielregeln, die (genau wie beim Schachspiel) wenig über den Kontext des Spieles und die moralische Disposition des Spielenden aussagen. So ist Lessing bereit, Saladin mit dem notwendigen Geld auszuhelfen, aber gleichzeitig natürlich nicht willens auf das Eintreiben der Schulden zu verzichten – Adam Smiths Beispiel vom Schlachter und Bäcker dokumentiert im Grunde Ähnliches. Er legitimiert das Verhalten der am Markt Teilhabenden über die grundsätzliche Affirmation eines als „natürlich" verstandenen Marktes, der – selbstläufig – alle Beteiligten saturiert und ihnen zu Wohlstand verhelfen würde,

---

43 Das Sympathie-Konzept ist auch bei Smith, wo es auf die Theorie vom unparteiischem Beobachter bezogen bleibt, eine zentrale Größe bei der menschlichen Interaktion. Konsequenterweise wird dabei, anders als etwa Hume, der Faktor des Kontext relevant, der für die Sympathie-Bildung zur Voraussetzung wird. Zu Smiths stoischen Prämisse (die ein regulierte Präsentation der Passionen voraussetzen) und zu Lessings spezifischer Adaption dieser Vorstellungen: Vgl. u. a. Heidsick, Arnold: Adam Smith's Influence on Lessing's view of Man and Society, in: *Lessing Yearbook* 15 (1983), S. 125–143.

der aber natürlich gerade nur funktioniert, weil Bäcker, Brauer und Schlachter ihre Auslagen nicht verschenken.[44]

Was heute als Adam Smith-Problem verstanden wird, nämlich die Inkongruenz zweier leitender Vorstellungen, des *self interest* und der *sympathy*, erscheint in Lessings idiosynkratischer Variation dieser Konzepte als komplementär, wenn nicht sogar in Teilen identisch. Sowohl Smith als auch Lessing zufolge muss das *self interest* / der „wahre Vorteil" grundsätzliche moralische Richtwerte beachten, um nicht mit der inhärenten Tugendsehnsucht (bzw. der bei Smith konstatierten menschlichen Sehnsucht, Anerkennung zu spenden, zu erhalten und grundsätzlich auch anerkennenswert zu sein) zu kollidieren und nachhaltige Resultate zu erzielen. Gleichzeitig separieren Smith und Lessing eine funktionale Sphäre, in der klare (nämlich professionelle) Verhaltensregeln gelten, die aber immer – mit Blick auf das „holistisch" Menschliche – nur Partialregeln sein können; möglich wird diese Vorstellung vor dem Hintergrund eines „natürlichen", selbstregulativen Systems, das auf sich selbst gestellt angemessene Polizierungs- und Selbstpolizierungswege findet.

Vor einem solchermaßen skizzierten Hintergrund erhalten bei Adam Smith dann alle Formen der (im 20. Jahrhundert zunehmend problematisch gewordenen) staatlichen Deregulierung einen positiven Sinn. Der (mit Blick auf das kontinentale Europa vorrevolutionäre) Weg zu einer mobilen, meritokratischen Gesellschaft kann auf diese Weise plausibel entworfen werden. Bei Smith (politisch expliziter), aber auch indirekt bei Lessing wird deutlich, dass Austausch Distribution nicht nur mit Blick auf den Markt zu immer wichtigeren Kriterien der modernen, funktionalen Gesellschaft werden: Die Distribution von Gütern (und damit auch die Partizipation an Macht im Sinne von Interessenpolitik / Politik des „wahren Vorteils") ist hier an den Gedanken der Zirkulation, des Austausches gebunden.

In *Nathan der Weise* gewinnen diese Vorstellungen eines natürlichen Systems (das markthomolog funktioniert) insofern ein besonderes Gewicht, als das Modell der Zirkulation performativ und – wie beschrieben – substantialisiert eingeführt wird, eben in der *ad hoc* evidenten Analogie einer moralgenerierenden Dialogi-

44 Dass die inhärente Systemlogik des Feldes dabei immer reziprok funktioniert, wird in digressiver Ausführlichkeit in *The London Merchant* verdeutlicht, wenn Thorowgood verkündet: „Sehet nach, ob unter den Rechnungen der Handwerker auch noch einige unbezahlet sind: findet ihr einige darunter, so sehet sie durch, und schicket diesen armen Leuten das Geld. Es ist unbillig, das sie selbst herkommen, es abzuholen, indem sie dadurch eine Zeit verliehren, die dem gemeinen Besten, ihren Kindern und ihrem Hauswesen so kostbar ist." (KL 8)

zität, einer Logik der Verhandlung und des Austausches.[45] Im Unterschied zu *The London Merchant* erweist sich in diesem Sinne besonders die performative Anlage des Stückes als persuasiv. Über die homologe Anlage, aber auch über eine explizit eingesetzte Marktmetaphorik wird die primär moralorientierte Argumentation bei Lessing auf die neuen prozessualen Prinzipien des Marktes zurückbeziehbar; dies bestätigt die von Smith ausgeführte „Natürlichkeit" des ökonomischen Systems implizit und versieht sie überdies indirekt mit einer ähnlichen Legitimität wie das gleichartig funktionierende moralische System.

Literaturverzeichnis

Adelung, Johann Christoph: *Grammatisch-kritisches Wörterbuch der hochdeutschen Mundart. Mit beständiger Vergleichung der übrigen Mundarten.* Rev. und berichtiget von Franz Xaver Schönberger. Wien 1808.

Broadie, Alexander: „Sympathy and the Impartial Spectator." In: *The Cambridge Companion to Adam Smith.* Hg. v. Knud Haakonssen. Cambridge 2006, S. 158–190.

Fiederer, Margrit: *Geld und Besitz im bürgerlichen Trauerspiel.* Würzburg 2002.

Fleischacker, Samuel: *A Third Conception of Liberty. Judgement and Freedom in Kant and Adam Smith.* Princeton, NJ 1999.

Fulda, Daniel: „‚Er hat Verstand; er weiß / Zu leben; spielt gut Schach.' Nathan der Weise als Politicus." In: *Aufklärung und Weimarer Klassik im Dialog.* Hg. v. Andre Rudolph u. Ernst Stöckmann. Tübingen 2008, S. 55–78.

Fulda, Daniel: *Schau-Spiele. Die Komödie und die Entstehung der Marktgesellschaft von Shakespeare bis Lessing.* Tübingen 2005.

Goetschel, Willi: „Nathan's Business". In: *Lessing Yearbook* 28 (1996), S. 105–123.

Gustafon, Susan E.: „Der Zustand des stummen Staunens. Language Skepticism in *Nathan der Weise* und *Ernst und Falk*". In: *Lessing Yearbook* 18 (1986), S. 1–19.

Kant, Immanuel: Anthropologie in pragmatischer Hinsicht. In: Werke. Bd. 6. Hg. v. Wilhelm Weischedel. Wiesbaden 1964.

Heidsick, Arnold: Adam Smith's Influence on Lessing's view of Man and Society, in: Lessing Yearbook 15 (1983), S. 125–143.

Holmes, Stephen: „The Secret History of *Self interest*". In: *Beyond Self Interest.* Hg. v. Jane Mansbridge. Chicago, IL 1990.

45 Ähnlich hät es Joseph Vogl auch für Adam Smith fest: „Wenn die Zirkulation der Einzelinteressen der Steuerung einer ‚unsichtbaren' Hand folgt und damit soziale Ordnung garantiert, so übernimmt die Sympathie darin die Rolle eines generierenden Prinzips, das die empirische Vielzahl der Perspektiven mit der Instanz ihrer Abklärung zusammenhält. In dieser Hinsicht zumindest ist die Sympathielehre bei Smith die moralphilosophische Grundierung einer politischen Ökonomie, die die Rationalität interessegeleiteter Subjekte in eine Welt komplexer und unabsehbarer Vernetzungen einbettet." In: ders.: *Kalkül und Leidenschaft. Poetik des ökonomischen Menschen.* 2. Aufl. Zürich, Berlin 2004, S. 92.

Lessing, Gotthold Ephraim: „Nathan der Weise". In: *Werke 1778–1780*. Bd. 9. Hg. v. Klaus Bohnen u. Arno Schilson. Frankfurt a. M. 1993.

Librett, Jeffrey S: „Problematic generosity in *Nathan der Weise*". In: *Lessing Yearbook* 35 (2003), S. 35–53.

Lillo, Georg: *Der Kaufmann von Londen oder Begebenheiten Georg Barnwells*. Ein bürgerliches Trauerspiel. Übersetzt von H.A.v.B. Kritische Ausgabe mit Materialien und einer Einführung. Hg. v. Klaus-Detlef Müller. Tübingen 1981.

Martens, Wolfgang: *Die Botschaft der Tugend. Die Aufklärung im Spiegel der deutschen Moralischen Wochenschriften*. Stuttgart 1968.

Montes, Leonidas: *Adam Smith in Context*. London 2004.

Müller, Klaus-Detlef: „Kaufmannsethos und Kaufmannsstand im deutschen Drama des 18. Jahrhunderts". In: *Begegnungen. Bühne und Berufe in der Kulturgeschichte des Theaters*. Hg. v. Ariane Martin und Nikola Roßbach. Tübingen 2005, S. 143–158.

North, Michael: *Das Geld und seine Geschichte. Vom Mittelalter bis heute*. München 2009.

Riedel, Wolfgang: *„Die unsichtbare Hand". Ökonomie, Sittlichkeit und Kultur der englischen Mittelklasse (1650–1850)*. Tübingen 1990.

Schmidt, Harald u. Marcus Sandl (Hg.): *Gedächtnis und Zirkulation: Der Diskurs des Kreislaufs im 18. und frühen 19. Jahrhundert*. Göttingen 2002.

Schneider, Helmut J.: „Schenken und Tauschen. Bemerkungen zu einer Grundfigur der Lessingschen Dramatik". In: *Streitkultur. Strategien des Überzeugens im Werk Lessings*. Hg. v. Wolfram Mause u. Günter Saße. Tübingen 1993, S. 462–471.

Schneider, Helmut J.: „Geburt und Adoption bei Lessing und Kleist." In: *Kleist-Jahrbuch* 2002, S. 21–41.

Schönert, Jörg: „Der Kaufmann von Jerusalem. Zum Handel mit Kapitalien und Ideen in Lessings *Nathan der Weise*". In: *Scientia Poetica* 12 (2008), S. 89–113.

Schnaas, Dieter: *Kleine Kulturgeschichte des Geldes*. München 2010.

Shell, Marc: *Money, Language, and Thought. Literary and Philosophical Economies from the Medieval to the Modern Era*. Berkeley, Los Angeles, London 1982.

Smith, Adam: *An Inquiry into the Nature and Causes of the Wealth of Nations*. Two Volumes in One. With a new Preface by George J. Stigler. Hg. v. Edwin Cannan. Chicago 1976.

Smith, Adam: *The Theory of Moral Sentiment*. Hg. v. Knud Haakonssen. Cambridge 2002.

Stackelberg, Jürgen von: *Übersetzungen aus zweiter Hand. Rezeptionsvorgänge in der europäischen Literatur vom 14. bis zum 18. Jahrhundert*. Berlin, New York 1984.

Stigler, George J.: „Smith's Travels on the Ship of State." In: *History of Political Economy* 3 (1971), S. 265–277.

Vogl, Joseph: *Das Gespenst des Kapitals*. Zürich 2010.

Vogl, Joseph: *Kalkül und Leidenschaft. Poetik des ökonomischen Menschen*. 2. Aufl. Zürich, Berlin 2004.

Vogl, Joseph: „Kreisläufe". In: *Transfusionen. Blutbilder und Biopolitik in der Neuzeit*. Hg. v. Anja Lauper. Berlin 2005, S. 99–118.

Weidmann, Heiner: „Ökonomie der ‚Großmuth'. Geldwirtschaft in Lessings *Minna von Barnhelm* und *Nathan dem Weisen*". In: *Deutsche Vierteljahrsschrift* 68 (1994), S. 447–461.

Thomas Martinec

Dramenwirkung und Geldfunktion

Versuch einer Korrelierung von Dramaturgie und Ökonomie bei Lessing

Dass in Lessings Dramen ökonomische Aspekte eine herausragende Rolle spielen, ist kaum zu übersehen. Mellefont muss die Hochzeit mit Sara Sampson aufschieben, weil er zunächst das Erbe eines Vetters sichern muss, das ihm nur dann zufällt, wenn er eine Verwandte heiratet, „die mich eben so sehr haßt, als ich sie!“[1] Dieses ökonomische Hindernis hält Mellefont und Sara in einem englischen Gasthof fest, der dann zum Schauplatz der tragischen Handlung wird. Konflikt und Handlung in Lessings berühmtestem Lustspiel werden maßgeblich durch einen vermeintlichen Bestechungsskandal motiviert. Um die sächsischen Stände im Siebenjährigen Krieg vor dem finanziellen Ruin zu bewahren, streckte Tellheim ihnen den Differenzbetrag zwischen der minimalen Kontributionsforderung und der von Friedrich II. tatsächlich geforderten und von Tellheim einzutreibenden Summe vor. Als er aber nach Beendigung des Krieges den hierfür ausgestellten Wechsel einlösen möchte, wird ihm vorgeworfen, dass er das Geld gar nicht ausgelegt habe, sondern mit dem Wechsel bestochen worden sei. Seine Ehre ist verloren und damit auch sein Wille, Minna zu heiraten. Schließlich sei auch an Nathan erinnert. Er ist ein erfolgreicher Kaufmann, dessen Ring-Parabel nicht nur auf das aufklärerische Ideal der Toleranz anzuwenden ist; indem sie praktisches Handeln zum Maßstab für die Echtheit des Rings macht, illustriert sie zugleich das Prinzip des freien Marktes: „Es strebe von euch jeder um die Wette, / Die Kraft des Steins in seinem Ring’ an Tag / Zu legen! […].“[2]

Während in der Forschung mehrfach auf die Bedeutung ökonomischer Fragen für Lessings Dramen hingewiesen wurde, blieben seine dramentheoretischen Überlegungen in diesem Zusammenhang weitgehend unberücksichtigt. Dies ist umso bemerkenswerter, als die Ökonomie in einer ganzen Reihe von Drameninterpretationen stets mit einem Problem in Verbindung gebracht wird, das auch für Lessings dramaturgische Überlegungen zentral ist: das Problem der moralischen Wirkung von Tragödie und Komödie. Jürgen Eder etwa weist auf den Zusam-

---

1 Lessing, Gotthold Ephraim: „Miss Sara Sampson“. In: *Werke und Briefe in zwölf Bänden*. Hg. v. Wilfried Barner u. a., Bd. 3. 1754–1757. Hg. v. Conrad Wiedemann unter Mitwirkung von Wilfried Barner u. Jürgen Stenzel, Frankfurt a. M. 2003, S. 431–526, Zitat I, 7, S. 444.

2 Lessing, Gotthold Ephraim: „Nathan der Weise“. In: *Werke und Briefe*, Bd. 9. 1778–1780. Hg. v. Klaus Bohnen u. Arno Schilson. Frankfurt a. M. 1993, S. 483–627, Zitat III, 7, S. 559.

menhang von Ökonomie und Moral im Drama des 18. Jahrhunderts hin, indem er die „Rolle des ‚Geldes' bei der Konstitution bürgerlicher Tugend" untersucht,[3] und Margrit Fiederer schlägt in ihrer breit angelegten Studie zu *Geld und Besitz im bürgerlichen Trauerspiel* methodisch dieselbe Richtung ein.[4] Auch Beiträge, die sich auf Lessings Dramen konzentrieren, greifen den Zusammenhang von Ökonomie und Moral auf. Mark Lehrer untersucht *Lessing's Economic Comedy*,[5] Paul Hernadi identifiziert zwei Motive in der Ringparabel, die „erstaunlich genau auf Aspekte jener protestantischen Ethik hin[deuten], die Max Weber [...] mit der Entstehung des modernen Kapitalismus in Verbindung brachte",[6] Helmut J. Schneider entdeckt in *Schenken und Tauschen* eine „Grundfigur der Lessingschen Dramatik",[7] und Ursula Regener untersucht „die Verquickungen von Geld und Emotion, Ökonomie und Ethik" in *Minna von Barnhelm* vor dem Hintergrund von „zweifelhaften Finanzgeschäfte[n]" im Siebenjährigen Krieg.[8]

Spielen Geld und Moral im Drama der Aufklärung eine wichtige Rolle, so behauptet der Zusammenhang von Drama und Moral in Lessings poetologischen Überlegungen einen ebenso zentralen Stellenwert. Dabei steht für Lessing völlig außer Frage, dass sowohl die Tragödie als auch die Komödie den Zuschauer moralisch zu bessern haben. Nachdem er bereits in seiner Plautus-Kritik (1750) betonte, „[w]as ist aber die Absicht des Lustspiels? Die Sitten der Zuschauer zu bilden und zu bessern",[9] beginnt das 29. Stück der *Hamburgischen Dramaturgie*

3 Eder, Jürgen: „‚Beati Possidentes'? Zur Rolle des ‚Geldes' bei der Konstitution bürgerlicher Tugend". In: *Bürgerlichkeit im Umbruch. Studien zum deutschsprachigen Drama 1750–1800*. Hg. v. Helmut Koopmann. Tübingen 1993, S. 1–51. Die gewählten Tragödien werden auf folgende Themenkomplexe hin untersucht: Geld als „Gradmesser für die Tugend des Individuums" (S. 13), „Bedeutung des ‚Geldes" für die Familie" (S. 24), „Die Rolle des ‚Geldes" bei der Bestimmung von Liebe" (S. 30), „Zur theologischen Dimension im Komplex ‚Geld"/Tugend" (S. 35).

4 Fiederer, Margrit: *Geld und Besitz im bürgerlichen Trauerspiel*. Würzburg 2002.

5 Lehrer, Mark: „Lessing's Economic Comedy"". In: *Seminar* 20 (1984), S. 79–94.

6 Hernadi, Paul: „Nathan der Bürger: Lessings Mythos vom aufgeklärten Kaufmann". In: *Lessings Nathan der Weise*. Hg. v. Klaus Bohnen. Darmstadt 1984, S. 341–349, Zitat S. 345f. Die beiden Motive sind „die Ansicht, derselbe Besitz mache den Eigentümer vor Gott und den Mitmenschen angenehm sowie der Nachdruck auf Zuversicht als Voraussetzung für die Wirksamkeit selbst des echten Ringes" (ebd.).

7 Schneider, Helmut J.: „Schenken und Tauschen. Bemerkungen zu einer Grundfigur der Lessingschen Dramatik". In: *Streitkultur. Strategien des Überzeugens im Werk Lessings*. Hg. v. Wolfram Mauser u. Günter Saße. Tübingen 1993, S. 462–471.

8 Regener, Ursula: „WIeSO Lessing?" In: *Literatur im Spiel der Zeichen. Festschrift für Hans Vilmar Geppert*. Hg. v. Werner Frick, Fabian Lampart u. Bernadette Malinowski. Tübingen 2006, S. 95–110, hier S. 95.

9 Lessing, Gotthold Ephraim: „Kritik über die Gefangenen des Plautus". In: *Werke und Briefe*, Bd. 1. 1743–1750. Hg. v. Jürgen Stenzel. Frankfurt a. M. 1989, S. 821–878, hier S. 877.

ganz unvermittelt mit der Feststellung: „Die Komödie will durch Lachen bessern [...].“[10] Analog hierzu formuliert Lessing seine Position im Trauerspieldisput von 1756/57. Herausgefordert durch Nicolais Behauptung, der Satz „es sei der Zweck des Trauerspiels die Leidenschaften zu reinigen oder die Sitten zu bilden“, sei, „wo nicht falsch, doch wenigstens nicht allgemein, und Schuld daran, daß viele deutsche Trauerspiele so schlecht sind“,[11] schränkt Lessing die Wirkung des Trauerspiels zunächst auf das Mitleid ein, attestiert diesem dann eine moralische Wirkung und zieht hieraus schließlich die Konsequenz: „Wer uns also mitleidig macht, macht uns besser und tugendhafter, und das Trauerspiel, das jenes tut, tut auch dieses, oder – es tut jenes, um dieses tun zu können.“[12]

Dass bisher kein Versuch unternommen wurde, einen Zusammenhang von Dramaturgie und Ökonomie bei Lessing nachzuweisen, obwohl beide in der moralischen Wirkung einen offenkundigen Berührungspunkt zeigen, liegt in einer methodischen Entscheidung begründet. Die Forschung zu Lessings Dramaturgie ist in erster Linie darauf ausgerichtet, Impulse zu ermitteln, die dazu beigetragen haben, eine spezifische Vorstellung vom Tragödien- bzw. Komödienzweck zu formieren. Auf diese Weise wurden zahlreiche Quellen und Kontexte identifiziert, aus denen sich Lessings Dramaturgie in hohem Maße speist.[13] So ertragreich dieser Ansatz einerseits auch ist, so wenig eignet er sich andererseits dazu, einen Zusammenhang von Dramaturgie und Ökonomie zu beschreiben. Der Grund hierfür liegt auf der Hand: Ein solcher Zusammenhang ergibt sich nicht über konkret zu benennende Quellen.

Man kann dies an Lessings Überlegungen zur Wirkung der Tragödie gut zeigen, denn sie sind (im Unterschied zu seiner Komödienpoetik) recht ausführlich entwickelt und geben daher einige Bezugspunkte deutlich zu erkennen. Die Quellen, mit denen sich Lessing im Rahmen dieser Überlegungen auseinandersetzt, stammen aus den Bereichen der Epistemologie, der Ästhetik und der Philologie. Im Briefwechsel über das Trauerspiel bezieht sich Lessing auf Nicolais *Abhandlung vom Trauerspiele*,[14] die aristotelische Poetik und Rhetorik,[15] auf

10 Ders: „Hamburgische Dramaturgie“. In: *Werke und Briefe*, Bd. 6. 1767–1769. Hg. v. Klaus Bohnen. Frankfurt a. M. 1985, S. 181–694, hier S. 323.

11 Ders.: „Briefwechsel über das Trauerspiel mit Mendelssohn und Nicolai““. In: *Werke und Briefe*, Bd. 3. Hg. v. Wiedemann, S. 662–736, hier: Nicolai an Lessing, 31. August 1756, S. 664. Sämtliche Briefe aus dieser Korrespondenz werden im Folgenden aus dieser Ausgabe zitiert.

12 Lessing an Nicolai, November 1756, S. 671.

13 Vgl. hierzu Kornbacher-Meyer, Agnes: *Komödientheorie und Komödienschaffen Gotthold Ephraim Lessings*. Berlin 2003; sowie der Verfasser: *Lessings Theorie der Tragödienwirkung. Humanistische Tradition und aufklärerische Erkenntniskritik*. Tübingen 2003.

14 Vgl. vor allem Lessings Brief an Nicolai, November 1756, S. 668–673.

Mendelssohns *Briefe über die Empfindungen* und *Von der Herrschaft über die Neigungen.*[16] Im 74. bis 78. Stück der *Hamburgischen Dramaturgie* zieht Lessing ferner die französische und die deutsche Übersetzung der aristotelischen Poetik durch Dacier und Curtius heran[17] sowie freilich Corneilles *Trois Discourse* – bekanntermaßen mit dem Ergebnis: „es ist grundfalsch, was sich Corneille einbildet."[18] Quellen aus dem Bereich der Ökonomie hingegen bleiben aus.

Auch die zentralen Schritte der Argumentation werden ohne jeden direkten Bezug zur Ökonomie vollzogen. Wenn Lessing in dem Brief an Nicolai, in dem er sein Tragödienmodell entwickelt, die Erregung von Affekten durch das Trauerspiel zunächst auf das Mitleid einschränkt, indem er danach fragt, ob der Tragödiendichter den Zuschauer „so weit bringt, daß er diese Leidenschaften selbst *fühlt*, und nicht bloß fühlt, ein andrer fühle sie,"[19] so bezieht er sich hier auf ein epistemologisches Problem, das ihm durch Mendelssohns *Briefe über die Empfindungen* vertraut war: Welche seelischen Prozesse ruft die ästhetische Betrachtung hervor?[20] Im zweiten Schritt gibt Lessing dann das Mitleid als moralische Leidenschaft aus – „*Der mitleidigste Mensch ist der beste Mensch*" –, wobei er sich gegenüber Nicolai ausdrücklich auf „Herr[n] Moses" beruft.[21] Da Mendelssohn das Mitleid in seinem Kommentar zu Rousseaus zweitem *Discours*[22] und in den *Briefen*

---

15 Vgl. z. B. Lessing an Nicolai, 2. April 1757, S. 715 f., und Lessing, *Hamburgische Dramaturgie*, 74.–78. Stück, S. 551–575.

16 Vgl. vor allem den Brief an Mendelssohn, 2. Februar 1757, S. 711–714; sowie Lessing, *Hamburgische Dramaturgie*, S. 554–556, S. 562–565.

17 Vgl. ebd., S. 567–575.

18 Ebd., S. 561.

19 Lessing an Nicolai, November 1756, S. 669 (Hervorhebung durch Lessing).

20 Vgl. Mendelssohn, Moses: „Über die Empfindungen". In: *Gesammelte Schriften*. Jubiläumsausgabe [= *JubA*], in Zusammenarbeit mit Fritz Bamberger u. a. begonnen von I. Elbogen u. a. (1929 ff.), fortgesetzt von Alexander Altmann u. Eva J. Engel, Bd. 1. Schriften zur Philosophie und Ästhetik I. Bearb. v. Fritz Bamberger. Nachdruck der Ausgabe Berlin 1929. Stuttgart, Bad Cannstatt 1971, S. 41–123. Lessings Rezension der *Briefe* zeigt sein epistemologisches Interesse an den Fragen, die Mendelssohn hier untersucht, wobei Lessing selbst den Terminus „Psychologie" verwendet. Vgl. *Berlinische Privilegierte Zeitung*, 106. Stück, 4. September 1755. In: Lessing: *Werke*. Hg. v. Herbert G. Göpfert, München 1972, Bd. 3. Hg. v. Karl S. Guthke. S. 259–261, hier S. 259. In einem späteren Brief an Mendelssohn vom 2. Februar 1757 macht Lessing den epistemologischen Ansatz noch einmal deutlich, indem der die Ausschließlichkeit des Mitleids als tragischer Leidenschaft absichert mit der Begründung: „diesen Affekt empfinden nicht die spielenden Personen, und wir empfinden ihn nicht bloß, weil sie ihn empfinden, sondern er entsteht in uns ursprünglich aus der Wirkung der Gegenstände auf uns" (S. 714).

21 Lessing an Nicolai, November 1756, S. 671.

22 Mendelssohn, Moses: „Sendschreiben an den Herrn Magister Lessing in Leipzig". In: *JubA*, Bd. 2. Schriften zur Philosophie und Ästhetik II. Bearb. v. Fritz Bamberger u. Leo Strauss. Nachdruck der Ausgabe Berlin 1931. Stuttgart, Bad Cannstatt 1972, S. 81–109.

über die Empfindungen untersucht hatte,[23] macht die Berufung auf ihn deutlich, dass Lessing in erster Linie ethische, gesellschaftsphilosophische und ästhetische Fragen im Blick hatte, als er seine Mitleidsdramaturgie entwickelte. Damit steht deren Grundgerüst, ohne offenkundige Bezüge zur Ökonomie aufzuweisen.

Auch wenn Lessing im weiteren Verlauf des Briefwechsels oder später in der *Hamburgischen Dramaturgie* dieses Grundgerüst ausbaut und gegen seine Kritiker verteidigt, werden immer wieder Epistemologie, Ästhetik und Philologie als maßgebliche Werkzeuge sichtbar, niemals aber die Ökonomie. Schrecken, Mitleid und Bewunderung in der Tragödie werden mit der „anschauenden" und der „deutlichen Erkenntnis" in Beziehung gesetzt,[24] die Mendelssohn zuvor epistemologisch untersucht hatte. Zur Unterscheidung der „drei Grade des Mitleids" „Rührung, Tränen, Beklemmung"[25] verwendet Lessing den Begriff der Vollkommenheit, der aus der Ästhetik stammt, sowie die Gegenüberstellung von „deutlichen" und „dunkeln" Begriffen,[26] die auf Leibniz' Unterscheidung zwischen „cognitio distincta", „cognitio clara" und „cognitio obscura" zurückgeht.[27] In der *Hamburgischen Dramaturgie* wird das Verhältnis von Mitleid und Furcht im Rückgriff auf die aristotelische Rhetorik bestimmt,[28] die Affektstärke, durch die sich das Mitleid von der bloßen Philanthropie unterscheidet, wird aus Mendelssohns Theorie von den vermischten Empfindungen hergeleitet,[29] und das Katharsis-Problem, die Frage also, ob die erregten oder die dargestellten Affekte durch die Tragödie gereinigt werden sollen, diskutiert Lessing als Philologe, indem er die Übersetzung von Dacier sowie die Auslegung von Corneille heranzieht und kritisiert.[30]

Zu guter Letzt muss eine weitere Option für eine philologische Verbindung von Dramaturgie und Ökonomie ausgeschlossen werden: Auch die Metaphern, die Lessing im Rahmen seiner Ausführungen zur Tragödienwirkung verwendet, geben keinen Bezug zur Ökonomie zu erkennen, sondern stammen aus anderen se-

---

23 Mendelssohn: *Über die Empfindungen*, S. 110. In beiden Quellen entwickelte Mendelssohn ein Mitleidskonzept, das sich mit Lessings Dramaturgie keineswegs deckt, weshalb er Lessing trotz dessen ursprünglicher Berufung auf ihn im Verlauf des Briefwechsels mehrfach widerspricht.

24 Lessing an Mendelssohn, 28. November 1756, S. 680 u. S. 683.

25 Lessing an Nicolai, 29. November 1756, S. 684.

26 Ebd.

27 Vgl. Leibniz, Gottfried Wilhelm: „Meditationes de cognitione, veritate et ideis/Betrachtungen über die Erkenntnis, die Wahrheit und die Ideen (1684)". In: *Philosophische Schriften*, Bd. 1. Hg. v. Wolf von Engelhardt u. Hans Heinz Holz. Darmstadt 1985, S. 32–47.

28 Vgl. Lessing: *Hamburgische Dramaturgie*, S. 557–559.

29 Vgl. ebd., S. 562f.

30 Vgl. ebd., S. 570–575.

mantischen Bereichen. So wird das Verhältnis der Affekte Schrecken, Mitleid, Bewunderung durch die Metapher der „Leiter“ abgebildet,[31] ein Trauerspiel „voller Schrecken, ohne Mitleid“ wird als „Wetterleuchten ohne Donner“ bezeichnet,[32] für die Theorie der zweiten Affekten findet Lessing „[e]in Exempel aus der Körperwelt“,[33] nämlich das einer Saite, die in Schwingung versetzt wird, indem nicht sie selbst, sondern eine andere, gleich gestimmte Saite angeschlagen wird, und auch die für Lessings Streitlust typischen Reflexionen des Argumentierens halten sich fern von ökonomischer Metaphorik: „Setzen Sie sich auf Ihre Richterstühle, meine Herren, Nikolai und Moses“ heißt es da vielmehr,[34] und: „Herr Nicolai hätte also nicht schließen sollen: weil der Wein nicht selten blutige Gezänke erzeugt, so ist es falsch, daß er des Menschen Herz erfreuen soll [...].“[35]

Ein ganz anderes Bild von dem Verhältnis zwischen Dramaturgie und Ökonomie ergibt sich indes, wenn man Lessings Überlegungen zur Dramenwirkung einmal nicht auf mögliche *Quellen* befragt, sondern auf *Analogien* zur Ökonomie hin untersucht. Daniel Fulda hat diesen Perspektivwechsel vorgeschlagen, wobei er allerdings nicht die Dramentheorie, sondern die Komödienpraxis im Blick hatte. Im Rahmen seiner theoretischen Vorüberlegungen zu den *Schau-Spielen des Geldes* problematisiert Fulda „die Stellung literarischer Texte zu anderen Diskursen und Praktiken, hier insbesondere ökonomischen. Statt literarische Texte vor allem in ihren Reaktion auf jene ‚Umwelten‘ zu beschreiben,“ sieht er „sie immer auch als Modellierungen, und zwar von ihre Sphäre übergreifender Relevanz“, weshalb ihm daran liegt, den „ökonomische[n] Spieß“, mit dem das Theater im 18. Jahrhundert in der Forschung gemeinhin angegangen wird, „zumindest probeweise einmal umzudrehen.“[36] Maßgeblich ist dabei die Annahme, dass nicht nur in den dargestellten Handlungen und Charakteren Bezüge zu ökonomischen Kontexten angelegt sind, sondern dass sich vielmehr bereits in der literarischen Gattung eine spezifische Weltsicht äußert: „Welches monetäre (und generell sozial-ökonomische) Konzept ein literarisches Werk artikuliert oder impliziert, hängt maßgeblich von den Strukturen der Gattung ab, der es sich anschließt.“ Hierdurch richtet sich der Blick auf die „internen Strukturen, welche das Handlungsgeschehen literarischer Texte und damit die Interaktionsnormen und -muster derer Figuren ebenso bestimmen wie den Einsatz von Geld im ökono-

31 Lessing an Nicolai, November 1756, S. 670.
32 Ebd., S. 673.
33 Lessing an Mendelssohn, 2. Februar, S. 713.
34 Lessing an Nicolai, November 1756, S. 670.
35 Lessing an Mendelssohn, 18. Dezember, 1756, S. 697.
36 Fulda, Daniel: *Schau-Spiele des Geldes. Die Komödie und die Entstehung der Marktgesellschaft von Shakespeare bis Lessing.* Tübingen 2005, S. 8

mischen Prozeß."[37] Es wird also der Versuch unternommen, „,Geld' und ,Literatur' prinzipiell ,gleichberechtigt' zu behandeln. ,Gleichberechtigt' meint dabei kein Quantitätsverhältnis, sondern daß das eine Medium nicht nur in der Optik des anderen erscheint." Methodisch folgt aus diesem Bemühen,

> daß nicht maßgeblich ist, wie und welche Geldphänomene in den Komödien erscheinen [...], sondern wie Geld und Komödie in ihrer Struktur, Wirkungs- und Geltungsweise korreliert werden können, und zwar mit Hilfe eines theoretischen Wissens, das den Horizont der historischen Texte übersteigt.[38]

Nähert man sich Lessings Dramaturgie aus der hier skizzierten Perspektive, so stößt man auf eine ganze Reihe von auffallenden Analogien zur Ökonomie. Dabei interessieren Lessings Überlegungen nicht mehr als poetologische „Reaktion" auf ökonomische Quellen und Kontexte, sondern vielmehr als „prinzipiell ,gleichberechtigt[er]" Versuch, einen Zusammenhang zu modellieren, der ihm als Teilnehmer an ökonomischen Prozessen auf analoge Weise vertraut war. Im Zentrum dieser Prozesse stehen Funktionen, die Geld als Kommunikationsmedium in der Ökonomie erfüllt. Daniel Fulda identifiziert an dieser Stelle die Prinzipien der Repräsentation und der Performanz sowie der Bewegung und der Stabilisierung.[39] Während er diese Funktionen mit der Komödienhandlung in Verbindung setzt, soll hier der Versuch unternommen werden, sie mit Lessings Dramaturgie zu korrelieren. Dabei geht es anstelle von Dramenhandlungen um Dramenwirkungen und anstelle von praktischen Verfahrensweisen der dramatischen Gestaltung um theoretische Vorstellungen der dramaturgischen Reflexion. Es soll gezeigt werden, dass die Funktionen, die das Geld in ökonomischen Prozessen erfüllt, in auffallender Weise analog sind zu Funktionen, die Lessing dem Drama in moralischen Prozessen attestiert.

Beginnen wir beim Prinzip der Performanz, das sich in der Geldfunktion ebenso zeigt wie in Lessings Vorstellung von der Ursache des Lachens in der Komödie. Geld an sich hat keinen Wert. Der Wert entsteht erst dadurch, dass Geld einen in sich existierenden Wert nachahmt bzw. vertritt. In der Moderne wird dieses Prinzip der Repräsentation in das der Performanz transformiert, d. h. ein Wert wird erst durch den Repräsentationsakt überhaupt erzeugt. Nun

> repräsentiert das Geld nicht einen ,wahren' Wert, der ihm voranginge, sondern verweist auf die Gesamtheit aller Werte, deren Wert sich aber erst aus ihrer geldvermittelten Relation

37 Beide Zitate ebd., S. 20.
38 Beide Zitate ebd., S. 21f.
39 Vgl. ebd. S. 17–32.

bestimmt. Repräsentation im Sinne von Stellvertreterschaft für etwas anderes, das selbständig oder gar ursprünglich wäre, wird hier nicht (mehr) erwartet.[40]

Im 28. Stück der *Hamburgischen Dramaturgie* verteidigt Lessing die Komödie gegen den Vorwurf, sie könne auch den Tugendhaften dem Gelächter des Publikums aussetzen und damit der Tugend schaden, indem er fragt:

> wo steht es denn geschrieben, daß wir in der Komödie nur über moralische Fehler, nur über verbesserliche Untugenden lachen sollen? Jede Ungereimtheit, jeder Kontrast von Mangel und Realität, ist lächerlich. Aber lachen und verlachen ist sehr weit auseinander. Wir können über einen Menschen lachen, bei Gelegenheit seiner lachen, ohne ihn im geringsten zu verlachen.[41]

Die Unterscheidung zwischen Lachen und Verlachen ist zentral für Lessings Komödienpoetik und setzt diese klar gegen die sächsische Typenkomödie Gottschedscher Provenienz ab. Nicht mehr das Verlachen bzw. Auslachen einer lasterhaften Person zeigt moralischen Ertrag, sondern das Lachen über eine Person, die durchaus tugendhaft sein darf. Als Grund für dieses Lachen gibt Lessing in der eben zitierten Passage einen „Kontrast von Mangel und Realität" an. Wie Agnes Kornbacher-Meyer gezeigt hat, meint „Realität" hier keine „reale Wirklichkeit oder Erscheinung", da sie dann nicht im „Kontrast" zum „Mangel" auftreten könnte, der ja als „Zustand der Unvollständigkeit und Unvollkommenheit" eine solche „reale Wirklichkeit" ist. Stattdessen beschreibt Realität an dieser Stelle „‚exakt das Wesen (essentia) oder besser die Wesenhaftigkeit (essentialitas) jeder *res* als solcher' und zielt auf den *Wasgehalt*, die *Washeit* einer Sache, d. h. nähert sich damit der Vorstellung von Idealität."[42] Lessing führt das Lachen also darauf zurück, dass der Zuschauer eine Differenz zwischen Ideal und mangelhafter Wirklichkeit wahrnimmt.

Diese Erklärung gibt deutlich zu erkennen, dass Lessing die Ursache des Lachens als performativen Akt auffasst: Die Komik, die das Lachen bewirkt, ist keine reale Größe, die von der Komödie repräsentiert wird, sondern sie entsteht erst durch den Austausch zwischen der Idealvorstellung des Zuschauers und der Realität des komischen Charakters. Auf einer der beiden Seiten, isoliert betrachtet, ist sie hingegen nicht zu finden, denn während dem Charakter die moralischen

---

40 Ebd., S. 29; Fulda bezieht sich hier auf Simmel, Georg: *Philosophie des Geldes* (1. Aufl. 1900). Hg. v. David P. Frisby u. Klaus Christian Köhnke. Frankfurt a. M. 1989, S. 12 u. S. 136.

41 Lessing: *Hamburgische Dramaturgie*, S. 322.

42 Kornbacher-Meyer: *Komödientheorie und Komödienschaffen*, S. 87. Die zitierte Passage im Zitat stammt aus Courtine, J. F.: „Realitas (Art.)". In: *Historisches Wörterbuch der Philosophie*, Bd. 8. Basel, Stuttgart 1992, Sp. 178–185, hier Sp. 178.

Ideale fehlen, vor deren Hintergrund sein Handeln lachhaft wird, fehlt dem Zuschauer – zumindest in seiner Funktion als Zuschauer – das realistisch-mangelhafte Verhalten, das sich vom moralischen Ideal absetzt. So kann die Komik und damit das Lachen erst im Austausch beider Seiten generiert werden:

> Das Komische als spezifischer Wert der Komödie ist [...] ebensowenig wie der Wert, den das Geld mißt, objektiv gegeben, sondern entsteht in jener Vermittlung, deren Tauschprinzip das Geld symbolisiert. Insofern läßt sich das Komödientheater als Markt begreifen, auf dem gelacht wird, wenn Zuschauer (als Abnehmer) und Schauspieler (als Anbieter von Komik) handelseinig werden.[43]

Neben dem Prinzip der Performanz charakterisiert das Prinzip der Bewegung die Funktion des Geldes. Geld lädt dazu ein, unter die Leute gebracht zu werden, da es als statischer Besitz lediglich potentiellen, nie aber aktuellen Wert hat:

> Geld zeichnet sich im Vergleich mit anderen ‚symbolisch generalisierten Kommunikationsmedien' durch ein besonders hohes Tempo der von ihm vermittelten Transaktionen aus, welche die Kommunikanten einerseits präzise aneinander binden, andererseits gleich wieder zu Anschlußkommunikationen, sprich neuem Geldeinsatz freigeben.[44]

Demselben Prinzip ist eine der innovativsten Ideen in Lessings Dramaturgie verpflichtet. So, wie das Geld von einer Transaktion zur nächsten bewegt wird, um ökonomische Werte zu kommunizieren, wird der Affekt von der theatralischen zur lebensweltlichen Transaktion bewegt, um ethische Werte zu kommunizieren.

Bis zu Lessing wurde insbesondere in der Tragödienpoetik stets danach gefragt, welche unmittelbare moralische Wirkung konkrete Affekte zeigen. Lessing aber gilt der konkrete Affekt sowohl in der Tragödie (Mitleid) als auch in der Komödie (Lachen) nur noch als mittelbare Wirkung. Die eigentliche moralische Wirkung hingegen sieht er in der Schaffung bzw. Förderung einer allgemeinen Affektdisposition. Im Briefwechsel mit Nicolai und Mendelssohn erklärt Lessing:

> die Bestimmung der Tragödie ist diese: sie soll *unsre Fähigkeit, Mitleid zu fühlen*, erweitern. Sie soll uns nicht bloß lehren, gegen diesen oder jenen Unglücklichen Mitleid zu fühlen, sondern sie soll uns so weit fühlbar machen, daß uns der Unglückliche zu allen Zeiten, und unter allen Gestalten, rühren und für sich einnehmen muß.[45]

43 Fulda: *Schau-Spiele des Geldes*, S. 32.
44 Ebd., S. 22.
45 Lessing an Nicolai, November 1756, S. 671 (Hervorhebung durch Lessing).

Analog hierzu heißt es im 29. Stück der *Hamburgischen Dramaturgie* über die Komödie:

> Ihr wahrer allgemeiner Nutzen liegt in dem Lachen selbst; in der Übung unserer Fähigkeit das Lächerliche zu bemerken; es unter allen Bemäntelungen der Leidenschaft und der Mode, es in allen Vermischungen mit noch schlimmern oder mit guten Eigenschaften, sogar in den Runzeln des feierlichen Ernstes, leicht und geschwind zu bemerken.[46]

Bewegung findet hier also dadurch statt, dass Tragödie und Komödie ihre moralische Wirkung vom Theater in die Lebenswelt transferieren: Der Zuschauer lässt Mitleid und Lachen nicht im Theater zurück, sondern er nimmt es in Form einer Fertigkeit mit nach draußen, um es dort in tugendhaftes Handeln umzusetzen. Im Theater selbst können weder Mitleid noch Lachen moralische Wirkung zeigen, da das Publikum hier lediglich rezipiert, niemals aber handelt. Diese Wirkung ist vielmehr auf „Anschlußkommunikationen" außerhalb des Zuschauerraums angewiesen, in deren Zuge sowohl die Fertigkeit, Mitleid zu empfinden, als auch die Fertigkeit, „das Lächerliche zu bemerken", in moralisches Handeln umgesetzt werden.

Da Daniel Fulda das monetäre Prinzip der Bewegung mit der dramatischen *Handlung* in Analogie bringt, bleibt die Tragödie ausgegrenzt, denn

> es ist bereits der tragische Handlungsverlauf, der auf einem amonetären Weltbild basiert: selbst Glückswechsel werden von langer Hand motiviert (nicht etwa durch den Zufall eines Lotteriegewinns herbeigeführt), der Held bleibt bei seinem höchsten Gut, nämlich seiner Überzeugung oder seinem Lebensprinzip, wechselt sie nicht, und statt des ausgleichenden Handels gibt es Händel.[47]

Setzt man das Prinzip der Bewegung indes nicht mit der Handlung des Dramas, sondern mit dessen Wirkung, so wie Lessing sie sich vorstellt, in Analogie, so gilt sie für Tragödie und Komödie gleichermaßen, da beide Gattungen darauf ausgerichtet sind, eine moralische Wirkung im Sinne einer „Anschlußkommunikation" in Umlauf zu bringen.

Ein weiteres Prinzip der Geldfunktion kehrt wieder in Lessings Vorstellung von der Affekt- bzw. Erkenntnisdisposition im Unterschied zur unmittelbaren Einzelwirkung von Tragödie und Komödie. Geld bewirkt im ökonomischen System Stabilisierung. Dies geschieht auf zweifache Weise. Zunächst indem das Geld „als der Indifferenz- und Ausgleichspunkt" zwischen allen Inhalten steht, sich also gegenüber den Werten, die es kommuniziert, indifferent verhält: „sein ideeller

---

46 Lessing: *Hamburgische Dramaturgie*, S. 363.
47 Fulda: *Schau-Spiele des Geldes*, S. 22f.

Sinn ist [...], allen Dingen ihr Maß zu geben, ohne sich selbst an ihnen zu messen.“[48] So kann man z. B. Geld, das durch Gesundheitsleistungen verdient wurde, zum Erwerb von gesundheitsschädigenden Mitteln verwenden, wie etwa die Existenz rauchender Ärzte belegt. Die zweite Weise, in der Geld stabilisierend wirkt, äußert sich in dessen „Wertaufbewahrungsfunktion“. So führt das Sparen von Geld zu einer „Ansammlung und Speicherung von wirtschaftlicher Verfügungsmacht“;[49] je mehr Geld im Depot liegt, desto größer und vielfacher sind die ökonomischen Einsätze, die hierdurch ermöglicht werden.

In Lessings Dramaturgie äußert sich das Prinzip der Stabilisierung zunächst in der Indifferenz der Dramenwirkung gegenüber dem konkreten Einzelfall. So wie das Geld „als der Indifferenz- und Ausgleichspunkt“ zwischen allen Inhalten steht, liegt der moralische Nutzen von Tragödie und Komödie nicht in dem konkret bewirkten Mitleid bzw. Lachen, sondern vielmehr in der generellen Verfügbarkeit beider Wirkungen. Im Briefwechsel über das Trauerspiel setzt Lessing das Indifferenz-Argument ein, um Mendelssohns Einwand zu entkräften, Mitleid könne nicht *eo ipso* moralisch wirken, da es auch für untugendhafte Charaktere erregt werden könne; Mendelssohn spricht in diesem Zusammenhang „von der sittlichen Empfindlichkeit, die ohne Hülfe der Urteilskraft unser Gefühl nur zärtlicher macht, und uns antreibt, sowohl wahren als scheinbaren Gütern mit größerer Begierde nachzujagen.“[50] Auch dieses Mitleid, so Lessing, wirke moralisch, indem es die generelle Fähigkeit, Mitleid zu fühlen, steigere:

> Das Trauerspiel soll das Mitleiden nur überhaupt *üben*, und nicht uns in diesem oder jenem Falle zum Mitleiden bestimmen. Gesetzt auch, daß mich der Dichter gegen einen unwürdigen Gegenstand mitleidig macht, nemlich vermittelst falscher Vollkommenheiten, durch die er meine *Einsicht* verführt, um mein *Herz* zu gewinnen. Daran ist nichts gelegen, wenn nur mein Mitleiden rege wird, und sich gleichsam gewöhnt, immer leichter und leichter rege zu werden. Ich lasse mich zum Mitleiden im Trauerspiele bewegen, um eine Fertigkeit im Mitleiden zu bekommen [...].[51]

Auf dem Gebiet der Komödieonpoetik kehrt das Indifferenz-Argument im 29. Stück der *Hamburgischen Dramaturgie* wieder. Dort wird es verwendet, um den Einwand

---

48 Beide Zitate: Simmel: *Philosophie des Geldes*, S. 714, zit. nach Fulda: *Schau-Spiele des Geldes*, S. 23.

49 Ebd., S. 25.

50 Mendelssohn an Lessing, Januar 1757, S. 709. Bereits zuvor hatte Mendelssohn (an Lessing, Dezember 1756, ebd., S. 690) gegen die Zwangsläufigkeit einer moralischen Wirkung von Mitleid eingewendet: „Auch das Mitleiden kann uns zu Untugenden bringen, wenn es nicht von der Vernunft regiert wird, von der kalten symbolischen Vernunft [...].“

51 Lessing an Mendelssohn, 18. Dezember 1756, S. 698 (Hervorhebung durch Lessing).

zu entkräften, die Komödie könne die Lasterhaften durch die Darstellung von deren Laster nicht bessern; dem hält Lessing entgegen, der Komödie reiche es aus,

> wenn sie keine verzweifelte Krankheiten heilen kann, die Gesunden in ihrer Gesundheit zu befestigen. Auch dem Freigebigen ist der Geizige lehrreich; auch dem, der gar nicht spielt, ist der Spieler unterrichtend; die Torheiten, die sie nicht haben, haben andere, mit welchen sie leben müssen; es ist ersprießlich, diejenigen zu kennen, mit welchen man in Collision kommen kann; ersprießlich, sich wider alle Eindrücke des Beispiels zu verwahren. Ein Preservatif ist auch eine schätzbare Arzenei; und die ganze Moral hat kein kräftigers, wirksamers, als das Lächerliche. –[52]

Auch die „Wertaufbewahrungsfunktion" des Geldes kehrt in analoger Form bei Lessing wieder. Das Mitleids- bzw. Lachvermögen, das durch die konkrete Erregung im Zuschauer bedient wird, kann gespeichert und vermehrt werden. So, wie man Geld durch Sparen speichern kann, lassen sich Mitleids- und Lachfähigkeit durch „Übung" steigern. Aus einzelnen Münzen erwächst ein Vermögen; aus mehreren Mitleids- und Lachmomenten erwächst eine Fertigkeit. Eine weitere Analogie zur Wertaufbewahrungsfunktion findet man überdies in Lessings tragödienpoetologischen Überlegungen. Ein Novum dieser Überlegungen besteht darin, die sinnliche Wirkung der Tragödie auf die *Erregung* von Mitleid zu begrenzen und damit dessen Reinigung auszublenden. Die Katharsis, die seit der Frühneuzeit im Rückgriff auf Aristoteles als eigentliche Trägerin der moralischen Funktion betrachtet wurde, findet bei Lessing keinen rechten Platz.[53] Bereits an derjenigen Stelle seines Briefes an Nicolai, an der Lessing seinen Nachweis des moralischen Tragödienzwecks mit den Worten beschließt, „Bitten Sie es dem Aristoteles ab, oder widerlegen Sie mich",[54] ist deutlich geworden, dass seine Vorstellung vom moralischen Zweck des Trauerspiels ohne inhaltlichen Bezug zur Katharsis ist. Immerhin wird sie in dem gesamten Brief kein einziges Mal erwähnt.[55] Der Grund hierfür liegt auf der Hand: Die Katharsis steht im Widerspruch zu einem Tragödienmodell, das ganz und gar auf die *Erregung*, nicht aber auf die

52 Lessing: *Hamburgische Dramaturgie*, S. 323 f.

53 Charakteristisch für die Gleichsetzung von Katharsis und moralischem Tragödienzweck ist noch Nicolais Zusammenfassung seiner *Abhandlung vom Trauerspiele* in dem Brief an Lessing, 31. August 1756, S. 105: „Hauptsächlich habe ich den Satz zu widerlegen gesucht, den man dem Aristoteles so oft nachgesprochen hat, es sei der Zweck des Trauerspiels die Leidenschaften zu reinigen oder die Sitten zu bilden."

54 Lessing an Nicolai, November 1756, S. 120.

55 Vgl. Lessing an Nicolai, November 1756, S. 668–673.

Reinigung von Mitleid ausgerichtet ist.[56] Angesichts einer mächtigen Tradition, in der die Katharsis stets konstitutiv war für den moralischen Zweck des Trauerspiels, ist die faktische Trennung dieses Zwecks von der Affektreinigung doch sehr auffällig. Nicht weniger auffällig ist die sich hieraus ergebende Analogie zur „Wertaufbewahrungsfunktion" des Geldes. Der Gewinnmaximierung hier entspricht die Ausrichtung des Trauerspiels auf ein Höchstmaß an Mitleiderregung dort. In beiden Fällen wird „Verfügungsmacht" gespeichert. Beim Geld ist diese Macht wirtschaftlicher, bei der Tragödie moralischer Art. Je mehr Geld, desto größer der Reichtum; je mehr Mitleid, desto größer die Moral: „*Der mitleidigste Mensch ist der beste Mensch* [...]."[57]

Die Analogien von Dramenwirkung und Geldfunktion sind gegen den Vorwurf in Schutz zu nehmen, dass verschiedenartige Gebiete auf dem Wege einer einfallsreichen Metaphorisierung prinzipiell ohne Rücksicht auf ursächliche Zusammenhänge miteinander in Beziehung gesetzt werden können. Die hier vorgeschlagene Korrelierung von Dramaturgie und Ökonomie beruht keineswegs darauf, ökonomische Metaphern zur Beschreibung von Lessings Dramaturgie zu verwenden, sondern vielmehr darauf, analoge Strukturen zu identifizieren. Eine metaphorische Beschreibung von Lessings Dramaturgie müsste Merkmale aus einem ökonomischen Zusammenhang semantisch auf einen dramenpoetologischen Sachverhalt übertragen; sie würde etwa dann vorliegen, wenn Mitleid und Lachen als „moralische Münze" von Tragödie und Komödie bezeichnet würden. Hier wäre der angeführte Vorwurf zutreffend, denn im Zuge einer solchen Metaphorisierung könnte man die Ökonomie in der Tat problemlos durch andere semantische Bereiche ersetzen, indem man Mitleid und Lachen z. B. als „moralischen Impuls", „moralischen Motor", „moralische Zugkraft" etc. bezeichnet.

Ganz anders verhält es sich hingegen mit den angeführten Analogien: Sie beruhen nicht auf semantischen Übertragungen, sondern auf der Parallelität von Relationen, die das Geld in der ökonomischen und das Drama in der moralischen Kommunikation abbilden. Daniel Fulda verwendet in diesem Zusammenhang den Begriff der ‚Strukturhomologie', wobei er im Anschluss an Michael Titzmann erklärt:

> Homologie bezeichnet die Parallelität von Relationen, meint also nicht nur eine punktuelle Vergleichbarkeit. Im Fall der Komödie geht es um ein Ensemble von Gattungseigentüm-

56 Dies zeigt sich auch in Lessings inkonsequenter Haltung gegenüber dem Genitiv-Problem: Im Brief an Nicolai vom 2. April 1757 (S. 715 f.), verwendet er den genitivus subjectivus, in der *Hamburgischen Dramaturgie* (S. 569 f.) kritisiert er dann Corneilles Verwendung dieser Form und begründet den genitivus objectivus.

57 Lessing an Nicolai, November 1756, S. 671.

> lichkeiten, die eine Bewegung erzeugen, die mit jener vergleichbar ist, die dem Geld zugeschrieben wird. Homologie liegt hier vor, insofern Komödienform und Geld äquivalente Relationen herstellen.[58]

Dasselbe homologe Verhältnis wurde weiter oben für Dramenwirkung und Geldfunktionen nachgewiesen. Auch dabei ging es um „äquivalente Relationen" und nicht um punktuelle Ähnlichkeiten, die eine semantische Übertragung zulassen. Mitleid und Lachen entsprechen hier nicht der Münze in der Ökonomie, sondern sie bilden eine spezifische Relation ab, die derjenigen analog ist, in der sich die Münze in der Ökonomie bewegt.

An dieser Stelle nun wäre das Bedenken gegenüber der Analogisierung von Dramaturgie und Ökonomie umzukehren: Würde man nicht einen sinnvollen Zusammenhang beider Phänomene verkennen, wenn man offenkundigen Analogien ganzer Strukturen einen bloß koinzidentiellen Status zuspricht? Immerhin lässt sich ein Argument für die Plausibilität der Korrelierung von Dramaturgie und Ökonomie gewinnen, wenn man bedenkt, dass Lessing mit beiden Gebieten aus erster Hand vertraut war. Man kann ihm daher im poetologischen Umgang mit der Dramenwirkung eine Mentalität attestieren, zu deren Konstitution sein ökonomischer Umgang mit Geld beigetragen hat. Werner Röcke sieht die Funktion der Mentalität darin, „die Wahrnehmung der diffusen Wirklichkeit zu strukturieren und somit die unterschiedlichsten Bereiche der Wirklichkeit miteinander zu verknüpfen."[59] Eine erste Verknüpfung von Geldfunktion und Dramenwirkung im Sinne von Röckes Mentalitäts-Begriff dürfte sich schon daraus ergeben, dass Lessing als Bürger im 18. Jahrhundert freilich vielfältige Erfahrungen im Umgang mit Geld hatte, so dass ihm dessen unterschiedliche Funktionen im ökonomischen Gesamtzusammenhang vertraut waren.

Einige Erlebnisse seien hier kursorisch angeführt, um einen ersten Eindruck von Lessings ökonomischer Mentalität zu verschaffen.[60] Lessings Umgang mit Geld gibt eine beachtenswerte Vertrautheit mit den monetären Prinzipien der Beweglichkeit und der Indifferenz zu erkennen. 1748 mussten seine Eltern für Schulden aufkommen, die er in Leipzig gemacht hatte; im selben Jahr bürgte Lessing für Schauspieler, deren Schulden er schließlich mit den Mitteln eines Stipendiums begleichen musste, das ihm die Stadt Kamenz für das Studium in Leipzig gezahlt hatte. Nach der gescheiterten Europareise mit dem Leipziger

---

58 Fulda: *Schau-Spiele des Geldes*, S. 25.

59 Röcke, Werner: „Mentalitätsgeschichte – ‚New Historicism'. Perspektiven einer kulturwissenschaftlichen Mediävisitik". In: *Mittellateinisches Jahrbuch 31* (1996), S. 21–37, hier S. 24.

60 Vgl. hierzu Fick, Monika: *Lessing-Handbuch. Leben – Werk – Wirkung.* Zweite, durchgesehene und ergänzte Auflage. Stuttgart, Weimar 2004, S. 458–466.

Kaufmannssohn Gottfried Winkler 1756 musste Lessing seinen Lebensunterhalt durch Übersetzungen verdienen, wobei er auf die finanzielle Unterstützung seiner Freunde Moses Mendelssohn und Ewald von Kleist angewiesen blieb. Ein Prozess um die Entschädigung durch Winkler wurde erst 1764 zu Lessings Gunsten entschieden, der allerdings die Hälfte der ihm zugesprochenen 600 Taler für Prozesskosten aufbringen musste. Nachdem Lessing vorübergehend als Gouvernementssekretär beim Generalleutnant von Tauentzien beschäftigt gewesen war (1760–64), wurde eine längere Zeit der vergeblichen Stellensuche durch seine Arbeit am Hamburger Nationaltheater (1767/68) beendet. Während seiner Hamburger Zeit verlor Lessing jedoch einen großen Teil des Erlöses aus dem Verkauf seiner 6.000 Bände umfassenden Bibliothek, den er in die Druckerei und Verlagsanstalt von Johann Joachim Christoph Bode investiert hatte. Erst durch die Anstellung an der Wolfenbütteler *Bibliotheca Augusta* 1769 konsolidierten sich Lessings finanzielle Verhältnisse, wobei er auch in dieser Zeit dem Glücksspiel zugetan war.

Abgesehen von diesen allgemeinen Erfahrungen im Umgang mit Geld, setzte sich Lessing auch auf dem Gebiet des Theaters mit monetären Aspekten auseinander. Wenn er in den *Beiträgen zur Historie und Aufnahme des Theaters* dem deutschen Publikum 1750 Leben und Werk des römischen Komödiendichters Marcus Accius Plautus vorstellt, so sind monetärer Erfolg und Misserfolg feste Bestandteile des Künstlerporträts:

> Im Anfange muß er mit seiner Arbeit glücklich gewesen sein. Er hatte nämlich, wie uns Gellius berichtet, damit so viel gewonnen, daß er eine Handlung anfangen konnte. Vielleicht, daß er seine Stücke an die Aediles verkaufte, vielleicht, wann diese Einrichtung, damals, noch nicht war, daß er sie selbst auf seine Unkosten aufführen ließ, und den Nutzen davon zog. [...] Dem sei wie ihm wolle. Plautus war aus einem comischen Dichter ein Handelsmann geworden. Er suchte sich vielleicht dadurch in solche Glücksumstände zu versetzen, worin er seiner Neigung mit mehr Bequemlichkeit genugtun könne. Allein seine Hoffnung schlug ihm fehl. Er verlor durch seinen Handel alles, was er sich so rühmlich verdient hatte, und kam in größter Armut wieder nach Rom zurück.[61]

Bekanntermaßen sollte Lessing später die Ökonomie des Theaters am eigenen Leib zu spüren bekommen: Als Johann Friedrich Löwen, der Direktor der „Hamburger Entreprise“ Lessing „als hauseigenen Kritiker“ verpflichtete,[62] legte er damit den ökonomischen Grundstein für die *Hamburgische Dramaturgie*. Doch das Theater-Unternehmen scheiterte bereits rund anderthalb Jahre nach seiner

61 Lessing: „Abhandlung von dem Leben, und den Werken des Marcus Accius Plautus“. In: *Werke und Briefe*, Bd. 1, Hg. v. Stenzel, S. 736–765, hier S. 738.
62 Fick: *Lessing-Handbuch*, S. 279.

Gründung an finanziellen Schwierigkeiten, und so musste auch Lessings dramaturgisches Schlüsselwerk beendet werden.

Wurde bisher der Versuch unternommen, die Korrelierung von Dramaturgie und Ökonomie bei Lessing durch strukturelle und biographische Faktoren zu profilieren, so muss auch auf die Grenzen dieses Verfahrens hingewiesen werden. Ein zentraler Gedanke aus Lessings Tragödienpoetik widersetzt sich nämlich einer sinnvollen Analogisierung von Dramenwirkung und Geldfunktion. Um Mendelssohns Erklärung des Vergnügens an tragischen Gegenständen zu widerlegen, entwickelt Lessing seine Theorie der zweiten Affekte:

> Die spielende Person gerät in einen unangenehmen Affekt, und ich mit ihr. Aber warum ist dieser Affekt bei mir angenehm? Weil ich nicht die spielende Person selbst bin, auf welche die unangenehme Idee unmittelbar wirkt, weil ich den Affekt nur als Affekt empfinde, ohne einen gewissen unangenehmen Gegenstand dabei zu denken.[63]

Auf den ersten Blick scheint sich hier eine tragfähige Strukturhomologie mit dem monetären Prinzip der Repräsentation entwickeln zu lassen: Analog zum Geld verfügt der zweite Affekt über keinen eigenen Wert; die Wut des Königs auf dessen Widersacher empfindet der Zuschauer gegenstandslos, da es ja nicht sein eigener Widersacher ist. Lessing veranschaulicht diese Gegenstandslosigkeit der zweiten Affekte mit dem Beispiel zweier Saiten in gleicher Spannung: Wird die eine Saite angeschlagen, so schwingt die andere mit, ohne selbst berührt worden zu sein.[64] Geld und Affekt, so könnte man sagen, repräsentieren also etwas, was in ihnen selbst nicht begründet liegt.

Genau diesen Repräsentationsstatus aber bestreitet Lessing für den einzigen Affekt, den er durch das Trauerspiel erregt findet.

> Dergleichen *zweite* Affekten aber, die bei Erblickung solcher Affekten an andern, in mir entstehen, verdienen kaum den Namen der Affekten; daher ich denn in einem von meinen ersten Briefen schon gesagt habe, daß die Tragödie eigentlich keinen Affekt bei uns rege mache, als das *Mitleiden.* Denn diesen Affekt empfinden nicht die spielenden Personen, und wir empfinden ihn nicht bloß, weil sie ihn empfinden, sondern er entsteht in uns ursprünglich aus der Wirkung der Gegenstände auf uns; es ist kein *zweiter* mitgeteilter Affekt etc.[65]

Das Mitleid hat einen Gegenstand. Im Unterschied zum Geld repräsentiert es nicht nur einen außerhalb seiner selbst bestehenden Zusammenhang, sondern es ist ursächlich auf einen Gegenstand bezogen. Hier also stößt das Modell der Struk-

63 Lessing an Mendelssohn, 2. Februar 1757, S. 713.
64 Vgl. ebd.
65 Ebd., S. 204 (Hervorhebung durch Lessing).

turhomologie an seine Grenzen. Sollte es jedoch bis zu diesen Grenzen tragfähig sein, so hätte es sich für den vorliegenden Beitrag – nunmehr in der metaphorischen Bedeutung des Wortes – ‚ausgezahlt'.

Literaturverzeichnis

Courtine, J. F.: „Realitas (Art.)". In: *Historisches Wörterbuch der Philosophie*, Bd. 8. Basel, Stuttgart 1992, Sp. 178–185.

Eder, Jürgen: „‚Beati Possidentes'? Zur Rolle des ‚Geldes' bei der Konstitution bürgerlicher Tugend". In: *Bürgerlichkeit im Umbruch. Studien zum deutschsprachigen Drama 1750–1800.* Hg. v. Helmut Koopmann. Tübingen 1993, S. 1–51.

Fick, Monika: *Lessing-Handbuch. Leben – Werk – Wirkung.* Zweite, durchgesehene und ergänzte Auflage. Stuttgart, Weimar 2004.

Fiederer, Margrit: *Geld und Besitz im bürgerlichen Trauerspiel.* Würzburg 2002.

Fulda, Daniel: *Schau-Spiele des Geldes. Die Komödie und die Entstehung der Marktgesellschaft von Shakespeare bis Lessing.* Tübingen 2005.

Hernadi, Paul: „Nathan der Bürger: Lessings Mythos vom aufgeklärten Kaufmann". In: *Lessings Nathan der Weise.* Hg. v. Klaus Bohnen. Darmstadt 1984, S. 341–349.

Kornbacher-Meyer, Agnes: *Komödientheorie und Komödienschaffen Gotthold Ephraim Lessings.* Berlin 2003.

Lehrer, Mark: „Lessing's Economic Comedy". In: *Seminar* 20 (1984), S. 79–94.

Leibniz, Gottfried Wilhelm: „Meditationes de cognitione, veritate et ideis/Betrachtungen über die Erkenntnis, die Wahrheit und die Ideen (1684)". In: *Philosophische Schriften*, Bd. 1. Hg. v. Wolf von Engelhardt u. Hans Heinz Holz. Darmstadt 1985, S. 32–47.

Lessing, Gotthold Ephraim: „Abhandlung von dem Leben, und den Werken des Marcus Accius Plautus". In: *Werke und Briefe in zwölf Bänden.* Hg. v. Wilfried Barner u. a. Bd. 1. 1743–1750. Hg. v. Jürgen Stenzel. Frankfurt a. M. 1989, S. 736–765.

Lessing, Gotthold Ephraim: „Briefwechsel über das Trauerspiel mit Mendelssohn und Nicolai". In: *Werke und Briefe in zwölf Bänden.* Hg. v. Wilfried Barner. Bd. 3. Hg. v. Conrad Wiedemann unter Mitwirkung von Wilfried Barner u. Jürgen Stenzel. Frankfurt a. M. 2003, S. 662–736.

Lessing, Gotthold Ephraim: „Hamburgische Dramaturgie". In: *Werke und Briefe in zwölf Bänden.* Hg. v. Wilfried Barner u. a. Bd. 6. 1767–1769. Hg. v. Klaus Bohnen. Frankfurt a. M. 1985, S. 181–694.

Lessing, Gotthold Ephraim: „Kritik über die Gefangenen des Plautus". In: *Werke und Briefe in zwölf Bänden.* Hg. v. Wilfried Barner u. a. Bd. 1. 1743–1750. Hg. v. Jürgen Stenzel. Frankfurt a. M. 1989, S. 821–878.

Lessing, Gotthold Ephraim: „Miss Sara Sampson". In: *Werke und Briefe in zwölf Bänden.* Hg. v. Wilfried Barner u. a. Bd. 3. 1754–1757. Hg. v. Conrad Wiedemann unter Mitwirkung von Wilfried Barner u. Jürgen Stenzel. Frankfurt a. M. 2003, S. 431–526.

Lessing, Gotthold Ephraim: „Nathan der Weise". In: *Werke und Briefe in zwölf Bänden.* Hg. v. Wilfried Barner u. a. Bd. 9. 1778–1780. Hg. v. Klaus Bohnen u. Arno Schilson. Frankfurt a. M. 1993, S. 483–627.

Lessing, Gotthold Ephraim: Rezension zu: Moses Mendelssohn, „Über die Empfindungen“. In: *Berlinische Privilegierte Zeitung*, 106. Stück, 4. September 1755. In: Lessing: *Werke*. Hg. v. Herbert G. Göpfert. Bd. 3. Hg. v. Karl S. Guthke. München 1972, S. 259 – 261.

Mendelssohn, Moses: „Sendschreiben an den Herrn Magister Lessing in Leipzig“. In: *Gesammelte Schriften*. Jubiläumsausgabe [= JubA], in Zusammenarbeit mit Fritz Bamberger u. a. begonnen von I. Elbogen u. a. (1929 ff.), fortgesetzt von Alexander Altmann u. Eva J. Engel. Bd. 2. Schriften zur Philosophie und Ästhetik II. Bearb. v. Fritz Bamberger u. Leo Strauss. Nachdruck der Ausgabe Berlin 1931. Stuttgart, Bad Cannstatt 1972, S. 81 – 109.

Mendelssohn, Moses: „Über die Empfindungen“. In: *Gesammelte Schriften*. Jubiläumsausgabe [= JubA], in Zusammenarbeit mit Fritz Bamberger u. a. begonnen von I. Elbogen u. a. (1929 ff.), fortgesetzt von Alexander Altmann u. Eva J. Engel. Bd. 1. Schriften zur Philosophie und Ästhetik I. Bearb. v. Fritz Bamberger. Nachdruck der Ausgabe Berlin 1929. Stuttgart, Bad Cannstatt 1971, S. 41 – 123.

Martinec, Thomas: *Lessings Theorie der Tragödienwirkung. Humanistische Tradition und aufklärerische Erkenntniskritik*. Tübingen 2003.

Regener, Ursula: „WIeSO Lessing?“ In: *Literatur im Spiel der Zeichen. Festschrift für Hans Vilmar Geppert*. Hg. v. Werner Frick, Fabian Lampart u. Bernadette Malinowski. Tübingen 2006, S. 95 – 110.

Röcke, Werner: „Mentalitätsgeschichte – ‚New Historicism‘. Perspektiven einer kulturwissenschaftlichen Mediävisitik“. In: *Mittellateinisches Jahrbuch 31* (1996), S. 21 – 37.

Schneider, Helmut J.: „Schenken und Tauschen. Bemerkungen zu einer Grundfigur der Lessingschen Dramatik“. In: *Streitkultur. Strategien des Überzeugens im Werk Lessings*. Hg. v. Wolfram Mauser u. Günter Saße. Tübingen 1993, S. 462 – 471.

Simmel, Georg: *Philosophie des Geldes* (1. Aufl. 1900). Hg. v. David P. Frisby u. Klaus Christian Köhnke. Frankfurt a. M. 1989.

Intertexte und Interdiskurse des Dramatischen

Uta Degner

Interessensdramen

Zur Rivalität von Ökonomie, Moral und Ästhetik bei Friedrich Schiller und ,Intertexten' von Richard Glover und George Lillo

Das 18. Jahrhundert revolutioniert die Ästhetik im Zeichen ästhetischer Autonomie und nicht zuletzt Friedrich Schiller ist einer der theoretischen Köpfe dieser Entwicklung. Ein grundlegender Zug der neuen Ästhetik ist die Idee einer Selbst-Gesetzgebung (so die wörtliche Bedeutung von ,auto-nomos'), welche sich nicht von außerästhetischen Werten leiten lässt, sondern je eigene ästhetische Kriterien und Wertmaßstäbe entwickelt. Die Idee ästhetischer Autonomie erfordert somit eine Distanzierung von weltlichen Wertsystemen – Kunst hat solchen vorgegebenen Kriterien gegenüber interesselos zu sein. Die Ablehnung nicht zuletzt finanzieller Interessen seitens der autonomen Kunst führt im 18. Jahrhundert zur Entwicklung einer „paradoxen Ökonomie", „einer verkehrten ökonomischen Welt", bei der sich ästhetische Innovation und materieller Gewinn diametral gegenüberstehen: „Auf symbolischem Terrain vermag der Künstler nur zu gewinnen, wenn er auf wirtschaftlichem Terrain verliert (zumindest kurzfristig), und umgekehrt (zumindest langfristig)."[1]

Man müsste demnach vermuten, dass mit der Durchsetzung der Autonomieästhetik, die zudem mit der Etablierung einer funktional differenzierten Gesellschaft einhergeht, welche die zunächst regulative Idee der Ästhetik in der Gestalt autonomer Teilsysteme auch gesellschaftlich umsetzt (so zumindest Luhmann),[2] die literarische Relevanz ökonomischer Kategorien abnimmt. Umso überraschender ist jedoch der Befund, der sich aus den literarischen Texten selbst ergibt, welche oftmals gerade das Gegenteil zeigen, nämlich ein ausgesprochenes Interesse der Literatur an wirtschaftlichen Dingen und oftmals eine intrikate Verknotung von ästhetischen und ökonomischen Werten.[3] Im Folgenden soll die

---

1 Pierre Bourdieu: *Die Regeln der Kunst. Genese und Struktur des literarischen Feldes.* Frankfurt a. M. 1999, S. 136. In Bezug auf Schillers Zeit am Beispiel Goethe vgl. Wolf, Norbert Christian: „Gegen den Markt. Goethes Etablierung der ,doppelten Ökonomie'". In: *MARKT. literarisch.* Hg. v. Thomas Wegmann. Bern 2005 (=Publikationen zur Zeitschrift für Germanistik, Neue Folge, Bd. 12), S. 59–74.

2 Vgl. Luhmann, Niklas: *Die Gesellschaft der Gesellschaft.* Teilband 2. Frankfurt a. M. 1998, wo Luhmann freilich auch darauf hinweist, dass die Autopoiesis gesellschaftlicher Teilsysteme mit einer „strukturellen Kopplung" einhergeht. Vgl. ebd. Kap. I, VI und Kap. 4, VII.

3 Vgl. hierzu Fulda, Daniel: *Schau-Spiele des Geldes. Die Komödie und die Entstehung der Marktgesellschaft von Shakespeare bis Lessing.* Tübingen 2005, der für eine Homologie von

Interferenz der Literatur mit dieser ‚Fremdwährung' am Beispiel von Schiller (mit Seitenblicken auf Lillo und Glover) auf ihre ästhetische Triftigkeit hin befragt werden. Wirtschaft als Gegenstandsbereich ist, so die These, nicht zuletzt deshalb für die Ästhetik von Interesse, da durch ihre Thematisierung die Interesselosigkeit der Kunst herausgefordert wird. In der Konfrontation mit der wirtschaftlichen Sphäre werden Eigentümlichkeiten und Abhängigkeiten der Kunst als eine *relativ* autonome Instanz herausgearbeitet: Die Frage nach der wirtschaftlichen Autonomie oder Heteronomie der Ästhetik gegenüber dem Wertsystem der Ökonomie – und damit dem ‚Feld der Macht'[4] – betrifft eine Spannung innerhalb der Kunst selbst.

Ökonomische Ambivalenz: Schillers Überlegungen zur Leonidas-Figur und der Intertext von Richard Glover

In seinen Überlegungen *Vom Erhabenen*, in denen Schiller 1793 im 3. und 4. Stück der *Neuen Thalia* über die Gesetze der tragischen Kunst reflektiert,[5] gibt er ein Beispiel für die gelungene – schwierige – Versöhnung von Moral und Ästhetik:

> Ich denke mir z. B. die Selbstaufopferung des Leonidas bey Thermopylä. Moralisch beurtheilt ist mir diese Handlung Darstellung des, bei allem Widerspruch der Instinkte erfüllten, Sittengesetzes; ästhetisch beurtheilt ist sie mir Darstellung des, von allem Zwang der Instinkte unabhängigen, sittlichen Vermögens. Meinen moralischen Sinn (die Vernunft) *befriedigt* diese Handlung; meinen ästhetischen Sinn (die Einbildungskraft) *entzückt* sie.[6]

Schiller rekurriert hier auf ein Extrembeispiel patriotischer Selbstlosigkeit: Der Spartanische König Leonidas zieht in der Schlacht bei den Thermopylen gegen die übermächtige persische Armee mit 300 Mann in den sicheren Tod, um die Un-

---

Ökonomie und Komödie argumentiert, und Wegmann, Thomas: *Tauschverhältnisse. Zur Ökonomie des Literarischen und zum Ökonomischen in der Literatur von Gellert bis Goethe*. Würzburg 2002.

4 Vgl. Bourdieu: *Regeln der Kunst*, S. 25, S. 29f. und passim.

5 „Das erste Gesetz der tragischen Kunst war Darstellung der leidenden Natur. Das zweyte ist Darstellung des moralischen Widerstandes gegen das Leiden." Friedrich Schiller: „Vom Erhabenen". In: *Neue Thalia*, dritter Theil, erstes Stück des Jahrganges 1793 [Nachdruck Bern 1969], S. 320–394, hier S. 372 [fälschlich als 272 gesetzt]), Hervorhebung im Original.

6 Schiller, Friedrich: „Fortgesetzte Entwicklung des Erhabenen" [später publiziert unter dem Titel „Über das Pathetische"]. In: *Neue Thalia*, vierter und letzter Band, welches das vierte fünfte und sechste Stück enthält [Nachdruck Bern 1969], S. 52–73, hier S. 57.

abhängigkeit Griechenlands zu verteidigen. Das Verhältnis von Moral und Ästhetik ist ambivalent: Scheinen in der Figur des Leonidas beide Bereiche insofern versöhnt zu sein, als sie jeweils eine Art von Freiheit zum Ausdruck bringen – als moralische wie ästhetische Abstandnahme vom Eigeninteresse der Instinkte, zugunsten einer ‚höheren Idee', so zeigt sich gerade hierin eine Differenz, wenn Schiller drei Seiten später nochmals auf das Beispiel zurück kommt:

> Beurtheilen wir also jene That des Leonidas *moralisch*, so betrachten wir sie aus einem Gesichtspunkt, wo uns weniger ihre Zufälligkeit als ihre Nothwendigkeit in die Augen fällt. Beurtheilen wir sie hingegen *ästhetisch*, so betrachten wir sie aus einen [sic] Standpunkt, wo sich uns weniger ihre Nothwendigkeit als ihre Zufälligkeit darstellt. Es ist *Pflicht* für jeden Willen, so zu handeln, sobald er ein freyer Wille ist; daß es aber überhaupt eine Freyheit des Willens gibt, welche es möglich macht, so zu handeln, dieß ist eine Gunst der Natur in Rücksicht auf dasjenige Vermögen, welchem Freyheit Bedürfniß ist. Beurtheilt also der moralische Sinn – die Vernunft – eine tugendhafte Handlung, so ist Billigung das Höchste, was erfolgen kann; weil die Vernunft nie *mehr* und selten nur *soviel* finden kann, als sie fodert. Beurtheilt hingegen der ästhetische Sinn, die Einbildungskraft, die nämliche Handlung, so erfolgt eine positive Lust, weil die Einbildungskraft niemals Einstimmigkeit mit ihrem Bedürfnisse fodern kann, und sich also von der wirklichen Befriedigung desselben, als von einem glücklichen Zufall, überrascht finden muß. Daß Leonidas die heldenmüthige Entschließung *wirklich faßte*, billigen wir; daß er sie fassen *konnte*, darüber frohlocken wir, und sind entzückt.[7]

Hier nun erscheint die Moral als unfrei, da sie einem verbindlichen, ‚nothwendigen' Imperativ folgt – nämlich das ‚Sittengesetz' zu erfüllen –, wohingegen die Ästhetik allein das Prinzip der Freiheit anerkennt. Die Dichotomie von Notwendigkeit und Freiheit ist ein Thema, das Schiller in verschiedenen Hinsichten beschäftigt und welches nicht zuletzt im Hinblick auf die Frage nach der Autonomie oder Heteronomie der Kunst ästhetische Relevanz besitzt.[8] Leonidas stellt wohl deshalb für Schiller ein Faszinosum dar, da er wie kaum eine andere Figur die eigentlich unmögliche Konvergenz beider Prinzipien in einer Handlung zum Ausdruck zu bringen vermag: Sein Selbstopfer ist moralische Pflichterfüllung und freiwillig zugleich; darüber hinaus ermöglicht es die Freiheit des spartanischen Staates. Die der Figur inhärente und zugleich gelöste Spannung zwischen Heteronomie und Autonomie macht sie zu einem Ideal, das auch in anderen Texten Schillers Spuren hinterlassen hat: In der Elegie *Der Spaziergang* (1795) wird die denkwürdige „That des Leonidas" und seiner Männer an prominenter Stelle – fast

7 Ebd., S. 60 f. Hervorhebung im Original.
8 Zum Kontext vgl. Lönker, Fred: „Ästhetik und Moral. Über Anmut und Würde". In: *Schiller Werk-Interpretationen*. Hg. v. Günter Saße. Heidelberg 2005, S. 199 – 219.

im Zentrum des Gedichts – wieder auftauchen und in einen bezeichnenden Zusammenhang gebracht, auf den noch zurück zu kommen sein wird.[9]

Blättert man vom vierten Band der *Neuen Thalia*, wo Schillers zuletzt zitierte Überlegungen publiziert wurden, zurück zum vorhergehenden dritten Band der Zeitschrift, wo sie ihren Anfang nahmen, wird klar, woher Schiller sein Beispiel hatte: Dort nämlich bringt er als Herausgeber „[e]ine der schönsten Stellen" aus Richard Glovers Versepos *Leonidas.* [10] Der heute weitgehend unbekannte Autor Richard Glover (1712–1785) war ein in London ansässiger Dichter, Politiker und ein sogenannter ‚Hamburg merchant' – damit ist nicht ein Hamburger Kaufmann gemeint, sondern einer, der mit der Hansestadt Geschäftsbeziehungen unterhielt. Er besetzte jedoch nicht nur eine Position in den wirtschaftlichen, sondern auch in den kulturellen Austauschbeziehungen zwischen Großbritannien und Deutschland. Sein bekanntestes Werk, das Heldengedicht *Leonidas* von 1737, wurde viermal ins Deutsche übersetzt und u. a. von Lessing und Klopstock geschätzt.[11] Durch Glovers Epos wurde der spartanische Feldherr Leonidas zu einem Paradigma für die Auffassung von bürgerlicher Tugend und ehrenvoller Selbstlosigkeit, wie sie der Rousseauismus in Europa vertrat.[12]

In der von Schiller zum Abdruck ausgewählten Szene zeigt sich Leonidas als ein Musterexempel pathetischer Tragik, denn Schiller wählt

> de[n] Abschied des Helden von seiner Gattin und seinen Kindern. Als er, nach dem Spruch des Orakels: daß Lacedämon sich gegen die hereinströmende Macht des Persers nur durch den Tod eines seiner Könige schützen könne; freywillig sein Leben dem Vaterlande dargeboten hatte, mußte sein Herz noch einen schweren Kampf bestehn. Er war geliebter Gatte und zärtlicher Vater. Indem seine Seele im vollen Gefühl der Erfüllung einer großen Pflicht den eignen Beyfall, und die Dankbarkeit der Mitwelt und Nachwelt vorausgenießt, zieht ihn das Bild seiner verlassenen Gattin, und seiner jammernden, bald verwaisten Kinder von der hohen Bahn des Ruhms, die seine patriotische Tugend wandelt, in den stillen Kreis der

9 Schiller, Friedrich: „Der Spaziergang". In: Friedrich *Schiller. Gedichte.* Hg. v. Georg Kurscheidt. Frankfurt a. M. 1992, S. 34–42, hier S. 38, vv. 90–99. Anders als üblich könnte man m.E. die gesamte Passage als Referenz an Sparta bzw. an Leonidas und seine 300 Männer lesen; so ließe sich die Szene mit den unterstützenden Frauen auf den Mauern (v.91f.) auf eine fast topisch gewordene Beschreibung der aktiv die Stadt verteidigenden Frauen in Plutarchs *Leben des Phyrrus*, Kap. 27f. zurückführen. Zu dem von Schiller übersetzten Epigramm vgl. Baumbach, Manuel: „‚Wanderer, kommst du nach Sparta'. Zur Rezeption eines Simonides-Epigramms". In: *Poetica* 32 (2000) H. 1/2, S. 1–22.

10 *Neue Thalia*, Bd. 3, S. 75.

11 Macgregor Morris, Ian: *The Age of Leonidas. The Legend of Thermopylae in British Political Culture, 1737–1821.* Diss. Manchester 2000, S. 20f.

12 Macgregor Morris, Ian: „The Paradigm of Democracy: Sparta in Enlightenment Thought". In: *Spartan Society.* Ed. by Thomas Figuera. Swansea 2004, S. 339–362.

> häuslichen Sorge, herab, und nur der Gedanke: Lo! thy country calls, hebt ihn über diese überwallenden Empfindungen.[13]

Schiller publiziert gerade die Szene, die einen (scheinbaren) Interessens-Konflikt zwischen privatem Interesse und Gemeinwohl inszeniert. Leonidas' Ehefrau verabschiedet ihren Mann in Schmerz aufgelöst, da sie genau weiß, dass dieser nicht aus der Schlacht zurückkehren wird. Sie konfrontiert den Helden mit dem Vorwurf der Rücksichtslosigkeit der Familie gegenüber: „Doch ach! du merkst / Auf unsre Angst nicht – keinen Augenblick verlangst du, uns zu lehren, wie wir's dulden".[14] Leonidas zeigt sich in hohem Maße affiziert von der Trauer seiner Frau. Dem Vorwurf, sie im Stich zu lassen, hält er jedoch die Konvergenz von privatem und Gemeinwohl entgegen:

> [...] Leonidas muß fallen.
> Ach! lastenderes Elend hing auf dich
> Und diese, wenn, erweicht von deinen Thränen,
> Ich – o der Schand! ein Leben weigerte,
> Das Freiheit, Ruhm, Gerechtigkeit und Zeus
> Für Sparta, meine Sühn' und dich erheischt.
> [...]
> Vergaß ich je der Liebe heil'ge Sorgen? –
> Jetzt zeigt am wärmsten, zeigt am treusten sich
> Die Sorgfalt dieser Liebe. Wenn dein Mann
> Für Lacedämons Rettung stirbt, theilst du
> Mit deinen Kindern reicher Wohlthat Strom.[15]

Leonidas „schwere[r] Kampf" zwischen individueller Liebe und gesellschaftlicher Pflicht löst sich in der Behauptung auf, dass hier beides zusammentrete: Die Selbstaufopferung für die Freiheit der Nation gereiche der geliebten Familie zum sozialen Vorteil, da die Anerkennung des Spartaners unmittelbar auf sie zurückfalle. Bereits hier zeigt sich Leonidas als Versöhner der Dichotomie von Interesselosigkeit und Interesse, von Heteronomie und Autonomie, von Pflicht und Neigung, wie er dann auch in Schillers Überlegungen zum Erhabenen konzipiert wird.

Der Titel der „Vorerinnerung" genannten Erläuterung und auch der Zusatz, die „neueste[] Londoner Ausgabe" zu verwenden, machen deutlich, dass Glovers Text für Schiller nicht neu war – ebenso wenig wie für seine Zeitgenossen. In der Tat

13 *Neue Thalia*, Bd. 3, S. 75 f.
14 Ebd., S. 78.
15 Ebd., S. 79 f.

konnte das 1737 im englischen Original erschienene Versepos zu dieser Zeit schon drei verschiedene Übersetzungen ins Deutsche vorweisen, darunter zwei von Johann Ebert, die Lessing in seinen *Briefen, die neuste Literatur betreffend* (1759–65), dezidiert lobte.[16] Dass Schillers Interesse an dem berühmten Spartaner schon eine längere Inkubationszeit durchlaufen hatte, zeigt seine drei Jahre zuvor – ebenfalls in der *Thalia* – publizierte Schrift *Die Gesetzgebung des Lykurgus und Solon*, in der er Leonidas' Heimat Sparta als protokommunistischen Stadtstaat schildert. Hier wird die (negative) ökonomische Dimension deutlich, die mit Leonidas als *spartanischem* König verbunden ist. Durchaus in Übereinstimmung mit dem damaligen Spartabild betont Schiller zentrale Momente von Lykurgus' Gesetzgebung:[17] Als „[g]efährlich[] und kühn[]"[18] bewertet er die gleiche Aufteilung des Landes unter allen Bürgern, welche „den Unterschied zwischen Reichen und Armen auf immerdar"[19] aufhebt. Lykurgus führt zudem eine Reform der Geldmünzen durch: statt hochwertigen Metallen prägt er ein extra minderwertig gemachtes Eisen, das sonst keinen materiellen Wert hat und dessen auch symbolischer Wert so gering ist, „daß man einen großen Raum brauchte um eine kleine Geldsumme aufzubewahren, und viele Pferde, um sie fortzuschaffen."[20] Dies hat umfassende Auswirkungen:

> Wer sollte nun stehlen oder sich bestechen lassen, oder Reichthümer aufzuhäufen trachten, da der kleine Gewinn weder *verhehlt* noch genutzt werden konnte?
>
> Nicht genug, daß Lykurg seinen Mitbürgern dadurch die *Mittel* zur Üppigkeit entzog – er rückte ihnen auch die Gegenstände derselben aus den Augen, die sie dazu hätten reizen können. Spartas eiserne Münze konnte kein fremder Kaufmann brauchen, und eine andere hatten sie ihm nicht zu geben. Alle Künstler, die für den Luxus arbeiteten, verschwanden jetzt aus Lakonien, kein auswärtiges Schiff erschien mehr in seinen Häfen, kein Abenteurer zeigte

---

16 Glover, Richard: *Leonidas. A Poem.* London 1737. Dt. Übers.: *Leonidas. Ein Heldengedicht in neun Büchern. Wegen seiner Vortrefflichkeit aus dem Englischen des Glovers ins Deutsche übersetzt von J. A. Ebert.* Wien, gedruckt und zu finden bey Joseph Kurzböck, 1764; Eberts deutsche Übersetzung nennt also „seine[] Vortrefflichkeit" als Motivation für die Übersetzung, wobei freilich offen bleibt, ob sich das Possessivpronomen auf den Protagonisten oder den Text selbst bezieht. Lessing, Gotthold Ephraim: „Briefe, die neueste Litteratur betreffend (1759–1765)". In: ders.: *Werke 1758–1759.* Hg. v. Gunter E. Grimm. (= Werke und Briefe in zwölf Bänden. Hg. v. Wilfried Barner, Bd. 4. Frankfurt a. M. 1997, S. 453–777, hier S. 549 (39. Brief).

17 Vgl. Macgregor Morris: *The Paradigm of Democracy,* S. 339–362; Mason, Haydn: „Sparta and the French Enlightenment". In: *Sparta in Modern Thought. Politics, History and Culture.* Ed. by Stephen Hodkinson and Ian Macgregor Morris. Swansea 2012, S. 71–104.

18 Schiller, Friedrich: „Die Gesetzgebung des Lykurgus und Solon". In: ders.: *Historische Schriften und Erzählungen.* Hg. v. Otto Dann. (= Werke und Briefe in zwölf Bänden. Bd. 6). Frankfurt a. M. 2000, S. 475–510, hier S. 477.

19 Ebd.

20 Ebd.

> sich mehr, sein Glück in diesem Lande zu suchen, kein Kaufmann kam, die Eitelkeit und Wollust zu brandschatzen, denn sie konnten nichts mit sich hinwegnehmen, als eiserne Münzen die in allen andern Ländern verachtet wurden. Der Luxus hörte auf, weil Niemand da war, der ihn unterhalten hätte.[21]

Während Leonidas in Schillers Dramentheorie ein moralisches Ideal darstellt, spricht er in diesem ‚historischen' Text durchaus kritisch von den wirtschaftlichen und gesellschaftlichen Bedingungen, auf denen Leonidas' selbstloser Heldenmut beruht. Denn dieser ‚funktioniert' nur dank des Entzugs aller privaten Interessen:

> Zu Hause fand der Spartaner nichts, das ihn hätte fesseln können; alle Reize hatte der Gesetzgeber seinen Augen entzogen. Nur im Schoße des Staats fand er Beschäftigung, Ergötzung, Ehre, Belohnung; alle seine Triebe und Leidenschaften waren nach diesem Mittelpunkt hingeleitet. Der Staat hatte also die ganze Energie, die Kraft aller seiner einzelnen Bürger, und an dem Gemeingeiste der alle zusammen entflammte mußte sich der Nationalgeist jedes einzelnen Bürgers entzünden.
>
> Daher ist es kein Wunder, daß die spartanische Vaterlandstugend einen Grad von Stärke erreichte, der uns unglaublich scheinen muß. Daher kam es, daß bei dem Bürger dieser Republik gar kein Zweifel statt finden konnte, wenn es darauf ankam, zwischen Selbsterhaltung und Rettung des Vaterlands eine Wahl zu treffen.
>
> Daher ist es begreiflich, wie sich der spartanische König Leonidas mit seinen 300 Helden die Grabschrift *verdienen* konnte, die schönste ihrer Art und das erhabenste Denkmal politischer Tugend. „Erzähle Wandrer, wenn du nach Sparta kommst, daß wir seinen Gesetzen gehorsam, hier gefallen sind."[22]

Schillers Wortwahl – „verdienen" – bringt die Homologie von wirtschaftlicher Sphäre und Tugend zur Sprache, wobei die Pointe gerade darin besteht, dass für den Bewohner des Lykurgischen Spartas wirtschaftliche Erwägungen von Beginn an ausgeschaltet sind, er ökonomisch nichts ‚verdienen' kann und es ihm daher relativ leicht fällt, das symbolische Kapital des Heldentums zu erstreben. Zwar wird Schiller drei Jahre später betonen, dass Leonidas sein Leben „freywillig"[23] dem Vaterland dargeboten hatte – wie bereits erwähnt. Doch im Lichte dieses früheren Textes scheint es mit der Freiheit dieses Willens nicht mehr sehr weit her zu sein. Denn die staatlich vorbestimmte ökonomische Gleichheit, die zu ihrer Erhaltung auch alle Künste verbannen muss, lässt nicht viel zu wünschen übrig. Das Fazit stellt sich also höchst ambivalent dar: Tugendhaft wird diesem Beispiel nach am leichtesten der, welcher in wirtschaftlicher Hinsicht nichts zu verlieren und nichts zu gewinnen hat. Das Handeln des Individuums ist beispielhaft, aber

21 Ebd. S. 477 f.
22 Ebd., S. 485. Hervorhebung U. D.
23 *Neue Thalia*, Bd. 3, S. 75.

die Bedingungen seines moralischen Erfolgs sind durch ökonomische Unfreiheit ‚erkauft'. Schiller *muss* dieses Wirtschaftsmodell daher in dem Maße verwerfen wie er es bewundert:

> Man muß also eingestehen, daß nichts zweckmäßigers, nichts durchdachter sein kann, als diese Staatsverfassung, daß sie in ihrer Art, ein vollendetes Kunstwerk vorstellt, und in ihrer ganzen Strenge befolgt, notwendig auf sich selbst hätte ruhen müssen. Wäre aber meine Schilderung hier zu Ende, so würde ich mich eines sehr großen Irrtums schuldig gemacht haben. Diese bewundrungswürdige Verfassung ist im höchsten Grade verwerflich, und nichts traurigers könnte der Menschheit begegnen, als wenn alle Staaten nach diesem Muster wären gegründet worden.[24]

Schiller wird auf dieses Problem reagieren, indem er die ökonomischen Realitäten in seiner dramentheoretischen Betrachtung des Leonidas gänzlich ausblendet; dabei orientiert er sich durchaus an seinem Intertext: auch in Glovers *Leonidas* spielen die ökonomischen Realien keine Rolle. Schillers anhaltendes Interesse an Leonidas, so muss man annehmen, gilt nur Vorderhand dessen moralischer Vortrefflichkeit allein; es scheint vielmehr den besonderen materiellen Umständen geschuldet, unter denen Leonidas seine heldenhafte Haltung ausbilden konnte. Die Konstellation von Ökonomie, Moral und Autonomie ist insgesamt besehen ambivalent: Bildet einerseits die Ökonomie die Voraussetzung für freiheitliches Handeln (so dass man im Falle Spartas aufgrund ihres Fehlens nicht wirklich von freien Individuen sprechen kann), so erlangt andererseits das Subjekt erst durch das Absehen von ökonomischen Interessen eine wirkliche Autonomie, die es dann auch in moralischer Hinsicht zu Höhenflügen zu bringen vermag. Erscheint Leonidas auf der einen Seite als Paradigma wirtschaftlicher Autonomie, da wirtschaftliche Belange in seinem Denken keine Rolle spielen, so ist er auf der anderen Seite ökonomisch heteronom, da es in diesem Bereich keine Selbstbestimmung für ihn gibt. Die schwierig einzuschätzende Bedeutung ökonomischer Realien auf moralisches Verhalten und autonome Entscheidungskraft stellt sich in Schillers Sparta-Reflexionen also höchst zwiespältig dar.

Vor der Folie dieser gespaltenen Einschätzung des Ökonomischen ist es eine seltsame Koinzidenz, dass auch Glovers frei von allen wirtschaftlichen Einflüssen handelnde Figur Leonidas ein Gegenstück findet in einem anderen Werk Glovers, das die wirtschaftliche Sphäre als weltumspannende Bedingung der Möglichkeit gelingender Gesellschaft darstellt. Zwei Jahre nach der Publikation des *Leonidas* publizierte der dichtende Kaufmann 1739 eine Dichtung mit dem Titel *London; or,*

---

24 Schiller: *Lykurgus*, S. 485.

The Progress of Commerce.[25] Wie der Titel schon sagt, geht es in diesem Text um „Commerce“, den wirtschaftlichen Handel, und seinen Ziel- und Idealort London. Der Text präsentiert eine mythologisierende Vision des freien Handels als Beförderer der Tugend, die unter nun ökonomischen Vorzeichen den Konflikt zwischen Eigeninteresse und Selbstlosigkeit, zwischen Gemeinwohl und privatem Interesse wieder aufnimmt und zu lösen beansprucht: Der Handel ist die unumgehbare Bedingung beider, er gestattet die Bereicherung des Kaufmanns, seines Heimatlandes und zugleich aller in den Handel involvierten Staaten und zwar nicht nur materiell, sondern auch kulturell, indem der weltweite Tauschhandel den kulturellen Austausch ermöglicht. Der enorme mythologisierende Aufwand des Textes läßt den Vorwurf erahnen, der ihn motiviert: dass diese optimistische Vorstellung nämlich nur Kaufmannsideologie sei.

Beide Texte Glovers stellen interessante Intertexte für die ästhetisch-moralisch-ökonomische Diskussion Schillers dar, die bereits in seinem Bürgerlichen Trauerspiel *Kabale und Liebe* (1784) angelegt ist.[26] Denn dort zeigt sich eine Interferenz von ökonomischen und anderen Interessen in Form zahlreicher ungelöster Interessenskonflikte.

Ökonomische Ambivalenzkonflikte in Lillos *The London Merchant* und Schillers *Kabale und Liebe*

Die Dramatisierung der Ökonomie

Lässt sich die Ausblendung ökonomischer Bedingungen im Fall des Leonidas noch als eine kongeniale Umsetzung der spartanischen Perspektive verstehen – denn auch für die Spartaner war ja die Sphäre der Wirtschaft quasi inexistent –, so stellt sich ein solches Ignorieren ökonomischer Bedingungen im *domestic drama* und Bürgerlichen Trauerspiel als unmöglich dar. Sein Personal agiert im Gegensatz zu den Spartanern in einer Welt, in der die Frage nach dem Geld entscheidend zur Ausbildung feiner und weniger feiner Unterschiede beiträgt und alle Entscheidungen und Überzeugungen maßgeblich grundiert.[27]

---

25 Glover, Richard: *London; or, The Progress of Commerce*. London 1739.

26 Schiller scheint Glovers *London, or the Progress of Commerce* freilich nicht gekannt zu haben.

27 Diese Bezugnahme auf „die von materiellen Interessen geprägte Lebensrealität“ teilt das Bürgerliche Trauerspiel mit der Komödie und unterscheidet es von der (hohen) Tragödie; vgl. Fulda: *Schau-Spiele des Geldes*, S. 21.

Zu Beginn des dritten Aktes von Lillos Stück über den Niedergang eines Kaufmannslehrlings finden wir eine Szene zwischen dem Kaufmann Thorowgood und seinem Lehrling Trueman, die man als „exemplarisch für die merkantilistische Erziehung des 18. Jahrhunderts" bezeichnet hat:[28]

> Methinks I would not have you only learn the method of merchandise and practice it hereafter merely as a means of getting wealth. 'Twill be well worth your pains to study it as a science, see how it is founded in reason and the nature of things, how it has promoted humanity as it has opened and yet keeps up an intercourse between nations far remote from one another in situation, customs, and religion; promoting arts, industry, peace, and plenty; by mutual benefits diffusing mutual love from pole to pole.[29]

Der Anspruch der Ökonomie geht hier viel weiter, als ein Mittel zum Reichtum darzustellen. Der Handelsverkehr infiltriert zentrale Bereiche der Moral, ja der Kultur schlechthin: Er befördere „art, industry, peace and plenty" – die Humanität schlechthin – durch den Austausch der Völker und diene der gegenseitigen Liebe „from pole to pole". Diese Sicht der Kaufmannstätigkeit ist freilich nicht interesselos, sondern stammt aus dem Mund eines Kaufmanns, Thorowgood, der neben dem Kaufmannslehrling Barnwell der zweite Protagonist des Stückes ist. Der Kaufmann macht Politik – dies macht Thorowgood bereits in der ersten Szene explizit:

> The bank of Genoa had agreed, at excessive *interest* and on good security, to advance the King of Spain a sum of money sufficient to equip his vast Armado. Of which, our peerless Elizabeth (more than in name the mother of her people) being well informed, sent Walsingham, her wise and faithful secretary, to consult the merchants of this loyal city, who all agreed to direct their several agents to influence, if possible, the Genoese to break their contract with the Spanish court. 'Tis done. The state and bank of Genoa, having maturely weighed and rightly judged of their true *interest*, prefer the friendship of the merchants of London to that of a monarch who proudly styles himself King of both Indies.[30]

Mit dem doppelten Begriff des Interesses ist damit schon zu Beginn des Stücks der zentrale Terminus genannt, um dessen Ausfechtung es im Folgenden geht: Denn Lillos Stück ist ein Interessensdrama, in dem unterschiedliche Wirtschafts-, Investitions- und Lebenskonzepte auf die Bühne kommen und dort auf den verschiedenen Ebenen von Gefühl, Moral und Geschäft ihren Konflikt austragen. Der

---

28 Kaul, Suvir: *Poems of Nations, Anthems of Empire. English Verse in the Long Eighteenth Century.* Charlottesville 2000, S. 183: „produces the exemplary scene of eighteenth-century mercantilist education."

29 Lillo, George: *The London Merchant.* Ed. by William H. McBurney. London 1965, S. 40.

30 Ebd. Hervorhebung U. D.

Titelheld George Barnwell ist dabei nur ein recht passiver Spielball. In ökonomischer Hinsicht basiert das Stück auf der Opposition von Thorowgoods optimistischen Vorstellungen und den rücksichtslosen Praktiken von Millwood, deren Modell wir bei ihrem ersten Auftritt aus ihrem eigenen Mund vernehmen: „I would have my conquestes complete, like those of the Spaniards in the New Word, who first plundered the natives of all the wealth they had and then condemned the wretches to the mines for life to work for more.“[31] Millwood verfolgt in ihren Monologen ganz unverhohlen Eigeninteressen, während Thorowgoods Haltung am Gemeinwohl orientiert zu sein scheint. Beide Einstellungen sind moralisch überformt und werden innerhalb des Dramas von den übrigen Figuren eindeutig auf- bzw. abgewertet. Ob Lillos Text jedoch in Bezug auf den Kaufmannsstand der „didaktische Text par excellence“ ist, welcher ganz unreflektiert ein „Kompendium der zeitgenössischen merkantilistischen Klischées“[32] abgibt, wie man meinte, muss bezweifelt werden und kann wohl nur für die Figur des Thorowgood gelten. Denn es ist eben nicht „another matter“, dass der Rest des Stückes durch die Handlungen von George Barnwell die Selbstgewissheit der Thorowgood'schen Lehre zunichte macht und letzteren auch als geschäftlich geschädigt hinterlässt.[33] Zwar ist der Handel à la Thorowgood in seinem Selbstverständnis tugendhaft, doch zeigen sich nicht nur im Abgleich mit der historischen Realität die Grenzen desselben – innerhalb des Stücks führt Barnwell vor, was passiert, wenn jemand die von Thorowgood präsentierte Kaufmannsmoral allzu wörtlich nimmt: Der Kaufmannslehrling ist kein skrupelloser Verbrecher, sondern hat sich die Thorowgood'sche Doktrin universaler Liebe völlig zu eigen gemacht: „if you mean the general love we owe to mankind, I think no one has more of it in his temper than myself. I don't know that person in the world whose happiness I don't wish and wouldn't promote“ (I.v, 19). Gerade aufgrund seiner naiven Absolutsetzung des von Thorowgood als Motivation des Handels propagierten Liebesprinzips und einer daraus resultierenden Verpflichtung – und nicht so sehr im Interesse eigener Lustbefriedigung – wird Barnwell Millwoods Opfer: „She loves me, worthless as I am. Her looks, her words, her flowing tears confess it. And can I leave her then? Oh, never, never!“ (S. 21, I.v.) Das Stück inszeniert dabei keine ‚unsichtbare Hand', wie sie die optimistische Wirtschaftstheorie erwarten lassen würde – und wie sie

31 Ebd., S. 16.

32 Kaul: *Poems of Nations*, S. 184: „Lillo designed *The London Merchant* [...] to be the didactic text par excellence, which is why it so unselfconsciously retails this compendium of contemporary mercantilist clichés.“

33 Ebd., in direkter Fortsetzung des in der vorhergehenden Anmerkung zitierten Textes: „It is another matter that, in the rest of the play, the expansive calm and assurance of such beliefs is destroyed [...].“

Thorowgoods Tochter Maria auf ihre ‚unökonomische' Art zu sein versucht, wenn sie anbietet, Barnwells Vergehen mit ihrem eigenen Geld zu bereinigen.[34] Maria stellt eine Art Spiegelfigur zu Barnwell da: Beide sind fähig zur Selbstlosigkeit, sowohl in emotionaler wie in ökonomischer Hinsicht. Maria ist bereit, Barnwell zuliebe auf einen Teil ihres Vermögens zu verzichten; und auch Barnwell will sich nicht selbst bereichern, sondern mit dem gestohlenen Geld Millwood helfen. Dass Barnwell zum Verbrecher wird und Maria eine positive Identifikationsfigur bleibt, haben sie ihrer unterschiedlichen Kapitalausstattung zu verdanken: Barnwell ist besitzlos, während Maria über Eigenkapital verfügt. Er ist gezwungen, sich die Mittel, Millwood zu helfen, unrechtmäßig anzueignen, während Maria ‚nur' großzügig sein kann. Ihre geplante, jedoch nicht realisierte Tat lässt sich als Dementi der Thorowgood'schen Doktrin der Möglichkeit einer Kombination von humanitärer Tat und ökonomischem Gewinn verstehen: Denn sie folgt eher einer Logik ‚umgekehrter' Ökonomie, die keinen Gewinn ermöglicht, sondern auf Verausgabung und Verlust beruht.

Die Dienerfigur Lucy spricht aus, dass die Tragik von Barnwell letztlich in seiner Mittellosigkeit besteht:

> BLUNT But then you are to consider that the money was his master's.
> LUCY There was the difficulty of it. Had it been his own, it had been nothing. Were the world his, she might have it for a smile." (S. 45, III.iv.)

Die ökonomischen Grundlagen fundieren hier die Möglichkeit moralischen Gelingens. Analog dazu läßt sich Millwood als Korrekturfigur zu Thorowgood verstehen: In den Passagen, in denen sie Klartext spricht, zeigt sie das wahre Gesicht der Ökonomie: schonungsloses Selbstinteresse; ihre Haltung erweist sich als erfahrungsgesättigter und ehrlicher als Thorowgoods selbstidealisierende Ideologie. Auch bei ihr kommen die materiellen Realien wieder zum Zuge: Millwood ist mittellos und daher – wie Barnwell – eher versucht, sich unrechtmäßiger Mittel zu bedienen.

Noch entscheidender ist jedoch die Frage einer autonomen Urteilsfähigkeit, und hier scheitert der Kaufmannslehrling: Barnwell dient Millwood so blind, wie er sich zuvor fraglos als Diener Thorowgoods verstand:[35] „You shall command me always." (S. 21 I.v.) Moralisch eigentlich integer,[36] wird ihm diese übergroße

---

34 Vgl. Lillo, *The London Merchant*, S. 43 (Szene III.iii).

35 Ebd., S. 19, I.v.: „serve the same worthy merchant".

36 Nicht nur Trueman und Maria äußern sich positiv über Barnwells Character, auch eine ‚neutrale' Figur wie Blunt: „He is by nature honest, grateful, compassionate, and generous." (S. 46, III.iv)

Loyalität zum Verhängnis, da er es nicht schafft, sich von Millwood und ihren vorgespiegelten Gefühlen zu distanzieren, er wird zu einem „slave to vice" (S. 42). Dem Stück scheint es weniger um eine absolute Verteidigung der Thorowgood'schen Auffassungen zu gehen, als um die Kritik einer ‚selbstverschuldeten Unmündigkeit', wie sie Barnwell vorführt. In dieser Perspektive ist die Entwicklung der Dienerfiguren Blunt und Lucy interessant: Sie haben nicht nur chorische Funktion,[37] sondern präsentieren ein positives Rollenmodell, indem sie sich im Stückverlauf von einer heteronomen Dienerexistenz zu eigenständig handelnden Individuen emanzipieren: Ökonomisch abhängig von ihrer Arbeitgeberin, machen sie sich zunächst trotz moralischer Vorbehalte zu Erfüllungsgehilfen Millwoods (vgl. Szene I.vii und II.xi), emanzipieren sich dann aber aus ihrer strukturellen Unmündigkeit, versuchen Barnwells Onkelmord zu verhindern (vgl. Szene III.iv) und erweisen sich als die wahren ‚Gewinner' des Stücks, wenn sie von Thorowgood nobilitiert werden: „What you have done against Millwood I know proceeded from a just abhorrence of her crimes, *free from interest*, malice, or revenge. Proselytes to virtue should be encouraged. Pursue your proposed reformation, and know me hereafter for your friend." (S. 68, V. i.; Herv. U. D.) – Thorowgood betont, dass die Haltung Lucys und Blunts *interesselos* ist: Sie sind fähig, von der eigenen Situation – der wirtschaftlichen Abhängigkeit von Millwood – abzusehen, um das moralisch Richtige zu tun. Eine solche Interesselosigkeit erfordert die Fähigkeit, sich von persönlichen Involviertheiten zu distanzieren – und ebendies kann die Dramatik als Gattung leisten: Indem sie unterschiedliche Handlungen und Haltungen, Einstellungen und Interessen präsentiert und kontrahierend auftreten lässt, fordert sie den Zuschauer zu einer Urteilsbildung heraus, die über die Bestätigung eigener Partikularinteressen hinausgeht. Das Stück als Lobbyismus für den Kaufmannsberuf zu verstehen, ist darum verfehlt: Würde der Zuschauer Thorowgoods Lehrsätze so unhinterfragt übernehmen wie Barnwell, wäre er dem Risiko ausgesetzt, dem Laster zur ebenso leichten Beute zu werden wie der Protagonist des Schauspiels. Anhand von Millwoods Rolle wird das Spiel von Verstellung (ihr Auftreten gegenüber Barnwell) und Erkennen (Kommentare ihrer Dienerschaft und Selbstaussagen) durchgespielt, das der Zuschauer zu leisten hat: Angeleitet sowohl durch Millwoods eigenes Eingeständnis eines falschen Spiels als auch durch die Dialoge der Dienerfiguren, die Millwood kritisch kommentieren, soll er hinter die rhetorische Fassade der Ideologien blicken, auf die partikularen Interessen und Motivationen der Figuren mit ihren sozialen und ökonomischen Beweggründen und sich ein eigenes Urteil bilden. Gerade die

---

37 Vgl. Feldmann, Doris: *Gattungsprobleme des ‚Domestic Drama' im literarhistorischen Kontext des achtzehnten Jahrhunderts.* Amsterdam 1983, S. 117.

heteronomen Dienerfiguren verkörpern, so meine These, das Selbstverständnis des Stücks: trotz ihrer finanziellen Abhängigkeit emanzipieren sie sich von ihrer Herrin und folgen – auf eigene Kosten – ihrem eigenen Urteilsvermögen.

Dass Thorowgood eine Figur ist, welche an die von ihr verkündete Utopie gerechten Handelns glaubt und versucht, diese auch selbst im praktischen Handeln umzusetzen, widerspricht ihrer Relativierung durch den Zuschauer oder Leser nicht, der ja zugleich mitansehen muss, wie sich die Tragfähigkeit der Thorowgood'schen Sicht in ihrer ‚Rezeption' durch den Lehrling Barnwell als brüchig erweist. Lillos *domestic drama* leistet dadurch eine (im doppelten Sinne des Wortes) Dramatisierung der Ökonomie: Er zeigt ihr Wirken in unterschiedlichen Figuren und Perspektiven und zugleich, wie ökonomische Differenzen dazu beitragen, die Interessenskonflikte des Personals zu verschärfen.

Kabale um Kapitale

Ähnlich wie Lillos *The London Merchant* generiert auch Schillers Bürgerliches Trauerspiel seinen konfliktuösen Knoten aus Interessenskonflikten, die nicht zuletzt die wirtschaftliche Sphäre betreffen. Gleich die erste Szene von *Kabale und Liebe* inszeniert die für das Theater wertvolle Produktivkraft ökonomischer Differenzierung:

MILLER (schnell auf- und abgehend). Einmal für allemal! Der Handel wird ernsthaft. Meine Tochter kommt mit dem Baron ins Geschrei. Mein Haus wird verrufen. Der Präsident bekommt Wind, und kurz und gut, ich biete dem Junker aus.
[...]

FRAU (schlürft eine Tasse aus). Possen! Geschwätz! Was kann über dich kommen? Wer kann dir was anhaben? Du gehst deiner Profession nach und raffst Scholaren zusammen, wo sie zu kriegen sind.

MILLER Aber, sag mir doch, was wird bei dem ganzen Commerz auch herauskommen? – Nehmen kann er das Mädel nicht – Vom Nehmen ist gar die Rede nicht, und zu einer – daß Gott erbarm? – Guten Morgen!
[...]

FRAU Sei artig, Miller. Wie manchen schönen Groschen haben uns nur die Präsenter–

MILLER (kommt zurück und bleibt vor ihr stehen). Das Blutgeld meiner Tochter? – Schier dich zum Satan, infame Kupplerin! – Eh will ich mit meiner Geig' auf den Bettel herumziehen und das Concert um was Warmes geben – eh will ich mein Violoncello zerschlagen und Mist im Sonanzboden führen, eh ich mir's schmecken lass' von dem Geld, das mein einziges Kind mit Seel' und Seligkeit abverdient. – Stell den

> vermaledeiten Kaffee ein und das Tobackschnupfen, so brauchst du deiner Tochter Gesicht nicht zu Markt zu treiben.[38]

Bereits hier erweist sich der Einfluss der Ökonomie auf Haltungen und Überzeugungen – aber auch die Spannweite der möglichen Haltungen gegenüber finanziellen Tatsachen und zwar bei gleicher sozialer Lage, wie sie die Eheleute repräsentieren: Die unverblümt finanziell interessierte Sicht der Frau, welche die Notwendigkeit wirtschaftlicher Einkünfte betont, steht in Spannung zu der auf moralische Autonomie pochenden Einstellung ihres Ehemannes. Die Rhetorik Millers entspricht dabei dem, was Pierre Bourdieu später als Zeichen autonomer Kunst klassifizieren wird: eine ‚umgekehrte' Logik des Erfolgs, die ihren symbolischen Wert gerade als Interesselosigkeit gegenüber materiellen Erwägungen begreift und auf finanzielle Gratifikationen zugunsten ihrer unkorrumpierten Autonomie verzichtet,[39] wie Miller pathetisch ausmalt.

Freilich denkt auch eine solche Interesselosigkeit immer noch in der ökonomischen Logik von Gewinn und Verlust – nur eben unter umgekehrten Vorzeichen – und erweist sich in der Ablehnung von Geld als *relativ* abhängig von ihm, weil negativ auf es bezogen. Dieser negative Bezug lädt das Geld moralisch auf: Miller spricht von „Blutgeld" (S. 567), aber auch von „Gottesgeld" (S. 665). Im weiteren Verlauf des Stückes soll sich noch erweisen, wie schwierig die tatsächliche Umsetzung finanzieller Interesselosigkeit selbst für ihren Verfechter wird. So in einer der letzten Szenen, in denen Ferdinand Miller einen Sack Gold offeriert, was dessen finanzielle Disinvolture in arge Bedrängnis bringt (S. 665 f.). Zwar weist Miller das Geld zurück, als er schließlich den wirklichen Gegenstand dieses Geschäfts erfährt, doch Ferdinand zumindest unterstellt, dass die Tausch-Ökonomie (Gold gegen das Leben der Tochter) letztlich aufrecht erhalten bleiben wird.[40] Millers Imaginationen konterkarieren seine anfängliche Behauptung, geldliche Erwägungen würden die Autonomie beschränken, denn hier eröffnen sie Spielräume und erweisen sich als Hilfsmittel zur Selbstverwirklichung, wie seine unmittelbaren Phantasien, was er alles mit dem Geld machen könnte, beweisen: „Und wart, was ich jetzt auftreten will! Wie ich die Backen jetzt voll nehmen will! *er setzt den Hut auf, und schießt durch das Zimmer* Und auf dem Markt will ich meine

---

38 Schiller, Friedrich: „Kabale und Liebe". In: Schiller, Friedrich: *Dramen I.* Hg. v. Gerhard Kluge (= *Werke und Briefe in zwölf Bänden.* Hg. v. Klaus Harro Hilzinger, Rolf-Peter Janz u. a. Bd. 2) Frankfurt a. M. 1988, S. 559–667, hier S. 565. Im Folgenden zitiert unter Angabe der Seitennummer im laufenden Text.

39 Bourdieu: *Die Regeln der Kunst*, 134 ff.

40 Vgl. S. 677: „Das Geld hier soll man ihm retten".

Musikstunden geben, und Numero fünfe Dreikönig rauchen, und wenn ich wieder auf den Dreibatzenplatz sitze, soll mich der Teufel holen." (S. 666)

Freilich bleibt sich Miller auch hier insofern treu, als er nach einem kurzen Moment eröffnet, das Geld nicht für sich verwenden zu wollen, sondern es seiner Tochter zu Gute kommen zu lassen: „Geld macht den Mann nicht – Geld nicht – Ich habe Kartoffeln gegessen oder ein wildes Huhn; satt ist satt, und dieser Rock da ist ewig gut, wenn Gottes liebe Sonne nicht durch den Ärmel scheint – Für mich ist das Plunder – Aber dem Mädel soll der Segen bekommen, was ich ihr nur an den Augen absehen kann, soll sie haben" (S. 666). Noch einmal ist seine Intention interesselos: selbstlos plant er, das Vermögen an Louise abzutreten.

Die Metaphorik der Ökonomie, von der das Stück durchzogen ist,[41] kann daher nicht umstandslos als Indiz dafür angesehen werden, dass sein Personal ökonomisches Denken und Handeln verinnerlicht hat. Genau besehen kennzeichnet ökonomisches Sprechen vor allem die Reden derjenigen Personen, welche die Macht des Geldes in Hinblick auf die eigene Person negieren: Louise, Ferdinand und Miller. Die Befunde von Janz und Huyssen sind daher zu relativieren: zwar schließen sich bei Miller „Ökonomie und Moral wie selbstverständlich zusammen []",[42] es ist jedoch ein Fehlschluss zu meinen, das „ökonomische Vokabular ver [rate], daß sein moralischer Rigorismus gewiß der Tugend um ihrer selbst willen, doch auch ihren wirtschaftlichen Folgen gilt."[43] Millers ökonomisches Denken zeichnet sich gerade durch eine Abstandnahme von einem solchen unmittelbaren Konnex aus, wie er im Stück von seiner Frau repräsentiert wird. „Die auffällige Affinität der Millerschen Moral zur Erwerbssphäre"[44] artikuliert sich als Zurück-

41 Graham, Inge: „Passions and possessions in *Kabale und Liebe*". In: dies.: *Schiller's Drama. Talent and Integrity.* London 1974, S. 110 – 120; Eder, Jürgen: „‚Beati Possidentes?' Zur Rolle des ‚Geldes' bei der Konstitution bürgerlicher Tugend". In: *Bürgerlichkeit im Umbruch. Studien zum deutschsprachigen Drama 1750 – 1800.* Hg. v. Helmut Koopmann. Tübingen 1993, S. 1 – 51; Fiederer, Margrit: ,,Wenn die Herzen im Preise steigen. Ökonomische Motive in Schillers *Kabale und Liebe*". In: *Aspekte der Textgestaltung. Referate der Internationalen Germanistischen Konferenz Ostrava 15.–16. Februar 2001.* Hg. v. Lenka Vanková u. Pavla Zajícová. Ostrava 2001, S. 353 – 364, hier S. 361: „Schiller demonstriert gerade in der Szene mit Miller den ungeheuren Einfluss, den Geld auf den Menschen haben kann, er zeigt in der Bildlichkeit, wie weit bereits Geld von den Gedanken Besitz ergriffen hat und so in alle Bereiche des Lebens, ja sogar in die Sprache hineinspielt, auch wenn versucht wird, die Macht des Geldes zu leugnen."

42 Huyssen, Andreas: *Drama des Sturm und Drang. Kommentar zu einer Epoche.* München 1980, S. 216.

43 Janz, Rolf-Peter: „Schillers ‚Kabale und Liebe' als Bürgerliches Trauerspiel". In: *Jahrbuch der Deutschen Schiller-Gesellschaft* 27 (1976), S. 208 – 228, hier S. 222.

44 Ebd., S. 221.

weisung ökonomischer Erwägungen. Rolf-Peter Janz hat die Figur des Ferdinand in analytischer Schärfe seziert; Miller allerdings verkennt er, wenn er schreibt:

> Der Zusammenhang von Moralität und Geschäft verfällt in *Kabale und Liebe* in dem Maße der Kritik, wie die Forderung Millers nach der Tugendhaftigkeit der Tochter von ökonomischen Erwägungen nicht frei ist und sich hinwegsetzt über ihren eigenen Anspruch auf Selbstverwirklichung. Da der Vater ökonomisch Herr über die Tochter ist, ist er auch Mitbesitzer ihres Herzens, des Inbegriffs ihrer Individualität. [...] Bei aller Liebe hört aber die Ökonomie, von der Miller redet, in dem Moment auf, Metapher zu sein, wo er von der Tochter die Rückzahlung von Zinsen in der Gestalt von Tugendbeweisen verlangt. Schließlich findet die Beziehung zwischen Vater und Tochter, insoweit sie ökonomische Beziehung ist, ihren objektiven Ausdruck darin, daß Miller, wenn auch nach einigem Zögern, den Geldbeutel annimmt, den ihm Ferdinand ausdrücklich als Bezahlung für den ‚dreimonatlangen glücklichen Traum von seiner Tochter' überreicht.[45]

Janz verschweigt, dass Miller bei der Annahme des Geldes von anderen als den realen Voraussetzungen ausgeht: Das Geld bestimmt der Präsidentensohn als „Traum von seiner Tochter" und damit erstens nicht als realen Besitz und zudem – mit der Periodisierung „dreimonatlang[]" – auf die Vergangenheit, nicht auf Zukunft oder Gegenwart bezogen; Miller nimmt an, dass Ferdinand weit „verreis[t]" (S. 666) und Louise entsagt. Er weist das Geld empört zurück, sobald er über den wirklichen Verhandlungsgegenstand aufgeklärt wurde: „Giftmischer! Behalt dein verfluchtes Gold! Wolltest du mir mein Kind damit abkaufen?" (S. 677) Es kann also keine Rede davon sein, dass Miller „Ferdinands Gold akzeptiert, mit dem dieser ihm seine Tochter gewissermaßen abkaufen will", ja dass Louise „für den Vater Handelsobjekt" sei.[46] Ganz im Gegenteil verwehrt er sich bereits in der ersten Szene dagegen, von dem Verehrer seiner Tochter ökonomisch zu profitieren (vgl. S. 567). Bezeichnenderweise wird die Aussicht auf einen ökonomischen Profit seiner Lebensweise in das Jenseits verschoben: „aber der Vater hat ja so oft gesagt, daß der Schmuck und die prächtigen Titel wohlfeil werden wenn Gott kommt, und die Herzen im Preise steigen. Ich werde dann reich sein." (S. 574) – Miller hat kein Interesse daran, seinen Profit im Diesseits zu maximieren, sondern gibt sich zugunsten einer unkorrumpierten Existenzweise mit wenigem zufrieden. Seine spätere Rhetorik des Zinses ist eine rhetorische Strategie, um die zum Selbstmord entschlossene Tochter davon abzubringen, und Miller meint hier gerade keine ökonomische, sondern eine emotionale Entschädigung (vgl. S. 655). Miller ist bereit, alles für die Tochter zu geben: „Louise – teures – herrliches Kind – Nimm meinen alten mürben Kopf – nimm alles – alles! – den Major – Gott ist mein

45 Ebd., S. 223.
46 Huyssen: *Drama des Sturm und Drang*, S. 217, unter Bezug auf Janz.

Zeuge – ich kann ihn dir nicht geben." (S. 573) Hier macht Miller nicht von einem „Vetorecht bei Herzensdingen der Tochter"[47] Gebrauch, sondern artikuliert ein soziales Grundgesetz der Zeit: „Nehmen kann er das Mädel nicht" (S. 565). Er erkennt Liebe als ein Motiv, das nicht rechnet, an, und überlässt Louise selbst die Wahl ihres Ehemannes: „Ich zwinge meine Tochter nicht" (S. 570).

Freilich hat Miller ein Problem: Zwar nivelliert er die Bedeutung von Reichtum oder Armut in Hinblick auf seine eigene Person und erklärt sich zur Verteidigung seiner Autonomie sogar bereit zum Austritt aus der Gesellschaft, wie im oben zitierten Entwurf einer Landstreicherexistenz deutlich wird. Zugleich jedoch ist ihm der Preis eines solchen völligen Verzichts bewusst: will er innerhalb der Gesellschaft verbleiben, ist er auf Einkünfte angewiesen, da er über kein Erbe verfügt. Dies schmälert zwar nicht seinen Anspruch auf Autonomie, wohl aber dessen Realisierung. Denn einer ‚Realitätsprüfung' hält seine Ambition nicht gänzlich stand, wie sich in dem Schwanken über die Annahme des Goldes offenbart. Deutlich wird Millers Zwiespalt auch in Bezug auf seine Tochter: Denn plädiert er einerseits für die Autonomie des Gefühls, befürchtet er doch zugleich, Louise „verschl[age]" durch ihr Verhältnis mit Ferdinand „am End einen wackern ehrbaren Schwiegersohn, der sich so warm in meine Kundschaft hineingesetzt hätte" (S. 567). In der Sorge um das Auskommen der Tochter kommt Millers Zwickmühle zum Ausdruck: Um wirklich unabhängig sein zu können, fehlt ihm und seiner Familie die finanzielle Grundlage.

Millers Tochter Louise radikalisiert Millers Spannungsverhältnis: Einerseits übernimmt sie das (religiös aufgeladene) Ideal einer umgekehrten Ökonomie vom Vater und ‚realisiert' es in der ‚reinen' Liebe zu Ferdinand.[48] Ihr ist aber bewusst, dass die Realität dieser Liebe enge Grenzen setzt: schon zu Beginn des Stückes ist sie daher bereit, auf Ferdinand zu verzichten, denn sie ahnt, dass sich ihr gemeinsames Ideal nicht realisieren lassen wird: „Ich will ja nur wenig – an ihn denken – das kostet ja nichts" (S. 573). In Louises Sprechen zeigt sich durchgehend, wie sehr die oben bereits in Hinblick auf Miller problematisierte These einer Gleichsetzung von Ökonomie und Moral ins Leere führt, denn auch Louise denkt und artikuliert sich in den Termini der Ökonomie, weitgehender noch als ihr Vater, ebenso entschieden aber weist sie die weltlichen Ansprüche von sich. Analog zu ihrem Vater sieht auch Louise im Jenseits die einzige Möglichkeit einer Verwirklichung ihrer Lebensvorstellungen – eine Verheißung, die sie Selbstmordgedanken fassen lässt, die wohl radikalste Form weltlicher Entsagung (vgl. S. 655). Deutlicher als ihr Vater durchleuchtet sie die Diskrepanz zwischen Anspruch und

47 Janz: „Schillers ‚Kabale und Liebe' als Bürgerliches Trauerspiel", S. 213.
48 Vgl. Janz: „Schillers ‚Kabale und Liebe' als Bürgerliches Trauerspiel", S. 213.

Wirklichkeit, zwischen ihrem eigenen Ideal ‚interesseloser' Liebe und der Realität, die durch und durch von Machtwillen und Dominanzansprüchen beherrscht wird – nicht zuletzt in Hinblick auf ihre eigene Person.

Explizit benennt Miller die Abkunft der Liebesideale seiner Tochter: Sie kommen aus der „höllische[] Pestilenzküche der Bellatristen" (S. 567), also aus der Literatur.[49] Louises Ideale werden gespeist sich aus dem Reich der Fiktionalität: „Das ist die Frucht von dem gottlosen Lesen" (S. 573), so kritisiert ihr Vater unmütig die heeren Ideen seiner Tochter, und es ist dabei sicher nicht von Vorteil, dass es „der Herr Major" war, welcher „die prächtigen Bücher [...] ins Haus geschafft haben" (S. 566): „Da saugt mir das Mädel – weiß Gott was als für? – überhimmlische Alfanzereien ein, das läuft dann wie spanische Mucken ins Blut und wirft mir die Handvoll Christentum noch gar auseinander" (S. 567).

Die zweimalige Erwähnung der Macht der Literatur darf durchaus als *mise en abyme* der selbstreflexiven Dimension des Dramas gelten: Es inszeniert den Willen zur Autonomie, beleuchtet aber auch die Bedingungen und Schwierigkeiten, diesen umzusetzen. Miller und seine Tochter können als Reflexionsfiguren ästhetischer Autonomie fungieren, welche keine anderen als die eigenen Maßstäbe gelten lassen will und sich dezidiert gegen das Feld der Macht positioniert. Gleichwohl scheitern beide gerade aufgrund dessen: Autonomie ist bei beiden eine regulative Idee, keine Realität. Was in ihrem Beispiel sichtbar wird, nimmt die Figur der Lady Milford nochmals auf: Die Wende zur Selbstbestimmung, zur Verwirklichung der eigenen autonomen Ideale erfordert einen Machtverzicht und schlägt nur allzu schnell in Ohnmacht um.

Insgesamt lässt sich feststellen, dass Schillers Stück keinen ökonomischen Determinismus entwirft. Geldbesitz und -mangel bestimmen zwar Handlungsspielräume mit, schränken sie aber nicht unbedingt ein. Wie bei Lillo für die Dienerschaft, gibt es auch für Schillers Figuren die Möglichkeit, vermeintliche wirtschaftliche Abhängigkeiten aufzulösen, auch wenn dies mit einem erheblichen Verzicht verbunden ist, wie Lady Milford beweist. Die Rolle des Geldes ist – auch bei Lillo – weit mehr als die eines unmoralischen Verführers: es eröffnet Handlungsspielräume die durchaus positiv sind – wenn man selbst über die nötigen finanziellen Mittel verfügt.

Schillers Trauerspiel lebt nicht zuletzt von seinen auf die Bühne gebrachten unterschiedlichen Haltungen dem Geld gegenüber, von der Interferenz von wirtschaftlichen und moralischen *Möglichkeiten*, welche gerade in ihrer tendenziellen

---

49 Vgl. die Szenenanweisung der dritten Szene des ersten Aktes: „Louise Millerin kommt, ein Buch in der Hand" (572); ebenso auch Thorowgoods Tochter Maria: „Maria, *with a book; sits and reads.*" Lillo: *The London Merchant*, S. 41.

Unaufgelöstheit interessant werden. Dass diese zwiespältige Konfrontation mit der Ökonomie als Paradigma des Felds der Macht in der Tat konstitutiv für die Entstehung des Bürgerlichen Trauerspiels war, zeigt sich auch im Blick auf George Lillos *The London Merchant:* auch er inszeniert unterschiedliche ökonomische Haltungen und Praktiken und schürzt daraus seinen dramatischen Knoten. Die Frage nach dem Verhältnis von Ökonomie und Literatur lässt sich dabei in Form einer These beantworten: Das Drama der bürgerlichen Sphäre übernimmt nicht nur einzelne ökonomische Theorien – seine Didaktik besteht nicht in der Einübung einer ‚guten' Haltung dem Geld gegenüber, sondern in der Präsentation unterschiedlicher, auch konfligierender Haltungen wirtschaftlichen Tatsachen und Möglichkeiten gegenüber. Gegenüber dem antiken Sparta sind, das zeigen die Stücke, ökonomische Entscheidungen im 18. Jahrhundert nicht mehr unifizierbar und mittels Autorität zu lösen, sondern müssen in ihrer Mehrdimensionalität und interessensgeleiteten Spezifität, ja zuweilen in ihrer gegenseitigen Widersprüchlichkeit und ihrem gegenseitigen Dementi ausgehalten werden. Das Drama bringt gerade in seinen vielen Figurenrollen solche unterschiedlichen Möglichkeiten des wirtschaftlichen Umgangs zum Ausdruck, ohne sie zu einer Synthese führen zu müssen. Das Selbstverständnis der Aufklärung besteht ja nicht in einer didaktischen Bevormundung, sondern in der Mündigkeit, genauer: in einer Mündig-Machung des Menschen,[50] dem zugemutet wird, mit den komplexen Interrelationen der modernen Gesellschaft umzugehen. Dieser ‚kritische', realitätsbezogene Anspruch unterscheidet das Bürgerliche Trauerspiel von der Autonomieästhetik eines *l'art pour l'art*, was sich im Personal spiegelt, das wie Louise und ihr Vater letztlich die Fakten anerkennen muss. Ihre Träume erweisen sich im Verlauf des Stückes als Chimären, die an der ‚harten' Realität zerschellen.

Ähnlich fällt das Fazit für Lillos Stück aus: Die in ihm geäußerten Wirtschaftstheorien und -praktiken zeigen sich als *partikulare* Weltanschauungen und Interessen unterschiedlicher Rollen. Das Schicksal des George Barnwell beweist indes auch: Noch die besten Grundsätze sind erfolglos, wenn sie nicht auf eigener, freier Reflexion und Entscheidung des Rezipienten gründen. Barnwells Scheitern erklärt sich ja nicht aus seiner moralischen Verkommenheit – ganz im Gegenteil handelt er gerade in seinen Verfehlungen höchst selbstlos. Ihm fehlt jedoch das Vermögen, gegenüber den an ihn herangetragenen Forderungen Millwoods auf

---

50 Vgl. Kants berühmte Antwort auf die Preisfrage „Was ist Aufklärung?": *„Aufklärung ist der Ausgang des Menschen aus seiner selbstverschuldeten Unmündigkeit."* Kant, Immanuel: „Beantwortung der Frage: Was ist Aufklärung?". In: Kant, Erhard, Hamann, Herder, Lessing, Mendelssohn, Riem, Schiller, Wieland: *Was ist Aufklärung? Thesen und Definitionen.* Hg. v. Ehrhard Bahr. Stuttgart 1974, S. 9–17, hier S. 9 (i. O. kursiv).

Distanz zu gehen, ihre Ansprüche zu hinterfragen, zu relativieren und in Hinblick auf seine eigenen moralischen Überzeugungen und Interessen abzuwägen.

Medium dieser Einübung in Freiheit ist aber: das Theater – bzw. ein Theater, das solche unterschiedlichen Haltungen zuläßt, ohne sie allzu schematisch nach gut und böse zu sortieren – ein Theater, das also selbst keine affirmative Interessensökonomie verfolgt, sondern an die Urteilsfähigkeit des Zuschauers appelliert. Die Potenz der Vielstimmigkeit des Dramas zeigt sich auch im Vergleich mit Schillers bereits erwähnter Elegie *Der Spaziergang*. Dort werden die Spartanischen Helden zur Quelle modernen Wirtschaftsverkehrs, der wiederum als Ausdruck von Freiheit konzipiert wird; unmittelbar an die Übersetzung des Simonides-Epigramms schließt sich eine Vision freiheitlicher Marktwirtschaft:

> Ruhet sanft ihr Geliebten! Von eurem Blute begossen
> Grünet der Ölbaum, es keimt lustig die köstliche Saat.
> Munter entbrennt, des Eigentums froh, das freie Gewerbe,
> Aus dem Schilfe des Stroms winket der bläulichte Gott.
> [...]
> Fern auf der Reede ruft der Pilot, es warten die Flotten,
> Die in der Fremdlinge Land tragen den heimischen Fleiß,
> Andre ziehn frohlockend dort ein, mit den Gaben der Ferne,
> Hoch von dem ragenden Mast wehet der festliche Kranz.
> Siehe da wimmeln die Märkte, der Kran von fröhlichem Leben,
> Seltsamer Sprachen Gewirr braust in das wundernde Ohr.
> Auf den Stapel schüttet die Ernten der Kaufmann,
> Was dem glühenden Strahl Afrikas Boden gebiert,
> Was Arabien kocht, was die äußerste Thule bereitet,
> Hoch mit erfreuendem Gut füllt Amalthea das Horn.
> Da gebieret das Glück dem Talente die göttlichen Kinder,
> Von der Freiheit gesäugt wachsen die Künste der Lust.[51]

Wie in Glovers Mythologisierung des Handels werden hier Frieden, Freiheit und Unternehmertum als Dreieinigkeit entworfen und mit der Formulierung „das *freie* Gewerbe" (v.101) die Homologie von moralischer und ökonomischer Autonomie propagiert. Die Utopie des gerechten Handels überformt letzteren und nobilitiert ihn dadurch. In der Entwicklungslogik des Gedichts stellt sich das Verhältnis von spartanischer Selbstlosigkeit und Kaufmannsglück freilich nicht als gleichberechtigtes dar, vielmehr artikuliert sich ein Dominanztraum von Moral über die wirtschaftliche Sphäre, die sie so zu beeinflussen vermag, dass die Geburt der freien Marktwirtschaft aus dem Geiste moralischer Autonomie zuletzt gar die „Künste", „[v]on der Freiheit gesäugt" (v. 122), entstehen lässt. Eine solche har-

51 Schiller: „Der Spaziergang", S. 38 f., vv. 99–122.

monisierende Versöhnung von Moral und Ökonomie zu beiderseitigem Gewinn bleibt jedoch in Lillos *The London Merchant* und Schillers *Kabale und Liebe* ein Wunschtraum. Dort wird sichtbar, dass Autonomie nur um einen Preis zu haben ist: um den des ökonomischen Verlusts.

Literaturverzeichnis

Baumbach, Manuel: „‚Wanderer, kommst du nach Sparta'. Zur Rezeption eines Simonides-Epigramms". In: *Poetica* 32 (2000) H. 1/2, S. 1–22.

Bourdieu, Pierre: *Die Regeln der Kunst. Genese und Struktur des literarischen Feldes.* Frankfurt a. M. 1999.

Eder, Jürgen: „‚Beati Possidentes?' Zur Rolle des ‚Geldes' bei der Konstitution bürgerlicher Tugend". In: *Bürgerlichkeit im Umbruch. Studien zum deutschsprachigen Drama 1750–1800.* Hg. v. Helmut Koopmann. Tübingen 1993, S. 1–51.

Feldmann, Doris: *Gattungsprobleme des ‚Domestic Drama' im literarhistorischen Kontext des achtzehnten Jahrhunderts.* Amsterdam 1983.

Fiederer, Margrit: „Wenn die Herzen im Preise steigen. Ökonomische Motive in Schillers *Kabale und Liebe*". In: *Aspekte der Textgestaltung. Referate der Internationalen Germanistischen Konferenz Ostrava 15.–16. Februar 2001.* Hg. v. Lenka Vanková u. Pavla Zajícová. Ostrava 2001, S. 353–364.

Fulda, Daniel: *Schau-Spiele des Geldes. Die Komödie und die Entstehung der Marktgesellschaft von Shakespeare bis Lessing.* Tübingen 2005.

Glover, Richard: *Leonidas. A Poem.* London 1737. Dt. Übers.: *Leonidas. Ein Heldengedicht in neun Büchern. Wegen seiner Vortrefflichkeit aus dem Englischen des Glovers ins Deutsche übersetzt von J. A. Ebert.* Wien, gedruckt und zu finden bey Joseph Kurzböck, 1764.

Glover, Richard: *London; or, The Progress of Commerce.* London 1739.

Graham, Inge: „Passions and possessions in *Kabale und Liebe*". In: dies.: *Schiller's Drama. Talent and Integrity.* London 1974, S. 110–120.

Huyssen, Andreas: *Drama des Sturm und Drang. Kommentar zu einer Epoche.* München 1980.

Janz, Rolf-Peter: „Schillers ‚Kabale und Liebe' als Bürgerliches Trauerspiel". In: *Jahrbuch der Deutschen Schiller-Gesellschaft* 27 (1976), S. 208–228.

Kant, Immanuel: „Beantwortung der Frage: Was ist Aufklärung?". In: Kant, Erhard, Hamann, Herder, Lessing, Mendelssohn, Riem, Schiller, Wieland: *Was ist Aufklärung? Thesen und Definitionen.* Hg. v. Ehrhard Bahr. Stuttgart 1974, S. 9–17.

Kaul, Suvir: *Poems of Nations, Anthems of Empire. English Verse in the Long Eighteenth Century.* Charlottesville 2000.

Lessing, Gotthold Ephraim: „Briefe, die neueste Litteratur betreffend (1759–1765)". In: *Werke 1758–1759.* Hg. v. Gunter E. Grimm. (=Werke und Briefe in zwölf Bänden. Hg. v. Wilfried Barner, Bd. 4. Frankfurt a. M. 1997, S. 453–777.

Lillo, George: *The London Merchant.* Ed. by William H. McBurney. London 1965.

Lönker, Fred: „Ästhetik und Moral. Über Anmut und Würde". In: *Schiller Werk-Interpretationen.* Hg. v. Günter Saße. Heidelberg 2005, S. 199–219.

Luhmann, Niklas: *Die Gesellschaft der Gesellschaft.* Teilband 2. Frankfurt a. M. 1998.

Macgregor Morris, Ian: „The Paradigm of Democracy: Sparta in Enlightenment Thought“. In: *Spartan Society.* Ed. by Thomas Figuera. Swansea 2004, S. 339 – 362.

Macgregor Morris, Ian: *The Age of Leonidas. The Legend of Thermopylae in British Political Culture, 1737 – 1821.* Diss. Manchester 2000.

Mason, Haydn: „Sparta and the French Enlightenment“. In: *Sparta in Modern Thought. Politics, History and Culture.* Ed. by Stephen Hodkinson and Ian Macgregor Morris. Swansea 2012, S. 71 – 104.

Schiller, Friedrich: „Kabale und Liebe“. In: ders.: Schiller, Friedrich. *Dramen I.* Hg. v. Gerhard Kluge (= *Werke und Briefe in zwölf Bänden.* Hg. v. Klaus Harro Hilzinger, Rolf-Peter Janz u. a. Bd. 2) Frankfurt a. M. 1988 (Bibliothek deutscher Klassiker 29), S. 559 – 667.

Schiller, Friedrich: „Vom Erhabenen“. In: *Neue Thalia*, dritter Theil, erstes Stück des Jahrganges 1793 [Nachdruck Bern 1969], S. 320 – 394.

Schiller, Friedrich: „Fortgesetzte Entwicklung des Erhabenen“ [später publiziert unter dem Titel „Über das Pathetische“]. In: *Neue Thalia*, vierter und letzter Band, welches das vierte fünfte und sechste Stück enthält [Nachdruck Bern 1969], S. 52 – 73.

Schiller, Friedrich: „Der Spaziergang“. In: ders.: *Gedichte.* Hg. v. Georg Kurscheidt. Frankfurt a. M. 1992, S. 34 – 42.

Schiller, Friedrich: „Die Gesetzgebung des Lykurgus und Solon“. In: ders.: *Historische Schriften und Erzählungen.* Hg. v. Otto Dann. (= Werke und Briefe in zwölf Bänden. Bd. 6). Frankfurt a. M. 2000, S. 475 – 510.

Szondi, Peter: *Die Theorie des bürgerlichen Trauerspiels im 18. Jahrhundert.* Studienausgabe der Vorlesungen Band 1. Frankfurt a. M. 1973.

Wegmann, Thomas: *Tauschverhältnisse. Zur Ökonomie des Literarischen und zum Ökonomischen in der Literatur von Gellert bis Goethe.* Würzburg 2002.

Wolf, Norbert Christian: „Gegen den Markt. Goethes Etablierung der ‚doppelten Ökonomie‘“. In: *MARKT. literarisch.* Hg. v. Thomas Wegmann. Bern 2005 (= Publikationen zur Zeitschrift für Germanistik. Neue Folge. Bd. 12), S. 59 – 74.

Ina Schabert

„Grandisonische Händel“ in Kargfeld

Musäus’ Fortsetzung von Richardsons Roman *The History of Sir Charles Grandison*

Samuel Richardsons Roman *The History of Sir Charles Grandison* (1753 – 1754) wurde, nachdem bereits sein wenige Jahre früher veröffentlichter Roman *Clarissa* zu einem Kultbuch geworden war, wiederum ein gesamteuropäischer Erfolg. Johann Karl August Musäus nutzte die Popularität und ließ mit *Grandison der Zweite oder Geschichte des Herrn von N.* (1760 – 1762) eine Fortsetzung folgen. Sein Protagonist unternimmt es, den allseits bewunderten Helden des englischen Texts im heimatlichen Thüringen des Autors nachzuahmen. Musäus’ Herr von N. gehört wie das Richardsonsche Vorbild dem Landadel an, doch aufgrund der unterschiedlichen sozialen, kulturellen, politischen und wirtschaftlichen Gegebenheiten in den beiden Ländern findet er sich in einer völlig anderen Situation. Der gesellschaftliche Mikrokosmos, in dem der „zweite Grandison“ lebt und den er mitbestimmt, unterscheidet sich wesentlich vom Lebens- und Wirkungsraum seines Vorbilds. Die unterschiedliche ‚Wirtschaft‘, die den englischen Landadel um 1750 und den entsprechenden deutschen Bereich um fast dieselbe Zeit kennzeichnet, ist das zentrale Thema von Musäus’ Roman. Der Versuch des deutschen Landjunkers, die englischen Verhältnisse nachzuahmen, schlägt in spektakulärer Weise fehl. Auch was die literarische Form anbelangt, ist Richardsons Text Vorbild und Kontrastfolie. Musäus’ deutsche wird wie die englische Welt Richardsons in ihrem Sozialverhalten durch einen Briefroman repräsentiert, einen mehrstimmigen Briefroman, der zudem mit einer Reihe von *verbatim* aufgezeichneten Dialogen die Umgangsformen in szenischer Konkretheit vermittelt. Nicht nur Erfahrungen, Meinungen und Empfindungen und Komplimente werden in der Korrespondenz und Konversation ausgetauscht; es werden Einladungen ausgesprochen, Geldgeschäfte getätigt, Ehen angebahnt und Ehrenhändel ausgetragen. Wiederum aber erweist sich die Art des Austausches in beiden Romanen als eine signifikant andere.

Lebenswelt vs. Literatur

Mit *The History of Sir Charles Grandison* erfüllt Richardson einen vielfach geäußerten Wunsch seiner Leser und vor allem seiner Leserinnen. Nach dem charmanten Schurken Lovelace in *Clarissa* entwirft er hier einen Helden, der von Grund auf gut ist und dennoch – Aristotelischer Rezeptionsästhetik zum Trotz – der zentrale Sympathieträger sein soll. Sir Charles ist ein begüterter Landedelmann, weit gereist und welterfahren, tapfer, rücksichtsvoll, höflich und großzügig, von vollendeter Herzens- und Verstandesbildung, zudem jung und gut aussehend. Weltmännisch-aristokratische Tugenden verschmelzen in seiner Person mit aufklärerischer Vernunft, Empfindsamkeit und anglikanischer Religiosität. Als Gutsherr steht er im gesellschaftlichen, moralischen und ökonomischen Mittelpunkt eines großen Familien- und Bekanntenkreises, der sich aufgrund seines Verantwortungsbewusstseins und seiner Wohltätigkeit zudem ständig ausweitet. Seine Schwester charakterisiert ihn als eine Person „who has an unbounded charity, and universal benevolence, to men of all professions; and who, imitating the Divinity, regards the heart, rather than the head, and much more than either rank or fortune, tho' it were princely".[1] Seine moralischen Qualitäten strahlen auf seine Umgebung aus; diejenigen, die von seiner Güte nicht angesteckt werden, gewinnt er, oder neutralisiert er zumindest, durch sein Verhandlungsgeschick. „He is not only good in himself, but he makes every one related to him, either from fear or shame, good likewise" (SCG II, 321; cf. I, 413). Die Darstellung des guten Mannes ist somit zugleich die Darstellung eines guten Gemeinwesens.

Der Roman ist in dem von Richardson entwickelten Genre der *familiar letters* gehalten. Er gibt sich als Sammlung von authentischen, spontan verfassten, vertraulichen Briefen, die das Alltags- und Seelenleben der Personen bis in materielle und psychologische Details hinein schildern. Der Autor figuriert lediglich als Herausgeber. Das Format führt unvermeidlich zu einem beträchtlichen Umfang des Werks, das sich zu sieben Bänden ausweitet (bzw. zu 1.600 Seiten Text in der modernen Ausgabe). In den ersten Jahrzehnten nach seinem Erscheinen wurde es häufig im Familienkreis vorgelesen, nicht selten mit verschiedenen Stimmen für die einzelnen Briefschreiber oder gar noch für die in den Briefen wiedergegebenen Dialoge. Richardson selbst gibt Anregungen dazu:

> Miss Grandison then gave the following dialogue. She humorously, by her voice (an humble one for her sister, a less meek one for herself, an imperious one for Sir Thomas) marked the speakers. (SCG I, 336)

Die Nähe solcherart vorgelesener Konversation zum Drama ist unverkennbar. Auch der rasche und unvermittelte Perspektivwechsel aufeinander folgender Briefe erinnert an Dramenstrukturen. Die damalige wie die heutige Literatur-

1 Richardson, Samuel: *The History of Sir Charles Grandison. In a Series of Letters. Published from the Originals.* 3 Bde. Hg. v. Jocelyn Harris. Oxford 1972. Bd. III, S. 241. Nachfolgende, mit SCG gekennzeichnete Stellengaben im Text beziehen sich auf diese Ausgabe.

theorie sieht im vielstimmigen Briefroman eine interessante Grenzform zwischen narrativer und dramatischer Literatur.[2] Auch Richardson nennt seinen Roman einmal „my Drama“.[3] Für die bürgerliche Gesellschaft war die Lektüre des Briefromans ein idealer Ersatz für das eher gemiedene und ohnehin nur in den Städten vorhandene Theater. Zahlreiche zeitgenössische Aussagen bezeugen das Vergnügen und den gesellschaftlichen Integrationswert der Leseveranstaltungen. Das so bewirkte lange und intensive Mitverfolgen der Schicksale fiktionaler Personen ließ ein enges, quasi-lebensweltliches Verhältnis zu ihnen entstehen. Sie waren wie auswärtige Verwandte und Freunde, deren Leben man ja in ganz ähnlicher Weise über Briefe mitvollzog, die im Familienkreis vorgelesen oder herumgereicht wurden. Noch bei Jane Austen wurde von Sir Charles wie von einem vertrauten Familienmitglied gesprochen.[4] Leser des Romans verliebten sich in Harriet Byron, die schöne, geistreiche, tugendhafte und empfindsame Braut von Sir Charles und hauptsächliche Verfasserin der Briefe. Leserinnen maßen sich an ihr. Sie schwärmten für Sir Charles. Vor allem, wenn auch nicht nur, bei Frauen war Richardsons problematische Werbung um admirative Identifikation für diese Figur somit erfolgreich. Ein Bewunderer teilte dem Autor sogar mit, dass er, sobald er die nötigen Geldmittel herbeigeschafft habe, mit Sir Charles Grandison zusammen eine Gemeinschaft gründen werde: „a sentimental community living ‚in mutual and virtuous Harmony‘ after the Example of Grandison Hall – ‚a Knott of Worthys, the Real Sir Ch:s Grandison at their Head‘“.[5]

Besonders in Deutschland, wo das Buch bereits 1754/55 in einer Übersetzung vorlag,[6] setzte sich sein Erfolg fort. Auch hier schwärmte man für ‚Sir Carln‘ und

---

2 Siehe dazu Voßkamp, Wilhelm: „Dialogische Vergegenwärtigung beim Schreiben und Lesen: Zur Poetik des Briefromans im 18. Jahrhundert“. In: *Deutsche Vierteljahrsschrift für Literaturwissenschaft und Geistesgeschichte* 45 (1971), S. 80 – 116.

3 Richardson, Samuel: *Selected Letters*. Hg. v. John Carroll. Oxford 1964, S. 289.

4 Austens Neffe berichtet, daß die Hochzeitstage von Sir Charles und seiner Schwester Charlotte in der Familie wie diejenigen von lebenden Freunden gefeiert wurden (Austen-Leigh, James Edward: *A Memoir of Jane Austen and Other Family Recollections*. Hg. v. Kathryn Sutherland. Oxford 2002, S. 71).

5 Eusebius Silvester an Richardson am 15. Dezember 1755, zitiert bei Keymer, Tom: *Richardson's Clarissa and the Eighteenth-Century Reader*. Cambridge 1992, S. 38.

6 Der Übersetzer war möglicherweise J. D. Michaelis, der zuvor Richardsons *Clarissa* ins Deutsche übertragen hatte; Albrecht von Haller von der Universität Göttingen, der jene Übersetzung in die Wege leitete, bittet Richardson um ein Vorausexemplar des *Grandison* (Richardson: *Selected Letters*, S. 236). Später vermerkt Richardson, dass vier Bände in Göttingen bereits übersetzt worden sind (Richardson: *Selected Letters*, S. 318). Astrid Krake („Der deutsche Richardson: Übersetzungsgeschichte als Beitrag zur Rezeptionsgeschichte“. In: *The Novel in Anglo-German Context: Cross-Currents and Affinities*. Hg. v. Susanne Stark. Amsterdam 2000, S. 23 – 35) gibt keine Auskunft über die Übersetzungsgeschichte von *Sir Charles Grandison*.

seine ‚Henriette'. „Das ist ein feines Bisgen von einem Menschen, so einen möchtst du auch haben",[7] spottet der junge Goethe in einem Brief über die Reaktion der Mädchen auf Richardsons Titelfigur. Cornelia Goethe konnte sich, zu des Bruders Entsetzen, von Sir Charles nicht mehr lossagen.[8] Die außergewöhnliche Beliebtheit des Romans provozierte den jungen Musäus zu seiner wiederum umfangreichen und damals viel beachteten Gegendarstellung. Vermutlich hat er bereits während seiner Studentenzeit in Jena (1754–58) mit dem Projekt begonnen.

Grandison der Zweite ist ein Landedelmann im thüringischen Ort Kargfeld.[9] Der wenig literaturerfahrene Junker, ein alter Haudegen, beauftragt seinen Hausgelehrten, den Magister Lampert Wilibald, „in der Versammlung des adelichen Hauses die Geschichte Herrn Carl Grandisons, die eben damals in unserer Muttersprache zum erstenmal erschienen war, bei langen Winterabenden vorzulesen".[10] Herr von N. ist von der großartigen Person und dem generösen Lebensstil des Sir Carl hellauf begeistert und will ihn nachahmen. Er fällt, wie auch sein Magister, auf die Authentizitätsillusion der Briefe vollständig herein. Um seinen Glauben an ihre Faktizität zu bestätigen, beauftragt von N. einen in London weilenden Neffen, Herrn von S., Kontakt mit Grandison Hall aufzunehmen. Zugleich gewinnt seine Nichte Amalia, Schwester des Herrn von S., diesen dafür, dem Onkel die reale Existenz und das Weiterleben der Richardsonschen Romanfamilie vorzutäuschen, um etwas Unterhaltung in das eintönige Kargfelder Leben zu bringen. Entsprechend meldet von S. seinem ‚Oncle' zurück: „Sir Charles Grandison als Erfindung! nein er lebt!" (GZ I, 5) Rasch denkt er sich eine mehrmonatige Einladung vonseiten des für seine Gastfreundlichkeit berühmten Sir Carl aus. Dies ermöglicht ihm, eine rege deutsch-englische Korrespondenz in die Wege zu leiten, bestehend aus Briefen des Magisters und des Herrn von N. an die Personen von Grandison Hall einerseits und aus von ihm selbst fingierten Briefen von Sir Carl

---

7 An Friederike Oeser am 13. Dezember 1769 (Goethe: *Briefe 23. Mai 1764–30. Dezember 1772: Texte*. Hg. v. Elke Richter und Georg Kurscheidt. Berlin 2008, S. 161).

8 Bär, Gerald: „Cornelia Goethe – An Individuality out of Richardson's Novels." In: *The Novel in Anglo-German Context*. Hg. v. Susanne Stark. Amsterdam 2000, S. 37–49.

9 Elisabeth Frenzel („Mißverstandene Lektüre: Musäus' *Grandison der Zweite* und Wielands *Die Abenteuer des Don Sylvio von Rosalva:* Zwei deutsche Donquichottiaden des 18. Jahrhunderts". In: *Gelebte Literatur in der Literatur: Studien zu Erscheinungsformen und Geschichte eines literarischen Motivs*. Hg. v. Theodor Wolpers. Göttingen 1986, S. 110–133) ist die Identifikation des fiktionalen Kargfeld als thüringisches Dorf zu verdanken; zuvor wurde es mit dem realen holsteinischen Dorf Kargfeld verwechselt.

10 Musäus, Johann Carl August: *Grandison der Zweite oder Geschichte des Herrn von N. Erster bis dritter Teil*. Eisenach 1760–1762. http:// www.zeno.org (Stand: 8.12.2013), Teil I, Brief 1 (nachfolgend im Text als GZ mit Angabe von Band- und *Brief*nummer zitiert; durch das Einscannen bedingte offensichtliche Fehler werden stillschweigend korrigiert).

und seiner Familie nach Kargfeld andererseits. Parallel dazu entwickelt sich ein Briefwechsel zwischen dem Fräulein Amalia und anderen in das Täuschungsspiel eingeweihten Kargfelder Verwandten, die von dessen Erfolg berichten, und von S., der seinerseits das Spiel weiterplant und kommentiert. Auf diese Weise entsteht der erste deutsche Briefroman, ein Briefroman besonderer Art.

Den fingierten Austausch zwischen dem (textimmanent) realen Kargfeld und dem (auch textimmanent) fiktionalen Grandison Hall treibt der Herr von S. mit lebhafter Phantasie voran; zugleich schützt er ihn geschickt vor Versuchen der Kargfelder Grandison-Verehrer, eine physisch reale Kommunikation zu erwirken, die den Schwindel aufdecken würde. Davon, dass von N. die (natürlich vom Neffen erfundene) Einladung Sir Carls annimmt, ebenfalls Gast in Grandison Hall zu sein, rät von S. zugleich entschieden ab: die Reise sei für den Onkel viel zu beschwerlich. Das Bemühen der Kargfelder, Sir Carl einen arbeitslosen Verwalter für seine Güter zu empfehlen, wird ebenfalls mit dem Hinweis auf die Gefahren der Reise abgeblockt. Herr von N. möchte von Sir Carls hervorragendem Jagdhund Welpen geschickt bekommen, doch er erhält die Antwort, dass das Tier kastriert worden sei. Eine neue Glocke für die Dorfkirche in Kargfeld, die er als Spende von Sir Carl erbeten hat, habe – so berichtet der Neffe – unglücklicherweise der Zoll konfisziert; sie sei zu Kanonenkugeln umgegossen worden. Und eine Kollekte in ganz England für die baufällige Kargfelder Kirche sei leider auch gescheitert, da sich das britische Unterhaus bei der zweiten Lesung dagegen entschieden habe (von S. inspiriert sich bei seinen Erfindungen an Richardsons Hang zur „umständlichen Nachricht",[11] die man auch in Kargfeld schätzt). Eine inverse Spende vonseiten des Kargfelder Junkers, nämlich ein vom Neffen herausgelocktes Taufgeschenk von fünfzehn Gulden für die Familie in Grandison Hall, verbleibt als willkommenes Taschengeld beim angeblichen Überbringer. Auch den „sanften Kuß", den er beim Abschied von Sir Carl von dessen Schwester für von N. zugeworfen bekommt, behält der Neffe für sich. Solche notwendigen und zugleich komisch wirkenden Sperren machen trotz der stimmigen Oberfläche des englisch-deutschen Hin und Her von Komplimenten, Glückwünschen und Kondolenzen, Bitten, Danksagungen und Versprechen immer wieder bewusst, dass der Austausch nur Schein ist. Zwischen der Welt des von N., die in Musäus' Roman real ist, und der Welt des Sir Charles, die Fiktion ist, kann es keine Kommunikation geben.

Doch Grandison Hall und Kargfeld sind nicht allein durch den – lediglich innerfiktional – anderen Realitätsstatus voneinander getrennt. Als zwei detailliert entworfene Romanwelten evozieren sie zwei verschiedene Gesellschaftsformen, die im 18. Jahrhundert unvermittelt und kaum vereinbar nebeneinander existieren.

11 Siehe GZ I, 7 und I, 14.

Richardson zeigt mit dem begüterten und wohltätigen Gutsherrn von Grandison Hall, wie eine ältere, patriarchalisch gefügte Gesellschaftsordnung in aktualisierter Form in der eigenen Zeit und im eigenen Land weiter bestehen kann. Musäus hingegen führt mit dem auf groteske Weise misslingenden Versuch des von N., Kargfeld zu einem zweiten Grandison Hall zu machen, eine diffuse Welt vor, in der es die Möglichkeit eines benevolenten Patriarchats nicht gibt. Die Gegenwart des englischen im deutschen Roman dient dazu, wesentliche Unterschiede im Zustand der beiden Länder hervorzuheben. Dass das Motiv der ‚gelebten Literatur in der Literatur' auch zur Literatursatire nach Art des *Don Quijote* genutzt wird – was die literaturwissenschaftliche Interpretation von *Grandison der Zweite* hervorzuheben pflegt – ist demgegenüber nur von marginaler Bedeutung.[12]

Zwei literarische Werke – zwei Repräsentationen von Welt

Sir Charles' englische Welt ist positiv geprägt durch die aufgeklärte, konstitutionelle Monarchie der Hannoveraner. Er zeigt sich als deren engagierter Parteigänger und Gegner der Rebellion von 1745/46, durch die das absolutistische Stuart-Regime restauriert werden sollte. Die politische Ordnung wird untermauert durch die tolerante Autorität der anglikanischen Kirche, im Roman repräsentiert vom diskreten und lebensklugen Geistlichen Dr. Bartlett. Materiell abgesichert wird sie vom relativen Wohlstand des englischen Lands, historisch gewährleistet durch die beginnende Agrarrevolution. Zusätzliche Einkünfte bezieht Sir Charles charakteristischerweise aus irischem Landbesitz. Aufklärerische Verstandesbildung entfaltet sich in Grandison Hall und in den anderen im Roman vorgestellten Häusern des Landadels ebenso selbstverständlich wie empfindsame Herzensbildung. Ein zeremoniell-rücksichtsvoller Umgang miteinander, eine umfangreiche Bibliothek und Kunstsammlung sowie anspruchsvolle Hauskonzerte prägen das

12 Dies ist die geläufige Lesart des oft unterschätzten Romans von Musäus, unterstützt durch die spätere Version des Romans, die er als *Der Deutsche Grandison* 1780 veröffentlichte. Die Literatur zu Musäus neigt dazu, unkritisch des Autors Lob dieser Neufassung zu übernehmen und die Bedeutungsunterschiede zwischen beiden Fassungen zu verwischen. Die spätere Fassung verzichtet auf die Form des Briefromans und arbeitet das alte Material mit neuen Zutaten (parodistische Bezugnahmen auf Defoes *Robinson Crusoe*, auf Fielding und Sterne, sowie auf Johann Martin Millers *Siegwart* und auf den *Werther*) zu einer quijotesken Literatursatire um, durch die nach Fieldingschem Vorbild ein auktorialer Erzähler führt. Geschke, Emil: *Untersuchung über die beiden Fassungen von Musäus' Grandisonroman*. Diss. Königsberg 1910, stellt in einem detaillierten Vergleich der Texte von 1760 – 1762 und von 1780 die Veränderungen heraus.

gesellschaftliche Leben. Sir Charles kann sich mit seinen Erträgnissen von £ 5.000 p. a. aus seinen englischen Gütern und weiteren £ 2.000 p. a. an irischer Pacht neben der großzügigen, allzeit gastlichen Haushaltsführung auf seinem Landsitz ein repräsentatives Stadthaus in London leisten. Das ererbte Einkommen verdankt er vor allem der umsichtigen Haushaltsführung seiner Mutter („with the best œconomy, no narrowness in her heart“ SCG I, 312), sowie der lobenswerten *œconomy* der Mätresse seines verstorbenen Vaters (SCG I, 366). „Women [...] in their œconomy, short as their power is, are generally superior to men!“ (SCG I, 454) Die gute Wirtschaft, die Sir Charles anstrebt, ist weiblich konnotiert und entspricht einer ‚weiblichen‘ Ethik. Die ihm zugeschriebene „great dexterity in business“ (SCG I,361) ist ein Geschick, das er vornehmlich zum Wohl derjenigen ausübt, die seiner Hilfe bedürfen. Soweit der Roman Auskunft über die Art der ‚Geschäfte‘ gibt, sind es Akte, die Frieden und Harmonie stiften. Er versöhnt streitende Parteien durch geschickte Kompromissvorschläge; stiftet Ehen, mit denen die von ihm klarsichtig erkannten Interessen von zwei Partnern verbunden werden, schlichtet Erbstreitigkeiten, indem er den ihm selbst zukommenden Teil des Erbes den Benachteiligten oder zu Unrecht Enterbten übergibt, und er lässt Witwen, Waisen und rechtlosen Mätressen finanzielle und moralische Unterstützung zukommen. Mehrfach gibt er seiner Überzeugung Ausdruck, dass die Partikularinteressen nur richtig interpretiert werden müssen, um ein gemeinsames Interesse aller – „but one interest“, „[a] united interest“ –[13] aus diesen herauszufiltern.

Sir Charles ist zwar die dominante Gestaltungskraft in seiner kleinen Welt, doch wird er, wie der ideale konstitutionelle Herrscher, vom Konsens derer gestützt, die von ihm abhängig sind. So wie er selbst in nationalen Angelegenheiten nur seiner eigenen Überzeugung folgt (SCG I, 262), gesteht er anderen das Recht des selbständigen Urteils zu. Er verheiratet seine Schwestern nur mit deren ehrlicher Zustimmung, heiratet selbst nur, als er sicher ist, dass die Braut und deren Familie ihn gern akzeptieren. Er ist äußerst bedacht auf ein weitestgehend mögliches Einvernehmen aller. Die alten, religiös fundierten hierarchischen Gesellschaftsstrukturen werden komplementiert durch das egalitäre Prinzip der Sympathie. Durch die Einfühlung in und Rücksichtnahme auf die Bedürfnisse und Wünsche des jeweils anderen wird ein harmonisches Zusammenleben garantiert. Ein zusammenfassendes Lob für Sir Charles macht die Zwischenstellung seiner Welt zwischen alter und neuer Ordnung, zwischen Filmerscher Monarchielehre einerseits und Lockes, Humes und Shaftesburys egalitären und liberalen Gesell-

13 SCG I, 454: „Love is a selfish Deity. He puts two persons upon preferring their own interests, nay, a gratification of their passion often *against* their interests, to those of every-body else.“ (Kursivdruck im Original). Siehe auch SCG I, 362: „we shall have but one interest“ und SCG I, 422: „They both embraced me, and assured me of their united interest“.

schaftstheorien andererseits deutlich. Sir Charles ist zwar eine Person „who [...] regards the heart, rather than the head, and much more than either rank or fortune, tho' it were princely, and yet“, so fährt das Lob fort, „is not a leveller, but thinks that rank or degree intitles a man who is not utterly unworthy of both, to respect“ (SCG III, 241). Dem Wesen und Wirken des Protagonisten wird abschließend mit einem glücklichen Ehebund der romanspezifische Gütestempel aufgedrückt.

In einem zweiten Handlungsstrang des Romans lässt Richardson Sir Charles den Versuch unternehmen, englische Zustände zumindest teilweise in einem streng hierarchisch-konservativen Italien einzuführen. Dass dieses ein anderes Land ist, macht bereits die Personenliste zu Beginn des Romans deutlich, die die Charaktere in MEN, WOMEN und ITALIANS aufteilt. Bei seiner standesgemäßen Bildungsreise durch Europa lernt Sir Charles die italienische Adelsfamilie der Porrettas kennen und schätzen; zwischen ihm und der jungen Clementina di Porretta entwickelt sich eine Liebesbeziehung. Doch in langen zähen Verhandlungen mit den Porrettas erweist sich die Unvereinbarkeit seiner Prinzipien mit den ihren. Während Sir Charles, wie er wiederholt betont, seine Leidenschaften schmerzhaft aber dauerhaft durch die Vernunft gezähmt hat,[14] brechen hier in Konfliktsituationen die Leidenschaften unkontrolliert hervor. Zwei Brüder Clementinas lassen ihr Handeln von Standesdünkel und übersteigertem Ehrgefühl bestimmen, der verschmähte Liebhaber der jungen Frau gibt seiner Eifersucht freien, destruktiven und selbstdestruktiven Lauf. Clementinas Gefühle für Sir Charles steigern sich, als die Familie die Verbindung verbietet, temporär zum Wahnsinn. Sir Charles' Vorschlag, das Problem der Verschiedenheit der religiösen und nationalen Bindungen zwischen ihm und seiner Braut, das die Konflikte auslöst, durch einen vertraglich festzulegenden Ausgleich der Interessen zu lösen, stößt auf sturen Widerstand. Einverständnis durch einen Kompromiss zu erzielen, ist dieser Kultur völlig fremd. Römisch-katholische autoritäre Haltung verbindet sich mit einer für Sir Charles befremdenden Parteinahme für den Absolutismus: Die Porrettas sympathisieren mit den Stuarts und dem versuchten, von Sir Charles abgelehnten Staatsstreich des ‚Young Pretender' in England. Erst als sie schließlich in der Ausweglosigkeit ihres Familienstreits Sir Charles in England aufsuchen und um Hilfe bitten, lassen sie sich von ihm dazu bewegen, ihren Konflikt durch einen Kompromiss beizulegen, der einen gänzlich unseligen

---

14 „You know not the pains it has cost me, to keep my passion under.“. (SCG I, 206), und wieder: „What pains have I taken, to conquer those sudden gusts of passion, to which, from my early youth, I have been subject“. (II, 63)

Ausgang der melodramatisch ausgelegten italienischen Handlung verhindert. Clementinas Zukunft bleibt am Romanende offen.[15]

Die deutsche Provinz des Herrn von N. kontrastiert noch augenfälliger und noch weniger schmeichelhaft mit dem Lebensbereich von Richardsons englischem Landadel. Der Gegensatz in der Sache wird verstärkt, indem statt der sanften Idealisierungstendenz des Primärtextes ein satirisch-komödienhafter Darstellungsstil gewählt wird. Musäus' Kritik an den deutschen Verhältnissen ist harsch, und vermutlich nicht völlig unberechtigt. „Nirgends ist der deutsche Character wohl besser geschildert worden“,[16] schreibt begeistert der Kritiker Thomas Abbt kurz nach dem Erscheinen des ersten Bandes.

Sir Charles fühlt sich durch das englische Königshaus angemessen repräsentiert. Er pflegt bei seinen London-Besuchen einen diskreten Kontakt mit dem Hof und schließt die Möglichkeit eines politischen Engagements, sobald er sein privates Umfeld völlig in seinem Sinn gestaltet hat, nicht aus. Insbesondere liegt ihm die Förderung des Handels in seinem Land am Herzen (SCG III, 263). Das mikropolitische Geschehen in Kargfeld hingegen wird von keinerlei übergeordneter politischer Struktur umfasst und gestützt. Man hat Musäus vorgeworfen, „mehr Dorfkänntnis als Weltkänntnis“[17] zu besitzen; gerade diese Enge aber thematisiert sein Roman als Problem. Von Berlin suchen sich die Kargfelder fernzuhalten; Preußen ist für sie eine Kriegsmacht, von der man nichts Gutes erwarten kann (GZ I, 17). Mit der wirtschaftlichen Not, die von den immer noch spürbaren Verwüstungen des Dreißigjährigen Kriegs und den erneuten Heimsuchungen im Siebenjährigen Krieg (1756–63) bis in die Romangegenwart hinein verursacht wird, stehen sie völlig allein da. Ein Auszug aus ihrem Kirchenbuch, den sie ihrem Gesuch an Herrn Grandison beifügen (GZ I, 25), belegt ihre Leidensgeschichte seit 1638. Gerade ist der Raubzug eines Trupps von „Kaiserlichen Türcken“ überstanden, als man, in der Romangegenwart, schon wieder einige „Esquadrons von der schweren Englischen Cavallerie“ verkraften muss (GZ II, 30). Politische Loyalität ist ein Luxus, den man sich nicht leisten kann. Von N. muss im Augenblick auf der Seite der englisch-preußischen Alliierten stehen; sobald aber,

---

15 Die in Richardsons Roman für Clementina angebotene Zukunftsalternative entweder einer Heirat mit dem italienischen Liebhaber oder des Eintritts ins Kloster wirkte auf das Lesepublikum irritierend. Der Autor pariert mit dem Vorschlag, dass seine Leserinnen dies in einem zusätzlichen Band klären könnten. In Musäus' Roman berichtet von S. von Clementinas Heirat (siehe unten). Wieland hingegen entscheidet sich in seiner Umarbeitung der italienischen Handlung zu dem Rührstück *Clementina von Porretta* (1760) für das Kloster. Sir Charles und Clementina werden sich im Jenseits als „einer besseren Welt“ wieder vereint finden (V, 12).

16 Abbt, Thomas: *Vermischte Werke. Dritter Teil.* Hg. v. Friedrich Nicolai. Frankfurt 1783, S. 57 (Brief vom 21.4.1761).

17 Zeitgenössische Aussage, zitiert in Frenzel: „Mißverstandene Lektüre“, S. 132.

befindet er, „mein Vortheil mit ins Spiel kommt, so trete ich zur französischen Partei“ (GZ III, 6). „Damals war es Friede und wohlfeile Zeit“, bemerkt er wehmütig, als sich ihm das wirtschaftliche Gefälle zwischen Sir Carl und seiner eigenen Situation, und damit seine begrenzte Handlungsmöglichkeit aufdrängt. „Es sind schwere Zeiten, und das Geld liegt an Ketten.“ (GZ III, 5) Von N. muss mit Jahreseinkünften von £ 500 zurechtkommen – also mit weniger als einem Zehntel der Grandisonschen Einkünfte. Die Unterschiede zwischen seiner deutschen und Richardsons englischer Welt werden mit den Hindernissen, auf die das Unternehmen der Grandisoniade stößt, vielfach ausgeleuchtet. Der Mangel an Geld lässt Vorgänge, die bei Sir Charles großartig erschienen, ins Komische abgleiten. Während z. B. Sir Charles stets in unauffälliger aber luxuriöser Eleganz gekleidet ist, muss von N., als er einen großen Auftritt plant, dafür seine alte Samthose lüften und deren Wurmstiche zunähen lassen. Während jener an seine Braut kostbaren Schmuck verschenken kann, reicht es bei ihm gerade zu einer in eine Pastete eingebackene Geburtstagsode, die der Magister verfertigt.

Die wirtschaftliche Beengtheit geht einher mit einer beklemmenden gesellschaftlichen Stagnation und mit kultureller Borniertheit. Die Zitate aus dem Kirchenbuch zeugen von hilflosem Aberglauben. Statt eines theologisch geschulten, gebildeten Dr. Bartlett steht von N. ein ignoranter Magister zu Seite, dessen Unterrichtsangebot für die adlige Jugend sich auf „Lesen und Schreiben, ein Bisgen Christentum und das Einmaleins“ (GZ I, 20) beschränkt. Mit der Religion halten es weder der Magister noch sein Herr. Zwar brüstet sich ersterer mit der Behauptung, dass der Kargfelder Protestantismus dem Anglikanismus von Grandison Hall näher stehe als der Katholizismus, auf den Sir Charles in Italien getroffen ist. Doch für jeden Leser ist es offensichtlich, dass der vornehme Dr. Bartlett mit den pedantisch-unbeholfenen Briefen des Magisters viel weniger anfangen könnte als mit Richardsons italienischem Pater Marescotti, der theologische Strenge mit guten Umgangsformen verbindet. Und anders als Sir Charles, für den der Verzicht auf die geliebte Katholikin Clementina eine herzzerreißende Gewissensentscheidung ist, findet sich von N. sofort bereit, zugunsten der schönen, reichen Italienerin in Richardsons Buch alle Bedenken zurückzustellen: „Die Religion soll mir nicht lange im Wege stehen, ich würde wohl ein Türke, wenn ich Clementinen zur Frau bekommen könnte.“ (GZ I, 11) (Sein Wunsch kann allerdings nicht in Erfüllung gehen, da, wie von S. ihm mitteilt, die Dame nach Romanende bereits geheiratet habe und inzwischen Mutter dreier Kinder sei.) Statt des in lutherischen Kreisen hoch geschätzten *Haus- und Zucht-Buch Jesus Sirach* erklärt von N. die *Geschichte des Herrn Grandison* zu seinem neuen *Sirach* – allerdings, ohne den Geist des Romans begriffen zu haben (GZ II, 15).

Für die respektvollen Umgangsformen von Grandison Hall ist in Kargfeld kein Raum. Von N. führt ein strenges Regiment in seinem Haus: „Widersprechen darf ihm keine Seele“, heißt es bereits in der Einführung. Die Dienerschaft und abhängige Verwandte werden herumkommandiert. Dass er alle mit Namen des Richardsonschen Romanpersonals versieht, lassen sie widerspruchslos geschehen. Die beanspruchte Verfügungsgewalt des Gutsherrn wird durch keinerlei patriarchalisches Verantwortungsbewusstsein gerechtfertigt. Von N.s Umgangsformen sind rau und wenig herzlich. Konflikte mit Bediensteten, familiären Ungehorsam, Streit mit Andersdenkenden versucht er durch Prügel zu regeln. Nach dem Vorbild von Sir Carl lehnt von N. die Teilnahme an Duellen ab, doch während jener damit seinen Standpunkt physischer und moralischer Überlegenheit bekräftigt, erscheint die Duellfeindlichkeit des Herrn von N. eher als Akt der Schwäche und Feigheit. Sein einziges gesellschaftliches Vergnügen sind Trinkgelage.

Dem groben Umgangsstil entspricht eine wenig geschliffene Redeweise – Musäus selbst charakterisiert sie als „expreßive Kraftsprache“.[18] Zwar versucht von N., zum Vergnügen seiner Umwelt, als zweiter Grandison seine Neigung zum Schimpfen und Fluchen zu unterdrücken und das Beten einzuführen, doch die Bekehrung ist oberflächlich und von kurzer Dauer. Der Stil der wenigen Briefe, die er selbst an Herrn Carl schreibt, schwankt zwischen Derbheit und Geschraubtheit: „Meine Bauren die Schlingel liegen mir heftig an, inliegende Supplik an Sie, mit einer guten Recommendation zu unterstützen“ (GZ I, 24), so lautet z. B. sein Begleitschreiben zur Bitte um die Kirchenglocke. Der Magister, der zumeist die Aufgabe der Korrespondenz übernimmt, bemüht sich ebenfalls um einen hohen Stil. Doch er häuft wahllos gelehrte Metaphern und aparte rhetorische Figuren aufeinander, und diese Wortgebilde sinken regelmäßig zu einer Antiklimax ab. Etwa, wenn er Herrn Carl langatmig erklärt, von einem Besucher gezwungen worden zu sein, eine Schmähschrift gegen ihn zu verfassen, und dabei vom epischen Gleichnis in die derbe Sprache des lutherischen Sirach-Kommentars hinunterfällt:

> plötzlich riß sich dieser Panther von der Kette, ersahe unter allen Anwesenden mich zum Raube seiner Grausamkeit, sprang mir auf den Hals und würgete mich wie ein unschuldiges Lamm, das ist, er nöthigte mich unter vielen Drohungen, eine ehrenrührige Schrift wider Eu. Gnaden aufzusetzen, mit dem Vorsatze, solche der Welt durch den Druck öffentlich vor Augen zu legen, und dadurch Dero berühmten und heldenmüthigen Namen ein Klebefleckgen anzuhängen. (GZ III, 2)[19]

---

18 Musäus: *Der deutsche Grandison.* Neue Ausgabe. 2 Bde. Leipzig 1800. http://books.google.com/books?id=No09AAAAYAAJ (Stand: 28.11.2013). Bd. 2, S. 180.

19 Siehe Herberger, Valerius: *Erklärung des Haus- und Zucht-Buchs Jesus Sirach in 97 Predigten.* Hof 1739. In der erste Predigt über das sechste Capitel unter der Überschrift „Man soll alles zum besten auslegen“ werden diejenigen verurteilt, die „sich lassen klug düncken, jedermann zu tadeln, [...] ein Klebefleckgen anzuhängen, [...] wie ein Sau-Rüssel, der in allem Kothe wühlet“.

Möglicherweise äußert sich im Stil, den Musäus von N. und seinem Magister zuschreibt, auch der Ärger des Autors über die als unzulänglich empfundene deutsche Fassung von Richardsons Roman, auf die er aufgrund geringer Englischkenntnisse angewiesen war. Im *Deutschen Grandison* verspottet er den

> geschrobene[n] Witz, welcher aus der unbehülflichen deutschen Uebersetzung herausprallt, nicht wie ein Kork von einer Champagner Flasche, mit einem dem Ohr schmeichelndem Geräusch, sondern wie ein Ruebenpropf aus der Mündung einer hölzernen Knallbüchse.[20]

Statt einer wohlsortierten Bibliothek gibt es im Hause des von N. nur Exemplare von *Don Quijote* und von *Herrn Carl Grandison*. Das Unternehmen, eine Gemäldegalerie zusammenzustellen, erbringt ein kurioses Sammelsurium von Bildern. Eine besondere Herausforderung für von N. ist die Hausmusik, die in Grandison Hall auf hohem Niveau gepflegt wird, zumal sich Sir Carl (wie von S. boshaft vermeldet) nach den musikalischen Fähigkeiten seines deutschen Gefolgsmanns eingehend erkundigt und Großes von ihm erwartet. Entsprechende Bemühungen bringen zwar eine ramponierte Orgel aus einer benachbarten Dorfkirche in einen zum Musikzimmer erklärten Raum des Hauses (aus dem die Mägde ausziehen müssen), doch es gibt niemanden, der etwas wie Sir Carls Lieblingsmusik, Händels *Alexanders Gastmahl*, aus ihr hervorlocken könnte, sodass es bei militärischem Blech zu festlichen Anlässen bleibt.

Als von N. sich nach dem Muster seines Vorbilds auf Freiersfüße begibt, um die zur Henriette umgetaufte Juliane von W. zu gewinnen, bricht der Unterschied zwischen ihm und dem Vorbild besonders drastisch auf. Während Herr Carl mit äußerstem Feingefühl die Verwandten seiner Henriette und die Braut selbst für sich gewinnt, wirbt der Junker in der falschen Gewissheit der unwiderstehlichen Attraktivität eines Grandison-Nachfolgers in plump arroganten und zudem misogynen Briefen um die Auserwählte. Der Werbestil bleibt erfolglos; das Eheglück, so befindet von N., hält sich von ihm ebenso fern wie der politische Friede (GZ III, 4). Ein Familienfreund, der Baron von F., rät ihm zu einem subtileren Vorgehen: „Ich denke, Sie sollten nicht ohne Gewinnst aussteigen [...] bei richtiger Strategie des Einsatzes.“ (GZ III, 4) Dieser Einsatz bestünde in einem beeindruckenden Werbegeschenk. Doch ein solches möchte von N. nicht hergeben; er „will, wie der Herr Grandison, wegen der Person und nicht wegen der Geschenke geliebt seyn“ (GZ III, 5). Als wahrer Grund für seinen Unwillen erweist sich wenig später allerdings die Unsicherheit, ob ein solches Geschenk die Ehe wirklich besiegeln und damit in der Familie bleiben wird, wie es bei Herrn Carls großzügigen Geschenken

20 Musäus: *Der Deutsche Grandison*. Bd. 1, S. 243.

für seine Braut der Fall war. „Auf gerathewohl verdistilliere ich keinen Heller an ihr", erklärt von N.:

> Nein, ich liebe nach englischem Geschmack, da liebt man gewiss und ohne großen Aufwand: denn was man der Braut schenkt, bekommt man mit der Frau wieder, und ist deswegen für keinen Aufwand zu rechnen. (GZ III, 5)

Er verkennt somit den Grundcharakter des Schenkens und will ein Geschäft machen. Ähnliches gilt für von F., der das Geschenk dem Glücksspieleinsatz gleichsetzt. Die Ethik der Gabe ist den Kargfeldern fremd. Auch Fräulein Amalia stellt in ihrem Bericht an von S. die Sache als Geschäft dar, allerdings als äußerst schlechte Partie für die auserwählte junge Frau. Ihr Onkel ist für sie

> ein Mann, der näher bei sechzig als funfzig Jahren, der kein großes Vermögen hat, das die Wehetage der Frau, durch künftige gute Aussichten versüßen könnte, der noch dazu vor kurzem ein halber Enthusiast geworden ist. (GZ I, 29)

Die Werbehandlung wird nicht zu einem Abschluss geführt, irgendwann hört der Roman einfach auf.

Korrespondenz und Konversation

Der Austausch von *familiar letters* ist das literarische Äquivalent der Wertwelt von *Sir Charles Grandison*. In großer Offenheit, in kultivierter Sprache, spontan, aber zugleich mit feinfühliger Rücksichtnahme auf die Adressaten, teilen die Personen ihre Erlebnisse, ihre Gefühle, ihre Eindrücke von anderen Menschen, ihre Überlegungen, ihre moralische Beurteilung von eigenem und fremdem Verhalten einander mit. Nicht selten ersetzt ein persönlich überreichter Brief die mündliche Kommunikation, da er als die präzisere, durchdachtere, letztlich ehrlichere und intensivere Mitteilungsform angesehen wird. Im Briefaustausch tauschen sich Seelen aus: „in absence we will not be divided, for we will mingle souls and sentiments on paper" (SCG III, 433). Die Briefe in Richardsons Roman werden von zahlreichen Personen und damit von sehr verschiedenen Standpunkten aus verfasst. Die in ihnen dargelegten Positionen vermehren sich zudem dadurch weiter, dass längere miterlebte Gespräche in die Berichte aufgenommen werden, manchmal sogar in Form dramatischer Szenen. Nicht selten enthalten die Briefe wiederum Originale und Abschriften anderer Briefe als Anlage.

So zum Beispiel Brief I, xxxix, einer der zahlreichen Briefe, in denen Harriet Byron ihrer Freundin Lucy, und zugleich ihrer ganzen Familie in Northampton, über ihr Leben in London berichtet: Harriet gibt hier eingangs ihrer Unruhe darüber Ausdruck, dass sich ein Duell zwischen ihrem Entführer, Sir Hargrave Pollifex, und ihrem Retter, Sir Charles, abzeichnet. Ein (im Brief kopiertes) Billet kündigt sodann den Besuch der Familie von Sir Charles bei ihren Verwandten und Gastgebern Mr. and Mrs. Reeves an. Die nach Eintreffen der Gäste im Gespräch geäußerten Vermutungen und Befürchtungen klären sich mit dem überraschenden Eintreffen von Sir Charles. Dieser erläutert die Gründe, aus denen er ein Duell strikt ablehnt. Er gibt Mr. Reeves den Text der Herausforderung von Sir Hargrave zu lesen, ebenso wie seine Antwort darauf, in der er sich noch grundsätzlicher gegen den, göttliches und staatliches Gesetz missachtenden, Brauch des Duellierens ausspricht, und dem Gegner zugleich einen ehrenvollen Ausweg vorschlägt. „I need not say how much I am pleased with the content of the latter", kommentiert Harriet die beiden Briefe, die sie, mit Zustimmung von Sir Charles, von Mr. Reeves zur Lektüre ausgeliehen hat, und die sie in Abschriften an die Familie daheim (und damit auch an die Leser) weiterreicht. Die damals kontrovers diskutierte Frage des Duellierens wird so auf breiter Linie verhandelt und allmählich einer Lösung im Sinne des Titelhelden, des Autors und der modernen Zivilgesellschaft zugeführt.[21] Selbst Mitteilungen intimer Art werden an Dritte weitergereicht. Sir Charles ermächtigt Dr. Bartlett, Kopien der Briefe, in denen er ihm seine delikate Beziehung zur italienischen Geliebten Clementina in einer „free and unreserved correspondence" (SCG II, 131) enthüllt hat, an Harriet Byron zu geben. Harriet wiederum überreicht Sir Charles nach seinem Liebesgeständnis ein Paket ihrer Briefe an die Freundin Lucy, in denen sie ihre Zuneigung zu ihm früh und freimütig bekannt hat: „In these papers is my heart laid open." (SCG III, 284) Auch diese Dokumente werden mit dem Einverständnis der Verfasser in weiteren Abschriften im Verwandten- und Bekanntenkreis weitergereicht.

Die kollektive Brieflektüre und die in Gesprächen und wiederum in Briefen sich vollziehende und in Briefen referierte und reflektierte vielfache Diskussion trägt wesentlich dazu bei, ein allseitiges Vertrauen herzustellen, das Interesse aneinander zu kultivieren und das Gemeinschaftsbewusstsein zu verstärken. In einer Zeit, da die religiösen Verbindlichkeiten hinschwinden, bildet sich in gegenseitigem Verständnis und Mitgefühl eine neue Art des Wertekonsenses heraus. Der Brief- und Gedankenaustausch weitet sich vom bürgerlichen Privatraum, in dessen Zentrum Sir Charles steht, zu einer literarischen Öffentlichkeit aus. Richardson hat die Briefe mit Bedacht so gestaltet, dass sie Stoff zum Diskutieren bieten. Wenn sodann die Texte von den Romanlesern rezipiert werden, so werden die romanimmanent begünstigten gesellschaftlichen Kompetenzen auch beim Publikum gefördert; der gemeinschaftsstiftende Effekt ist auch hier anzusetzen.

21 SCG I, S. 200–211.

Der Nachvollzug der Briefe bringt Leser bzw. Zuhörer ebenfalls dazu, sich jeweils gleichzeitig in die Situation des Absenders und Empfängers hinein zu versetzen und stärkt so ihr soziales Bewusstsein. Die Fragen, die in den literarischen Briefen aufgeworfen werden, bespricht man – zahlreiche Zeitzeugnisse belegen dies – in lebensweltlichen Unterhaltungen und wiederum in Briefen weiter; divergente Positionen können damit auch hier einander angeglichen werden. Für Richardson war, wie er in seiner eigenen Korrespondenz wiederholt versichert, solche Diskussion von großer Bedeutung: „Yet let me own, that I have lost a great Part of my Aim, if I do not occasion many Debates upon different Parts of my Management“, so äußert er sich zu kontroversen Leserreaktionen auf *Sir Charles Grandison.* Allerdings, so präzisiert er, sollten es *freundschaftlich* geführte Auseinandersetzungen sein: – „on purpose to provoke friendly Debate“.[22] Entsprechend hebt Denis Diderot in seiner *Éloge de Richardson* lobend hervor, dass die Leser des Romans einbezogen werden in eine Gruppe von „Menschen, die einen hervorragenden Umgang miteinander pflegen“.[23] Im angestrebten Idealfall entsteht in solchem Umgang eine Gemeinschaft, die in ihrem Denken und Empfinden füreinander transparent ist und ihre diversen Überzeugungen und Zielvorstellungen miteinander weitgehend abgleicht. Wirtschaftliche und politische Normen sind dabei in das moralische Konzept des guten Handelns eingebunden.

Grandison der Zweite imitiert die Richardsonsche Form des Briefromans mit ihren detaillierten Berichten vom familiären Alltag, ihren wortwörtlichen Protokollen von Gesprächen und ihren Einschlüssen sekundärer Briefe. Doch damit endet die Gemeinsamkeit. Wenn Musäus bzw. sein Herr von S. in seinen Berichten aus England den Autor Richardson persönlich auftreten und den Plan fassen lässt, den Erfolg seines *Grandison* mit der Herausgabe der Kargfelder Briefe ruhmreich fortzusetzen (GZ I, 46), so macht der damit angestoßene Vergleich umso mehr auf die Unterschiede zwischen den beiden Korrespondenzen aufmerksam.[24] Die eine Briefgruppe in *Grandison der Zweite*, bestehend aus den Schriftstücken des Herrn von N. und seines Magisters an die Bewohner von Grandison Hall, hat hauptsächlich zum Ziel, mit stilistischen Hochstapeleien jenen zu schmeicheln und die eigene soziale Gleichheit und geistige Verwandtschaft zu suggerieren. Die Briefschreiber wollen sich nicht mit dem Gegenüber austauschen, sondern etwas vortäuschen. Vom Neffen, der die Antworten fingiert, wird ihnen die Illusion gegeben, dass das plumpe Unternehmen gelingt. Ein Betrugsmanöver trifft somit auf

---

22 Richardson: *Selected Letters*, S. 257 und 315.

23 „les hommes d‘ un commerce excellent“ (Denis Diderot: „Éloge de Richardson“. In: *Contes et romans.* Hg. v. Michel Delon. Paris 2004, S. 895–911, hier S. 899).

24 Daneben schwingt hier Spott mit auf die Geschäftstüchtigkeit Richardsons und sein Geschick, erfundene Briefe publikumswirksam als gefundene auszugeben.

ein weiteres Betrugsmanöver. Die wiederholt betonte Notwendigkeit, die Korrespondenz in keine realen Begegnungen einmünden zu lassen, macht deutlich, dass Briefe nicht unbedingt wahrer als die konkrete Präsenz einer Person sind. Sie erweisen sich hier als bestens geeignet, eine Fälschung zu betreiben und zu schützen. Auch in der Konversation herrscht in *Grandison der Zweite* die prahlerische Selbstdarstellung vor. „Ich denke aber," so wendet ein Verwandter gegen das aufschneiderische Self-fashioning des Herrn von N. ein, „Du erzählest manche Dinge für dich zu vorteilhaft, Herr Bruder." Ein schmeichlerischer Besucher hält dem entgegen: „Ich bin geneigt, alle dem Glauben beizumessen, was der Herr von N. gesagt hat. Ein Nachfolger Sir Carls kann keine Unwahrheiten sagen." (GZ II,15) Ebenso wenig wie der berichtenden Amalia entgeht dem Leser die Ironie dieser Rechtfertigung.

Die zweite durchgängige Korrespondenz vollzieht sich zwischen denjenigen, die die Intrige aushecken und durchführen, zwischen dem Neffen in London und dessen Schwester in Thüringen. Amalias Briefe, die dem Bruder in amüsiertem Ton Bericht von den „Grandisonische[n] Händel[n]" (SCG I, 45) in Kargfeld erstatten, sind das Kernstück des Romans. Weitere Briefe werden zwischen dem Kargfelder Haus und dessen Verwandten- und Bekanntenkreis gewechselt: grobe Briefe vom Junker, geschickt einlenkende Briefe des Herrn von F., der die Intrige mit inszeniert, sowie eine Gruppe von Briefen zwischen Amalia und Juliane von W., die gegen die von Amalia mitverschuldete unerbetene Werbung des von N. um Juliane anschreiben. In die Beziehung der beiden Mädchen mischt sich wiederum der Magister mit einer Intrige, die mit einem fingierten und vertauschten Liebesbrief Zwietracht säen möchte.

All diesen Briefen, ebenso wie den referierten und protokollierten Gesprächen, fehlt die Innendimension. Niemand bringt im Schreiben Gefühle der Zuneigung oder gar Liebe, oder auch nur tieferes Verständnis für den anderen zum Ausdruck. Sympathie ist ein unbekanntes Wort. Briefe und Gespräche bringen die Personen nicht einander nahe. Sie sind Mittel, ein spöttisches Spiel mit dem Gegenüber zu spielen, oder ihm mit einer leeren Wortfassade zu imponieren. Sie werden benützt, um den Partner hereinzulegen, ihm einen Vorteil abzugewinnen, Intrigen zu schüren, Streit vom Zaun zu brechen. Eine Diskursethik, wie sie Richardson mit der wohlhabenden Gesellschaft von Grandison Hall in fast utopischer Vollkommenheit entwirft und wie sie später Jürgen Habermas mit dem Bezug auf das englische 18. Jahrhundert theoretisieren wird,[25] kann man sich im

---

25 Habermas, Jürgen: *Strukturwandel der Öffentlichkeit.* Frankfurt a. M. 1990. John Mullan kommt in einer Untersuchung des Sympathie-Kults im England dieser Zeit (*Sentiment and Sociability: The Language of Feeling in the Eighteenth Century.* Oxford 1988) zu ähnlichen Schlussfolgerungen, die er auch mit Richardsons Roman abstützt. Der Tatsache, dass in *Sir* armen Kargfeld nicht vorstellen. Der Kampf um die knappen Mittel bringt es mit sich, dass die Personen unter Interesse stets ein eng gefasstes Eigeninteresse verstehen. Das Gegeneinander solchen Interesses wirkt darauf hin, eine menschliche und wirtschaftliche Misere zu verfestigen, deren Dunkel lediglich durch die Komik der Darstellung aufgehellt wird.

Morsches Ende statt glücklichem Schluss

„Es ist nichts in der Welt, das Sie nicht mit etwas aus der Kriegskunst vergleichen könnten, und ich finde allen Dingen etwas ähnliches mit dem Spiele“, schreibt der Baron von F. an seinen Verwandten, den Herrn von N. (GZ III, 4). Weder der Junker, der glaubt, dass der Lauf der Dinge am besten mit Begriffen der Kriegsführung zu erfassen ist, noch der Baron, der das Leben als großes Glücksspiel betrachtet, haben mit ihren Deutungen in der Welt von Kargfeld Unrecht. Einen übergreifenden Sinn vermag auch der Leser ihr nicht abzugewinnen. Es zeichnen sich nicht einmal Regeln ab, die strategisches Planen im Kampf oder Spiel ermöglichen würden. Niemand hat hier, wie Richardsons Sir Charles (SCG III, 146), ein festes Vertrauen in die Vorsehung. Der Pastor, der als einziger einen religiösen Glauben bezeugt, misst den Ereignissen zwar eine übergreifende, von höherer Warte aus bestimmte Bedeutung bei, doch diese ist negativer Art. Die defizitäre, gottlose und inhumane, vom Krieg gezeichnete Welt von Kargfeld hat keine Zukunft. Sie ist für ihn der Vorbote der Apokalypse: „Es sind ohnehin die letzten Zeiten [...] da alle Laster im Schwange gehen, und also nothwendig alle Landplagen erfolgen müssen.“ (GZ I, 10)

Der Autor ist somit konsequent, wenn er der Geschichte den schlüssigen Schluss versagt. Von N. war eigentlich gewillt, seine „Sache entweder als ein Grandison auszuführen oder zu sterben“ (GZ II, 1), doch dieser Wille verebbt langsam. Das tiefe Glück einer – trotz aller realistischen Effekte – romanzenhaften Erzählung in der Art des *Sir Charles Grandison* erscheint bei Musäus aufgrund seines desillusionierten Blicks von vornherein ausgeschlossen. Der tragische Weltverzicht eines enttäuschten *Don Quijote* andererseits würde einen selbstlosen Einsatz für die fiktionale Idealwelt vorausgesetzt haben, zu dem von N. unfähig und unwillig ist. Sein literarisches Vorbild ahmt er nur in oberflächlichen Details nach; die Großmut und Herzensgüte von Sir Charles bleiben ihm unzugänglich.

Charles Grandison die Romangesellschaft mit penetranter Einhelligkeit und Eintönigkeit die normative Verbindlichkeit der Eigenschaften und Taten des Protagonisten versichert, schreibt er eine Modellfunktion für den gesellschaftlichen Verständigungsprozess zu.

Die typenhaften Charaktere, der flotte Intrigenreichtum und auch zahlreiche komische Momente von Musäus' Roman verdanken sich den Konventionen des Lustspiels. Doch der pessimistische Grundton des Werks widersetzt sich auch einer komödienspezifischen Lösung. Ein Happy End nach Art der älteren Komödie, das durch eine wohlwollend eingreifende providentielle Fügung erwirkt würde, ist in der Erzählung ebenso wenig angelegt wie ein positiver Ausgang im neuen säkularen Sinn einer selbstregulierenden Marktdynamik, die individuelles Vorteilsstreben letztlich zum Nutzen aller harmonisieren könnte.[26] In der Rückschau, zwanzig Jahre nach dem Erscheinen von *Grandison der Zweite*, lenkt Musäus besondere Aufmerksamkeit auf den Schluss des Romans. Im *Deutschen Grandison*, der das Material des früheren Werks großzügig für neue Zwecke nützt und spielerisch zu einem guten Ende bringt, sagt er zu dessen Unschlüssigkeit: „Im Original reißt die Geschichte ab wie ein morscher Strang."[27] Ob dies bloßer Zufall war oder aus Zeitmangel geschah oder gar vom Autor so arrangiert wurde in der ihm nachgesagten Absicht, die Leser irritieren zu wollen, das lässt er wiederum offen.

Literaturverzeichnis

Abbt, Thomas: *Vermischte Werke. Dritter Teil.* Hg. v. Friedrich Nicolai. Frankfurt 1783.

Austen-Leigh, James Edward: *A Memoir of Jane Austen and Other Family Recollections.* Hg. v. Kathryn Sutherland. Oxford 2002.

Bär, Gerald: „Cornelia Goethe – An Individuality out of Richardson's Novels." In: *The Novel in Anglo-German Context: Cross-Currents and Affinities.* Hg. v. Susanne Stark. Amsterdam 2000, S. 37–49.

Carvill, Barbara Maria: *Der verführte Leser: Johann Karl August Musäus' Romane und Romankritiken.* New York 1984.

Diderot, Dennis: „Éloge de Richardson." In: *Contes et romans.* Hg. v. Michel Delon. Paris 2004, S. 895–911.

Frenzel, Elisabeth: „Mißverstandene Lektüre: Musäus' *Grandison der Zweite* und Wielands *Die Abenteuer des Don Sylvio von Rosalva:* Zwei deutsche Donquichottiaden des 18. Jahrhunderts." In: *Gelebte Literatur in der Literatur: Studien zu Erscheinungsformen und Geschichte eines literarischen Motivs.* Hg. v. Theodor Wolpers. Göttingen 1986, S. 110–133.

Fulda, Daniel: *„Schau-Spiele" des Geldes: Die Komödie und die Entstehung der Marktgesellschaft von Shakespeare bis Lessing.* Tübingen 2005.

26 Zu diesem Komödientyp siehe Fulda, Daniel: *„Schau-Spiele" des Geldes: Die Komödie und die Entstehung der Marktgesellschaft von Shakespeare bis Lessing.* Tübingen 2005.

27 Musäus: *Der deutsche Grandison*, Bd. 2, S. 304.

Geschke, Emil: *Untersuchung über die beiden Fassungen von Musäus‘ Grandisonroman.* Diss. Königsberg 1910.

Goethe, Johann Wolfgang von: *Briefe. 23. Mai 1764–30. Dezember 1772: Texte.* Hg. v. Elke Richter und Georg Kurscheidt. Berlin 2008.

Habermas, Jürgen: *Strukturwandel der Öffentlichkeit.* Frankfurt a. M. 1990.

Herberger, Valerius: *Erklärung des Haus- und Zucht-Buchs Jesus Sirach in 97 Predigten.* Hof 1739.

Keymer, Tom: *Richardson's Clarissa and the Eighteenth-Century Reader.* Cambridge 1992.

Krake, Astrid: „Der deutsche Richardson: Übersetzungsgeschichte als Beitrag zur Rezeptionsgeschichte“. In: *The Novel in Anglo-German Context: Cross-Currents and Affinities.* Hg. v. Susanne Stark. Amsterdam 2000, S. 23–35.

Mullan, John: *Sentiment and Sociability: The Language of Feeling in the Eighteenth Century.* Oxford 1988.

Musäus, Johann Carl August: *Der deutsche Grandison.* Neue Ausgabe. 2 Bde. Leipzig 1800. http://books.google.com/books?id=No09AAAAYAAJ (Stand: 28.11.2013).

Musäus, Johann Carl August: *Grandison der Zweite oder Geschichte des Herrn von N. Erster bis dritter Teil.* Eisenach 1760–62. http://www.zeno.org (Stand: 8.12.2013).

Richardson, Samuel: *Selected Letters.* Hg. v. John Carroll. Oxford 1964.

Richardson, Samuel: *The History of Sir Charles Grandison. In a Series of Letters. Published from the Originals.* 3 Bde. Hg. v. Jocelyn Harris. Oxford 1972.

Schmidt, Erich: *Richardson, Rousseau und Goethe.* Jena 1875.

Voßkamp, Wilhelm: „Dialogische Vergegenwärtigung beim Schreiben und Lesen: Zur Poetik des Briefromans im 18. Jahrhundert.“ In: *Deutsche Viertesjahrsschrift für Literaturwissenschaft und Geistesgeschichte* 45 (1971), S. 80–116.

Wieland, Christoph Martin: *„Clementina von Porretta: Ein Trauerspiel. Ein Drama aus Richardsons Geschichte Sir Carl Grandisons gezogen.“* In: *Sämtliche Werke,* Bd. 28. Dramatische Werke, Leipzig 1857, S. 91–199.

Birgit Tautz

Die Welt als Intertext

Das Britische Kolonialreich und Hamburg im späten 18. Jahrhundert

Schaubühnen globaler Vernetzung

1766: Thomas Nugent, dessen Buch *The Grand Tour* (1749) die Kavalierstour im kulturellen Gedächtnis Europas verankert hatte, reist durch Norddeutschland. In einem ersten Brief – verfasst in Hamburg – berichtet er über das Theater: „Sie haben ein hübsches Schauspielhaus, etwa so gross wie das kleine Theater am Haymarket, mit Vorstellungen gänzlich auf deutsch und eine sehr gute Truppe [...]".[1] Die Deutschen, so fährt er fort, hätten zwar wenige Originalschauspiele, orientierten sich aber meist an Übersetzungen aus dem Französischen. Anders als andere Nationen, die im Begriff seien, tiefer zu sinken,[2] arbeiteten sie sich Stück für Stück aus dem Zustand der Abhängigkeit heraus. Nichts sei mehr da von der elenden Verfassung der Bühne, die ein bekannter Kritiker beschrieben habe; der französische Geschmack sei weit verbreitet und habe die diversen theatralischen Ablenkungen mit neuer Eleganz versehen.

Für Nugent ist das Hamburger Theater kurz abgetan in seiner ansonsten detaillierten Darstellung der Stadt, und das, obwohl er in einer Umbruchsphase der Institution Theater schreibt. Sein Kommentar lässt noch nichts erahnen vom Theaterstreit, der sich am Horizont anbahnt, doch seine Beobachtungen fallen zeitlich zusammen mit dem Beginn eines ambitionierten Theaterprojektes, das sich anschickte, Inhalte und Einfluss des Theaters neu zu bestimmen. Denn lange bevor ‚Nationaltheater', *Hamburgische Dramaturgie* und Gotthold Ephraim Lessing fester Bestandteil jeder Theaterdiskussion und Literaturgeschichtsschreibung wurden, traten ‚kleine Größen' der örtlichen Theaterszene auf den Plan. Sie initiierten eine Debatte, die in mehr als *einen* Theaterstreit mündete. Anlass für die Streitfälle waren oft Geldmangel und Schauspielerquerelen, und vordergründig ging es auch immer um das deutsche Theater und seine Abgrenzung von den

1 Nugent, Thomas: *Travels Through Germany [...] with a particular account of the Courts of Mecklenburg*. London 1768, S. 73. Alle Übersetzungen von der Verfasserin – B. T.

2 Dahinter verbirgt sich Kritik am Londoner Theater, wo das frühe französische Melodrama zunehmend an Einfluss gewann. Vgl. dazu Bratton, Jacky: „Romantic Melodrama". In: *British Theater 1730–1830*. Hg. v. Jane Moody u. Daniel O'Quinn. Cambridge 2007, S. 115–128, hier S. 116.

Theatertraditionen der europäischen Nachbarn. Tatsächlich herrschte Uneinigkeit darüber, ob Literatur aufklären oder unterhalten solle, und wohl auch darüber, ob der Zuschauer genießen dürfe. So stand letztlich der Arbeitsbegriff der Literatur zur Debatte, das Fiktive – oder, um bei der Bühne zu bleiben – das Verstehen des Originalstücks.[3]

Nugents Kommentar fällt auf in seiner Fixierung auf das Französische. Er sperrt sich dem Rest des Briefes, der den Einfluss Englands und seiner globalen Handelskontakte überaus anschaulich darstellt. Mit Englands Präsenz in Hamburg – die Nugent kommentiert, verortet, einmahnt und schätzt – waren die (Nord-)Deutschen durchaus vertraut. Und sie diskutierten diese Präsenz, wenn es darum ging, ein Kulturphänomen zu verorten: das der sich breitmachenden Anglophilie. Sie war überall zu finden: in Gestalt der englischen Sprache und der englischen Texte, aber auch als englisches Weltwissen. Sie nahm – vor allem in Städten wie Hamburg – die Form der englischen Werte an – der Werte des Handels, der Kaufmannsschaft und ihres weltweiten Wirkens. Die globalen Vernetzungen des britischen Kolonialreichs waren im Hamburg des späten 18. Jahrhunderts allgegenwärtig, sichtbar und (ver-)handelbar. Sie wurden den Bedingungen Hamburgs angemessen rezipiert und übersetzt; sie verankerten aber auch Hamburg – ein Zentrum des „Zwischenhandels“[4] – und seine Kaufmannsfamilien in der Welt.

Der Einstieg verweist auf die komplexe Bündelung von deutsch-englischen Intertexten, um die es im Folgenden geht. Das Bild Hamburgs im englischsprachigen Reisetext lenkt den Blick auf Prozesse der historischen ‚Glokalisierung‘, die die Hafenstadt im späten 18. Jahrhunderts beeinflussen, und die sich inner- und außerhalb des Theaters vollziehen. Sie stehen für die Art und Weise, in der das Globale selektiert, transformiert und so verortet wird. In diesen Prozessen spielen die Übersetzung und Adaptierung englischer Dramen eine Rolle; darüber hinaus interveniert der Mikrokosmos der kolonialen Welt in die deutschen Originaltexte und das Theater und lässt diese zum Indikator spezifischer Verortungsprozesse

---

3 Reemtsma, Jan Philipp: *Lessing in Hamburg: 1766–1770*. München 2007, S. 47. Original bezieht sich auch dabei auf das Fiktive, weniger auf in deutscher Sprache abgefasste Stücke. Vgl. Wehl, Feodor von: *Hamburgs Literaturleben im achtzehnten Jahrhundert*. Leipzig 1856, mit Bezug auf Formierung der nationalen literarischen Tradition. Der eigentliche Auslöser des Theaterstreits Johann Ludwig Schlosser ist bei von Wehl noch prominent dargestellt, ebenso wie die heute wenig beachtete Rolle Behrmanns und Löwens.

4 Der Begriff wurde von Johann Georg Büsch geprägt; zitiert nach Saalfeld, F: „Über die politische und mercantilische Wichtigkeit der Hansestädte Lübeck, Bremen und Hamburg“. In: *Vaterländisches Museum* (1810), H. 1, S. 416–445, hier S. 420. Siehe auch Lindemann, Mary: „Fundamental Values: Political Culture in Eighteenth-Century Hamburg“. In: *Patriotism, Cosmopolitanism, and National Culture*. Hg. v. Peter-Uwe Hohendahl. Amsterdam 2003, S. 17–32.

des Globalen werden.[5] Die These lautet, dass die Verarbeitung globaler Phänomene die literarische und theatralische Praxis Hamburgs in der zweiten Hälfte des 18. Jahrhunderts bestimmte – und nicht, wie seit der nationalen Literaturgeschichtsschreibung des 19. Jahrhundert festgeschrieben, die einseitige Funktionalisierung des Theaters im Dienste einer aufgeklärten Öffentlichkeit oder gar als Keim eines rein in der Vorstellung existierenden Nationalstaates. Stattdessen wurden Hamburg und sein Theater zu Schaubühnen des Globalen und Literatur reflektierte das Zusammenspiel von Welt und Stadt. Und gerade in diesem Prozess kommt dem facettenreichen Begriff des Intertextes eine Schlüsselfunktion zu.

Britische Kolonialmacht, (Inter-)Texte, *deutsche* Literatur?

Großbritannien – oder „Eng(e)land",[6] wie es in den deutschsprachigen Quellen des 18. Jahrhunderts heißt – spielte eine wichtige Rolle im interkulturellen Ideentransfer um 1800. Dieser Transfer ist gründlich erforscht, vor allem in den Bereichen der schönen Literatur, der Dramentheorie, der Übernahme empirischer Philosophie oder der Empfindsamkeit, aber auch mit Bezug auf den direkten Kulturaustausch zwischen Inselstaat und Kontinent bzw. auf trilinguale Kontakte (und deren Übersetzung) zwischen England, Frankreich und den deutschen Sprachgebieten.[7] Es zeigt sich aber ein eher diffuses Bild, sobald man den engen geographisch-thematischen Bezugsrahmen der britischen Inseln verlässt und Großbritannien global betrachtet.

Als Kolonialmacht war Großbritannien Zentrum des Handels – mit Waren und Menschen, aber auch mit Texten und Wissen. Es importierte Rohstoffe, Fabeln und Geschichten aus den Kolonien und exportierte Fertiggüter, politische Ideale und religiöse Ideen. Das Land orchestrierte den Handel und Transport von Sklaven und kontrollierte die Märkte für begehrte Konsumgüter, wie beispielsweise Zucker und Tee.[8] Vor diesem Hintergrund entwickelte die Nation ein Selbstverständnis, das

5 In meinem Gebrauch von ‚Glokalisierung' folge ich Osterhammel, Jürgen u. Niels Petersson: *Geschichte der Globalisierung. Dimensionen, Prozesse, Epochen.* München 2003.

6 Zedler, Johann Heinrich: *Grosses Vollständiges Universal-Lexicon aller Wissenschaften und Künste.* Halle, Leipzig 1731–1754. Bd. 8, S. 0637–0650 http://www.zedler-lexikon.de (Stand: 15. 12.2013)

7 Pott, Sandra: „Triangulärer Transfer: Großbritannien, Frankreich und Deutschland um 1800". In: *Germanisch-Romanische Monatszeitschrift* 50 (2006), S. 1–9.

8 Thomas, Hugh: *The Slavetrade. The Story of the Atlantic Slave Trade.* New York 1997, S. 234–261; Klooster, Wim: *Revolutions in the Atlantic World. A Comparative History.* New York 2009, S. 15.

nicht nur von heimischen Werten wie Eigentum und Wohlstand, Kulturverständnis und einer allgemeinen Bewusstheit von Modernität geprägt war, sondern auch vom Vorstellungshorizont des weltumspannenden Kolonialreiches. Britisches Nationalbewusstsein um 1800 war, so Lynn Festa, ein über Standesgrenzen hinweg geprägtes, durch und durch imperiales Bewusstsein, das sich ästhetisch verankerte und globale Identifikations- und Kompensationsmodelle stiftete.[9] Dieses Selbstbewusstsein bestimmte das Bild Großbritanniens von Europa und in Europa. Es prägte nicht nur Nugents Sichtweise auf Hamburg, sondern es manifestierte sich auch in einer Vielzahl von Texten, die Europa – und speziell den deutschen Sprachraum – mit Wissen über Kolonien und Sklaverei versorgten.

So zirkulierten auf dem gesamten Kontinent Dramen, Prosa und journalistische Beiträge, die sich dem Thema ‚Westindien' – aber auch dem Geschehen in Nordamerika und dem Sklavenhandel – widmeten. Sie wurden frei übersetzt und rückübersetzt, gestohlen, ‚nach Quellen' neu geschaffen oder stark redigiert; im wahrsten Sinne des Wortes reisten die Texte über Genre- und Ländergrenzen hinweg.[10] Der Beginn der Textschwemme lässt sich nicht eindeutig bestimmen, Zyklen lassen sich aber festmachen: anhand historischer und politischer Ereignisse (z. B. der Fall Somersett 1772; die Sklavenaufstände in Haiti 1791–1804) und an Erscheinungsdaten wichtiger ‚Quellentexte' (z. B. Edward Longs *The History of Jamaica* 1774). Beide Phänomene ziehen weitere Bearbeitungen nach sich. Susanne Zantop konstatiert eine Flut von Reisetexten, die nach 1770 in Buchform auf den deutschsprachigen Markt kommen.[11] Und auch für deutschsprachige Zeitschriftenaufsätze gilt: Ab den 1760er Jahren nehmen sich Texte verstärkt der Sklaventhematik an, und sie kommentieren das Sozialgefälle zwischen Mutterland und Kolonie. Gleichzeitig rücken sie die politische Dominanz und geographische Reichweite der Kolonialmächte ins Blickfeld des deutschen Publikums.[12]

Alle Texte weisen einen gewissen Grad der Fiktionalisierung auf, egal ob ihnen – wie beim Drama – das Fiktiv-Performative wesenseigen ist oder ob sie sich

---

9 Festa, Lynn: *Sentimental Figures of Empire in Eighteenth-Century Britain and France* Baltimore 2006, S. 13. Vgl. auch den Beitrag von Doris Feldmann in diesem Band.

10 Zur Theorie und Praxis des ‚freien Übersetzens' vgl. McMurran, Mary Helen: *The Spread of Novels: Translation and Prose Fiction in the Eighteenth Century.* Princeton 2010; zur spezifischen Situation im deutschen Sprachgebiet, vor allem bzgl. der Ablösung der französischen Übersetzungsgrundlage, vgl. Wiggin, Bethany: *Novel Translations: The European Novel and the German Book, 1680–1730.* Ithaca 2010, S. 184–206.

11 Zantop, Susanne: *Colonial Fantasies: Conquest, Family and Nation in Precolonial Germany, 1770–1870.* Durham 1997, S. 32.

12 Ausgeklammert wird, inwieweit der Siebenjährige Krieg als globaler Krieg gesehen wurde und inwieweit die Verstrickungen der hessischen und braunschweigischen Söldner ins Bewusstsein des Lesepublikums drangen. Vgl. dazu: Klooster: *Revolutions*, S. 15–26 bzw. S. 32–33.

als Augenzeugenbericht verkaufen.[13] Unabhängig davon, ob die Texte zeitgeschichtliche Ereignisse direkt verarbeiten, immer reagieren sie auf extratextuelle Denk- und Gefühlsstrukturen. Sie thematisieren vage Vorstellungen von Verlust und kollektive Ängste vor Rassenvermischung. Vor allem geben sie den sich verändernden Sphären globaler und privater Macht neue ästhetische Form. Populäre Literaturgenres und ‚Mischformen' zwischen Journalismus und Literatur spielen eine entscheidende Rolle in der Vermittlung dieser Sphären. So werden Rassenkonflikte nicht selten in Familiengeschichten abgehandelt, als Liebesroman verpackt oder als Drama verborgener Verwandtschaft aufgeführt; Ereignisse weltgeschichtlichen Ausmaßes verwandeln sich dabei in Privatangelegenheiten. Doch diese Umformungen stellen weit mehr dar als Projektionsflächen sozial-ökonomischer Verhältnisse: Vielmehr sind sie populäre Pendants zum philosophischen Konstrukt des Selbst/Anderen, das zu dieser Zeit entstand und von Hegel festgeschrieben wurde.[14]

Wie sich *deutsche* Literatur und Kultur als nationales Anliegen in diesem Text- und Thementausch etabliert, hat Zantop unter dem Schlagwort der ‚vorkolonialen Vorstellungskraft' bzw. der ‚Kolonialphantasie' überzeugend dargestellt. Inzwischen ist dieser Ansatz aber auch problematisiert worden. Russell Berman bemüht beispielsweise die ‚sublimierende, interessenlose Wissenschaftlichkeit', um das Mitwirken einzelner Personen oder Institutionen im kolonialen Geschehen zu erklären und um deren Projekte vom nationalen Bestreben abzugrenzen. Insgesamt oszilliert die existierende Forschungsliteratur zwischen der Annahme eines aufgeklärten Abgekoppeltseins – und der daher implizierten Nichtteilnahme Deutschlands am Kolonialprojekt – und der Behauptung unterdrückter Kolonialbegierden.[15] In jedem Fall fungiert die Welt als Intertext und dient der Ab-

---

13 Vgl. Fischer-Lichte, Erika: *Theatralität und die Krisen der Repräsentation.* Stuttgart 2001, S. 6 (mit Blick auf die zunehmend kontext-verweisende, dennoch stark fiktionalisierende Aufgabe des Theaters); Fulda, Daniel: *Schau-Spiele des Geldes. Die Komodie und die Entstehung der Marktgesellschaft von Shakespeare bis Lessing.* Tübingen 2005, S. 145 (wo der Moment als Umbruch vom ‚analogischen zum repräsentativen Denken' dargestellt wird). Vgl. auch Tautz, Birgit: „Cutting, Pasting, Fabricating: Late Eighteenth-Century Travelogues and their German Translators between Legitimacy, Community, and Imaginary Nations". In: *German Quarterly* 97 (2006), S. 155–172. Hier wird vor allem die Rolle des Übersetzers als Garant der Authenzität diskutiert (S. 162).

14 Tautz, Birgit: *Reading and Seeing Ethnic Difference: From China to Africa.* New York 2007, S. 13–30.

15 Vgl. Zantop: *Colonial Fantasies*, S. 1–16; Berman, Russell: *Enlightenment or Empire: Colonial Discourse in German Culture.* Lincoln 1998, S. 21–63. Desweiteren soll hier nur auf ausgewählte Studien verwiesen werden, deren Streuung jedoch die Diskrepanzen zwischen angloamerikanischer und deutscher Wissenschaftstradition verdeutlicht. Siehe u.a. als Beispiele für relativ grenzung eines noch jungen Nationendiskurses und seiner Beförderung durch die Literatur.

Es gibt aber auch Intertexte, die anders gerichtet wirken: mit Blick auf die Welt und jenseits der ‚Nation'. Dazu zählen die Übersetzungen von Kotzebues Dramen für die englischsprachige Bühne. Ihr Erfolg wurde moniert, doch stetig registriert und sowohl in Großbritannien als auch den jungen Vereinigten Staaten erreichten sie eine Popularität, die das Melodrama als transatlantisches Genre vorstellbar machten.[16] Oder eben der Intertext, der sich aus dem Mikrokosmos kolonialer Welten ergibt, die wir in Hamburg in der zweiten Hälfte des 18. Jahrhunderts finden. Ein so verstandener Intertext organisiert die lokale Theaterszene und Öffentlichkeit derartig, dass sie sich an der Welt und nicht der Nation orientiert.

Britischer Kolonialismus und Hamburg: die Stadt als Intertext im Drama

Im letzten Drittel des 18. Jahrhunderts tauchten eine Reihe deutscher Stücke auf, die – gepaart mit Prosa, Aufsätzen und Gebrauchslyrik – britischen Kolonialismus nach Hamburg brachten, nicht zuletzt deshalb, weil sie in der Stadt gedruckt, vertrieben und teilweise auch gespielt wurden.[17] Wissenschaftler haben eine Häufung und Zentrierung des Kolonial-Themas im Drama nach 1780 festgestellt und als Indiz der sich verstärkenden Anti-Sklaverei-Bewegung und des Interesses an der amerikanischen Unabhängigkeit gedeutet.[18] Das Zusammenspiel von verschiedenen Textsorten, Nachrichten und der Aufführung gestaltet sich allerdings

---

frühe Studien Sadji, Uta: *Der Mohr auf der deutschen Bühne des 18. Jahrhunderts.* Salzburg 1992; Mielke, Andreas: *Laokoon und die Hottentotten.* Baden-Baden 1993; und als jüngeres Beispiel Riesche, Barbara: *Schöne Mohrinnen, Edle Sklaven, Schwarze Rächer: Schwarzendarstellung und Sklavereiproblematik im deutschen Unterhaltungstheater.* Diss. München 2007.

16 Tautz, Birgit: „Travelling Ideas of (the British) Empire: Translating the Caribbean World for the Eighteenth-Century German Stage". In: *Publications of the English Goethe Society* (2010). H. 2, S. 95–111, hier S. 107–111.

17 Vgl. Košenina, Alexander: „Friedrich Theodor Nevermanns ‚Alonzo und Elvira' (1795), eine Quelle für Kleists *Erdbeben in Chili* (mit Textanhängen)". In: *Heilbronner Kleist-Blätter* 22 (2010), S. 59–88. Die Textanhänge beinhalten ursprünglich in einem Gartenbuch abgedruckte Gedichte, die sich unter anderem dem Abolitionismus widmen.

18 Sutherland, Wendy: *Staging Blackness: Race, Aesthetics, and the Black Female in two Eighteenth-Century German Dramas: Ernst Lorenz Rathlef's ‚Die Mohrinn zu Hamburg' (1775) and Karl Friedrich Wilhelm Ziegler's ‚Die Mohrinn' (1801).* Diss. Philadelphia 2002, S. 131; Sadji: *Der Mohr,* S. 125. Unterschwellig spielt diese Annahme eine Rolle in Riesche: *Schöne Mohrinnen, edle Sklaven.*

komplexer und willkürlicher zugleich; es formt sich vor allem in lokalen Kontexten. Zwei Theaterstücke, die bereits in den 1770er Jahren im deutschsprachigen Raum erschienen, lokalisieren so die ‚britische Welt' in Hamburg. Eines, Ernst Lorenz Michael Rathlefs Stück *Die Mohrinn zu Hamburg* (1775) siedelt die Handlung explizit in der Hansestadt an, wurde aber – zumindest deuten die gesicherten Belege darauf hin – nie dort aufgeführt.[19] Das andere, Johann Christoph Bodes Übersetzung von Richard Cumberlands *The West Indian* (*Der Westindier*, 1772) war – allen Aussagen der Zeitzeugen gemäß – nicht nur ein Erfolg, der von Hamburg aus durch die deutschsprachigen Lande zog, sondern repräsentierte *nolens volens* die Hamburger selbst. Beide Stücke nutzen britisches Kolonialreich und das Alltagsleben Hamburgs als intertextuelle Bezugspunkte; sie unterscheiden sich in ihrer Thematisierung des ‚englischen Wirtschaftens' und in der eigentlichen Nähe zum englischen Text.

Als Empfindsamkeitsdrama scheint *Die Mohrinn zu Hamburg* überall spielbar zu sein, doch tatsächlich gehört das Stück nach Hamburg. Einige Charaktere tragen englische Namen (der Kaufmann Gordon), anglifizierte afrikanische (Cadige, Zaduc) oder einfach exotisierende (der Kapitän Osorio); sie sind verstrickt in Kolonialpraktiken, vor allem den Sklavenhandel. Cadige, „die Mohrinn", lebt im Hause von Gordons Onkel Wallmer, einem einflussreichen Kaufmann. Gordon, „das junge Herrchen, vergafft sich" in sie.[20] Der Onkel verbietet ihm daraufhin das Haus, ohne Erfolg, denn Gordon schreibt Briefe an Cadige. Deren schillernde Vorgeschichte wird *peu à peu* enthüllt: Cadige kommt aus Guinea und ist Gesellschafterin bei Wallmers Ziehtochter Emilie. Trotzdem behandelt Wallmer sie als Eigentum, bietet sie gar Gordon als Geliebte, wenn dieser nur Emilie heiratet. Gordon weist diesen Vorschlag zurück und erinnert den Onkel daran, dass Cadige „weder eine Magd noch eine Sklavinn [sei]". Stattdessen habe sie von einer in Amsterdam verstorbenen Tante, der Schwester Wallmers, die Freiheit und testamentarisch Unterhalt bekommen. Für Wallmer besteht das Problem einer möglichen Verbindung darin, dass Cadige schwarz ist, zu temperamentvoll, bestimmt von ihren Gefühlen; er „glaub[t] freylich, daß das Blut dieser Cadige mehr als zu heiß ist".[21] Gordon wiederum verteidigt Cadige. Er lobt ihre europäische Bildung und ‚reine Seele'; ihr Inneres sei ein Ideal, das die ‚seelenlose' Emilie nicht erreichen könne. Eine Frage bringt sein Dilemma auf den Punkt: „Können Sie es mir verdenken, daß ich die Vollkommenheit der Seele der Vollkommenheit des Leibes

19 Das Stück wurde in Berlin (1776) und Nürnberg (1777) aufgeführt; vgl. Riesche: *Schöne Mohrinnen, edle Sklaven*, S. 337.

20 Rathlef, Ernst Moritz Michael: *Die Mohrinn zu Hamburg*. o. O. 1775, S. 13.

21 Ebd., S. 19.

vorziehe?"[22] Doch selbst Gordon kann sich gesellschaftlichen Zwängen nicht entziehen. Von Wallmer darauf hingewiesen, dass ihn „so eine wunderliche Liebe vor der ganzen Stadt lächerlich" machen würde,[23] willigt Gordon ein, Emilie zu heiraten und Cadige mit einem Teil ihrer Leibrente nach Guinea zurückzuschicken. Zwar beklagt er die Motive des Onkels, doch er sinnt nach über die Normen der Stadt:

> Man muß dem Gebrauche, man muß selbst den Vorurtheilen etwas nachgeben. Ich sollte mich mitten in meiner Vaterstadt lächerlich machen? Das wäre – was würde man von mir denken? was würde man von mir reden? Derjenige ist der Ehre eines guten Vaterlandes nicht werth, dem es gleichgültig ist, was seine Mitbürger von ihm halten. Ich bin nicht der erste und werde nicht der letzte seyn, der der Nothwendigkeit etwas aufopfert.[24]

Als ein Zigeuner ihr Gordons Abschiedsbrief bringt, entdeckt Cadige einen Ohrring, den der Knabe am Anfang des Stückes unter Bäumen fand und dessen Bedeutung bisher nicht enthüllt wurde. Sie erkennt den Ohrring: er gehört Zaduc, einem Mann, dem sie in Guinea versprochen war. Cadige schöpft Hoffnung, dass er am Leben und gar in Hamburg sei. Und doch sträubt sie sich gegen die Wahrsagung des Jungen, der ihre Hand liest und prophezeit: „Du heirathest zween Männer".[25] Sie liest endlich den Brief; Gordons Worte verschwimmen mit ihrer Erinnerung an Zaduc. Gordon, der nicht von ihr loskommt, kommt zurück und Cadige verspricht ihm ihre Liebe, wenn sie Zaduc nur einmal sehen kann. Als das endlich trotz zahlreicher Hindernisse geschieht, ist auch Zaducs Vorgeschichte enthüllt.

Zaduc ist mit seinem Besitzer in einem Hamburger Wirtshaus abgestiegen, wo Gordon ihn nach einer ganzen Reihe vergeblicher Wirts-, Kaffeehaus- und Börsenbesuche findet. Van der Twylen, der Wirt, lässt in dem Moment einen Sarg für seine Tochter bringen. Sie sei aus Liebeskummer verstorben, berichtet er, und er wolle den Schuldigen, Zaduc, verklagen. Tatsächlich hatte Amanda sich in Zaduc verliebt, er liebte sie nicht; der Wirt wollte ihn für seine Tochter kaufen, doch Zaduc lehnte diese Scheinfreiheit ab, sehr zum Erbosen des Vaters. In einem philosophischen Exkursus – einer von vielen retardierenden Momenten im Stück – erörtern Gordon und van der Twylen die Rechtlosigkeit der Sklaven. Van der Twylen prangert die Unmenschlichkeit des Sklavenhandels an, worauf Gordon empfiehlt: „Lieber Herr van der Twylen, eilen Sie nach Guinea, nach Madagaskar,

22 Ebd., S. 15.
23 Ebd., S. 20.
24 Ebd., S. 23.
25 Ebd., S. 39.

nach Barbados, und predigen sie da wider dieses Gesetz".[26] Schließlich kauft Gordon Zaduc von seinem Besitzer, einem spanischen Kapitän, der einen hohen Preis für Zaduc festsetzt: wegen seiner Schönheit, seiner Arbeitskraft und seiner Treue, mit der er das Schiff vor meuternden Sklaven und brutalen Kosaren verteidigt hat. Gordon verspricht Zaduc Freiheit. Der Afrikaner will sofort nach Guinea zurückkehren, entgegen aller Warnungen, dann erneut versklavt zu werden. Zuvor bringt Gordon ihn mit Cadige zusammen. Die Männer fordern, dass sich Cadige für einen von ihnen entscheide, und lassen damit die Prophezeiung des Zigeuners wahr werden. Unfähig sich zu entscheiden, ersticht Cadige sich, während Gordon und Zaduc am Ende – der Bitte der sterbenden Frau entsprechend und den dramatischen Stilkonventionen der Zeit angemessen – als Freunde abtreten.

Wegen seiner Motivik ist *Die Mohrinn von Hamburg* ins Blickfeld postkolonialer Studien gerückt, auch wenn deren griffige Interpretationsformel ein wenig kurz greift. Demnach machen Familiendramen entweder rassisches Denken als Rassismus erkennbar, oder sie ermöglichen eine private – und daher nur scheinbare – Aufhebung der Sklaverei. Das bürgerliche Trauerspiel sei in sich verkehrt, sobald nicht-weiße Charaktere auftauchen, doch gerade dadurch zementiere das Stück das ideale Frauenbild der Zeit.[27] Schon gar nicht erklären diese Interpretationsansätze den Nicht-Erfolg des Stücks; er ist ästhetisch und kontextuell – oder lokal – begründet.

Gordons Monolog und die Exposition des Stücks bringen eine meta-ästhetische Dimension in *Die Mohrinn zu Hamburg*. Diese Dimension bestimmt die Grenzen der Darstellung und Darstellbarkeit, vor allem auch den letztendlichen Erfolg (oder Nichterfolg) auf der Bühne. Neben der im Monolog konstatierten Nichtakzeptanz einer schwarzen Ehefrau, was durchaus den zeitgenössischen Normen entsprach, ist das Feld ästhetischer Identifikationsangebote breit gefächert. Sie versagen aber letztendlich alle. Wallmer charakterisieren eine ganze Reihe negativer Eigenschaften des Kaufmanns. Außer unkontrolliertem merkantilem Ehrgeiz und der damit einhergehenden Geldgier, die im Text deutlich und damit vom Publikum rezipierbar werden, nennt Gordon ihn geizig. Mit dem Geiz scheint ein Kernmotiv der Komödie gegeben, das sich zur „komischen Übersteigerung"[28] eignet und zur allgemeinen Kritik des Geldes als Handlungsmotiv und

26 Ebd., S. 88.
27 Vgl. Sutherland: *Staging Blackness*, S. 134; Zantop: *Colonial Fantasies*, S. 149–154, und deutlich kritischer, S. 146 und 248, unter anderem auch in Anspielung auf Gilmans Lesart. Vgl. Gilman, Sander: *On Blackness without Blacks. Essays on the Image of the Black in Germany*. Boston 1982, S. 47.
28 Fulda: *Schau-Spiele*, S. 229.

Gegenspieler von ‚Tugend'. Neben der Pragmatik des Kaufmanns, die ‚Gefühl' als anders und wesensfremd stigmatisiert, sehen wir Züge Gordons, die ihn als Garant von Tugend und damit moralisches Korrektiv der Komödie etablieren könnten.[29] Aber Gordon trennt und trennt sich doch nicht von Cadige; diese widersprüchlichen Handlungen stehen unvermittelt nebeneinander. Gordon schätzt Cadiges tugendhaftes Herz und ihre dazugehörige Seele und so könnte das Stück sein sentimentales Potential realisieren, indem es Kolonie und Mutterland, Guinea und Hamburg in einer Gefühlsgemeinschaft zusammenbringt (und darin dem Grundmuster des Empfindsamkeitsdramas folgt). Doch beide dramatischen Konventionen – Komödie und Gefühl – werden jenseits der Handlungsmotivation verkompliziert und damit nicht nachvollziehbar. Zwar geht das Wissen des Zuschauers mitunter der Handlung voraus, doch dieses Wissen erweist sich als unnütz, während wichtige Aspekte (wie Gordons und Cadiges Verlobung) fast übergangen werden. Andererseits werden konkurrierende Liebes- und Vaterlandsdiskurse (symbolisiert durch Zaduc und Guinea) und Ideen, die Identifikationspotential haben, sentimental aufgeladen und letztlich überstrapaziert.

Diese Überladung stellt sich ein durch explizites Reflektieren perzeptiver und medialer Unsicherheit. In der Welt der Figuren kann weder dem Gesehenem noch dem Gelesenen getraut werden, nur der richtungsweisenden Handlungsabsicht. Einerseits wird das, was gesehen wird, als suspekt bewertet (Emilies Schönheit), andererseits beweist es ‚Natur' als Spiegelbild des Inneren (Cadiges Hautfarbe). Ideale (der Frau) werden vorgestellt, nur um als „Früchte von dem vielen Lesen in Büchern"[30] verworfen zu werden. Wallmer beschuldigt Gordon, „vollkommen die Sprache [seines] Mädchens [zu reden]"[31] und die angestammte Ordnung durch das Briefeschreiben zu verletzen, und tatsächlich bringt Gordons Brief Cadiges Gefühlsordnung ins Wanken. Wahrnehmungen und Skepsis können oft, aber nicht durchgängig einer Figur zugeschrieben werden; zusammen mit dem konkurrierenden Nebeneinander mehrerer Textsorten – Dramentext, Brief, und Textgelehrsamkeit – und der daraus resultierenden Medialisierung unterminieren sie jede mögliche Identifikation des Publikums mit der Handlung auf der Bühne.

Der Text stellt auch und vor allem kontextuelle Bezüge her, die im Verlaufe des Dramas entwickelt werden und die das Stück an Hamburg binden. Rathlef, der Autor, war bestens mit der Stadt und ihrem Theater vertraut und zeigt das in der Titelwahl.[32] Er legt die gelebte Erfahrung des Publikums, nicht das dem Stück

---

29 Fulda: *Schau-Spiele*, S. 229.

30 Rathlef: Die *Mohrinn*, S. 15.

31 Rathlef: Die *Mohrinn*, S. 18

32 Rathlef, Ernst Lorenz Michael: *Die letzten Tage der jüngeren Demoiselle M. M. Ch. Ackermann.* Hamburg 1775.

eingewebte Identifikationsangebot, als einen die Rezeption beeinflussenden Faktor – oder Intertext – nahe. Diese Wirkungsbasis erklärt den Nicht-Erfolg des Stückes außerhalb Hamburgs. Während ‚eine Mohrinn in Hamburg' den Zeitgenossen in Nürnberg schlichtweg als Erfindung vorgekommen sein mag, war es nicht ungewöhnlich, Schwarze in Hamburg zu sehen. Man beobachtete Fremde und verhandelte hart mit ihnen und um sie; man spielte, spekulierte, kaufte. „Man kann sich leicht vorstellen; daß Hamburg ein heißes Pflaster für Fremde sein müsse. Alles wird nach schwerem Gelde angeschlagen", konstatierte ein angehender Kameralist in seiner Stadtgeschichte Hamburgs,[33] und der vorab erwähnte Thomas Nugent gibt sich fasziniert und abgestoßen zugleich angesichts von Geldgier, Verfall und Opulenz in Hamburgs Alltag, von der quasi Isolierung von Fremden in Hafenkneipen und der magischen Anziehungskraft, die diese Orte auf Einheimische haben. Indem sie eine Zwischenwelt repräsentieren, suggerieren diese Kneipen Weltlichkeit und akzeptable Sünde, ohne die tatsächlichen Machtverhältnisse auf- oder preiszugeben.[34]

In der Stadt fanden sich Einwohner unterschiedlicher Rassen und Besucher aus aller Welt: im Umfeld Hamburgs waren Holländer ansässig, im benachbarten, damals dänischen Altona hatten wichtige Kolonialgesellschaften ihren Sitz, insgesamt war die Nähe Hamburgs zum Dänischen Gesamtstaat spürbar – und zu der dort gewaltig anschwellenden Zuckerindustrie, die auch aus der Karibik verbrachte Sklaven beschäftigte, und die der in Hamburg florierenden Zuckerproduktion (‚Zuckersiederei') zunehmend Konkurrenz bot. In Hamburg herausgegebene oder sich nach Hamburg benennende Zeitungen und Zeitschriften berichteten von den 1760er Jahren an über Kolonien und Sklaverei. So war ‚Guinea' denn auch ein gängiger Begriff; der afrikanische Landstrich galt als zentraler Umschlagplatz des Sklavenhandels.[35]

Die prominentesten Hamburger Kaufleute operierten oft aus zwei Städten; sie unterhielten in der Regel Hauptniederlassungen in Hamburg, hatten aber kleinere

33 Griesheim, Christian Ludwig von: *Verbesserte und Vermehrte Auflage des Traktats Die Stadt Hamburg in ihrem politischen, öconomischen und sittlichen Zustande*. Hamburg 1760, S. 237.

34 Nugent: *Travels*, S. 48, S. 57–59.

35 Beispiele sind Beiträge im *Hamburgischen Magazin*, aber auch Übernahmen in andere Quellen wie beispielsweise in den *Neuen Mannigfaltigkeiten*. So finden sich in den deutschen Zeitschriften des 18. Jahrhunderts nicht weniger als 18 Artikel zu Guinea und 21 zu Jamaika, wobei sich die meisten mit Kolonien, Sklaverei und dazu in Verbindung stehenden Naturbeobachtungen beschäftigen. In: *Retrospektive Digitalisierung wissenschaftlicher Rezensionsorgane und Literaturzeitschriften des 18. und 19. Jahrhunderts aus dem deutschen Sprachraum*. http://www.ub.uni-bielefeld.de/diglib/aufklaerung/ (Stand: 21.12.2013)

Sitze am Mittelmeer oder am Atlantik.[36] Andere, wie der für das Hamburger Kulturleben wichtige Caspar Voght (1752–1839), reisten regelmäßig nach England. Der Inselstaat galt als Impuls für Handel und Kultur. So schreibt Voght noch Jahrzehnte nach seiner ersten Kavalierstour, in seinen *Lebenserinnerungen*, dass das Erdbeben von Lissabon im Nachhinein ein Glücksfall gewesen sei, da sonst das Reisen nur zwischen „Kontor und Börse" abgelaufen wäre.[37] Stattdessen habe sich eine weitere Welt in England eröffnet. Zwar habe er in England nur Glover, ‚den Verfasser des *Leonidas*', als einziges Parlamentsmitglied kennengelernt, aber von Kaufleuten dort den „unbedingten Gehorsam gegen das Gesetz, mit dem höchsten Gefühl persönlicher Freiheit" kennengelernt. In London habe der Eindruck Garricks seinen Sinn fürs Theater eröffnet, für Lesestunden mit Schauspielern.[38] Aber es gab auch andere deutsch-englische Kontakte. Im Dreieckshandel tätige englische Unternehmer hatten großen Einfluss in der Stadt, nicht zuletzt durch die jahrhundertelange Präsenz der „so genannten residierenden Englischen Avanturies Kaufleute", zu denen auch jener Glover gehörte.[39] Deren Dominanz war zurückgegangen nach dem Verlust des innereuropäischen Tuchhandelsmonopols am Anfang des Jahrhunderts; dennoch genossen sie weiterhin großes Ansehen. So kontrollierten Londoner Kaufleute in den 1770er und 1780er Jahren zwischen 60 und 100 Prozent aller Importe nach Hamburg, begünstigt nicht zuletzt dadurch, dass – unter Beibehaltung ihrer jahrhundertealten Handelsprivilegien – ihre Einfuhren zollfrei waren. Darüber hinaus blieben Waren unverzollt, die entweder dem Bedarf der Hamburger dienten (das ‚Hamburger Bürgergut') oder weiterexportiert wurden. So brachten englische Kaufleute den aus der Karibik importierten Rohzucker nach Hamburg und dem Umland, wo er verarbeitet wurde und von Hamburger Kaufleuten im baltischen Raum vertrieben bzw. nach Großbritannien re-importiert wurde; ähnliches lässt sich über für Afrika bestimmte Kattunstoffe sagen, die aus Schlesien und süddeutschen Gebieten nach Hamburg gebracht wurden, und von da auf englischen, dänischen, und französischen Schiffen das Zielland erreichten.[40] Gleichzeitig traten gerade englische

---

36 Diese ‚Doppelstadtlichkeiten' sind ausführlich dargestellt in Weber, Klaus: *Deutsche Kaufleute im Atlantikhandel 1680–1830: Unternehmen und Familien in Hamburg, Cadiz, Bourdeaux.* München 2004.

37 Voght, Caspar und Charlotte Schoell-Glass: *Caspar Voght: Lebensgeschichte.* Hamburg 2001, S. 31.

38 Voght: *Lebensgeschichte*, S. 37.

39 Griesheim: *Traktate*, S. 104. Vgl. auch den Beitrag von Uta Degner in diesem Band.

40 Zur Handelsmacht Hamburgs siehe Schneider, Jürgen, Otto-Ernst Krawehl u. Markus Denzel (Hg.): *Statistik des Hamburger seewärtigen Einfuhrhandels im 18. Jahrhundert.* St. Katharinen 2001. Zum Dreieckshandel siehe Degn, Christian: *Die Schimmelmanns im atlantischen Dreieckshandel: Gewinn und Gewissen.* Neumünster 2000, S. 156–158.

aber auch französische Kaufleute zunehmend atlantische Handelsrouten an aus Hamburg oder Altona operierende ‚neutrale' Handelsgesellschaften (z. B. „die Dänisch-Guineische Kompagnie") ab, um den Nachschub an Sklaven trotz bilateraler und globaler Kriege und enormer Handelsverluste zu gewährleisten. So profitierten beide Städte vom englisch-französischen Krieg 1778, in dem die Städte den Verkehr der Kolonialmächte mit den amerikanischen Kolonien aufrechterhielten.[41] Diese Verflechtungen im transatlantischen und innereuropäischen Handel machten Hamburg zum Zentrum des Zwischenhandels.

Um im Weltgeschehen mitzumischen, bot Hamburg einen guten Ausgangspunkt. Nirgends sonst gab es so günstige Bedingungen, um merkantile Unternehmen zu starten. In Hamburg, das wussten schon Zeitgenossen zu berichten, konnte man Krisen aussitzen und günstig spekulieren, denn Kredit war leicht und ohne Rücksicht auf große politische (sprich: nationale) Verflechtungen zu haben.[42] Tatsächlich genoss die Stadt den Ruf einer Wirtschaftsoase, auch wenn die Wirtschaftsentwicklung nicht so antizyklisch verlief, wie der nach 1800 entstandene Mythos nahelegen mag. Zwar erlangte Hamburg durchaus Dominanz im transatlantischen Handel während und nach dem Siebenjährigen Krieg, aber der Handel entlang der Elbe litt unter Krisenerscheinungen. Die 1763 einsetzende, europaweite Krise hatte wenigstens 97 Konkursverfahren in Hamburg zur Folge. Und auch in den Folgejahrzehnten prägte harter Konkurrenzkampf die Stadt, aufgezwungen durch die Handelspraktiken Preußens.[43] Aber durch seine transatlantischen Kontakte entwickelte Hamburg sich zu einem modernen urbanen Zentrum; es war durchaus eine globale Stadt im 18. Jahrhundert.[44]

Während weniger bemittelte Hamburger als Zeichen ihrer Weltlichkeit opulente Feste am Hafen inmitten von importiertem Whiskey, Kaffee und anderem Luxus ausstaffierten und heftig konsumierten, besaßen die prominentesten Familien Schwarze – alle als Sklaven eingekauft – als Bediente oder als ‚Ausstellungsstück' eines privat angelegten, aufklärerischen Erziehungsprogramms. Diese Praktiken sind anekdotenhaft belegt, wie beispielsweise in den Reisetagebüchern von Sophie von La Roche oder – außerhalb Hamburgs – in der rekonstruierten

---

41 Vgl. dazu Degn: *Die Schimmelmanns*, S. 157 und S. 127; Saalfeld: „Politische und mercantilische", S. 436.

42 Vgl. Saalfeld: „Politische und mercantilische", S. 423.

43 Vgl. Lindemann: „Fundamental Values", S. 24

44 Saskia Sassen hat den Begriff ‚globale Stadt' geprägt. Zwar grenzt sie ihn bewusst als Begriff des 20./21. Jahrhunderts von dem der ‚Weltstadt' ab, doch scheint mir das Kriterium des globalen Zentrums erfüllt, wonach ‚globale Städte' durch Wirtschafts-, Austausch- und Kommunikationsstrulturen mit anderen Zentren verbunden sind; vgl. Sassen, Saskia: „The Global City". In: *The Blackwell City Reader*. Hg. Gary Bridge und Sophie Watson. Malden 2000, S. 126–132.

Lebensgeschichte und philosophischen Texten Anton Wilhelm Amos. Sie sind bildlich dargestellt, wie in einzelnen, heute nahezu vergessenen Gemälden und Lithografien von ‚Haussklaven' und ‚Hofmohren', oder literarisch reflektiert, wie eben in Gestalt der Cadige, die für Momente das Ideal der aufgeklärten und tugendhaften Frau simuliert.[45] Die Tragik der Sklaverei selbst, die menschliche Dimension der wirtschaftlich erfolgreichen Plantagen und des Dreieckshandels blieb vordergründig ausgeschlossen, obwohl sie zunehmend am Rande religiös oder freimaurerisch inspirierter, halb-öffentlicher Salonkultur ins Hamburger – oder besser gesagt: norddeutsche – Bewusstsein eindrang.

Angesichts dieses globalisierten Umfeldes verwundert es nicht, warum ein Stück wie Rathlefs in Hamburg zustande kam, in dem *das sichtbar Andere* thematisiert wurde. *Die Mohrinn zu Hamburg* exotisiert dieses Andere tendenziell und nivelliert es doch gründlich: in Gestalt der die Hautfarbe, die Geschichte der Sklaverei und die kulturellen Unterschiede transzendierenden Tugend. Doch diese Tugend ist nicht die Tugend der schwarzen Frau; diese richtet sich – ästhetisch wirksam – selbst.[46] ‚Tugend' wird entfärbt in einem Epilog auf die tote Amanda. Dieser Epilog löst das Stück empfindsam auf, anstatt es dramatisch enden zu lassen. Er reproduziert damit die ohnehin schon gespaltenen Identifikationsmuster und verstärkt den Eindruck ihres perzeptiven und medialen Auseinanderfallens. Die so verweigerte Identifikation, gepaart mit dem lokal ausgerichteten Bezugsrahmen, zeigen somit, warum das Stück außerhalb Hamburgs nicht funktionierte.

---

45 Siehe Blackwell, Jeanine: „Sophie von La Roche and the Black Slave Poet Feuerbach: A Study in Sentimentality, Enlightenment, and Outsiderdom". In: *The Enlightenment and Its Legacy: Studies in German Literature in Honor of Helga Slessarev.* Hg. v. Sara Friedrichsmeyer u. Barbara Becker-Cantarino. Bonn 1991, S. 105–115, und Kuhlmann-Smirnov, Anne: „Globalität als Prestigemerkmal? Die Hofmohren der Cirksena und ihres sozialen Umfelds". In: *Adel und Umwelt. Horizonte adeliger Existenz in der Frühen Neuzeit.* Hg. v. Heike Düselder, Olga Weckenbrock u. Siegrid Westphal. Weimar 2008, S. 287–312; zu anderen, nicht in Hamburg angesiedelten Fallstudien, siehe Brentjes, Burkhard: *Anton Wilhelm Amo. Der schwarze Philosoph in Halle.* Leipzig 1976; Morrison, Heather: „Dressing Angelo Soliman". In: *Eighteenth-Century Studies* (2011), S. 361–382.

46 Vgl. bzgl. ‚dem Verschwinden' der schwarzen Frau auch Lessing, Karl: „Die Mätresse". In: *Deutsche Literaturdenkmale des 18. und 19. Jahrhunderts.* Bd. 28. Hg. von Bernhard Seuffert. Heilbronn 1887, S. 31. Otto berichtet, dass seine schwarze, tugendhafte Frau im Kindbett verstorben sei.

Die englische Sprache als Intertext: Interlingualität, Internationalität und die etwas andere Öffentlichkeit

Die in Rathlefs Stück erfasste und von Besuchern wie Einheimischen verstandene, theoretisierte und praktizierte Zwischenposition Hamburgs war an anderen Orten nicht reproduzierbar. Dort fehlte neben den sichtbaren Zeichen von Welt auch der Zugang zur Welt, der durch die englische Sprache symbolisiert und der in Hamburg – auf Englisch – gelebt wurde. Das Englische erfreute sich hier besonders großer Popularität, nicht nur wegen der Vertreter des Herrscherhauses von Hannover, die sich als „Konsulen“ betätigten,[47] sondern auch, weil die Kaufmannsschicht sich auf Englisch verständigen wollte und konnte. So fanden sich in Hamburg bereits um 1765 eine Unmenge neuer englischer Übersetzungen, was den Trend antizipierte, der sich im übrigen deutschsprachigen Raum ungefähr zwei Jahrzehnte später voll durchsetzte. Es herrschte im Gegensatz zu anderen Orten kein Mangel an Übersetzern aus dem Englischen. Und es gab in Hamburg ein Lesepublikum fürs Englische, das sich der Sprache und dem Land aus pragmatischen, nicht exotisierenden Gründen zuwandte.[48] Diese Orientierung zeigt sich auch in Hamburger Institutionen, etwa der 1735 gegründeten Commerzbibliothek. Neben Kaufleuten durften dort auch „andere seßhafte bekannte Personen, gegen einen Schein [...] einzelne Bücher [...] zum Durchlesen erhalten.“[49] Die Bibliothek beschaffte „Atlanten, Hafenpläne, Seekarten und Reisebeschreibungen“,[50] aber hatte auch ab 1755 neben den *Göttingischen Anzeigen von gelehrten Sachen* den aus London importierten *Monthly Review* im Angebot. Sie beschäftige in London ansässige Hamburger Kaufleute als Bücherbeschaffer und die Spezialbibliothek besaß englischsprachige Enzyklopädien und die wichtigsten Texte der englischen

---

47 Nugent: *Travels*, S. 84.

48 Nugent: *Travels*, S. 84. Im Gegensatz dazu Berlin, wo Nicolai Mitte der 1770er Jahre den Mangel an Übersetzern beklagt: „Ein Uebersetzer aus dem engländischen ist vornehmer, als ein Uebersetzer aus dem französischen, weil er seltener ist.“ Zitiert in Nebrig, Alexander: „Die englische Literatur in Friedrich Nicolais Übersetzungsprogramm“. In: *Friedrich Nicolai und die Berliner Aufklärung*. Hg. v. Rainer Falk u. Alexander Košenina. Hannover 2008, S. 139–164, hier S. 144. Nebrig folgert weiterhin: „Eine radikal englische Ästhetik hätte ein verlegerisches Risiko bedeutet“ (S. 157).

49 Brietzke, Dirk: „Mehr als nur ‚einige dem Commercio sehr nützliche Bücher‘ – Die Hamburger Commerzbibliothek im 18. Jahrhundert zwischen Ökonomie und Aufklärung“. In: *Das Achtzehnte Jahrhundert* (2008), S. 240–254, hier S. 252.

50 Brietzke: „Commerzbibliothek“, S. 246.

Empiristen im Original, die teilweise durch prompte Übersetzungen ergänzt wurden.

1768 wurde die Handlungsakademie gegründet, eine weitere spezifisch Hamburgische Institution. Bis vor kurzem wurde ihre Bedeutung – zumindest unter Literatur- und Kulturwissenschaftlern – gern vergessen, auf ihre strikt unternehmerischen Ideen reduziert oder – anhand von dort tätigen Literaten – auf subversive-progressive Aufklärungsgesinnungen hin untersucht.[51] Dabei war gerade die Akademie als Träger einer globalen, strikt pragmatischen Öffentlichkeit tonangebend und zeigte auf, welche Tätigkeits- und Wirkungssphären den Schülern offen stünden, sollten sie sich als zu unbegabt erweisen, um in der Welt mitsprechen zu können. Ihr Leiter, der Hamburger Ökonom und Bürger Johan Georg Büsch (1728–1800) verfasste zahlreiche Aufsätze und Ankündigungen, die Einblick in die Intention der Akademie geben, aber auch – und das ist hier von Interesse – in ihren internationalen Erfolg.[52] Zwanzig Jahre nachdem sie als „Privatunternehmung" etabliert worden war, hatte die Akademie neben 59 Hamburgern auch 300 „Eleven" aus allen europäischen Staaten unterrichtet. In seinen Texten betont Büsch die Rolle des Englischen; darüber hinaus bietet die Lehranstalt ein beeindruckendes, neusprachliches Profil. So unterrichtete man neben Französisch und mehreren Stunden Englisch pro Woche auch Deutsch als Fremdsprache. Neben diesem modernen Modell des Fremdsprachenerwerbs ist Büschs Theorie und Praxis der Handlungsakademie auch ein Modell der Öffentlichkeit, das keineswegs die von Kant avancierte Einteilung in funktional gegliederte, öffentliche und private Sphären jeder einzelnen Existenz vorwegnimmt, sondern nach Berufen stratifiziert ist und demnach Spuren älterer Gesellschaftsstrukturen aufweist. Konsequent zu Ende gedacht würden demnach nur einigen Hamburgern das Aufklären und Aufgeklärtseins vorbehalten bleiben. Was sie zusammen bringt, ist „das Negociieren" in der Welt und mit der Welt. Büsch betont, dass für alle, „die nicht zur Kaufmannschaft bestimmt waren [...] Vorlesungen über Mathematik, Philosophie, alte Sprachen" und andere Disziplinen zur Verfügung standen, so dass sie in den Staatsdienst oder ins Finanzwesen eintreten

---

51 Siehe neben Brietzke auch Overhoff, Jürgen: „Ein Literat an der hamburgischen Handlungsakademie: Die politische Ökonomie des Christoph Daniel Ebeling". In: *Das Achtzehnte Jahrhundert* (2008), S. 255–271.

52 Diese Nachrichten erschienen in zahlreichen Zeitschriften Norddeutschlands und beinhalteten ähnliche Informationen. Herangezogen wurden u. a. „Hamburgische Handlungsakademie". In: *Handlungsbibliothek* (1789), S. 663–664; Büsch, J.[ohann] G.[eorg] und C[hristoph] D [aniel] Ebeling: „Nachricht von der Hamburgischen Handlungsakademie". in: *Journal von und für Deutschland* (1788) , S. 334–338. Vgl. auch Büsch Johann Georg: *Die Hamburgische-Handlungs-Akademie*. Hg. Klaus Friedrich Pott u. Jürgen Zabeck. Paderborn 2001 (dieser Band enthält Auszüge aus Büschs Texten).

konnten.[53] Eine weitere Besonderheit war, dass die Akademie auch den Adel ausbildete und so größere Kreise als den eigenen auf das Leben und die Wirtschaftsgemeinschaft vorbereitete. Das Dreigestirn Kaufmann-Gelehrter-Diplomat bestimmt somit Büschs Rhetorik und macht die Handlungsakademie zu einer Institution der aufgeklärten Öffentlichkeit, die international ausgerichtet ist, aber vom Primat des merkantilen Wirtschaftens und globalen Austauschs her gedacht wird. Öffentlichkeit ist zum einen auf die Kaufmannsexistenz zugeschnitten und an ihr als Zentrum orientiert und zum anderen von den praktisch-professionellen Erwartungen und Pflichten einer internationalen Existenz geprägt, weniger vom idealisierten Bewusstsein einer Gemeinschaft oder gar dem Streben nach ‚fortschreitender Aufklärung'.

Sowohl in Commerzbibliothek als auch Handlungsakademie spielt die englische Sprache eine wichtige, intertextuelle Rolle, nicht zuletzt deshalb, weil sie den Handel mit der Welt – eben das ‚Negociieren' ermöglicht. Und darin – und in den Darstellungen viel gepriesener Hamburger Kaffeehäuser, „wo man ausgezeichnete Geschäfte machen könne"[54] – zeigt sich aber noch ein weiterer britischer Intertext, der an den Austausch geknüpft ist. Egal, ob in Kaffee- oder Wirtshaus, der Tausch war mehr als eloquente Rhetorik, öffentliches Feilschen oder wissende Diskussion. Christian Ludwig von Griesheim entlarvt bereits 1760 den in Kaffeehäusern vorgeschobenen ‚gelehrten Austausch', der nur funktioniere „so lange der Hamburger noch keine eigene Haushaltung, oder oberkeitlich Amt hat".[55] Vielmehr wurde der Tausch bestimmt vom (oftmals exotischen) Tauschobjekt, der Lust darauf und dem Vermögen, es zu besitzen, aber auch vom (nicht immer abweisenden) Reflektieren dieses eklatanten Materialismus.[56] Dieser Intertext der Werte setzt Öffentlichkeit mit „Wirtschaften" gleich.

Zurück in die Wirtschaft: Gasthausszenen lokalisieren Welt und Stadt

Dieses „Wirtschaften" – das Verhandeln der Öffentlichkeit, ihr Verfall, ihre Grenzwertigkeit – werden in Bodes *Der Westindier* zu einem zentralen Struktur-

53 Büsch u. Ebeling: „Nachricht", S. 335.
54 Nugent: *Travels*, S. 58.
55 Griesheim: *Traktate*, S. 244.
56 Vgl. zum Interesse am Tauschobjekt und Konsumieren Wiggin, Bethany: „The Politics of Coffee Consumption: Leipzig Coffeehouse Culture at 1700". In: *Wolfenbütteler Barock-Nachrichten* (2004), S. 25–36; mit Bezug auf Hamburg Griesheim: *Traktate*, S. 103–300.

merkmal und zum Kern des Lokalisierens in Hamburg. Erinnern wir uns: In *Die Mohrinn zu Hamburg* fungiert das Wirtshaus als Ort der Internationalität (dort sucht man Fremde), als Ort des Sklavenmarktes (der Wirt möchte Zaduc kaufen und Gordon kauft ihn tatsächlich) und als Ort, wo die Rhetorik der Sklavenbefreiung geprobt wird. Man macht dort Geschäfte. Und man verpönt sie immer dann, wenn Geld abgewiesen wird, weil das Glück einer Person als höherer Wert gilt: Die Versuche, Zaduc zu kaufen, werden gemacht, um Tugend und moralisches Glück zu bewahren. Nie wird das Wirtshaus selbst als grenzwertig eingestuft. In *Der Westindier* ist das anders: das Wirtshaus wird als Raum degradiert; es mutiert zum Ort des als degradierend empfundenen Wirtschaftens und des persönlichen Gewinns.[57] In diesem gewandelten Ort erkannten die Zeitgenossen hamburgische Züge, denn obwohl das Stück in London spielt, wurde es rezipiert, als ob es Hamburg und nicht London darstellen wollte.

Die Handlung von *Der Westindier* lässt sich leicht zusammenfassen: Stockwell, ein einflussreicher Londoner Kaufmann, der es immerhin zum Parlamentsmitglied gebracht hat, sieht fieberhaft der Ankunft Belcours entgegen. Belcour ist der Alleinerbe eines Jamaikanischen Plantagenbesitzers, seines Großvaters, und er hat geschäftlich in London zu tun. Er repräsentiert zum einen – verglichen mit Cadige und Zaduc – die andere Seite der Sklaverei, nämlich Macht, Einfluss und Reichtum der Plantagenbesitzer. Er verkörpert auch – unwissend – die Verbindungen zwischen Kolonie und Mutterland, denn er ist Stockwells Sohn aus einer geheimen Ehe mit der inzwischen verstorbenen Tochter des alten Belcour. Nach einem ausgeklügelten Transfer von Geld und Juwelen, versuchtem Betrug und einem Fast-Duell setzen sich schließlich Liebe und Gerechtigkeit durch. Dieses oft undurchschaubare Wirtschaften kommt nicht zuletzt durch die Machenschaften des Gastwirtsehepaares Fulmer in Gang: mit ihrem zwielichtigen Geschäftssinn verkomplizieren sie die Handlung, führen sie aber immer wieder durchs Wirtshaus hindurch. Vor allem die Fulmers galten unter Zeitgenossen als Anspielung auf Hamburger Bürger; noch Jahrzehnte später wurde auf diese explizite Verortung verwiesen.

Insbesondere der Prolog auf Hamburg bewahrt nichts von der Gefühlsgemeinschaft des britischen Kolonialprojektes, die Kolonien und Mutterland aneinander bindet und an die im Original appelliert wurde.[58] Stattdessen ist er an den *Wandsbecker Bothen* adressiert, verhüllt mehr oder weniger die Zustände im ‚Hamburger Parterre' und spielt auf die Verstrickungen einiger Prominenter in

57 Zur Problematik degradierenden Verhaltens vgl. Fulda: *Schau-Spiele*, S. 165.

58 Marsden, Jean: „Performing the West Indies: Comedy, Feeling, and British Identity". In: *Comparative Drama* (2008), S. 73–88, hier S. 80.

Kolonialgeschäfte und Weltgeschehen an.[59] Die Realität der Zuschauer wird so Teil des Wirkungsrahmens. Andererseits verweist der Prolog auf einen zweiten Intertext – den des englischen Originaltextes – indem Bode seine Übersetzungsprinzipien darlegt; sie werden zu einem integralen Teil des Stückes. Mit Hilfe dieser Strategien – Adressierung, sozialer Referenz und Meta-Text – klammert Bode nationalisierende Tendenzen aus und macht stattdessen die örtlichen Gegebenheiten zum Referenzpunkt. Die im Prolog kaum verhüllte Kritik an mangelnder ästhetischer Empfindung und übersteigertem Nützlichkeitsdenken Hamburgs wird von Bode in der Charakterisierung der Gastwirte Mr. und Mrs. Fulmer ausgeführt. Cumberland hatte die beiden noch als vom Unglück verfolgte Kleinbürger porträtiert, die in London wirtschaftlichen Erfolg suchten, deren Scheitern jedoch letztendlich den Verfall des Gasthauses als Institution – von der Herberge zur Kneipe – spiegelt und vorwegnimmt. Bei Bode ist nichts mehr von diesem persönlichen Schicksal erhalten. Reine Geldgier, gepaart mit wirtschaftlichem Unvermögen, hat die Fulmers in ihre hoffnungslose Position gebracht. Die Fulmerin kann den Prozess des wirtschaftlichen Falls denn auch gut rekapitulieren: „Erst will er (Fulmer – B.T.) eine Fabricke anlagen, verstehts nicht und da liegts [...] weil Ers Bankruttmachen nicht versteht. Mit der Wirthschaft sollt es wohl gegangen seyn, wenn er die Nase aus dem Krame mit den Mädchens gelassen hätte."[60] Im Gegensatz zu *Die Mohrinn in Hamburg*, wo das Geschäftsgebaren des Wirts auf das Glück seiner Tochter und den Erhalt ihrer Tugend durch Ehe gerichtet ist, versuchen sich die Fulmers als Kuppler. Im Gegensatz zu *Die Mohrinn in Hamburg*, wo Menschenhandel im Wirtshaus zumindest oberflächlich unter den Vorzeichen von Sklavenbefreiung und Moralisierung stattfindet, ist Fulmers Wirtschaft zum Ort des Trinkens, Spielens und des versuchten Betrugs geworden. Die Fulmerin prophezeit ein noch düsteres Schicksal für sich und ihren Mann, nämlich Auswanderung in die Kolonien (oder Gefängnis), Alternativen also, die unter Zeitgenossen als morallos galten bzw. als Orte, wo unmoralisches, gesetzloses Handeln bestraft wurde.

In all dem haben wir es mit einer Kritik der in Hamburg existierenden Wirtschaft zu tun, die, obwohl anhand eines Gasthauses dargestellt, auf weit mehr als die Gastwirtschaft zielte. Wirtschaftliches Streben hatte der Stadt zwar bescheidenen Reichtum gebracht, aber auch Armut, Laster und Korruption, und es hatte

---

59 Tautz, Birgit: „‚Das Hamburgische Parterre': Johann Christoph Bodes *Westindier* und die Verortung des Globalen". In: *Zeitschrift für Germanistik* 1 (2009), S. 183–190; außerdem Tautz: „Travelling", S. 101–106.

60 Bode, Johann Christoph: *Der Westindier*. Hamburg 1775, S. 29.

dem Gemeinwohl Schaden zugefügt.[61] In *Die Mohrinn zu Hamburg* werden demgegenüber das Wirtshaus als Raum – und das Wirtschaften als integraler Bestandteil – einer unteilbaren Öffentlichkeit vorgegaukelt: es ist eine Institution, wo man Geschäfte machen und diskutieren konnte und wo der Handel, egal womit oder mit wem, mittels der Diskussion als tugendhaft zu kaschieren war. Stärker als im englischen Original werden in Bodes *Der Westindier* der skizzierte Verfall des Wirtshauses und die Lust auf Luxus mit den Kolonien in Verbindung gebracht und zwar mit den Gütern, die aus ‚Westindien' kommen. Handel unterdrückt die Debatte; eine andere moralische Instanz ist notwendig. Um sie zu kreieren, greift Bode auf ‚einen Intertext der Welt' zurück. Der Westindier selbst, Belcour, wird als moralisch geradlinigerer Charakter als im Original gezeichnet. Die aufgeklärte Welt kann hier die Stadt kritisieren. Das Bild des Anderen, des kolonialen Imports, ist somit doppelt besetzt in *Der Westindier:* als Ort der Versuchung, der die negativen Seiten des Wirtschaftens bedient, aber auch als Korrektur, indem *der Andere* als moralische Autorität und Garant der Aufklärung auftritt.

Bodes Übersetzung des ‚britischen Kolonialreichs' lässt sich damit als ästhetische Umformung – sprich: Glokalisierung – der Kultur der britischen Empfindsamkeit lesen, was in dem Jahrzehnten nach 1780 eine Reformulierung des Sentimentalen vom Merkmal nationaler Identität über persönlichen Verfall zur Familien- und Freundschaftskultur des norddeutschen Salons beinhaltete.[62] Im Tandem mit Rathlefs Stück verweist *Der Westindier* auf Nuancen, nicht auf im Widerstreit stehende Ideen von Öffentlichkeit in Hamburg. Da ist einmal die die Welt begrüßende, mit dem Englischen und der Welt kommunizierende und agierende Kaufmannskultur, die von einem tiefem Pragmatismus getragen ist und tatsächlich existierte und deren ästhetische, weitestgehend ins Private gezerrte Kompensationsmechanismen es noch Jahrzehnte später schaffen, als Merkmal deutscher Literatur auf den britischen Inseln wahrgenommen zu werden. Zum anderen ist da die ambitionierte Öffentlichkeit Hamburgs, die den Verfall der Ideale konstatiert, aber Korrektive simuliert.

---

61 Vgl. dazu auch Nugent: *Travels*, S. 59, und Aaslestad, Katherine: „Old Visions and New Vices: Republicanism and Civic Virtue in Hamburg's Print Culture, 1790–1810". In: Hohendahl: *Patriotism*, S. 143–65, hier S. 162.

62 Bzgl. der Diskussion von Empfindsamkeit als zurückgewiesenes und umformuliertes Konzept der Literaturgeschichtsschreibung siehe Becker Cantarino, Barbara: „Introduction: German Literature in the Era of Enlightenment and Sensibility". In: *German Literature of the Eighteenth Century: The Enlightenment and Sensibility.* Hg. v. Barbara Becker-Cantarino. Rochester 2005, S. 1–31.

Fazit und Ausblick: die Weltstadt Hamburg als Intertext des ‚Nationaltheaters'

Bisher ist eines klar: Die Interlingualität Hamburgs – und die damit verbundene Internationalität – trägt die Idee der Öffentlichkeit. Aus dieser Doppelperspektive von Stadt und Welt ergibt sich eine Sichtweise auf das ‚Nationaltheater', Lessings Wirken in der Hansestadt und die *Hamburger Dramaturgie*, die zu einer Neueinschätzung des Nationaltheaterprojektes führen wird. An dieser Stelle kann sie nur in Konturen skizziert werden, doch meine Betrachtung geht von Folgendem aus: merkantiles Bewusstsein von Welt schuf erfolgreiche Institutionen der Öffentlichkeit in Hamburg, in denen allgemeine Bildung – und damit Aufklärung – ein Nebenprodukt war. Projekte mit dezidiertem Aufklärungspostulat oder ‚nationalem' Auftrag – im Sinne einer gemeinschaftsstiftenden, aufgeklärten Öffentlichkeit – scheiterten. Für Hamburger – oder ihre fiktiven *Alter Egos* wie Gordon – waren ‚Vaterstadt' und ‚Vaterland' identisch.

Fragwürdige Kaufmannsexistenzen im Theaterdirektorium, nicht interessierte Bürger im Publikum, unfähige Prinzipale, der Mangel an Nationalstücken und an sich selbst ‚polizierenden' Schauspielern: das sind Gründe, die immer wieder für das Scheitern des Nationaltheaterprojektes verantwortlich gemacht werden. Das damalige ‚Wirtschaften' im Parterre ist heute legendär; demnach wurde gespuckt, nasse Kleider tröpfelnd getrocknet, gefeilscht und geschrien.[63] Dieses Geschäftsgebaren wird bereits 1766 als hinderlich für das ‚deutsche Schauspiel' empfunden, als Johann Friedrich Löwens klagt, dass Männer Kunst zur Brotwirtschaft machen, und fordert, dass Theater etwas anderes sein solle als „edelster Zeitvertreib".[64] Diese Beobachtungen treffen zu, sind aber nicht hinreichend. Einige Geschäftsleute waren aktiv und kreativ engagiert. Sie wollten dem Theater durchaus Erfolg verschaffen. Dabei wurde die ‚Enterprise', wie sie das Theater in Hamburg nannten, nicht als Tugendtempel und Öffentlichkeitsforum gesehen sondern als Geschäft und Unterhaltung. Profit war eine Motivation, aber nicht die einzige. So etablierte Voght 1780/81 das erste Theaterabonnement, um Einnahmen zu sichern, bot aber auch sein Haus und Handelserträge als Sicherheiten, um die Finanzierung zu gewährleisten.[65] Aber warum? Vielleicht hinterließ das Jugenderlebnis des Londoner Theaters eine bleibende Vorliebe, wahrscheinlicher ist

63 Wenzel, Joachim: *Geschichte der Hamburger Oper 1678–1978*. Hamburg 1978, S. 33.

64 *Johann Friedrich Löwens Geschichte des deutschen Theaters (1766) und Flugschriften über das Hamburger Theater (1766 und 1767)*. Hg. v. Heinrich Stümcke. Berlin o. J., S. 86. Vgl. auch von Wehl: *Hamburgs Literaturleben*, S. 70–73.

65 Voght: *Lebensgeschichte*, S. 61–62.

aber, dass sich Voght seiner Position in der internationalen Kaufmannswelt Hamburgs sehr bewusst war. Tatsächlich waren es die in Hamburg ‚residierenden Diplomaten', die beispielsweise Mitte der 1760er Jahre den Neubau des Schauspielhauses anregten, das fortan das abgerissene Opernhaus ersetzen sollte. Diese internationale Klientel trug auch entscheidend dazu bei, dass Opern und Ballette nur kurzzeitig – und Maskenbälle womöglich nie – aus dem Repertoire verschwanden; in den 1780er Jahren wurden durchschnittlich doppelt so viele Opern wie Schauspiele gegeben. Und nicht erst in den 1790er Jahren brachten ‚fremde Schauspieltruppen' Konkurrenz: in Altona waren sie so gern gesehen, dass Schröders Truppe ab 1784 selbst in Altona gastierte; ab 1794 gab es eine stehende englische Truppe. In Hamburg selbst verschwand die Wanderbühne nie; das Rechnungswesen belegt, dass ‚die Comödianten' regelmäßig das Stadtsäckel füllten.[66]

Die Gründe für diese disproportionale ‚Vergnügungssteuer' sind nicht völlig klar, und doch ist die Abgabe bezeichnend für den sich entwickelnden Marktcharakter der Bühne. Der Sonderfall des Hamburger Theaters scheint tatsächlich in der Präsenz des Kaufmanns und der Welt in Hamburg begründet. „Das Gewinninteresse des Geschäftsmannes [kommt] zur Sprache, und zwar als unverzichtbarer Handlungsantrieb", resümiert Daniel Fulda in seiner Darstellung zu Handel und Marktbedingungen fürs Theater. Merkantile Interessen lassen sich nicht als die fremder Gegenspieler wegrationalisieren; sie sind ein integraler Bestandteil der Hamburger Öffentlichkeit.[67] Dieses Gefüge von Welt und Stadt erklärt auch, warum ein Kritiker wie Johann Friedrich Löwen, der als erstes alle Übersetzungen stoppen und dann die städtische Finanzierung des Theaters einführen wollte,[68] keinen Erfolg hatte. Das Theater bediente den Markt und wurde vom Markt bedient; seine Internationalität schuf auch Interlingualität, die sich bis in die Vorgaben fürs Theater erstreckte. Englische Intertexte in Hamburg – die Sprache, die Literatur und die Werte – führten zu Übersetzungen englischer Dramen, nicht die dezidierte Opposition gegen Gottsched. All diese Aspekte konstituieren die Grenze der idealisierten Vorstellung des Nationaltheaterprojekts und letztlich ihr Scheitern. Es scheint mir nun aber an der Zeit, das Hamburger Theater nicht als gescheitertes nationales Projekt zu sehen, das an der französischen Literatur krankte und sich an ihr doch – mittels der Struktur des Theater-

66 Wenzel: *Geschichte*, S. 35–43. Vgl. Rudin, Bärbel, Horst Flechsing u. Lars Rebehn (Hg.): *Lebenselixier. Theater, Budenzauber, Freilichtspektakel im Alten Reich*. Reichenbach 2004.

67 Fulda: *Schau-Spiele*, S. 168. Zwar diskutiert Fulda die lokale Besonderheit mit Blick auf die moralischen Wochenschriften, doch erweitert er die Logik an anderer Stelle (S. 178–188) mit Bezug aufs Theater.

68 Wehl: *Hamburgs Literaturleben*, S. 69.

direktoriums – modelhaft etablierte, sondern als lokales, auf linguistischen Interventionen basiertes Projekt, das seine Originalität an der Welt ausrichtete und dem unter anderem auch die Übersetzung – die sprachliche, die ideelle und die ästhetische – zu der Eigenständigkeit verhalf, die wir gemeinhin ‚national' nennen, die sich aber treffender als Schnittpunkt von Globalem und Lokalem – als Glokalität – beschreiben lässt.

Literaturverzeichnis

Aaslestad, Katherine: „Old Visions and New Vices:Republicanism and Civic Virtue in Hamburg's Print Culture, 1790–1810". In: *Patriotism, Cosmopolitanism, and National Culture.* Hg. v. Peter-Uwe Hohendahl. Amsterdam 2003, S. 143–65.

Becker Cantarino, Barbara: „Introduction: German Literature in the Era of Enlightenment and Sensibility". In: *German Literature of the Eighteenth Century: The Enlightenment and Sensibility.* Hg. v. Barbara Becker-Cantarino. Rochester 2005, S. 1–31.

Berman, Russell: *Enlightenment or Empire: Colonial Discourse in German Culture.* Lincoln 1998.

Blackwell, Jeanine: „Sophie von La Roche and the Black Slave Poet Feuerbach: A Study in Sentimentality, Enlightenment, and Outsiderdom" In: T*he Enlightenment and Its Legacy: Studies in German Literature in Honor of Helga Slessarev.* Hg. v. Sara Friedrichsmeyer u. Barbara Becker-Cantarino. Bonn 1991.

Bode, Johann Christoph: *Der Westindier.* Hamburg 1775.

Bratton, Jacky: „Romantic Melodrama". In: *British Theater 1730–1830.* Hg. v. Jane Moody u. Daniel O'Quinn. Cambridge 2007, S. 115–128.

Brentjes, Burkhard: *Anton Wilhelm Amo. Der schwarze Philosoph in Halle.* Leipzig 1976.

Brietzke, Dirk: „Mehr als nur ‚einige dem Commercio sehr nützliche Bücher' – Die Hamburger Commerzbibliothek im 18. Jahrhundert zwischen Ökonomie und Aufklärung." In: *Das Achtzehnte Jahrhundert* (2008), S. 240–254.

Büsch, J.[ohann] G.[eorg] und C[hristoph] D[aniel] Ebeling: „Nachricht von der Hamburgischen Handlungsakademie". In: *Journal von und für Deutschland* (1788), S. 334–338. http://www.ub.uni-bielefeld.de/diglib/aufklaerung/ (Stand: 10.12.2013).

Büsch, Johann Georg: *Die Hamburgische-Handlungs-Akademie.* Hg. Klaus Friedrich Pott u. Jürgen Zabeck. Paderborn 2001.

Degn, Christian. *Die Schimmelmanns im atlantischen Dreieckshandel: Gewinn und Gewissen.* Neumünster 2000.

Festa, Lynn: *Sentimental Figures of Empire in Eighteenth-Century Britain and France.* Baltimore 2006.

Fulda, Daniel: *Schau-Spiele des Geldes. Die Komödie und die Entstehung der Marktgesellschaft von Shakespeare bis Lessing.* Tübingen 2005.

Gilman, Sander: *On Blackness without Blacks. Essays on the Image of the Black in Germany.* Boston 1982.

Griesheim, Christian Ludwig von: *Verbesserte und Vermehrte Auflage des Traktats Die Stadt Hamburg in ihrem politischen, öconomischen und sittlichen Zustande.* Hamburg 1760.

„Hamburgische Handlungsakademie". In: *Handlungsbibliothek* (1789), S. 663 – 664. http://www.ub.uni-bielefeld.de/diglib/aufklaerung/ (Stand: 10.12.2013).
Klooster, Wim: *Revolutions in the Atlantic World. A Comparative History.* New York 2009.
Košenina, Alexander: „Friedrich Theodor Nevermanns ‚Alonzo und Elvira' (1795), eine Quelle für Kleists *Erdbeben in Chili* (mit Textanhängen)". In: *Heilbronner Kleist-Blätter* 22 (2010), S. 59 – 88.
Kuhlmann-Smirnov, Anne: „Globalität als Prestigemerkmal? Die Hofmohren der Cirksena und ihres sozialen Umfelds." In: *Adel und Umwelt. Horizonte adeliger Existenz in der Frühen Neuzeit.* Hg. v. Heike Düselder, Olga Weckenbrock u. Siegrid Westphal. Weimar 2008, S. 287 – 312.
Lessing, Karl: „Die Mätresse" In: *Deutsche Literaturdenkmale des 18. und 19. Jahrhunderts.* Bd. 28. Hg. von Bernhard Seuffert. Heilbronn 1887.
Lindemann, Mary „Fundamental Values: Political Culture in Eighteenth-Century Hamburg". In: *Patriotism, Cosmopolitanism, and National Culture.* Hg. v. Peter-Uwe Hohendahl. Amsterdam 2003, S. 17 – 32.
Marsden, Jean: „Performing the West Indies: Comedy, Feeling, and British Identity". In: *Comparative Drama* (2008), S. 73 – 88.
McMurran, Mary Helen: *The Spread of Novels: Translation and Prose Fiction in the Eighteenth Century.* Princeton 2010.
Mielke, Andreas: *Laokoon und die Hottentotten.* Baden-Baden 1993.
Morrison, Heather: „Dressing Angelo Soliman". In: *Eighteenth-Century Studies* (2011), S. 361 – 382.
Nebrig, Alexander: „Die englische Literatur in Friedrich Nicolais Übersetzungsprogramm". In: *Friedrich Nicolai und die Berliner Aufklärung.* Hg. v. Rainer Falk u. Alexander Košenina. Hannover 2008, S. 139 – 164.
Nugent, Thomas: *Travels Through Germany [...] with a particular account of the Courts of Mecklenburg.* London 1768.
Osterhammel, Jürgen u. Niels Petersson: *Geschichte der Globalisierung. Dimensionen, Prozesse, Epochen.* München 2003.
Overhoff, Jürgen: „Ein Literat an der hamburgischen Handlungsakademie: Die politische Ökonomie des Christoph Daniel Ebeling". In: *Das Achtzehnte Jahrhundert* (2008), S. 255 – 271.
Pott, Sandra: „Triangulärer Transfer: Großbritannien, Frankreich und Deutschland um 1800". In: *Germanisch-Romanische Monatszeitschrift* 50 (2006), S. 1 – 9.
Rathlef, Ernst Moritz Michael: *Die Mohrinn zu Hamburg.* o. O. 1775.
Rathlef, Ernst Moritz Michael: *Die letzten Tage der jüngeren Demoiselle M. M. Ch. Ackermann.* Hamburg 1775.
Reemtsma, Jan Philipp: *Lessing in Hamburg: 1766 – 1770.* München 2007.
Riesche, Barbara: *Schöne Mohrinnen, Edle Sklaven, Schwarze Rächer: Schwarzendarstellung und Sklavereiproblematik in deutschen Unterhaltungstheater.* München 2007.
Rudin, Bärbel, Horst Flechsing u. Lars Rebehn (Hg.): *Lebenselixier. Theater, Budenzauber, Freilichtspektakel im Alten Reich.* Reichenbach 2004.
Saalfeld, F: „Über die politische und mercantilische Wichtigkeit der Hansestädte Lübeck, Bremen und Hamburg" In: *Vaterländisches Museum* (1810), H. 1, S. 416 – 445. http://www.ub.uni-bielefeld.de/diglib/aufklaerung/ (Stand: 10.12.2013).
Sadji, Uta: *Der Mohr auf der deutschen Bühne des 18. Jahrhunderts.* Salzburg 1992.

Sassen, Saskia: „The Global City“. In: *The Blackwell City Reader.* Hg. Gary Bridge u. Sophie Watson. Malden 2000, S. 126 – 132.

Schneider, Jürgen, Otto-Ernst Krawehl und Markus Denzel (Hg.): *Statistik des Hamburger seewärtigen Einfuhrhandels im 18. Jahrhundert.* St. Katharinen 2001.

Stümcke, Heinrich (Hg.): *Johann Friedrich Löwens Geschichte des deutschen Theaters (1766) und Flugschriften über das Hamburger Theater (1766 und 1767).* Berlin o. J.

Sutherland, Wendy: *Staging Blackness: Race, Aesthetics, and the Black Female in two Eighteenth-Century German Dramas: Ernst Lorenz Rathlef's ‚Die Mohrinn zu Hamburg' (1775) and Karl Friedrich Wilhelm Ziegler's ‚Die Mohrinn' (1801).* Diss. Philadelphia 2002.

Tautz, Birgit: „Cutting, Pasting, Fabricating: Late Eighteenth-Century Travelogues and their German Translators between Legitimacy, Community, and Imaginary Nations“. In: *German Quarterly* 97 (2006), S. 155 – 172.

Tautz, Birgit: *Reading and Seeing Ethnic Difference: From China to Africa.* New York 2007.

Tautz, Birgit: „‚Das Hamburgische Parterre': Johann Christoph Bodes *Westindier* und die Verortung des Globalen“. In: *Zeitschrift für Germanistik* 1 (2009), S. 183 – 190.

Tautz, Birgit: „Travelling Ideas of (the British) Empire: Translating the Caribbean World for the Eighteenth-Century German Stage“. In: *Publications of the English Goethe Society* (2010), H. 2, S. 95 – 111.

Thomas, Hugh: *The Slavetrade. The Story of the Atlantic Slave Trade.* New York 1997.

Weber, Klaus: *Deutsche Kaufleute im Atlantikhandel 1680 – 1830: Unternehmen und Familien in Hamburg, Cadiz, Bourdeaux.* München 2004.

Wehl, Feodor von: *Hamburgs Literaturleben im achtzehnten Jahrhundert.* Leizpig 1856.

Voght, Caspar u. Charlotte Schoell-Glass: *Caspar Voght: Lebensgeschichte.* Hamburg 2001.

Wenzel, Joachim: *Geschichte der Hamburger Oper 1678 – 1978.* Hamburg 1978.

Wiggin, Bethany: „The Politics of Coffee Consumption: Leipzig Coffeehouse Culture at 1700“. In: *Wolfenbütteler Barock-Nachrichten* (2004), S. 25 – 36.

Wiggin, Bethany: *Novel Translations: The European Novel and the German Book, 1680 – 1730.* Ithaca 2010.

Zantop Susanne: *Colonial Fantasies: Conquest, Family and Nation in Precolonial Germany, 1770 – 1870.* Durham 1997.

Zedler, Johann Heinrich: *Grosses Vollständiges Universal-Lexicon aller Wissenschaften und Künste.* Halle, Leipzig 1731 – 1754. http://www.zedler-lexikon.de (Stand 15. 12. 2013).

Kevin F. Hilliard

Abgegriffene Pennies

Gefühle und Ökonomie in John Gays *The Beggar's Opera* und Bertolt Brechts *Die Dreigroschenoper*

Dass Ehre, Liebe, Treue oft materiellen Interessen unterliegen und selbst intimste Beziehungen und Gefühle käuflich sein können, ist keine neue Einsicht. In der altrömischen Satire z. B. wird diese (je nachdem, wie man es betrachten will) traurige, belustigende oder empörende Erkenntnis weidlich ausgeschlachtet. Von der Augusteischen Urbs bis zur englischen Metropole war es im ausgehenden 17. und angehenden 18. Jahrhundert aber bekanntlich kein großer Schritt. Man bewunderte Juvenal, Martial, Horaz, man übersetzte ihre Werke, man ahmte sie allenthalben nach. Und so lebte bei Dryden, Pope, Swift und anderen die Mischung aus Zorn und Zynismus wieder auf, die schon für die antike Satire kennzeichnend gewesen war.[1]

John Gay gehörte dem Kreis um Pope an. Kein Wunder also, dass seine Sittenkritik in *The Beggar's Opera* der Satire der *Scriblerianer* verpflichtet und verwandt war. Dennoch handelt es sich um mehr als die dramatisierte Variante derselben. Vielmehr erhält seine Satire eben durch die dramatische Form eine eigene polyphone Wirksamkeit. Satire und Parodie durchdringen einander und entlarven die eingebildete Tugend der Gesellschaft als bloße Pose. Das Realistische des Bettler-, Huren- und Hehlermilieus führt die Mechanismen des gesellschaftlichen Lebens drastisch vor Augen, auch und gerade die der sogenannten feinen Welt. Denn die eigentliche Pointe von Gays Stück ist es ja, dass sich feine Welt und *demi-monde* gegenseitig bespiegeln, die Gauner also ihr Verhalten an dem der vornehmen Leute messen und ihre Schurkereien deswegen mit der allergrößten Selbstverständlichkeit als Ausdruck vornehmer Gesittung ansehen.

Das wird besonders anhand der Familie Peachum vorexerziert. Es ist nicht etwa so, dass die Peachums bloß widerwillig ihren Tribut an einen zwar moralisch nicht einwandfreien, jedoch als notwendig erkannten Lauf der Welt entrichten würden. Sondern ihr ganzes Bestreben geht dahin, ja keinen Verstoß gegen Mode und gesellschaftliche Norm zu begehen und im Gegenteil zu beweisen, dass man die amoralischen Regeln des Anstands mit der dazu erforderlichen kaltblütigen Eleganz beherrscht. Wahre Tugend und gesellschaftliches *comme il faut* stehen

---

1 Siehe dazu Pache, Walter: „Brecht und die Briten. Von der *Beggar's Opera* zur *Dreigroschenoper*". In: *Brechts Lyrik – Neue Deutungen.* Hg. v. Helmut Koopmann. Würzburg 1999, S. 199 – 214, hier S. 205.

einander diametral gegenüber. Die Tugend hält man verbal zwar nach wie vor hoch, solange sie nichts kostet; verpflichtend aber sind in dieser verkehrten Welt nur Mode und der gute Ton.

Sollte jemand wider Erwarten doch auf die Stimme des Herzens hören wollen, muss energisch dagegen eingeschritten werden. So sehen sich Peachums gezwungen, an der eigenen Tochter Polly ein Exempel zu statuieren. Denn sie ist aus der Rolle gefallen und hat sich die Frechheit erlaubt, sich nicht nur zu verlieben, sondern auch zu heiraten, ohne dass dabei der Bräutigam vorher irgendeine soziale oder materielle Gegenleistung erbracht hätte. Ihre entsetzten Eltern versuchen ihr klarzumachen, dass das so nicht geht:

POLLY I did not marry him (as 'tis the fashion) coolly and deliberately for honour or money. But, I love him.
MRS PEACHUM Love him! Worse and worse! I thought the girl had been better bred.[2]

Es gehört so sehr zum Anstand, seine Freunde zu verraten, bei Liebesaffären nur auf seinen Vorteil aus zu sein usw., dass man mit dem gegenteiligen Verhalten nur Hohn und Entrüstung erntet. Allenfalls Geldmangel kann den Einkommensschwächeren von Fall zu Fall daran hindern, es in den Modelastern („fashionable vices", 121) den sozial Bessergestellten gleichzutun. Es gehört z. B. viel Geld dazu, eine standesgemäß zerrüttete Ehe zu führen:

MRS PEACHUM I knew she was always a proud slut; and now the wench hath played the fool and married, because forsooth she would do like the gentry. Can you support the expense of a husband, hussy, in gaming, drinking and whoring? Have you money enough to carry on the daily quarrels of man and wife about who shall squander most? There are not many husbands and wives, who can bear the charges of plaguing one another in a handsome way. (55)

Gays Thema sind also die eigentlich unnatürlichen, aber als natürlich und verbindlich *empfundenen* Normen der Gesellschaft. Das ist wie gesagt kein ganz neues Thema. Gay bringt jedoch die allgemeine Sittenkritik auf den neuesten Stand, indem er seiner Dramenhandlung nur geringfügig verbrämte zeitgenössische Wirklichkeiten zugrunde legt. Die tagespolitischen Sticheleien gegen den britischen Premierminister Walpole seien hier nur am Rande erwähnt.[3] Bedeu-

---

2 Gay, John: *The Beggar's Opera*. Hg. v. Brian Loughrey u. T. O. Treadwell. Harmondsworth 1986, S. 57. Weitere Verweise erfolgen in Klammern im fortlaufenden Text.
3 Vgl. dazu Böker, Uwe: „John Gays *The Beggar's Opera* und die sozialhistorischen Kontexte: Satire, Kriminalität, Ballade, Oper, Kommerzialisierung". In: *John Gay's The Beggar's Opera*

tender ist im gegenwärtigen Zusammenhang Gays Wahrnehmung der wirtschaftlichen Praktiken der Zeit. Obwohl er auch hier auf einen konkreten aktuellen Fall anspielte (das zeitgenössische Publikum konnte in Peachum unschwer den berüchtigten „Thief-Taker General" Jonathan Wild erkennen), wirft Gay auch einen kritischen Blick auf allgemeinere Strukturen und Verhaltensweisen, die für den Kapitalismus charakteristisch sind.

So lässt es aufhorchen, wenn die Dramenfiguren den Begriff des „interest" ins Spiel bringen, um die Regeln des zwischenmenschlichen Verkehrs zu erklären. Das Wort „interest" deckt im Englischen ein Spektrum von Bedeutungen ab, von der geistig-seelischen Anteilnahme auf der einen, bis zum handfesten Zins auf der anderen Seite. (Unter Zins versteht man also das, was in einem Handel motivierende Anteilnahme – eben das „Interesse" – ausmacht.) Gay lässt nun diese Bedeutungen ineinander schillern. So entschuldigt Frau Peachum zunächst ihrem Mann gegenüber Pollys freundlichen Umgang mit Macheath:

> MRS PEACHUM May-hap, my dear, you may injure the girl. She loves to imitate the fine ladies, and she may only allow the Captain liberties in the view of interest. (50)

Das Kapital bleibt dabei unangetastet (unberührt). Auch der Gefängniswärter Lockit lässt den Begriff in seine Ermahnungen an seine Tochter Lucy einfließen:

> LOCKIT Thou wilt always be a vulgar slut, Lucy. If you would not be looked upon as a fool, you should never do anything but upon the foot of interest. (97)

Macheath schließlich erklärt die Spielregeln mit wünschenswerter Deutlichkeit:

> The modes of the court so common are grown,
> That a true friend can hardly be met;
> Friendship for interest is but a loan,
> Which they let out for what they can get. (101)

Hier wird eine kapitalistische Moral artikuliert, wonach alle Dinge, auch die menschlichen Beziehungen, Teil der Geld- und Warenzirkulation sind, also nur insofern für die Menschen eine Rolle spielen, als sie einen tatsächlichen oder zu erwartenden materiellen Wert besitzen.

Kapitalistisch daran ist besonders die Spekulation auf künftigen Gewinn. Erst die Aussicht auf diesen macht eine Investition des eigenen Kapitals sinnvoll. Investiert wird dabei weniger in wirklichem, sondern mit und in Humankapital. Das

---

1728–2004. Adaptations and Re-Writings. Hg. v. Uwe Böker, Ines Detmers u. Anna-Christina Giovanopoulos. Amsterdam 2006, S. 33–102, hier S. 60–65.

Quantum an Freundschaft, über das man verfügt, ist eine Anlage, die sich rentieren muss. Bei rückläufiger Tendenz muss man sein Kapital zurückziehen.

Gleich zu Anfang des Stücks führt uns Peachum vor, wie es dabei zugeht. Er überschlägt die Liste seiner Lieferanten und rechnet aus, von wem in Zukunft weitere Einnahmen zu erwarten sind – und von wem nicht. So teilt er seine Leute in aktive und passive Posten. Wenn er aus letzteren überhaupt etwas herausholen will, bleibt ihm nur noch übrig, sie an den Henker auszuliefern, damit er die auf ihren Kopf ausgesetzte Belohnung kassieren kann. Er macht also Vermögenswerte flüssig, indem er seine Mitarbeiter liquidiert. Auf ganz ähnliche Weise soll es Polly im Verhältnis zu Macheath halten, wenn es nach dem Wunsch ihres Vaters ginge. Auch auf seinen Kopf steht eine Belohnung. Wenn man ihn auslieferte, wäre man einen unerwünschten Ehemann bzw. Schwiegersohn los, und obendrein noch um ein Erkleckliches reicher. Schade nur, dass Polly ihren wahren Vorteil nicht zu erkennen scheint und auf ihrer romanhaften Grille besteht, dass sie ihn liebt und ohne ihn nicht leben will.

Es ist sicher nicht ganz falsch, wenn man Peachums rücksichtslose Verwertung aller menschlichen Verbindlichkeiten und die damit einhergehende Substitution von Emotion durch Kalkulation als Zuspitzung ewigmenschlicher Laster ansehen wollte, und Gays Dramenfigur damit in eine Reihe setzte mit den Geldgierigen und Halsabschneidern der traditionellen Paränetik bzw. der satirischen Typenkomödie. Dennoch trennt ihn eine Welt etwa von Molières Harpagon aus *L'Avare* von 1668. Schon auf Gays Peachum trifft zu, was Brecht zu seinem anmerkt: „Der Charakter des *Jonathan Peachum* darf nicht auf die gewöhnliche Formel ‚Geizhals' gebracht werden."[4] Peachum verkörpert keine zeitenthobene Wesenheit. In seinem Gewinnstreben stellt er vielmehr den neuen Typus des kapitalistischen *homo œcomonicus* dar. Er zählt nicht sein Geld, um sich am bloßen Besitz zu erfreuen. Ihm geht es weniger um Geld als um Profit. Als klug berechnender Geschäftsmann ist er darauf bedacht, Angebot und Nachfrage in Einklang zu bringen, für die Zirkulation von Waren zu sorgen, abzuschätzen, welche Anlagen unter welchem Risiko welchen Gewinn abwerfen. Wir sehen ihn bei der Buchführung, wie sorgfältig er bei jedem Posten überlegt, welchen Vorteil er daraus ziehen kann (vgl. I, 2–4; III, 5–6). Sentimentalitäten haben da nichts zu suchen; und Peachum hat sie denn auch konsequent „in dem eiskalten Wasser egoistischer Berechnung ertränkt".[5]

---

4 Brecht, Bertolt: „Anmerkungen zur Dreigroschenoper". In: *Bertolt Brechts Dreigroschenbuch.* Hg. v. Siegfried Unseld. Frankfurt a. M. 1973, S. 90–101, hier S. 92.

5 Marx, Karl, Friedrich Engels: *Manifest der kommunistischen Partei.* In: *Marx und Engels. Manifest der kommunistischen Partei. Grundsätze des Kommunismus.* Stuttgart 2004, S. 3–56, hier S. 22.

Das ist bekanntlich eine Formel aus dem *Kommunistischen Manifest* – dem Werk, in dem das mit dem Kapitalismus einhergehende Hervortreten des „nackten Interesses, die gefühllose, bare Zahlung'" und die Auflösung der Normen ethischer Lebensführung im alles zersetzenden „Tauschwert" mit unvergleichlicher Schärfe beschrieben wurde.[6] Marx und Engels brachten auf den historischen Begriff, was im Ansatz bereits an Gays Sittenkritik abzulesen war. Wenn nun Bertolt Brecht und seine Mitarbeiter in den späten 1920er Jahren den Stoff der *Beggar's Opera* aufgreifen und zur *Dreigroschenoper* umformten, taten sie das selbstverständlich mit Bezug auf die Marxsche Analyse.

Im Vordergrund standen dabei gewiss die objektiven Erscheinungen des Kapitalismus selbst, deren moralische Anfechtbarkeit im Laufe der Zeit (Brecht siedelt die Handlung in einem – allerdings mit anachronistischen Elementen durchsetzten – viktorianischen Milieu an) umso deutlicher hervorgetreten war. Ohne die Marxsche Prognose einer zunehmenden Massenarmut bei fortschreitender Konzentration des Kapitals ist die Abbildung des Elends in der *Dreigroschenoper* nicht zu verstehen. Ebenso wichtig war aber, dass Brecht, wie Marx, den Kapitalismus auch als progressive Kraft begriff. Die von diesem zustande gebrachte Entwicklung der Produktivkräfte war dabei für die *Dreigroschenoper* kein Thema. Wesentlich war dagegen der Erkenntnisgewinn, den der Kapitalismus darstellte. Er zwang ja, so Marx, „die Menschen [...], ihre Lebensstellung, ihre gegenseitigen Beziehungen mit nüchternen Augen anzusehen".[7] Diese Ernüchterung, die Marx als primäre Leistung des Kapitalismus diagnostiziert und zugleich, den Kapitalismus noch überbietend, zum Programm seiner eigenen schonungslosen Kritik gemacht hatte, legte auch Brecht spätestens ab 1928 im Zuge einer schrittweisen Annäherung an den Marxismus seinem Schaffen – und damit auch der *Dreigroschenoper* – zugrunde.

Brechts dramatische Werke der späten zwanziger Jahre lassen sich in zwei Gruppen einteilen. Die Lehrstücke handeln Grundsatzfragen der marxistisch-leninistischen Theorie und Praxis ab und erproben eine neue, kommunistische Produktions- und Rezeptionsästhetik. Die für das bürgerliche Theater geschriebenen Stücke sind dagegen als Kritik am Kapitalismus im Allgemeinen, und am kapitalistischen Drama und Theaterbetrieb im Besonderen zu verstehen. Die *Dreigroschenoper* kann man dabei zusammen mit *Die Heilige Johanna der Schlachthöfe* und *Aufstieg und Fall der Stadt Mahagonny* als Teil einer 1928–29 in kurzer Folge entstandenen Kapitalismustrilogie betrachten. Die Behandlung von Gays Vorlage ist zu verstehen als weitere Zuspitzung der darin angelegten Kritik.

6 Marx, Engels: *Manifest der kommunistischen Partei*, S. 22.
7 Marx, Engels: *Manifest der kommunistischen Partei*, S. 23.

Brecht versucht auf diese Weise zu Ende zu denken, was erst in Ansätzen bei Gay zu finden war.[8]

Denn noch machte bei Gay die kapitalistische Moral vor gewissen Erscheinungen Halt.[9] Drei Aspekte bzw. strukturelle Komponenten der *Beggar's Opera* sind hier zu benennen: 1. Die Räuberehre, 2. Die Liebe, 3. Das Theater als Thema. Diese sollen der Reihe nach durchgenommen werden.

Die Räuberehre

Peachums kapitalistische Moral ist zwar gleichzeitig die der feinen Leute, was ihm unter dem Vorwand, dem gesellschaftlichen Anstand Genüge tun zu müssen, einen Deckmantel für seine eigene Kaltschnäuzigkeit gibt, z. B. da, wo es darum geht, Macheath der Justiz zu überliefern:

PEACHUM	But really, my dear, it grieves one's heart to take off a great man. [...]
MRS PEACHUM	But in a case of necessity – our own lives are in danger.
PEACHUM	Then, indeed, we must comply with the customs of the world, and make gratitude give way to interest. He shall be taken off. (63)

Macheath jedoch bildet die Ausnahme. Unter den Räubern herrscht vielmehr die sprichwörtliche Ehre unter Dieben:

MACHEATH	I am sorry, gentlemen, the road was so barren of money. When my friends are in difficulties, I am always glad that my fortune can be serviceable to them.

8 Dass die erste Bühnenfassung der *Dreigroschenoper* (1928) dabei nur ein erster, das radikale Potential des Stoffes nach Brechts Empfinden offenbar noch nicht erschöpfender Versuch war, geht daraus hervor, dass diesem ersten Experiment bekanntlich weitere folgten, die zusammen ein sich stufenweise entwickelndes Dreigroschenprojekt bilden. Dazu gehören die zwei Fassungen der *Dreigroschenoper* selbst (die zweite erschien 1931 in den *Versuchen*), das Szenarium von 1930 zum Film *Die Beule* (nicht zu verwechseln mit der ohne Brechts Zustimmung 1930 – 31 gedrehten, von ihm abgelehnten Verfilmung des Bühnenstücks durch G. W. Pabst) und der *Dreigroschenroman* von 1934. Klammer des Ganzen ist Brechts Versuch, Erscheinungen des Kapitalismus (mit einer zunehmenden Betonung des Monopolkapitalismus der Konzerne und der Banken) gedanklich und darstellerisch in den Griff zu bekommen. Vgl. Giles, Steve: „Rewriting Brecht. *Die Dreigroschenoper* 1928 – 1931". In: *Literaturwissenschaftliches Jahrbuch* 30 (1989), S. 249 – 279. – Ich zitiere nach der 1955 revidierten Fassung von 1931: Brecht, Bertolt: *Die Dreigroschenoper*. Frankfurt a. M. 1968. Verweise auf Seitenzahlen stehen in Klammern im Text.

9 Vgl. Böker: „John Gays *Beggar's Opera*", S. 85 – 90; Schuhmacher, Klaus: „Ekstasen der Sachlichkeit. Zur *Dreigroschenoper* (1928) von Bertolt Brecht und Kurt Weill." In: *John Gay's The Beggar's Opera 1728 – 2004. Adaptations and Re-Writings*. Hg. v. Uwe Böker, Ines Detmers u. Anna-Christina Giovanopoulos. Amsterdam 2006, S. 193 – 217, hier S. 196 f.

> [*Gives them money.*] You see, gentlemen, I am not a mere court friend, who professes everything and will do nothing. [...] We, gentlemen, have still honour enough to break through the corruptions of the world. (100 – 101)[10]

Brecht betrachtet diese Räuberromantik als typisch bürgerliche Mystifikation.[11] Er zitiert sie zwar noch, aber nur um sie desto radikaler zu beseitigen. Bei ihm ist Macheath in genau der gleichen Weise wie Peachum Geschäftsmann.[12] Dessen Hehlergeschäft ist nun auf Macheath übertragen, mitsamt den Buchhaltungsszenen (46 – 47, 91 – 92) und dem Motiv der Auslieferung der eigenen Bandenmitglieder an die Polizei. Im Gegenzug ist Peachum nun Besitzer einer Bettlerfirma (von der weiter unten noch die Rede sein soll).

Symptomatisch für diese neue Rollenzuweisung ist die Art und Weise, wie das Thema der Gastlichkeit behandelt wird. In *The Beggar's Opera* hält sich Macheath am liebsten in den Gasthäusern auf; er ist freigiebig und lässt gerne aufspielen (vgl. II, 4; III, 4). Bei Brecht erfahren wir zwar, dass er Frau Peachum und Polly ins „Tintenfisch-Hotel [...] zu einem kleinen Step" eingeladen hat (15). Sein gesellschaftlicher Habitus kommt aber eher in der breit ausgeführten Hochzeitsszene zum Ausdruck (17 – 34), wo der Gastlichkeit ein bürgerliches Gewand übergestülpt worden ist, wenn auch mit gestohlenem Mobiliar und in einem Lokal, in das die Anwesenden (die Mitglieder seiner Bande) zuvor haben einbrechen müssen. Macheath kümmert sich kaum um das Wohlbefinden der Gäste. Seine größte Sorge scheint es im Gegenteil zu sein, sich gegen sie abzugrenzen, indem er sich über ihre pöbelhaften Manieren mokiert. Dass ihm selber immer wieder Entgleisungen unterlaufen – Polly muss ihn ermahnen, „nicht so ordinär" zu sein (21) – erhöht zwar die Komik der Szene, kann aber nicht über seine Absichten hinwegtäuschen. Für ihn ist der festliche Auftritt in erster Linie der Anlass, seine gesellschaftlichen Ambitionen durchzusetzen. Auch die Einladung an den Polizeichef Brown, den ehemaligen Kameraden aus der Militärzeit, dessen Erscheinen die Bandenmitglieder verständlicherweise zunächst in Schrecken versetzt, dient diesem Zweck. Eine Hierarchie wird aufgebaut und den Anwesenden ihre Stelle darin zugewiesen. Kurze Zeit später wird sich Macheath ganz von seiner Bande lösen, indem er sie kaltblütig der Justiz übergibt (47 – 48). Von der liberalen Gastlichkeit und der Räuberehre von Gays Macheath ist nichts mehr übrig geblieben.

---

10 Vgl. auch S. 70.

11 Vgl. Brecht: „Anmerkungen zur Dreigroschenoper", S. 93, 95.

12 Werner Hecht bringt das schön auf den Begriff: „Macheaths Kumpanei verwandelt sich in eine Company." Hecht, Werner: „*Die Dreigroschenoper* und ihr Urbild". In: *Brechts ‚Dreigroschenoper'*. Hg. v. Werner Hecht. Frankfurt a. M. 1985, S. 201 – 224, hier S. 204.

Die Liebe

Dass Brechts Macheath auf der Flucht vor der Polizei zunächst eine rührende Abschiedsszene mit seiner Braut spielt (50) und gleich darauf ins Bordell geht, ist ein erstes Anzeichen dafür, dass die desillusionierende Tendenz der *Dreigroschenoper* auch die Liebe einschließt. Dass das Bordell laut Szenenanweisung mit seinen bügelnden Huren als „bürgerliches Idyll" (52) gespielt werden soll, gibt zu erkennen, dass auch die Sexualität davon nicht verschont werden soll. Macheath hat für den Bordellbesuch einen bestimmten Wochentag vorgesehen (53); er wird seine bürgerlichen Gewohnheiten nicht deswegen aufgeben, weil die Polizei ihm auf den Fersen ist.[13]

Die Handlung der *Beggar's Opera* ist nach dem Schema der romantischen Komödie aufgebaut. Pollys Heirat mit Macheath trifft auf den Widerstand der Eltern, die jede ernsthaft gemeinte Liebe als geschäftshinderlich missbilligen. Insofern bildet die Liebe das Gegengewicht zu Peachums Materialismus. Die Huren freilich lassen sich bestechen und verraten Macheath. Polly und Lucy dagegen halten Macheath bis zum Schluss die Treue; nicht einmal der Beweis, dass er sie jeweils mit der anderen betrogen hat, ändert scheinbar etwas daran.

Auch die Parodie der Händelschen Oper, die an einigen wenigen Stellen (z. B. in Lucys Eifersuchtsmonolog (III, 7) in Musik und Text anklingt, kann diesem Befund nichts anhaben. Die meisten Liebesarien und -duette haben vielmehr die Melodien bekannter Balladen, die in ihrem schlichten Ton und ihrer Gefühlsinnigkeit den Händelschen Schwulst geradezu konterkarieren. Gelegentlichen Überspanntheiten der Figuren zum Trotz empfinden die Zuschauer deren Liebe als echt. Insofern bildet sie tatsächlich die humane Alternative zur kapitalistischen Moral. Auch damit räumt Brecht auf. Zwar braucht er die romantische Liebe zwischen Polly und Macheath als handlungsauslösendes Moment. In der Folge aber wird die Liebe gründlich entmystifiziert.

Obwohl (wie oben dargestellt) Brecht einiges unternimmt, um der Sexualität ihr Dämonisches zu nehmen, haftet ihr dennoch ein Rest von gegenbürgerlicher Widerständigkeit an.[14] Das könnte man als unbewältigte Erblast aus der Frühzeit seines Schaffens ansehen; den *Baal* hat Brecht wohl nie ganz überwunden.[15] Aber der bürgerlichen Fiktion romantischer Liebe nützt das nichts. Liebe in der *Drei-*

---

13 Vgl. Brecht: „Anmerkungen zur Dreigroschenoper", S. 94.

14 „Sexuality is presented as a potentially autonomous motivating force" (Giles: „Rewriting Brecht", S. 257). Vgl. Brecht zur „bürgerlichen Dämonie" in Macheaths Sexualverhalten („Anmerkungen zur Dreigroschenoper", S. 94).

15 Auch Brechts eigene Sexualität dürfte dabei eine Rolle gespielt haben; vgl. Fuegi, John: *Brecht and Company. Sex, Politics, and the Making of Modern Drama.* New York 1994, S. 205 f.

groschenoper mutiert nämlich erstens zur sexuellen Hörigkeit, wovon übrigens Macheath zwar das markanteste, aber keineswegs das einzige Beispiel abgibt: Das weibliche Pendant zur bekannten, auf Macheath gemünzten Ballade ist Pollys sogenannter *Barbara-Song.*[16] Was nach dieser drastischen Verleiblichung der Liebe an Romantik übrig bleibt, nutzt sich dann rasch ab. Am Anfang ihres Liebesglücks besingen Polly und Macheath noch den romantisch-ironischen „Mond über Soho" (34): Kurze Zeit später erscheint er Polly im Traum, „und [er] war ganz dünn, wie ein Penny, der schon abgegriffen ist" (50). Dieser Abwertung des Symbols entspricht ein Wertverlust in der wirklichen Beziehung. Als Polly ihren Traum berichtet, hat sie Macheath schon verraten.[17] Und später, als er ihre Hilfe braucht, um dem Schafott zu entkommen, hat sie nur rituelle, genüsslich ausgekostete Witwentränen für ihn übrig; die Summe dagegen, die nötig wäre, den Gefängniswärter zu bestechen, will sie ihm nicht vorschießen, da sie damit an das Kapital der Firma rühren müsste (90). Polly ist eben Peachums Tochter[18] und Macheath ist zu diesem Zeitpunkt keine gute Investition mehr. Brecht lobt in einem ironischen Kommentar Pollys „praktische Veranlagung", die ihrer anfänglich zur Schau gestellten, „jeder Berechnung fernen Liebe" auf wohltuende Weise die Waage halte.[19] Im Klartext heißt das: Das Geschäft geht vor.

Das Theater als Thema

Gay verschleiert die kommerzielle Grundlage der eigenen Tätigkeit als Dramatiker. Das Werk wird vielmehr in der Rahmenhandlung als das Werk eines Bettlers

16 Noch stärker wird das Motiv im Filmszenarium „Die Beule" betont; vgl. die erste Szene, „Liebe auf den ersten Griff" (Brecht, Bertolt: „Die Beule. Ein Dreigroschenfilm". In: *Bertolt Brechts Dreigroschenbuch.* Hg. von Siegfried Unseld. Frankfurt a. M. 1973, S. 102–116, hier S. 102f). Vgl. dazu Giles: „Rewriting Brecht", S. 259.

17 Das wird oft übersehen. Polly weiß zu diesem Zeitpunkt, dass Peachum und die Polizei Macheath im Bordell suchen werden. Als Macheath angesichts der Gefahr sich davonmacht, um sich in Sicherheit zu bringen, nimmt sie ihm zwar das Versprechen ab, „keine Frau mehr [anzusehen]" und „gleich [wegzureisen]", und betont dass das „sehr wichtig" ist (49), sagt aber nicht warum. Sie nützt die Situation zur Liebesprobe aus: Ist er ihr treu, passiert nichts, ist er es nicht, schnappt ihn die Polizei, und er muss für seine Untreue büßen. Da sie ihn aber stark in Verdacht hat, er werde der Versuchung nicht widerstehen können (gerade darauf weisen ihre Worte ja hin), muss sie in aller Wahrscheinlichkeit mit dem letzteren Ausgang rechnen. Das wiederum bedeutet, dass ihr Stillschweigen über den genauen Grund, warum er „keine Frau mehr" ansehen solle, einem Verrat gleichkommt.

18 Vgl. Brecht: „Anmerkungen zur Dreigroschenoper", S. 93, 95.

19 Brecht: „Anmerkungen zur Dreigroschenoper", S. 96.

präsentiert, der ansonsten für ein bloßes Trinkgeld und eine warme Mahlzeit Balladen verfertigt und singt. Dass das Stück aufgeführt wird, verdankt er wiederum der mäzenenhaften „Güte" („charity") der edel gesinnten Schauspieler, die auch dem im Lumpenkleid auftretenden poetischen Talent zu seinem Recht verhelfen wollen. Auch das Theater steht bei Gay somit in einem Kontrastverhältnis zur materialistischen Unmoral der zeitgenössischen Wirklichkeit.

Anders bei Brecht: Wo Gay mit dem metatheatralischen Rahmen das Theater *thematisiert*, ohne es, von den Seitenhieben auf die Händelsche Oper abgesehen, in Frage zu stellen, wird es bei Brecht gründlich *problematisiert*. Allerdings müssen wir etwas weiter ausholen, um seine Absichten zu erkennen. Eine naheliegende Möglichkeit wäre es etwa gewesen, an Stelle des Gesprächs zwischen Bettler und Schauspieler in der Vorlage als Vorspann eine die Dinge offen aussprechende Darstellung des kapitalistischen Theaterbetriebs zu liefern – eine Neuauflage etwa von Goethes „Vorspiel auf dem Theater" aus dem *Faust*. Brecht hat aber Grundsätzlicheres im Sinn und schlägt deshalb eine andere Richtung ein. Man kann seine Vorgehensweise auf die Formel bringen: Das Theater wird Teil der Handlung, weil es Teil des Lebens ist (des bürgerlichen zumindest). Dieser für das Verständnis der *Dreigroschenoper* wesentliche, jedoch meines Erachtens bis jetzt unterschätzte Aspekt soll nun genauer beleuchtet werden.

Die Rahmenhandlung entfällt ganz. Der Balladen- bzw. Moritatensänger tritt zwar in einer „Vorspiel" genannten Szene noch auf (7–8); aber er und sein Mackie Messer-Lied sind schon Teil der Handlung. Ebenso wird das metatheatralische Motiv der Schauspielerei *in* die Handlung hereingeholt. Das heißt, dass Brecht die Schauspielerei als unverzichtbaren Bestandteil der bürgerlichen Lebensführung ausstellt: teils weil sie in gewissen Situationen dem Geschäft dienlich ist, teils weil ohne sie die Widersprüche des Kapitalismus nicht auszuhalten wären.

Die konjunkturbelebende bzw. -lenkende Bedeutung der Schauspielerei lässt sich bereits in der besagten Moritat erkennen. Denn „Mackie Messer", der unsichtbar zuschlagende, furchteinflößende Mörder und Dieb, ist das publikumswirksame Markenzeichen des in Wirklichkeit eher prosaischen Geschäftsmanns – ein von einer sensationslüsternen Unterhaltungsindustrie mitfabriziertes Medienprodukt, ein anderes Ich, das dem wirklichen Macheath in seinen Geschäften treffliche Dienste leistet, da es ihm einen Nimbus unantastbarer Allmacht verleiht und ihm dadurch die Kosten wirklicher Gewaltanwendung erspart.[20] Macheath weiß überhaupt, wie wichtig gutes Marketing ist. So besteht er darauf, dass alle

---

20 Brecht: „Anmerkungen zur Dreigroschenoper", S. 93.

von seiner Bande verübten Schandtaten ihm zugeschrieben werden (49). Im Geschäftsleben ist es eben nützlich, wenn einem ein gewisser Ruf vorausgeht.

Macheath legt auch besonderen Wert auf sein Kostüm; die weißen „Glacéhandschuhe“, der „Stock mit einem Elfenbeingriff und Gamaschen an den Schuhen und Lackschuhe“, und selbst die „Narbe [...] am Hals“ sind wesentliche Requisiten der Mackie Messer-Rolle und tragen in hohem Maße zu seinem Image bei (16). Am schönsten und ausführlichsten wird uns aber die Bedeutung von Verkleidung und Rollenspiel von Peachum vorgeführt. Die erste Szene des Stücks spielt in „Peachums Bettlergarderoben“ (9). Dort werden Bettler gegen eine entsprechende Gebühr und einen Anteil an ihren Einnahmen mit dem ausgestattet, was sie brauchen, um das Herz der Passanten zu erweichen. Peachum hat nämlich erkannt, dass das Elend an sich noch lange nicht ausreicht, um „den Menschen in jenen unnatürlichen Zustand [zu versetzen], in welchem er bereit ist, Geld herzugeben“ (12). Der erfolgreiche Bettler braucht dafür vielmehr die richtige Kleidung, die richtigen Gesten, die richtige ‚Story‘. Mit anderen Worten, Peachums Belegschaft besteht aus schauspielernden Bettlern bzw. bettelnden Schauspielern. Peachum spricht denn auch von ihnen als „Künstlern“, denen er auf Zeit ein „Engagement“ gibt (39). Er selber ist Impresario und Dramaturg einer Straßentheatertruppe.

Das ist natürlich in gewissem Sinne eine komödienhafte Übertreibung. Der Kern der Wahrheit, die für Brecht darin steckt, ist, dass der Kapitalismus und die in ihm zur Herrschaft gekommene Bourgeoisie an sich zwar das Gefühl „in dem eiskalten Wasser egoistischer Berechnung ertränk[en]“,[21] dass sie es aber andererseits, weil es widermenschlich ist, ohne Gefühl zu leben, in einem fort als momentane Illusion neu fabrizieren müssen. Peachums Geschäftsmodell gründet genau darauf: Er spekuliert, dass der Passant, der das Bedürfnis empfindet, sich rühren zu lassen, die Fähigkeit des Bettlers, dem das gelingt, entsprechend belohnen wird.

Das Gefühl gehört nach Marx einer vorbürgerlichen Epoche an und muss im bürgerlichen Zeitalter als Ware hergestellt werden. Aber gerade das zeichnet die bürgerliche Epoche aus, dass sie auch Gefühle als Ware produziert. Daher die für diese Epoche charakteristische Erscheinung des Kitsches, in der Versatzstücke ererbter Gefühlsszenarien zusammenmontiert werden, um die Rührung noch einmal künstlich zu beleben.

Bei Gay war es der Autor, der (an bestimmten Stellen) die opernhafte Welt erhabener Gefühle mit dem Gaunermilieu konfrontierte und damit den Überschwang seiner Figuren dem Gelächter preisgab. Bei Brecht sind es die Figuren

21 Marx, Engels: *Manifest der kommunistischen Partei*, S. 22.

selbst, die als Lebenskünstler ihre eigenen Gefühle produzieren. Nachdem wir in der ersten Szene Peachums „Bettlergarderoben" kennengelernt haben, werden wir in der zweiten Szene Zeuge, wie Macheath und Polly ihre Hochzeit feiern. Dabei wird ein „leerer Pferdestall" (17) in Soho dank gezielter Auftragsdiebstähle in ein gutbürgerliches Wohnzimmer umgestaltet. Macheath ist hier also Bühnenbildner und Festarrangeur. Nur dem Missgeschick und dem unentwickelten Geschmack der Bande ist es zu verdanken, dass es dabei zu unerfreulichen Stilbrüchen kommt, z. B. dass Chippendale-Stücke neben Louis-Quatorze-Stühlen stehen. Dem romantischen Gefühl tut das letzten Endes keinen Abbruch. Dieses kommt am Schluss der Szene, nach dem Abschluss der Feierlichkeiten, endlich zu seinem Recht. Dafür brauchen die Liebenden als Requisit nur den Mond:

MAC Und jetzt muss das Gefühl auf seine Rechnung kommen. Der Mensch wird ja sonst zum Berufstier. Setz dich, Polly!

Musik.

MAC Siehst du den Mond über Soho?
POLLY Ich sehe ihn, Lieber. Fühlst du mein Herz schlagen, Geliebter?
MAC Ich fühle es, Geliebte.
POLLY Wo du hingehst, da will auch ich hingehen.
MAC Und wo du bleibst, da will auch ich sein. (34)

Schon mit dem Klischee „man wird ja sonst zum Berufstier" erweist sich der Räuber Macheath als vollendeter Bürger.[22] Man würde es sich aber zu einfach machen, wenn man die Szene bloß als Inszenierung abtun würde. Oder besser gesagt: Dass ein Gefühl inszeniert wird, braucht noch nicht zu heißen, dass es auch gefälscht ist. Frei nach Heine könnte man sagen: Die Figuren singen mit wahrem Gefühl, nur mit falscher Stimme.[23] Sie wissen, dass der Genuss des für den

---

22 Spätestens hier drängt sich die bekannte Formel auf, die Brecht 1955 auf sein Stück münzte: „Brecht sagte, dass der Grundgedanke der ‚Dreigroschenoper' eine Gleichung sei: Räuber sind Bürger – sind Bürger Räuber?" (Bunge, Hans-Joachim: „Über eine Neuinszenierung der Dreigroschenoper. Ein Gespräch zwischen Brecht und Giorgio Strehler am 25.10.1955 über die bevorstehende Mailänder Inszenierung". In: *Bertolt Brechts Dreigroschenbuch.* Hg. v. Siegfried Unseld. Frankfurt a. M. 1973, S. 188–195, Zitat S. 189). Vgl. Brecht: „Anmerkungen zur Dreigroschenoper", S. 93.

23 Heine, Heinrich: „Deutschland. Ein Wintermärchen." In: *Heine, Heinrich: Werke und Briefe in zehn Bänden.* Bd. I. Hg. v. Hans Kaufmann. 2. Auflage. Berlin, Weimar 1972, S. 429–507, Zitat S. 435. „Mit falscher Stimme" ist dabei für den von Brecht und Weill beabsichtigten musikalischen Vortrag fast wörtlich zu verstehen. Stephen McNeff schreibt von der auf die *Dreigroschenoper* vorausweisenden Musik für das *Songspiel Mahagonny* von 1927: „The effect of the

Augenblick geschaffenen Gefühls ein vergänglicher Luxus ist, und kosten ihn deswegen voll aus, auch wenn er eben darum von Melancholie schon umschattet ist:

> BEIDE Die Liebe dauert oder dauert nicht
> An dem oder jenem Ort. (34)

Zwei Szenen später, als es vorbei ist, und ihr Mond nur noch als „abgegriffener Penny" am Himmel steht, singt Macheath beim Abschied diese Worte noch einmal; auch die Melancholie will bis zum letzten Tropfen ausgeschöpft werden (50).[24]

Bei Brecht ist also der typische Bürger Regisseur und Schauspieler des eigenen Gefühlslebens. Die meisten leisten darin mehr oder weniger gekonnte Heimarbeit. Anders Peachum:[25] Er ist der einzige Profi unter den Figuren des Stücks (was u. a. daran erkennbar ist, dass er der einzige ist, der ungerührt auf die eigenen Gefühlsinszenierungen blickt, ganz wie der Schauspieler in Diderots bekanntem *Paradoxe sur le comédien*). Das wiederum sprengt den Rahmen der Fiktion – auf andere Weise, als bei Gay die Auftritte von Autor und Schauspieler. In der Darstellung von Peachums Betriebsmethoden ist die Parallele zum Berufstheater so deutlich, dass ein metatheatralischer Rahmen zum metatheatralischen Kommentar nicht mehr nötig ist. Aus dem Binnenraum der Fiktion heraus verweist Peachums Schauspielertruppe unmissverständlich auf das Theater als diejenige Einrichtung des wirklichen Lebens, die im bürgerlichen Zeitalter für die Herstellung und Weiterverarbeitung von Gefühlen zuständig ist.

Denn für das Gefühl gibt es, wie für alles im Kapitalismus, auch eine eigene Industrie, in der die Gefühle serienmäßig und professionell fabriziert und vermarktet werden. Das bürgerliche Theater ist – oder war um 1930 noch – ein wichtiger Zweig dieser Unterhaltungsindustrie. Die Menschen gehen ins Theater, um gegen gutes Geld in bestimmte angenehme Gefühlszustände versetzt zu

---

music is of a slightly out of tune, ‚I'm not sure if that's the right note' feel, which soon becomes addictive and lends a distinctive colour and tone to the proceedings." McNeff, Stephen: „The Threepenny Opera". In: *The Cambridge Companion to Brecht*. Hg. v. Peter Thomson und Glendyr Sacks. Cambridge 1994, S. 56–67, hier S. 58. Dazu gehört, dass die Rollen von Schauspielern, nicht von Sängern besetzt wurden.

24 Die Musik Weills unterstreicht hier, abweichend vom parodistischen Ton einiger anderer Einlagen, eine bei aller Selbststilisierung auch mitschwingende echte Wehmut; vgl. dazu Speirs, Ronald: *Brecht's Early Plays*. London 1982, S. 153.

25 Vgl. Weisstein, Ulrich: „Brecht's Victorian Version of Gay. Imitation and Originality in the *Dreigroschenoper*". In: *Comparative Literary Studies* 7 (1970), S. 314–335. Nachdruck in: *Critical Essays on Bertolt Brecht*. Hg. v. Siegfried Mews. Boston 1989, S. 45–61, hier S. 52f.

werden (wozu selbstverständlich auch traurige gehören können) und sich einen Fundus von Gefühlsszenarien anzulegen, von denen man dann nach Bedarf auch im eigenen Leben Gebrauch machen kann.

Brechts *Dreigroschenoper* bedient sich nun dieses bürgerlichen Unterhaltungsbetriebs, um seine Funktion und seine Mechanismen ins Bewusstsein zu heben und in Frage zu stellen:

> Die Dreigroschenoper befasst sich mit den bürgerlichen Vorstellungen nicht nur als Inhalt, indem sie diese darstellt, sondern auch durch die Art, wie sie sie darstellt. Sie ist eine Art Referat über das, was der Zuschauer im Theater vom Leben zu sehen wünscht. Da er jedoch gleichzeitig auch einiges sieht, was er nicht zu sehen wünscht, da er also seine Wünsche nicht nur ausgeführt, sondern auch kritisiert sieht (er sieht sich nicht als Subjekt, sondern als Objekt), ist er prinzipiell imstande, dem Theater eine neue Funktion zu erteilen.[26]

Die *Dreigroschenoper* ist damit ein autoreferenzieller Kommentar zum bürgerlichen Kunstbetrieb. Hier bekommt der Zuschauer nicht nur, wie sonst, Gefühle vorgelebt, sondern er erkennt zugleich auch, wie diese inszeniert und fabriziert werden, und wie es überhaupt die Funktion des bürgerlichen Theaters ist, das Luxusgut ‚Gefühl' in immer neuen Variationen auf den Markt zu bringen – und das desto mehr, da sich im real existierenden Kapitalismus das Gefühl immer rapider verschleißt.

Für diese Analyse gab es bei Gay durchaus Ansätze. So übernimmt Brecht aus der Vorlage die Kehrtwendung am Ende des Stücks, in der Macheath im letzten Augenblick begnadigt wird. In einem metadramatischen Einschub hatte Gay diesen Schwenk als Tribut an den Publikumsgeschmack begründet, der von einer Oper ein Happy End verlange (121). Brecht brauchte dem nur den reitenden Boten des Königs und ein paar weitere Unwahrscheinlichkeiten hinzuzufügen, um die Absurdität perfekt zu machen. Bei beiden Autoren muss der Zuschauer zu der selbstkritischen Einsicht kommen, dass er in seinem sonstigen Theaterkonsum aus Gefühlsduselei bereit ist, die größten Ungereimtheiten hinzunehmen.

Dennoch ist bei Brecht der autoreferenzielle Bezug gründlicher durchdacht und konsequenter durchgeführt, als bei Gay. Dieser zielt auf die isolierte Gattung der Opera seria. Brecht hat den gesamten bürgerlichen Theaterbetrieb im Visier und er baut sein ganzes Stück in dieser kritischen Absicht auf. Indem er ihn noch einmal ausstellt, reißt er dem bürgerlichen Theater „seinen rührend-sentimentalen Schleier ab".[27] Darunter wird der Warencharakter des Theaters sichtbar. Es wird damit gründlicher entzaubert und entlarvt, als es bei Gay der Fall war. Wie die

26 Brecht: „Anmerkungen zur Dreigroschenoper", S. 90.
27 Marx, Engels: *Manifest der kommunistischen Partei*, S. 22.

Liebe unterliegt auch das Theater dem Kalkül der kapitalistischen Marktwirtschaft. In den zweihundert Jahren zwischen Gay und Brecht hatte man erkennen müssen, dass auch noch die letzten Enklaven vorkapitalistischen Empfindens früher oder später vom Kapitalismus erobert und seinen Zwecken unterworfen werden. Dem wollte Brecht, Gays Vorlage radikalisierend, die in ihm angelegte Kapitalismuskritik gleichsam aus ihm herausschälend, in seiner *Dreigroschenoper* Rechnung tragen.

Konsequent ist auch produktionsästhetisch die Kritik an der kapitalistischen Ordnung in der *Dreigroschenoper* durchgeführt. Eine solche ist in der *Beggar's Opera* durchaus vorhanden. Es hat schließlich etwas zu bedeuten, wenn der Autor Gay sich in seinem Stück von einem Bettler vertreten lässt. Beim Wort genommen heißt das, dass er sich für seine Oper sowohl Stoff als auch Ausdrucksformen (so z. B. die hübschen Gleichnisse „that are in all your celebrated operas“) erbettelt habe.[28] Ebenso verdanke sich die Aufführung einer karitativen Regung („charity“) der Schauspieler.[29] Auch wenn Gay in Wirklichkeit mit seinen Schriften Geschäfte machte (wie übrigens auch der Bettler von seinen anderweitigen „catches“ sich ein kleines Jahresgehalt verdient),[30] will er für dieses eine Werk in der poetischen Fiktion den Musen einen anachronistischen Freiraum schaffen, in dem die tatsächlichen Marktgesetzlichkeiten außer Kraft gesetzt sind; denn die Musen verteilen ihre Gaben ohne Ansehen der Person,[31] d. h. ohne nach den Regeln des kapitalistischen Warenverkehrs zu fragen. Da das die Ausnahme von der Regel ist, wird auf die üblichen Produktionsverhältnisse ein kritisches Licht geworfen. Umgekehrt aber will Gay damit suggerieren, dass er (diesmal) selber von schnöder Gewinnsucht frei sei.

Anders Brecht. Schon im Titel seiner Fassung wird auf eine wenig noble Art auf das Geld aufmerksam gemacht (auch wenn es nur bescheidene drei Groschen sind). Das für die implizite Poetologie des Stückes aufschlussreiche Vorspiel unterstreicht dann die materiellen Bedingungen künstlerischer Produktion. Die erste Bühnenanweisung legt die Parallele zwischen Betteln, Diebstahl, Prostitution und Gesang nahe: „Die Bettler betteln, die Diebe stehlen, die Huren huren. Ein Moritatensänger singt eine Moritat“ (7). Der Moritatensänger, so ist der Parallelismus wohl zu verstehen, tut dabei nichts grundsätzlich anderes als die anderen dargestellten Berufsgruppen: Er tut dasselbe, nur mit anderen Mitteln, und ist gleichsam das Mittelding zwischen Bettler, Dieb und Hure. Wie die anderen auch

28 Gay: *The Beggar's Opera*, S. 41 („Introduction“).
29 Gay: *The Beggar's Opera*, S. 42.
30 Gay: *The Beggar's Opera*, S. 41.
31 Gay: *The Beggar's Opera*, S. 41.

steht er mit beiden Beinen auf dem Marktplatz (es ist gerade „Jahrmarkt", 7), nicht in einem abgesonderten Bezirk der Kunst.

Wenn man allerdings unter den im Vorspiel ausgestellten Verhaltensmustern wählen müsste, um für Brechts künstlerisches Vorgehen einen Vergleichspunkt zu finden, würde man doch wohl den Dieben den Vorzug geben müssen. Brecht richtet sich in seinen Methoden eher nach ihnen als nach den Bettlern (wobei diese übrigens, wie wir später erfahren, auch nicht ehrlicher sind). Er bestiehlt nämlich – oder um es in marxistisch bereinigter Form auszudrücken – er enteignet seine Vorgänger. Da wie alle Formen des Besitzes auch der geistige im Kapitalismus eigentlich nur eine durch die bürgerliche Gesetzgebung notdürftig legitimierte Form des Diebstahls darstellt, braucht sich der auf dem Boden des Sozialismus stehende Stückeschreiber kein schlechtes Gewissen machen, sich seinerseits dreist zu bedienen, wenn sich ihm etwas Nützliches anbietet. Der Plagiatsvorwurf um die Übersetzung von Villons Versen ist nur das markanteste Beispiel von Brechts „grundsätzlicher Laxheit in Fragen geistigen Eigentums".[32] Auch von Kipling ist bekanntlich einiges in den Brechtschen Text eingeflossen. Und in großem Format ist ja *Die Dreigroschenoper* als Ganzes, wenn man so will, nichts anderes als Diebesgut, das Brecht und seine Kumpane an sich gerissen haben, um es gewinnbringend wieder zu Markte zu tragen.

Das ist aber nur die eine Seite. Der Diebstahl der kleinen Leute ist zwar ein plebejischer Protest gegen den großen Diebstahl des Kapitalismus, zugleich ist er aber auch dessen Abbild und Bestätigung. Über eine Art von Begleiterscheinung bringt es die kleine Kriminalität nicht hinaus; höchstens, dass sie nicht vorgibt, etwas Besseres zu sein, macht sie sympathisch. Die *Dreigroschenoper* zeigt ja auch, dass sie als Geschäftszweig gegen die Monopole der Großkonzerne keine Chancen hat (daher auch Mackies einen Kern von Wahrheit enthaltende Rede von einem „untergehenden Stand" [94]). Ende der zwanziger Jahre konnte es Brecht nicht bei deren Nachahmung bewenden lassen, wie es ihm noch zur Zeit des *Baals* möglich schien. Er glaubte ja inzwischen zu wissen, dass auch in den wirtschaftlich fortgeschrittenen Ländern des Westens der sich in Auflösung befindende Kapitalismus einem rationelleren System weichen würde. Es galt also bei der eigenen Arbeit auch, die sozialistische Zukunft ein Stück näher zu bringen und mit ihr einen Beitrag zur Entwicklung neuer Produktionsmethoden zu leisten. Brecht wollte mit seinem montierenden Gebrauch von (gleichsam vergesellschafteten) Werken anderer Schriftsteller, vor allem aber mit seiner Arbeit in einem Kollektiv sicher auch ein Modell einer nachkapitalistischen Produktionsweise

---

32 Brecht, Bertolt: „Brechts Erklärung". In: *Bertolt Brechts Dreigroschenbuch.* Hg. v. Siegfried Unseld. Frankfurt a. M. 1973, S. 304–305, hier S. 304.

erproben.[33] Dass das für ihn womöglich auch die bequemste (und einträglichste) Lösung war, braucht damit nicht im Widerspruch zu stehen.[34]

Literaturverzeichnis

Brecht, Bertolt: „Anmerkungen zur Dreigroschenoper". In: *Bertolt Brechts Dreigroschenbuch.* Hg. v. Siegfried Unseld. Frankfurt a. M. 1973, S. 90–101.

Brecht, Bertolt: „Brechts Erklärung". In: *Bertolt Brechts Dreigroschenbuch.* Hg. v. Siegfried Unseld. Frankfurt a. M. 1973, S. 304–305.

Brecht, Bertolt: „Die Beule. Ein Dreigroschenfilm". In: *Bertolt Brechts Dreigroschenbuch.* Hg. v. Siegfried Unseld. Frankfurt a. M. 1973, S. 102–116.

Brecht, Bertolt: *Die Dreigroschenoper.* Frankfurt a. M. 1968.

Gay, John: *The Beggar's Opera.* Hg. v. Brian Loughrey u. T. O. Treadwell. Harmondsworth 1986.

Böker, Uwe, Ines Detmers u. Anna-Christina Giovanopoulos (Hg.): *John Gay's The Beggar's Opera 1728–2004. Adaptations and Re-Writings.* Amsterdam 2006.

Böker, Uwe: „John Gays *The Beggar's Opera* und die sozialhistorischen Kontexte: Satire, Kriminalität, Ballade, Oper, Kommerzialisierung". In: *John Gay's The Beggar's Opera 1728–2004. Adaptations and Re-Writings.* Hg. v. Uwe Böker, Ines Detmers u. Anna-Christina Giovanopoulos. Amsterdam 2006, S. 33–102.

Bunge, Hans-Joachim: „Über eine Neuinszenierung der Dreigroschenoper. Ein Gespräch zwischen Brecht und Giorgio Strehler am 25.10.1955 über die bevorstehende Mailänder Inszenierung". In: *Bertolt Brechts Dreigroschenbuch.* Hg. von Siegfried Unseld. Frankfurt a. M. 1973, S. 188–195.

Fuegi, John: *Brecht and Company. Sex, Politics, and the Making of Modern Drama.* New York 1994.

Giles, Steve: „Rewriting Brecht. *Die Dreigroschenoper* 1928–1931". In: *Literaturwissenschaftliches Jahrbuch* 30 (1989), S. 249–279.

Hecht, Werner: „*Die Dreigroschenoper* und ihr Urbild". In: *Brechts ‚Dreigroschenoper'.* Hg. Werner Hecht. Frankfurt a. M. 1985, S. 201–224.

Heine, Heinrich: „Deutschland. Ein Wintermärchen." In: *Heine, Heinrich: Werke und Briefe in zehn Bänden.* Bd. 1. Hg. v. Hans Kaufmann. 2. Auflage. Berlin, Weimar 1972, S. 429–507.

McNeff, Stephen: „The Threepenny Opera". In: *The Cambridge Companion to Brecht.* Hg. v. Peter Thomson u. Glendyr Sacks. Cambridge 1994, S. 56–67.

Marx, Karl, Friedrich Engels: „Manifest der kommunistischen Partei". In: *Marx und Engels, Manifest der kommunistischen Partei. Grundsätze des Kommunismus.* Stuttgart 2004, S. 3–56.

Pache, Walter: „Brecht und die Briten. Von der *Beggar's Opera* zur *Dreigroschenoper*". In: *Brechts Lyrik – Neue Deutungen.* Hg. v. Helmut Koopmann. Würzburg 1999, S. 199–214.

33 Brecht, Bertolt: „Der Dreigroschenprozeß. Ein soziologisches Experiment". In: *Bertolt Brechts Dreigroschenbuch.* Hg. v. Siegfried Unseld. Frankfurt a. M. 1973, S. 117–176, hier S. 144.
34 Fuegi: *Brecht and Company*, S. 196.

Schuhmacher, Klaus: „Ekstasen der Sachlichkeit. Zur *Dreigroschenoper* (1928) von Bertolt Brecht und Kurt Weill." In: *John Gay's The Beggar's Opera 1728–2004. Adaptations and Re-Writings.* Hg. v. Uwe Böker, Ines Detmers u. Anna-Christina Giovanopoulos. Amsterdam 2006, S. 193–217.

Speirs, Ronald: *Brecht's Early Plays.* London 1982.

Weisstein, Ulrich: „Brecht's Victorian Version of Gay. Imitation and Originality in the *Dreigroschenoper.*" In: *Comparative Literary Studies* 7 (1970), S. 314–335. Nachdruck in: *Critical Essays on Bertolt Brecht.* Hg. v. Siegfried Mews. Boston 1989, S. 45–61.

Autorinnen und Autoren

Uta Degner ist Universitätsassistentin am Fachbereich Germanistik der Universität Salzburg. Zu ihren Forschungsschwerpunkten zählen Literatur des 18.–20. Jahrhunderts (besonders Lyrik und Prosa), Theorien ästhetischer Erfahrung, Literatursoziologie, Intermedialität, Semiotik und vergleichende Literaturwissenschaft. Publikationen u. a.: *Bilder im Wechsel der Töne. Hölderlins Elegien und ‚Nachtgesänge'*, Heidelberg 2008; mit Norbert Christian Wolf (Hg.): *Der neue Wettstreit der Künste. Legitimation und Dominanz im Zeichen der Intermedialität*, Bielefeld 2010; „What Kafka Learned from Flaubert: ‚Absent-Minded Window-Gazing' and ‚The Judgment'", in: Stanley Corngold and Ruth V. Gross (Hg.): *Kafka for the Twenty-First Century. Studies in German Literature, Linguistics, and Culture*, Rochester 2011, S. 75–88.

Volker C. Dörr, seit WS 2010/11 Professor für Neuere Deutsche Literaturwissenschaft an der Heinrich-Heine-Universität Düsseldorf. Forschungsschwerpunkte: Literatur und Ästhetik um 1800, Inter-/Transkulturalität, deutsch-türkische Gegenwartsliteratur, Literatur und Historiographie, Intertextualität. Publikationen (Auswahl): *„Reminiscenzien". Goethe und Karl Philipp Moritz in intertextuellen Lektüren*, Würzburg 1999. *Mythomimesis. Mythische Geschichtsbilder in der westdeutschen (Erzähl-)Literatur der frühen Nachkriegszeit (1945–1952)*, Berlin 2004; *Weimarer Klassik (UTB – Literaturwissenschaft elementar)*, Paderborn 2007, sowie zahlreiche Aufsätze zur deutschen Literatur vom 18. Jahrhundert bis zur Gegenwart.

Doris Feldmann ist Inhaberin des Lehrstuhls für Anglistik: Literatur- und Kulturwissenschaft an der Friedrich-Alexander-Universität Erlangen-Nürnberg. In Lehre und Forschung liegt ihr Fokus auf dem Verhältnis von Literatur zu anderen Diskursen (Wirtschaft, Philosophie, Politik) und Medien (Film, digitale Medien). Zu ihren Publikationen gehören: *Gattungsprobleme des ‚domestic drama' im 18. Jahrhundert*, Amsterdam 1983; *Politik und Fiktion*, München 1995; *Anglistik im Internet*, Heidelberg 1997; *Theorising Cultural Difference and Transdifference*, Tübingen 2006, *Viktorianismus: Eine literatur- und kulturwissenschaftliche Einführung*; Berlin 2013. Sie hat außerdem Henry Mayhews *London Labour and the London Poor* (1996) sowie Gayatri C. Spivaks *A Critique of Postcolonial Reason* (2013) mit ins Deutsche übersetzt.

Daniel Fulda, Professor für Neuere deutsche Literaturwissenschaft an der Universität Halle-Wittenberg, dort seit 2007 auch Geschäftsführender Direktor des

Interdisziplinären Zentrums für die Erforschung der europäischen Aufklärung, 2010–14 Präsident der Deutschen Gesellschaft für die Erforschung des 18. Jahrhunderts. Forschungsschwerpunkte: Theorie und Geschichte der Historiographie; literarische Gattungen: Sozialgeschichte der frühneuzeitlichen Komödie, Tragödie der Moderne; Transformation von Weltdeutungsmustern in der Aufklärung; Gegenwartsliteratur. Publikationen u. a.: *Schau-Spiele des Geldes. Die Komödie und die Entstehung der Marktgesellschaft von Shakespeare bis Lessing*, Tübingen 2005; *Die Sachen der Aufklärung*, hg. mit Frauke Berndt, Hamburg 2012.

Kevin Hilliard, seit 1995 Fellow and Tutor in German, University Lecturer am St. Peter's College der University of Oxford. Studium in Oxford und Hamburg. Promotion 1984 mit einer Arbeit über Klopstock, von 1981–1995 Lehrtätigkeit an der University of Durham. Veröffentlichungen vor allem zur Literatur des 18. Jahrhunderts, u. a. *Freethinkers, Libertines and „Schwärmer". Heterodoxy in German Literature 1750–1800*, London 2011.

Thomas Martinec, seit 2013 Lecturer in German an der Durham University. 2005–2011 akademischer Rat a. Z. und 2011–2013 akademischer Oberrat a. Z. und Privatdozent für Neuere deutsche Literaturwissenschaft an der Universität Regensburg. 2002–2005 Fellow in German am Lincoln College, Oxford University; 2005–2011 Wiss. Mitarbeiter in Regensburg. Forschungsschwerpunkte: Tragödienpoetik im 18. Jahrhundert, Poetik des Musikalischen um 1900, Literatur nach 1945. Publikationen: *Lessings Theorie der Tragödienwirkung. Humanistische Tradition und aufklärerische Erkenntniskritik*, Tübingen 2003; *Familie und Identität in der deutschen Literatur*, hg. mit C. Nitschke, Frankfurt a. M. 2009. Die Publikation der Habilitationsschrift *Poeotologie des Musikalischen um 1900* ist in Vorbereitung.

Sigrid Nieberle, seit 2009 Professorin für Neuere deutsche Literaturwissenschaft an der Universität Erlangen-Nürnberg; 2013 Max Kade Distinguished Visiting Professor an der University of Kansas. Forschungsschwerpunkte sind Intertextualität und Intermedialität von Literatur vom 18. Jahrhundert bis zur Gegenwart, insbesondere in den Bereichen Film, Drama und Musik, sowie Gender Studies. Publikationen u. a.: *FrauenMusikLiteratur. Deutschsprachige Schriftstellerinnen im 19. Jahrhundert*, Stuttgart, Weimar 1999; *Literarhistorische Filmbiographien. Autorschaft und Literaturgeschichte im Kino*, Berlin, New York 2008; „Problematische Gastlichkeit: Denunziation und Metadrama in Lessings *Minna von Barnhelm*", in IASL 34/2009, S. 73–91.

Dirk Niefanger, seit 2003 Professor für neuere deutsche Literaturwissenschaft an der Friedrich-Alexander-Universität Erlangen-Nürnberg. Forschungsschwerpunkte: Drama der Frühen Neuzeit, Barockliteratur, Gegenwartsliteratur. Letzte Buchpublikationen: *Akademie und Universität Altdorf. Studien zur Hochschulgeschichte Nürnbergs.* Hg. mit Hans-Christoph Brennecke und Werner Wilhelm Schnabel, Köln 2011; *Barock. Das große Lesebuch.* Hg., Frankfurt a. M. 2011; *Welche Antike? Konkurrierende Rezeption des Altertums im Barock.* Hg. mit Ulrich Heinen et al., Wiesbaden 2011; *Barock.* 3. erw. Aufl., Stuttgart, Weimar 2012.

Yvonne Nilges, seit 2012 Akademische Rätin an der Katholischen Universität Eichstätt-Ingolstadt. Studium der deutschen und englischen Philologie an der Universität Heidelberg und an der Harvard University. Promotion 2006, Habilitation 2010. Von 2007–2010 Powys Roberts Fellow an der University of Oxford. Forschungsschwerpunkte: Neuere deutsche Literatur-, Geistes- und Kulturgeschichte im internationalen Kontext; Wechselwirkungen zwischen den Künsten; Literatur und Recht; Literatur und Religion; Literatur und Philosophie. Monographien: *Richard Wagners Shakespeare*, Würzburg 2007; *Schiller und das Recht*, Göttingen 2012.

Claudia Nitschke, seit 2011 Lecturer in Durham University. Promotion 2003 und Habilitation 2011 an der Universität Tübingen. Von 2003–2005 wissenschaftliche Mitarbeiterin in Tübingen, von 2005–2011 Lecturer an der Universität von Oxford. Forschungsschwerpunkte: Literarische Ethik, Romantik, Intermedialität, Literatur und Politik. Publikationen: *Utopie und Krieg bei L. Achim von Arnim*, Tübingen 2004; *Der öffentliche Vater. Konzeptionen paternaler Souveränität in der deutschen Literatur (1751–1921)*, Berlin, New York 2012. Sammelband zu Familie und Identität, Aufsätze zur Romantik, Goethe-Zeit, Kafka, Büchner, Fontane und Film.

Yvonne Pietsch, Dr. phil., ist wissenschaftliche Mitarbeiterin im Goethe- und Schiller-Archiv Weimar an der historisch-kritischen Goethe-Brief-Ausgabe. Promotion 2006 mit einer historisch-kritischen Edition von Ludwig Achim von Arnims *Schaubühne* (Berlin, New York 2010). Ihre Forschungsschwerpunkte sind Literatur und Briefkultur der Klassik und Romantik, Editionsphilologie sowie Wissenschaftsgeschichte.

Ina Schabert lehrte als Professorin für Englische Literaturwissenschaft an der Universität München. Forschungsschwerpunkte in den letzten Jahren waren die Geschichte der Shakespeare-Rezeption (in ausgewählten Aspekten) und die Geschichte der Literatur von (englischen und französischen) Frauen, vor allem im 17. und 18. Jahrhundert. Neuere Buchpublikationen: *Englische Literaturgeschichte des 20. Jahrhunderts aus der Sicht der Geschlechterforschung*, Stuttgart 2006; *Wolfgang Clemen im Kontext seiner Zeit: ein Beitrag zur Wissenschaftsgeschichte*, Hg., Heidelberg 2009; *Shakespeare Handbuch*, Hg., 5., veränderte Aufl., Stuttgart 2009; *SHAKESPEAREs: Die unendliche Vielzahl der Bilder*, Stuttgart 2013.

Marion Schmaus, seit 2012 Professorin für Neuere deutsche Literatur an der Universität Marburg, zuvor Professorin für Neuere deutsche Literaturwissenschaft mit dem Schwerpunkt Ethik an der Universität Augsburg. Arbeitsschwerpunkte: Literarische Ethik, Literatur und Philosophie/Wissen, Intermedialität. Veröffentlichungen: *Die poetische Konstruktion des Selbst. Grenzgänge zwischen Frühromantik und Moderne: Novalis, Bachmann, Christa Wolf, Foucault*, Tübingen 2000; (Hg. mit Werner Frick u. a.) *Aufklärungen: Zur Literaturgeschichte der Moderne*, Tübingen 2003; *Psychosomatik. Literarische, philosophische und medizinische Geschichten zur Entstehung eines Diskurses (1778 – 1936)*, Tübingen 2009.

Birgit Tautz lehrt als Associate Professor of German am Bowdoin College, Maine, USA. Sie forscht vor allem zur deutschen Literatur, Kultur und Philosophie des 18. und frühen 19. Jahrhunderts, zur Romantik und ihren medialen Umformungen und zum deutschen Film. Ihre Beiträge sind in zahlreichen wissenschaftlichen Zeitschriften und Aufsatzsammlungen erschienen. Tautz ist die Autorin von *Reading and Seeing Ethnic Differences in the Enlightenment*, New York 2007, und Herausgeberin von *Colors 1800/1900/2000: Signs of Ethnic Difference*, Amsterdam 2004. Zur Zeit arbeitet sie mit Unterstützung der Alexander von Humboldt-Stiftung an einem Buch mit dem Arbeitstitel *Translating the World: Remaking Late 18th-century Literature between Hamburg and Weimar.*

Jörg Wesche, seit 2012 Professor für Neuere deutsche Literaturwissenschaft an der Universität Duisburg-Essen. Studium der Biologie, Germanistik und Kunstgeschichte in Göttingen. Nach der Promotion (2002) Koordinator am Göttinger Zentrum für Mittelalter- und Frühneuzeitforschung. 2009 Habilitation in Augsburg. Forschungsschwerpunkte sind die Literatur der frühen Neuzeit und Moderne, Poetik- und Versgeschichte sowie literarische Mythen- und Wissenschaftsrezeption. Bücher: *Der Vers im Drama. Studien zur Theorie und Verwendung im deutschsprachigen Sprechtheater des 20. und 21. Jahrhunderts.* Typoskript 2009; *Literarische Diversität. Abweichungen, Lizenzen und Spielräume in der deutschen Poesie und Poetik der Barockzeit*, Tübingen 2004. Als (Mit-)Herausgeber (Auswahl): *Kulturelle Orientierung um 1700. Traditionen, Programme, konzeptionelle Vielfalt*, Tübingen 2004; *Fragen an die Sphinx. Kulturhermeneutik einer Chimäre zwischen Mythos und Wissenschaft*, Würzburg 2012.

Personen- und Titelregister